Gilot/Lake · Leben mit Picasso

Françoise Gilot
Carlton Lake

Leben mit Picasso

C. Bertelsmann Verlag

Aus dem Englischen übertragen von Anne-Ruth Strauß
Titel der Originalausgabe bei McGraw-Hill, Inc., New York:
Françoise Gilot/Carlton Lake »Life with Picasso«

Copyright © 1964 by McGraw-Hill, Inc., New York
Deutsche Rechte bei C. Bertelsmann Verlag GmbH, München, 1980
Gesamtherstellung Mohndruck Graphische Betriebe GmbH, Gütersloh / 5 4 3 2 1
ISBN 3-570-05086-6 · Printed in Germany

Für Pablo

VORWORT

Wie so viele andere, deren Interesse vor allem der Kunst unserer Zeit gilt, habe ich Werk und Leben Picassos jahrelang so genau wie möglich verfolgt. Und ich versuchte, ihn auch mit den Augen jener zu sehen, die über ihn berichtet haben. Als eine der ersten gehörte dazu – sowohl für Picasso wie auch für mich – Fernande Olivier, die Gefährtin seiner Frühzeit im *Bateau Lavoir* auf dem Montmartre, die mir viele Jahre später bittersüße Reminiszenzen an jene Tage ins Haus trug, als sie meiner Frau Französischunterricht erteilte.

Vor etwa zwölf Jahren schilderte mir Alice Toklas einen Besuch, den sie kurz zuvor bei Picasso und Françoise Gilot in Südfrankreich gemacht hatte. Sie gönnte Françoise nur ein schwaches Lob, doch trotz aller gegenteiligen Bemühungen brachte sie mich zu der Überzeugung, daß Françoise eine beachtliche Persönlichkeit sein mußte. Einige Monate später, als ich eines ihrer Bilder im *Salon de Mai* sah, verstärkte sich mein Interesse. Doch es vergingen einige Jahre, bis ich ihr begegnete.

Als ich 1956 an einer Titelgeschichte über Picasso für *The Atlantic Monthly* arbeitete, sprach ich zum erstenmal mit Françoise Gilot. Noch ehe wir unser Gespräch an jenem Nachmittag beendeten, war mir klar, daß sie ein unendlich tieferes und echteres Verständnis für Picassos Denken und Werk besaß als alle, die mir begegnet waren. In den Jahren seither haben wir oft über Picasso und die Malerei gesprochen. Und an einem rauhen Januartag, während eines Essens in Neuilly, entdeckten wir, daß wir auf dieses Buch hingearbeitet hatten.

Im Verlauf unserer Arbeit war ich immer wieder verblüfft, wie sie zeigte, in welchem Ausmaß der oft mißbrauchte Begriff »absolutes Gedächtnis« buchstäblich zutreffen kann. Françoise weiß genau, was sie sagte und was Pablo sagte – jeden Schritt des Weges, den sie in mehr als zehn Jahren miteinander gingen. Die Zitate Picassos in direkter Rede sind wortwörtlich wiedergegeben.

Wieder und wieder spürte ich mit ihr dem Verlauf vieler dieser Episoden nach, jedesmal von einem anderen Ansatzpunkt aus und jedesmal mit gleichem

Ergebnis – sogar bis in die einzelnen Details der Phrasierung, des Stils, der Form eines Gespräches –, obwohl nach unserem ersten Gespräch über ein Thema manchmal Wochen und Monate vergingen, bis wir wieder darauf zurückkamen. Dabei trat Verschiedenes, was Picasso mit mir in Cannes, unmittelbar nach seinem 75. Geburtstag, ausführlich erörtert hatte und was ich in seiner Gegenwart sofort niedergeschrieben hatte, im Gespräch zwischen Françoise und mir in genau der gleichen Form zutage; der einzige Unterschied war, daß diesmal Françoise anstelle von Pablo sprach.

Weitere Nachprüfungen und Kontrollen waren möglich, weil ich Picassos Briefe an sie, ihre eigenen Aufzeichnungen und Tagebücher aus jener Zeit und viele andere einschlägige Dokumente sehen konnte, drei große Kisten voll, die, weil sie zufällig in der Mansarde aufbewahrt worden waren, wie durch ein Wunder dem Schicksal der anderen persönlichen Habseligkeiten in ihrem Haus in Südfrankreich im Jahre 1955 entgingen.

Carlton Lake

ERSTER TEIL

Ich begegnete Pablo Picasso im Mai 1943, zur Zeit der deutschen Besetzung Frankreichs. Damals war ich einundzwanzig, und ich fühlte bereits, daß die Malerei mir alles im Leben bedeutete. Ich hatte eine ehemalige Schulfreundin bei mir zu Gast, die aus Montpellier in Südfrankreich gekommen war, um einen Monat mit mir zu verbringen. An einem Mittwoch ging ich mit ihr und dem Schauspieler Alain Cuny zum Essen in ein kleines Restaurant, das damals viel von Malern und Schriftstellern besucht wurde. Es hieß *Le Catalan* und lag in der Rue des Grands-Augustins am linken Seineufer, nicht weit von Notre-Dame.

Als wir drei an jenem Mittwochabend im *Catalan* Platz genommen hatten, sah ich Picasso zum erstenmal. Er saß mit ein paar Freunden am Nebentisch: ein Mann, den ich nicht kannte, und zwei Frauen. In einer von ihnen erkannte ich Marie-Laure, Vicomtesse de Noailles, die Besitzerin einer bedeutenden Gemäldesammlung, die heute selbst so etwas wie eine Malerin ist. Damals hatte sie noch nicht zu malen angefangen – wenigstens nicht offiziell –, doch sie hatte eine kleine Dichtung, *Der Turm von Babel*, geschrieben. Eine kunstvolle Frisur, die mich an Rigauds Porträt Ludwigs XIV. im Louvre erinnerte, umrahmte ihr langes, schmales, irgendwie dekadent wirkendes Gesicht.

Die andere Frau, so flüsterte mir Alain Cuny zu, sei Dora Maar, eine jugoslawische Fotografin und Malerin, die, wie jeder wußte, seit 1936 Picassos Geliebte war. Ich hätte sie auch ohne seine Hilfe gleich erkannt, denn ich kannte Picassos Werk gut genug, um zu sehen, daß dies die Frau war, die als *Porträt von Dora Maar* in vielen Formen und Variationen dargestellt war. Sie hatte ein schönes, ovales Gesicht, aber ein ziemlich starkes Kinn, ein charakteristisches Merkmal in fast allen Porträts, die Picasso von ihr gemalt hat. Ihr schwarzes Haar war in einer strengen, ausgesprochen theatralischen Frisur zurückgerafft. Mir fielen ihre intensiv bronzegrünen Augen auf und ihre schlanken Hände mit den langen, spitzigen Fingern. Doch das Bemerkenswerteste an ihr war ihre eigenartige Unbeweglichkeit. Sie redete nicht viel, machte überhaupt keine Gesten, und in ihrem Verhalten lag etwas, das über Würde hinausging – eine gewisse Starrheit. Es gibt dafür einen sehr treffenden französischen Ausdruck: Sie gab sich wie das Heilige Sakrament.

Über Picassos Aussehen war ich etwas erstaunt. Meine Vorstellung von seinem Äußeren ging auf eine Fotografie Man Rays in der Picasso-Sondernummer zurück, die von der Kunstzeitschrift *Cahiers d'Art* 1936 herausgebracht wurde: dunkles Haar, lebhafte, blitzende Augen, sehr stämmig gebaut, robust – ein schönes Tier. Nun gab ihm sein ergrautes Haar und der aus Zerstreuung oder Langeweile abwesende Blick ein in sich gekehrtes, orientalisches Aussehen, das mich an die Statue des ägyptischen Schreibers im Louvre erinnerte. In seiner Art, sich zu bewegen, hatte er aber gar nichts Statuarisches oder Gemessenes: Er gestikulierte, er drehte und wendete sich, sprang auf, lief schnell hin und her.

Während des Essens merkte ich, daß Picasso uns beobachtete und ab und zu ein wenig vor uns posierte. Offensichtlich hatte er Cuny erkannt und machte Bemerkungen, die von uns gehört werden sollten – immer, wenn er etwas Amüsantes sagte, lächelte er mehr zu uns herüber als zu seinen Tischgenossen. Schließlich stand er auf und kam an unseren Tisch. Er brachte eine Schale voll Kirschen mit und bot jedem von uns in seinem harten spanischen Akzent davon an; er nannte sie *cerisses*, mit einem leichten Doppel-s-Klang.

Geneviève war ein sehr schönes Mädchen. Sie stammte von französischen Katalanen ab, hatte aber ein griechisches Profil mit einer Nase, die eine direkte Verlängerung der Stirn bildete; ein Kopf, wie Picasso mir später erzählte, den er bereits auf Bildern der Ingres-Periode oder der römischen gemalt zu haben glaubte. Oft betonte sie dieses griechische Aussehen dadurch, daß sie wie an diesem Abend ein fließendes, plissiertes Kleid trug.

»Nun, Cuny«, sagte Picasso, »würden Sie mich Ihren Freunden vorstellen?« Cuny stellte uns vor und sagte dann: »Françoise ist die Intelligente.« Und auf Geneviève deutend: »Und sie ist die Schöne! Sieht sie nicht aus wie eine attische Marmorstatue?« Picasso zuckte die Achseln. »Sie reden wie ein Schauspieler«, sagte er. »Wie würden Sie die Intelligente charakterisieren?«

An jenem Abend trug ich einen grünen Turban, der meine Stirn und meine Wangen ziemlich verdeckte. Geneviève beantwortete seine Frage:

»Françoise ist eine florentinische Madonna«, sagte sie.

»Aber nicht von der üblichen Art«, ergänzte Cuny. »Eine säkularisierte Madonna.« Alle lachten.

»Um so interessanter, wenn sie nicht von der üblichen Art ist«, sagte Picasso. »Und was treiben sie, Ihre beiden Schützlinge aus der Kunstgeschichte?«

»Wir sind Malerinnen«, antwortete Geneviève.

Picasso brach in Gelächter aus.

»Das ist das Komischste, was ich heute gehört habe. Mädchen, die so aussehen, können keine Malerinnen sein.« Ich erzählte ihm, daß Geneviève nur auf Ferien in Paris und eine Schülerin von Maillol in Banyuls sei, während ich, obwohl ich bei niemandem lernte, doch ganz und gar Malerin sei. Tatsächlich hätten wir gerade eine gemeinsame Ausstellung von Gemälden und Zeichnungen in einer Galerie in der Rue Boissy d'Anglas hinter der Place de la Concorde.

Picasso sah spöttisch und überrascht auf uns herab. »Nun – ich bin auch Maler«, sagte er. »Sie müssen in mein Atelier kommen und sich einige von *meinen* Bildern ansehen.«

»Wann?« fragte ich ihn.

»Morgen. Übermorgen. Wann Sie wollen.«

Geneviève und ich überlegten. Wir sagten ihm, daß wir weder morgen noch übermorgen kommen würden, sondern vielleicht am Montag nächster Woche. Picasso verbeugte sich. »Wie Sie wünschen«, sagte er. Er gab allen die Hand, nahm die Kirschenschale und ging an seinen Tisch zurück.

Wir waren noch beim Essen, als Picasso und seine Freunde aufbrachen. Es war ein kühler Abend, er zog einen dicken Mantel an und setzte eine Baskenmütze auf. Dora Maar trug einen Pelzmantel mit breiten Schultern und Schuhe, wie sie viele Mädchen während der Besatzungszeit hatten, als das Leder wie so manches andere knapp war: mit dicken Holzsohlen und sehr hohen Absätzen. Mit diesen hohen Absätzen, den wattierten Schultern und ihrem feierlichen Auftreten glich sie einer majestätischen Amazone. Sie überragte den Mann im hüftlangen Mantel und der Baskenmütze um Kopfeslänge.

Am nächsten Montagvormittag, so gegen elf Uhr, stiegen Geneviève und ich eine finstere, enge, gewundene Treppe hinauf, die in einer Ecke des mit Kopfsteinen bepflasterten Hofes der Rue des Grands-Augustins 7 versteckt lag, und klopften an Picassos Tür. Nach einer Weile wurde sie einen Spalt breit geöffnet, und die spitze Nase seines Sekretärs, Jaime Sabartès, sah hervor. Wir hatten ihn nie zuvor gesehen, wußten aber, wer er war. Wir kannten Reproduktionen von Zeichnungen, die Picasso von ihm gemacht hatte, und Cuny hatte uns gesagt, daß uns Sabartès empfangen würde. Er musterte uns argwöhnisch: »Haben Sie eine Verabredung?« Ich bejahte. Er ließ uns ein. Mißtrauisch lugte er durch seine dicken Brillengläser.

Wir kamen in einen Vorraum, in dem Pflanzen und viele Vögel waren: Turteltauben und einige exotische Arten in geflochtenen Käfigen. Die Pflanzen waren nicht schön, es waren solche mit gezackten Blättern, wie man sie häufig in Kupferkübeln in den Pförtnerlogen sieht. Immerhin, hier waren sie gefälliger arrangiert, vor dem hohen, offenen Fenster machten sie sich sogar ganz reizvoll. Eine dieser Pflanzen hatte ich vor einem Monat auf einem neuen Porträt Dora Maars gesehen, das in einem abgelegenen Winkel der Galerie Louise Leiris in der Rue d'Atorg hing, obwohl die Nazis Picassos Werk verboten hatten. Es war ein herrliches Porträt in Rosa und Grau. Im Hintergrund des Bildes sah man Fensterflügel, die dem großen, altertümlichen Fenster ähnelten, das ich nun vor mir hatte, sowie einen Vogelkäfig und eine dieser gezackten Pflanzen.

Wir folgten Sabartès in einen zweiten Raum, der sehr lang war. Ich sah verschiedene alte Louis-XIII-Sofas und Stühle; auf ihnen lagen Gitarren, Mandolinen und andere Musikinstrumente herum, die Picasso, wie ich vermutete, zu seinen Bildern der kubistischen Periode gebraucht haben mußte. Später erzählte er mir, er habe sie erst gekauft, als er die Bilder schon gemalt hatte, nicht vorher, und bewahre sie nun als Erinnerung an seine kubistische Zeit auf. Der Raum hatte ausgezeichnete Proportionen, aber alles befand sich in einem großen Durcheinander. Der große Tisch vor uns und dazu noch zwei lange Arbeitstische, die nebeneinander vor der rechten Wand standen, waren mit Bergen von Büchern, Zeitschriften, Zeitungen, Fotografien, Hüten und verschiedenstem Kram bedeckt. Auf einem der Tische lag ein ungeschliffener Amethyst von der Größe eines menschlichen Kopfes. In seiner Mitte war ein kleiner, völlig abgeschlossener Hohlraum, der mit etwas, das wie Wasser aussah, angefüllt war. Auf einem Bord unter dem Tisch sah ich zusammengelegte Männerkleidung und drei oder vier Paar alte Schuhe.

Als wir an dem langen Tisch in der Mitte des Raumes vorbeigingen, bemerkte ich, daß Sabartès einem bräunlichen Gegenstand auswich, der neben der Tür, die zum nächsten Raum führte, auf dem Boden lag. Als ich näher kam, sah ich, daß es der Bronzeabguß eines Schädels war.

Das nächste Zimmer war ein Atelier, das fast ganz mit Skulpturen angefüllt war. Ich sah den *Mann mit dem Schaf*, dessen Bronzeabguß heute auf dem Marktplatz von Vallauris steht, damals gab es ihn nur in Gips; dann eine Anzahl großer Frauenköpfe, die Picasso 1932 in Boisgeloup gemacht hatte, und ein wildes Durcheinander von Fahrradlenkstangen, Leinwandrollen, einen spanischen farbigen Holz-Christus aus dem fünfzehnten Jahrhundert und eine unheimliche, lange und dünne Frauenstatue mit einem Apfel in der einen Hand. Im anderen Arm hielt sie etwas, das wie eine Wärmflasche aussah.

Den stärksten Eindruck machte mir aber ein leuchtendes Ölbild von Matisse: ein Stilleben aus dem Jahr 1912 mit einer Schüssel Orangen auf einem rosafarbenen Tischtuch vor einem Hintergrund von hellem Ultramarin und strahlendem Rosa. Dann erinnere ich mich noch an einen Vuillard, einen Rousseau und einen Modigliani, doch die glühenden Farben des Matisse wirkten in diesem dämmrigen Atelier neben den Skulpturen besonders stark. Ich konnte mich nicht beherrschen und sagte: »Oh, welch ein schöner Matisse!« Sabartès wandte sich um und entgegnete streng: »Hier gibt es nur Picasso.«

Über eine kleine Wendeltreppe an der anderen Seite des Raumes stiegen wir zum zweiten Stock von Picassos Wohnung hinauf. Oben war die Decke viel niedriger. Wir betraten ein großes Atelier. Weiter hinten in diesem Raum sah ich Picasso, umgeben von sechs oder acht Leuten. Er trug eine alte Hose, die lässig von seinen Hüften herunterhing, und einen blaugestreiften Seemannssweater. Als er uns sah, hellte sich sein Gesicht zu einem freundlichen Lächeln auf. Er verließ den Kreis und kam auf uns zu. Sabartès murmelte etwas davon, daß wir verabredet seien, und ging wieder nach unten.

»Möchten Sie, daß ich Sie herumführe?« fragte Picasso. Wir bejahten und hofften, er würde uns einige seiner Bilder zeigen, wagten aber nicht, danach zu fragen. Er führte uns nach unten in das Bildhaueratelier.

»Bevor ich hier eingezogen bin«, erzählte er, »war diese untere Etage die Werkstatt eines Webers, die obere das Studio eines Schauspielers – Jean-Louis Barrault. Hier in diesem Raum habe ich *Guernica* gemalt.« Er setzte sich auf einen der Louis-XIII-Tische vor den Fenstern, die auf einen Innenhof gehen. »Aber sonst arbeite ich fast nie hier. Hier machte ich den *Mann mit dem Schaf*«, fuhr er fort und wies auf die große Gipsfigur, die ein Schaf in den Armen hielt, »aber zum Malen bin ich oben, und an meinen Skulpturen arbeite ich meistens in einem anderen Atelier, das ich einige Häuser weiter habe. Die gedeckte Wendeltreppe, die Sie heraufgestiegen sind, um hierher zu kommen«, fuhr er fort, »ist dieselbe, die der junge Maler in Balzacs *Le Chef-d'Œuvre Inconnu* erklomm, um den alten Pourbus zu besuchen, den Freund Poussins, der Bilder malte, die niemand verstand. Oh, hier ist alles erfüllt von historischen und literarischen Geistern. Nun ja, lassen Sie uns wieder nach oben gehen.« Er glitt vom Tisch herab, und wir folgten ihm die Wendeltreppe hinauf. Er führte uns durch das große Atelier um die Gruppe der Leute herum, die keine Notiz von uns nahmen, in einen kleinen Raum auf der anderen Seite.

»Hier mache ich meine Radierungen«, sagte er. »Und sehen Sie hier!« Er ging zu einem Spülstein und drehte den Wasserhahn auf. Nach einer Weile begann das Wasser zu dampfen. »Ist das nicht herrlich?« sagte er. »Trotz des Krieges habe ich heißes Wasser. Wirklich«, setzte er hinzu, »Sie können kommen und ein heißes Bad nehmen, wann Sie wollen.« Heißes Wasser war nun nicht gerade das, was uns hier am meisten interessierte, obwohl es damals eine Seltenheit war. Mit einem Blick zu Geneviève dachte ich, wenn er doch nur mit dem heißen Wasser aufhören und uns lieber ein paar Bilder zeigen würde! Statt dessen gab er uns einen Schnellkursus in der Technik des Radierens. Gerade in dem Augenblick, als wir schon glaubten, daß wir gehen müßten, ohne ein Bild gesehen zu haben, und nie mehr hierherkommen würden, führte er uns endlich in das große Atelier und begann, uns Bilder zu zeigen. Ich erinnere mich an einen krähenden Hahn, sehr farbig und kraftvoll in seinen Umrissen. Dann ein anderer aus derselben Periode, aber sehr streng, nur in Schwarz-Weiß.

Um ein Uhr brach die Gesellschaft auf. Was mich an diesem ersten Tag am seltsamsten berührte, war die Tatsache, daß das Atelier der Tempel einer Art Picasso-Religion zu sein schien und daß alle Anwesenden ganz in diese Religion versunken schienen – bis auf den einen, dem sie galt. Er schien das alles wie selbstverständlich hinzunehmen, ihm aber keine Bedeutung beizumessen, als ob er uns zeigen wollte, daß er nicht das geringste Bedürfnis habe, der Mittelpunkt eines Kults zu sein.

Als wir gehen wollten, sagte Picasso: »Wenn Sie wiederkommen möchten, kommen Sie unter allen Umständen. Aber wenn Sie kommen, kommen Sie nicht wie Pilger nach Mekka. Kommen Sie, weil Sie mich mögen, weil Sie meine Gesellschaft interessant finden und weil Sie eine einfache, direkte Beziehung zu mir haben möchten. Wenn Sie nur meine Bilder sehen wollen, können Sie ebensogut in ein Museum gehen.«

Diese Bemerkung nahm ich nicht ganz ernst. Erstens waren damals fast keine Bilder Picassos in den Pariser Museen zu sehen. Außerdem konnte sich auch keine Privatgalerie erlauben, sein Werk offen oder in größerem Umfang zu zeigen, seit er auf der Nazi-Liste der verbotenen Maler stand. Und die Arbeit eines anderen Malers nur in einem Bildband zu betrachten, kann einen Maler nicht zufriedenstellen.

So blieb für jemanden wie mich, der etwas mehr von seinem Werk sehen wollte, kaum eine andere Möglichkeit, als in die Rue des Grands-Augustins zu gehen.

Ein paar Tage nach diesem ersten Besuch sah ich kurz in die Galerie, in der Geneviève und ich unsere Ausstellung hatten. Die Dame, die sie führte, erzählte mir aufgeregt, daß gerade vorher ein kleiner Mann mit stechenden dunklen Augen und einem blau-weiß gestreiften Seemannssweater dagewesen sei. Nach dem ersten Schock habe sie Picasso erkannt. Sie berichtete mir, er habe sich die Bilder genau betrachtet und sei dann wieder gegangen, ohne ein Wort zu sagen. Als ich wieder nach Hause kam, erzählte ich Geneviève von seinem Besuch. Ich meinte, er sei vermutlich hingegangen, um zu sehen, wie schlecht unsere Bilder seien, und um sich selbst zu beweisen, wie recht er mit seinen Worten im *Catalan* gehabt habe: »Mädchen, die so aussehen, können keine Malerinnen sein.«

Geneviève sah die Dinge idealistischer. »Ich glaube, das ist ein netter menschlicher Zug«, sagte sie. »Darin zeigt sich, daß er ein echtes Interesse an der Arbeit junger Künstler hat.«

Ich war nicht überzeugt. Bestenfalls war es Neugier, dachte ich. »Er wollte nur sehen, was in uns steckt – wenn überhaupt etwas.« – »Oh, du bist so zynisch«, sagte sie. »Mir schien er sehr freundlich, aufgeschlossen und unkompliziert.«

Ich antwortete, daß er vielleicht einfach scheinen wollte, doch in seinen Augen hätte ich noch etwas ganz anderes gesehen. Es hatte mich dennoch nicht erschreckt. Gerade das war es, was mich reizte, wieder zu ihm zu gehen. Ich ließ eine Woche verstreichen, und dann, eines Morgens, ging ich mit Geneviève im Schlepptau wieder in die Rue des Grands-Augustins. Natürlich öffnete uns wieder Sabartès; er steckte den Kopf heraus wie ein kleiner Sandfuchs. Diesmal ließ er uns ohne Kommentar hinein.

Da wir uns vom ersten Besuch her noch an den schönen Flur mit den vielen Pflanzen und den exotischen Vögeln in Weidenkäfigen im hellen Licht des hohen Fensters erinnerten, hatten wir beschlossen, zu dem Grün ein wenig Farbe beizusteuern. Wir kamen deshalb mit einem Topf Cinerarien an. Als Picasso uns sah, lachte er.

»Wer bringt schon einem alten Herrn Blumen«, sagte er. Dann bemerkte er, daß mein Kleid die gleiche Farbe hatte wie die Blüten oder umgekehrt.

»Ich sehe, Sie denken an alles«, sagte er. Ich schubste Geneviève vor. »Hier ist die Schönheit, gefolgt von der Intelligenz«, erinnerte ich ihn.

Er musterte uns eingehend und sagte dann: »Das muß sich erst noch herausstellen. Was ich bis jetzt sehe, sind einfach zwei verschiedene Stile: archaischgriechisch und Jean Goujon.«

Bei unserem ersten Besuch hatte er uns nur wenige Bilder gezeigt. Dieses Mal holte er das Versäumte nach. Er türmte sie fast wie ein Gerüst vor uns auf. Ein Bild war auf der Staffelei, ein anderes stellte er darüber, eines an jede Seite, darauf wieder andere, so daß das Ganze schließlich aussah wie ein sehr geschickter Balanceakt in der Art von Akrobatenpyramiden. Wie ich später feststellte, pflegte er seine Bilder fast täglich so aufzubauen. Wie durch ein Wunder hielten sie immer das Gleichgewicht, aber sobald ein anderer sie berührte, purzelten sie alle herunter. An jenem Morgen sahen wir Hähne, ein Büfett vom *Catalan* mit Kirschen vor einem Hintergrund in Braun, Schwarz und Weiß, kleine Stilleben, manche mit Zitronen und viele mit Gläsern, einer Tasse und einer Kaffeekanne oder mit Früchten auf einem karierten Tischtuch.

Er schien mit den Farben zu spielen, wie er sie aussuchte und aufbaute. Da war ein großer Akt, zu drei Vierteln eine Rückenansicht und gleichzeitig frontal, in Erdtönen, die der Palette der kubistischen Periode sehr nahestanden. Es waren auch Bilder vom Vert Galant dabei, dieser kleinen Spitze der Ile de la Cité unter dem Pont Neuf, mit Bäumen, deren Blattwerk aus nebeneinandergesetzten Farbtupfen bestand, sehr in der Art van Goghs; dann noch einige Mütter mit riesigen Kindern, deren Köpfe den oberen Rand der Leinwand berührten. In ihnen steckte etwas von der Kraft der katalanischen Primitiven.

Viele Gemälde, die er uns an diesem Morgen zeigte, hatten kulinarische Motive: enthäutete Kaninchen oder Tauben mit Erbsen, wohl eine Reaktion auf die schlechte Zeit, da die meisten Menschen nicht genug zu essen hatten. Auf anderen war eine Wurst aufgeklebt, fast wie eine Collage, vor einem sonst sorgfältig komponierten Hintergrund. Auch einige Porträts von Frauen waren dabei, die mit Gabeln oder mit Fischen und anderen Nahrungsmitteln garnierte Hüte trugen. Schließlich zeigte er uns noch einige stark deformierte Bildnisse von Dora Maar, die in den letzten zwei Jahren entstanden waren – ich glaube, sie gehören zu den schönsten Bildern, die er je gemalt hat. Durchwegs auf weißgebliebenem Hintergrund, scheinen sie eher ein Symbol der menschlichen Tragödie als nur die Deformation eines Gesichts zu bedeuten, wie der oberflächliche Betrachter meinen könnte.

Plötzlich fand er, er habe uns genug gezeigt. Er trat von seiner Pyramide zurück. »Ich habe Ihre Ausstellung gesehen«, sagte er und schaute mich an. Ich hatte nicht den Mut, ihn nach seinem Urteil zu fragen, sondern sah nur erstaunt drein. »Sie sind zeichnerisch sehr begabt«, fuhr er fort. »Ich finde, Sie sollten weiterarbeiten, hart, jeden Tag. Ich bin neugierig, wie Ihre Arbeit sich entwickelt. Ich hoffe, Sie werden mir von Zeit zu Zeit neue Sachen zeigen.« Dann wandte er sich an Geneviève: »Ich glaube, Sie haben in Maillol den richtigen Lehrer gefunden. Ein guter Katalane macht sich um den anderen verdient.«

Von dem, was er an jenem Morgen sonst noch sagte, hat sich mir nicht mehr viel eingeprägt. Ich verließ die Rue des Grands-Augustins in sehr gehobener Stimmung und und brannte darauf, wieder in mein Atelier zu kommen und an die Arbeit zu gehen.

Bald nach diesem zweiten Besuch fuhr Geneviève wieder nach Südfrankreich. Ich wäre gern allein in die Rue des Grands-Augustins zurückgekehrt, doch ich fand, es sei noch zu früh, um Picasso neue Arbeiten zu zeigen, auch wenn seine Einladung, ihn zu besuchen, sooft ich wolle, mehr als herzlich gewesen war.

Ich muß gestehen, daß ich mich oft gefragt habe, ob Picasso mich überhaupt bemerkt hätte, wenn er mir allein begegnet wäre. Da er mich mit Geneviève traf, fand er in uns ein Thema, das durch sein gesamtes Werk geht und während der dreißiger Jahre besonders ausgeprägt war: zwei Frauen, die eine blond, die andere dunkel, die eine ganz aus Rundungen bestehend, die andere ihre inneren Konflikte nach außen kehrend, eine Persönlichkeit, die sich erst jenseits des Bildhaften erschließt; die eine die Art Frau, die ein rein ästhetisches und bildhaftes Leben besitzt, die andere der Typ, dessen Wesen sich in dramatischem Ausdruck spiegelt. Als er uns beide an jenem Morgen sah, fand er in Geneviève eine Spielart formaler Vollendung und in mir, der diese formale Vollendung fehlte, eine Art der Unruhe, die ein Echo seiner eigenen Natur war. Ich bin sicher, daß das ein Urbild in ihm wachrief. Er sagte selbst: »Ich begegne Wesen, die ich vor zwanzig Jahren malte.« Dies war gewiß einer der wesentlichen Gründe für das Interesse, das er zeigte.

Als ich wieder zu ihm kam, dauerte es nicht lange, bis er begann, recht deutlich eine andere Spielart seines Interesses an mir zu zeigen.

Immer waren einige Leute da, die seine Gesellschaft suchten, einige in dem langen Raum in der unteren Etage, wo sich Sabartès aufhielt, andere im großen

Maleratelier in der Etage darüber. Mir fiel bald auf, daß Picasso immer nach einem Vorwand suchte, mich in einen anderen Raum zu lotsen, um ein paar Minuten mit mir allein sein zu können. Beim erstenmal, so erinnere ich mich, waren es einige Tuben Farbe, die er mir geben wollte. Ich ahnte, daß es sich um mehr handelte als nur um Farben, und fragte ihn, weshalb er sie mir nicht brächte. Sabartès, der stets in der Nähe war, sagte: »Ja, Pablo, du hättest sie ihr bringen sollen.«

»Warum?« fragte Picasso. »Ich will ihr ein Geschenk machen; da wird ihr wohl die Mühe nicht zu groß sein mitzugehen.«

Ein andermal war ich mit dem Fahrrad gekommen, weil das damals die einzige Möglichkeit war, schnell und bequem herumzukommen. Unterwegs hatte es zu regnen begonnen, mein Haar war triefend naß. »Nun schau dir das arme Mädchen an«, sagte Picasso zu Sabartès, »in dem Zustand können wir sie nicht herumlaufen lassen.« Er nahm mich beim Arm. »Kommen Sie mit mir ins Bad und lassen Sie mich Ihr Haar trocknen.« – »Aber, Pablo«, sagte Sabartès, »ich würde Inès darum bitten. Sie kann das sicher besser.«

»Du läßt Inès, wo sie ist«, entgegnete Picasso. »Sie hat ihre eigene Arbeit zu tun.« Er führte mich ins Badezimmer und trocknete mir sorgfältig das Haar.

Natürlich kamen die Umstände Picasso nicht immer derart entgegen. Er mußte sie meistens selbst erfinden. Also war es beim nächsten Mal vielleicht ein besonderes Zeichenpapier, das er in einem der zahllosen verstaubten Winkel des Ateliers ausgegraben hatte. Doch welcher Vorwand auch immer, es war ganz klar, daß er herausfinden wollte, bis zu welchem Grad ich für seine Aufmerksamkeiten empfänglich war. Ich spürte kein Bedürfnis, ihm Gelegenheit zu einem Entschluß – ganz gleich, welcher Art – zu geben. Ich hatte zuviel Vergnügen daran, ihn bei seinen Bemühungen zu beobachten, es herauszubekommen.

Eines Tages sagte er zu mir: »Ich möchte Ihnen mein Museum zeigen.« Er führte mich in einen kleinen Raum, der an das Bildhaueratelier grenzte. Vor der linken Wand stand ein etwa zwei Meter hoher, eineinhalb Meter breiter und dreißig Zentimeter tiefer Glaskasten. Er hatte vier Regale und enthielt die verschiedensten Kunstgegenstände.

»Das sind meine Schätze«, erklärte er. Er führte mich vor die Mitte der Vitrine und zeigte auf einen wirklich bemerkenswerten Fuß aus Holz, der auf einem der Regale stand. »Der ist aus dem Alten Reich«, sagte er. »In diesem Fuß steckt ganz Ägypten. Mit einem solchen Fragment brauche ich die übrige Statue nicht.«

Aufgereiht auf dem obersten Regal standen ungefähr zehn sehr schlanke Frauenstatuen, dreißig bis fünfundvierzig Zentimeter hoch, in Bronze gegossen. »Die habe ich neunzehnhunderteinunddreißig in Holz geschnitzt«, erzählte er. »Und sehen Sie hierher«, schob er mich sehr sanft an die Seite der

Vitrine und tippte vor einer Anzahl kleiner Steine mit eingravierten Frauenköpfen, dem Kopf eines Stieres und eines Fauns an die Scheibe. »Die habe ich mit diesem Ding da gemacht«, wobei er aus seiner Tasche ein kleines Taschenmesser fischte, das nur eine einzige Klinge hatte. Auf einem anderen Regal, neben einer hölzernen Hand samt Unterarm, die sichtlich von den Osterinseln stammte, entdeckte ich ein kleines, flaches, etwa acht Zentimeter langes Knochenstück. Auf seinen Längsseiten waren parallele Linien aufgemalt, die wie die Zähne eines Kamms aussahen. In der Mitte zwischen diesen beiden »Zahnreihen« befand sich eine Kartusche, die zwei Käfer in Kampfstellung, Kopf an Kopf, darstellte – einer im Begriff, den andern zu verschlingen. Ich fragte Picasso, was das sei. »Das ist ein Läusekamm«, antwortete er, »ich würde ihn Ihnen schenken, aber ich kann mir nicht denken, daß Sie ihn brauchen können.« Er fuhr mir mit den Fingern durch das Haar und teilte es hier und da an den Wurzeln. »Nein«, meinte er, »auf diesem Gebiet scheinen Sie in Ordnung zu sein.«

Ich ging wieder zur Mitte der Vitrine. Dort stand ein Abguß seiner Skulptur *Ein Glas Absinth*, etwa zwanzig bis fünfundzwanzig Zentimeter hoch; vorn in das Glas war ein Loch geschnitten, darauf lag ein richtiger Löffel und auf diesem ein imitiertes Zuckerstück. »Das habe ich lange vor Ihrer Geburt gemacht«, sagte er. »Schon neunzehnhundertvierzehn. Ich habe es in Wachs modelliert, einen echten Löffel dazugenommen und davon sechs Bronzeabgüsse gemacht, jeden habe ich anders bemalt. Hier, das wird Ihnen Spaß machen.« Er legte seinen Arm um mich und zog mich zu einem anderen Teil des Schrankes. Ich sah eine kleine Streichholzschachtel, auf die er einen Frauenkopf in nachkubistischer Manier gemalt hatte. Ich fragte ihn, wann er dies gemacht habe.

»Oh, vor etwa zwei oder drei Jahren«, sagte er. »Die da auch.« Er deutete auf eine Anzahl Zigarettenschachteln, die er mit in Lehnstühlen sitzenden Frauen bemalt hatte. Ich stellte fest, daß drei von ihnen aus dem Jahr 1940 datiert waren. »Sie sehen, ich habe sie als Relief angelegt, indem ich an verschiedenen Stellen Pappstückchen aufklebte«, sagte er. Er zeigte auf das mittlere. »Bei dem da habe ich das Holzstück angenäht, das den Hauptteil des Rumpfes bildet. Beachten Sie das Haar, es ist aus Bindfaden. Ich halte diese Sachen für einen Übergang von der Malerei zur Skulptur.«

Ich bemerkte, daß auch der Rahmen des Stuhles, auf dem die Frau mit dem aufgenähten Rumpf saß, teilweise aus aufgenähtem Bindfaden bestand.

Im Fach darunter standen winzige Bühnenbild-Modelle aus Zigarrenkisten mit ausgeschnittenen, gemalten Papp-Schauspielern, nicht größer als kleine Sicherheitsnadeln. Das Seltsamste waren aber einige surrealistische Reliefs aus allerlei Dingen wie Streichhölzern, einem Schmetterling, einem Spielzeugboot, Blättern und Ästchen, die mit Sand bedeckt waren. Jedes war etwa fünfundzwanzig zu dreißig Zentimeter groß. Ich fragte ihn, was sie bedeuten sollten.

Er zuckte die Achseln. »Das, was sie sind«, meinte er. »Vor etwa zehn Jahren war ich versessen darauf, solche Sachen auf die Vorder- oder Rückseite kleiner Leinwandstücke zu machen. Ich komponierte sie zusammen – ein paar von den Dingen sind aufgenäht –, überzog sie mit Leim und bestreute sie mit Sand.«

Nach einem letzten Blick auf die Sand-Reliefs steckte ich meinen Kopf durch eine Tür in der Rückwand des Raumes. Sie führte in ein kleines Zimmer, das voll von Rahmen war. Ganz hinten stand die lebensgroße, ausgeschnittene Fotografie eines katalanischen Bauern, der so aussah, als hätte er die Schätze eines Museums zu bewachen. Ich ging wieder hinaus. Gegenüber der Vitrine stand ein Tisch, auf dem Werkzeug lag. Ich ging dorthin. Picasso folgte mir.

»Das brauche ich, wenn ich meinen Skulpturen den letzten Schliff gebe«, sagte er. Er nahm eine Feile. »Die da benutze ich alle Augenblicke.« Er legte sie hin und nahm eine andere. »Die ist für die feineren Flächen.« Nacheinander nahm er einen Hobel, Zangen, Nägel aller Art (»um in Gips zu gravieren«), einen Hammer, und bei jedem rückte er mir näher. Als er das letzte Stück wieder auf den Tisch gelegt hatte, drehte er sich abrupt um und küßte mich mitten auf den Mund. Ich ließ ihn. Erstaunt sah er mich an.

»Sie haben nichts dagegen?« fragte er. Ich verneinte – wie sollte ich? Er schien schockiert zu sein.

»Das ist widerlich«, fand er. »Mindestens hätten Sie mich wegstoßen können. Sonst käme ich womöglich auf die Idee, ich könne mit Ihnen machen, was ich will.« Ich lächelte und sagte ihm, er solle weitermachen. Nun war er ganz aus dem Geleise. Ich war mir sicher, daß er nicht wußte, was er – wenn überhaupt etwas – tun sollte, und ich hatte das Gefühl, daß es ihn völlig entmutigen würde, wenn ich seelenruhig ja sagte. Also sagte ich: »Verfügen Sie über mich.« Er schaute mich mißtrauisch an, dann fragte er: »Sind Sie in mich verliebt?« Das könne ich nicht garantieren, antwortete ich, aber mindestens wäre er mir sympathisch; ich sei sehr gern mit ihm zusammen und sähe keinen Grund, unsere Beziehung von vornherein irgendwie einzuengen. Er sagte wieder: »Das ist abstoßend. Wie können Sie erwarten, daß ich jemanden unter solchen Voraussetzungen verführe? Wenn Sie keinen Widerstand leisten – also, dann kommt das überhaupt nicht in Frage. Ich muß mir das noch überlegen.« Dann ging er wieder zu den anderen ins Bildhaueratelier.

Ein paar Tage später kam er in ähnlicher Weise auf die Sache zurück. Ich meinte, ich könne ihm nichts im voraus versprechen, aber er könne es ja immer wieder versuchen, dann werde er schon sehen. Das ärgerte ihn. Er sagte: »Trotz Ihrer Jugend habe ich den Eindruck, daß Sie in diesen Dingen ziemlich viele Erfahrungen haben.« Ich verneinte, wirklich nicht. »Also dann verstehe ich Sie nicht. Ihr Verhalten hat doch keinen Sinn.« Ich erklärte ihm, das ließe sich nicht ändern. So sei es eben, ob sinnvoll oder nicht. Übrigens, ich hatte keine Angst vor ihm, konnte also auch keine vortäuschen. »Sie sind zu kompliziert für mich«, sagte er. Damit hatte er für eine Zeitlang genug.

Etwa eine Woche später besuchte ich ihn wieder. Mit den nun schon gewohnten Praktiken gelang es ihm, mich in sein Schlafzimmer zu manövrieren. Er nahm ein Buch, das auf einem Stuhl neben seinem Bett lag. »Haben Sie den Marquis de Sade gelesen?« fragte er mich. Ich verneinte. »Aha! Jetzt schockiere ich Sie, nicht wahr?« rief er und sah dabei sehr stolz auf sich aus. Ich schüttelte den Kopf und sagte, ich wäre nicht gegen Sade, auch wenn ich ihn nicht gelesen hätte. Tatsächlich hatte ich Choderlos de Laclos und Restif de La Bretonne gelesen. Auf de Sade, so schien mir, konnte ich verzichten, er dagegen wohl nicht. Jedenfalls sagte ich ihm, das Problem des Henkers und des Opfers interessiere mich nicht. Ich glaubte auch nicht, daß mir eine dieser Rollen besonders gut stehen würde.

»Nein, nein, so habe ich das nicht gemeint«, rief er, »ich war nur neugierig, ob Sie das schockieren könnte.« Er sah ein wenig enttäuscht aus. »Sie scheinen mir eher eine Engländerin zu sein als eine Französin«, sagte er, »Sie haben diese englische Art von Zurückhaltung.«

Danach gab er seine Versuche eine Zeitlang auf. Er war deshalb nicht weniger freundlich, wann immer ich vormittags bei ihm vorbeikam, doch da ich ihn bei seinen ersten Annäherungsversuchen nicht ermuntert hatte, zögerte er sichtlich, weitere Vorstöße zu unternehmen. Meine »englische Zurückhaltung« hielt ihn in Schach. Mir war das recht.

Eines Vormittags gegen Ende Juni sagte er, daß er mir den Ausblick vom »Wald« zeigen wolle. Im Französischen wird mit diesem Wort auch der Dachstuhl bezeichnet. Er ging mit mir auf den Korridor vor seinem Maleratelier in der oberen Etage. Dort stand eine Trittleiter, die zu einer Tür hinaufführte, die sich etwa einen Meter über uns befand. Er verbeugte sich galant. »Sie gehen zuerst«, sagte er. Davon war ich zwar gar nicht begeistert, aber es war mir peinlich, davon zu reden, und so kletterte ich die Leiter hinauf, er hinterdrein. Oben angelangt, stieß ich die Tür auf und betrat einen kleinen Raum von dreieinhalb zu sechs Metern direkt unter der Dachschräge. Rechter Hand war ein kleines, offenes Fenster, das fast bis zum Boden reichte. Ich ging hinüber und hatte eine Art kubistischer Komposition aus den Dächern und Schornsteinen des linken Seineufers vor Augen. Picasso trat hinter mich und legte seinen Arm um mich. »Ich will Sie lieber festhalten«, sagte er, »es wäre mir nicht recht, wenn Sie hinausfielen und das Haus in Verruf brächten.« In den letzten Tagen war es wärmer geworden, er trug weiße Shorts und Sandalen, anscheinend die übliche Sommer-Aufmachung, in der er seine Freunde empfing.

»Schön, diese Dächer von Paris«, fand er. »Man könnte das malen.« Ich sah immer noch zum Fenster hinaus. Gegenüber, mehr nach rechts, auf der anderen Hofseite, wurde ein leerstehendes Haus renoviert. Auf eine Hauswand hatte ein Arbeiter mit Kalk einen riesigen Phallus gezeichnet, er war etwa zwei Meter groß und mit barockem Beiwerk verziert. Picasso redete immer noch über die Aussicht und die schönen alten Dächer vor dem hellen Graublau des

Himmels. Er hob seine Hände und schloß sie sanft um meine Brüste. Ich bewegte mich nicht. Schließlich sagte er, ein bißchen zu unschuldig, wie mir schien: »Da! Die Kalkzeichnung an der Wand dort drüben – was meinen Sie, was das sein soll?« Ich versuchte, mich so unbefangen zu geben wie er, und sagte, ich wisse es nicht.

Er nahm seine Hände von mir – nicht plötzlich, sondern behutsam, als seien meine Brüste zwei Pfirsiche, deren Form und Farbe ihm gefallen hatten; er hatte sie aufgenommen, befriedigt festgestellt, daß sie reif waren, und sich dann erinnert, daß noch nicht Essenszeit war.

Ich trat zurück. Ich wandte mich um und sah ihn an. Sein Gesicht war leicht gerötet, er sah zufrieden aus. Mir war, als sei er froh darüber, daß ich mir keine Blöße gegeben hatte und weder zu abweisend noch zu nachgiebig gewesen war. Sanft nahm er mich am Arm, führte mich aus dem »Wald« heraus und half mir auf die Leiter. Ich stieg hinunter, er folgte mir, und wir gesellten uns wieder zu dem Kreis im Maleratelier. Alle unterhielten sich angeregt, als hätten sie weder unser Verschwinden noch unsere Rückkehr bemerkt.

In jenem Sommer fuhr ich in ein kleines Dorf namens Fontès, in der Nähe von Montpellier, das damals in der unbesetzten Zone lag, um meine Ferien mit Geneviève zu verbringen.

Während ich dort war, machte ich eine jener Krisen durch, wie sie junge Menschen manchmal im Heranwachsen erleben. Picasso war nicht die Ursache. Sie hatte sich schon angekündigt, bevor ich ihn kennenlernte, und war so etwas wie eine seelische Inventur, ausgelöst durch den Widerspruch zwischen dem Leben, wie ich es bis dahin geführt hatte, und den Vorstellungen, die ich mir über meine Lebensführung gemacht hatte.

Seit meiner frühen Kindheit hatte ich an Schlaflosigkeit gelitten und meine Nächte mehr lesend als schlafend verbracht. Da ich schnell las, hatte ich mich durch eine beträchtliche Anzahl von Büchern hindurchgearbeitet. Mein Vater hatte diese Neigung gefördert. Er war gelernter Landwirtschaftsingenieur und hatte verschiedene chemische Fabriken aufgebaut, aber er hatte auch ein leidenschaftliches Interesse für Literatur und besaß eine große Bibliothek, die mir jederzeit zugänglich war. Als ich zwölf Jahre alt war, ließ er mich bändeweise die Werke von Joinville, Villon, Rabelais und Poe lesen und mit vierzehn Jahren den ganzen Jarry. Mit siebzehn war ich sehr stolz auf meine Kenntnisse und bildete mir ein, über das ganze Leben Bescheid zu wissen, wenn auch alles, was ich darüber wußte, aus Büchern stammte.

An meinem Äußeren schien mir nichts Besonderes zu sein, das störte mich aber weiter nicht. Ich fürchtete mich vor nichts, fühlte mich objektiv und unabhängig in allen meinen Urteilen und unbeschwert von den vielen Illusionen, die jugendliche Unerfahrenheit erzeugt. Kurz, ich hielt mich für einen gereiften Philosophen, der als junges Mädchen verkleidet war.

Mein Vater versuchte, mich wachzurütteln, indem er mir Vorträge hielt: »Du schwebst in höheren Regionen. Zieh dir lieber Schuhe mit Bleisohlen an und komm auf die Erde zurück. Sonst steht dir ein grausames Erwachen bevor.« Das Erwachen kam, als ich beschloß, Malerin zu werden. Zum erstenmal erkannte ich meine eigenen Grenzen. Beim Lernen hatte ich – selbst in Fächern wie Mathematik und Jura, die mich nicht interessierten – keine Schwierigkeiten, mit allen auftauchenden Problemen fertig zu werden. Doch als ich zu malen begann, kam ich allmählich zu der Erkenntnis, daß es Dinge gab, die ich nicht fertigbrachte – so ausschließlich ich mich auch der Sache verschrieb. Ich stieß auf Schwierigkeiten aller Art, theoretische und technische. Lange Zeit hatte ich das Gefühl, gegen eine Wand anzurennen. Dann ging mir plötzlich auf, daß eine Menge dieser Schwierigkeiten auf mangelnde Lebenserfahrung zurückzuführen war. Mein Intellekt hatte viele Dinge im Griff, doch was die unmittelbare Erfahrung anbetraf, war ich drauf und dran, eine totale Ignorantin zu werden.

Mit siebzehn hatte ich zu malen angefangen, und seit zwei Jahren arbeitete ich unter der Leitung eines ungarischen Malers namens Rozsda; gleichzeitig bereitete ich mich für mein Lizentiaten-Examen in Literatur an der Sorbonne und auf eine juristische Prüfung vor. Mein Vater hätte mir nicht erlaubt, die Universität zu verlassen, um meine ganze Zeit der Malerei zu widmen, so schwänzte ich gewöhnlich meine morgendlichen Vorlesungen und ging zum Malen in Rozsdas Atelier.

Rozsda war 1938 von Budapest nach Paris gekommen. Mütterlicherseits war er jüdischer Abstammung; gemäß dem Besatzungsrecht hätte er einen gelben Davidstern tragen müssen. Weil er keinen trug, verfügte er über größere Bewegungsfreiheit, lebte aber dafür ziemlich gefährlich. Als Ungar hätte Rozsda Militärdienst für die Nazis leisten müssen, da sein Land ein Satellitenstaat der Deutschen war. Das bedeutete, daß er in ihren Augen entweder ein illegaler Jude oder ein Deserteur war – also doppelt fällig für den baldigen Abtransport in die Gaskammer. Täglich war er in Gefahr, abgeholt zu werden. Mein Vater war eisern, wenn er sich in seinen Erwartungen getäuscht sah, aber wenn er wollte, konnte er auch sehr großzügig sein. Als ich ihm von Rozsdas Situation erzählte, half er ihm bei der Beschaffung von Papieren, um ihn sicher nach Budapest zurückzubringen.

Als Rozsda Paris im Februar 1943 verließ, brachte ich ihn zum Gare de l'Est. Ich war traurig über diesen Abschied, denn er war mir ein guter Freund gewesen, und ich war unglücklich bei dem Gedanken, daß die Fortschritte, die ich in meiner Malerei gemacht hatte, nun gefährdet sein könnten. Ich sagte zu ihm, daß ich mir weder Rat wisse, noch bei wem ich nun arbeiten könne. Der Zug fuhr an. Er sprang auf das Trittbrett und rief mir zu: »Machen Sie sich keine Sorgen. In einem Vierteljahr werden Sie Picasso kennen!« Er sollte recht behalten, fast auf den Tag.

Die Schwierigkeiten mit der Malerei waren nicht die einzige Quelle meiner Unzufriedenheit. In den zwei, drei Jahren vor der Begegnung mit Picasso war ich fast nur mit Männern befreundet, die ungefähr zehn Jahre älter waren als ich. Viele von ihnen waren auf irgendeine Weise aktiv in der Résistance, und ich glaube, sie alle betrachteten mich als Kind. Vielleicht ließen sie mich auch aus diesem Grund in Frieden. Außerdem: Wenn ich auch niemals auf die theologischen Märchen hereingefallen war, die mir die Dominikaner-Schwestern im Internat als Wahrheiten verkaufen wollten, war wohl doch etwas davon an mir hängengeblieben und hemmte mich. Ich war mir nicht sicher, ob ich ihren phantastischen Geschichten glauben sollte.

Im Alter von siebzehn bis zwanzig Jahren war ich sehr verliebt in Gilles, einen Jungen meines Alters. Er machte dieselben Schwierigkeiten durch wie ich. Jedesmal, wenn ich spürte, es sei richtig, mich ihm hinzugeben, hatte er Hemmungen, und immer, wenn er der Mutigere war, hatte ich meine Zweifel. Dann erkrankte er an einer Rippenfellentzündung, und während dieser Zeit versuchten meine Eltern, unserer Freundschaft ein Ende zu machen. Während er zur Erholung weggefahren war, entschloß ich mich, jene Schranke zu durchbrechen, die man Jungfräulichkeit nennt. Als er zurückkam, muß ich so aggressiv geworden sein, daß ich ihn maßlos erschreckte. Er erklärte mir, daß er mich nicht wirklich liebe und daß auch ich ihn aufgeben solle.

Anstatt zu begreifen, daß das Leben noch vor mir lag, hatte ich das Gefühl, die Zeit werde allmählich knapp. Ich dramatisierte diese erste Niederlage so sehr, daß ich schon dachte, nun sei alles gleichgültig. Rozsda, mein Lehrer, war fort. Der Junge, den ich wollte, hatte mich verschmäht. Ich hatte nichts mehr zu verlieren. So stand es mit mir, als ich Picasso begegnete. Nach unserem kurzen Geplänkel im Mai und Juni, als ich nach Südfrankreich fuhr, um den Sommer mit Geneviève zu verbringen, war ich noch immer von all dem aufgewühlt, was vor der Begegnung mit ihm lag. Für mich waren meine Eltern die Schuldigen, und ich kam zu dem Schluß: Bis hierher haben sie mein Leben zerstört; ab jetzt werde ich selbst über mich bestimmen.

Als erstes hatte ich, so glaubte ich, vor meinen Vater zu treten und ihm mitzuteilen, daß ich entschlossen sei, Malerin zu werden; und um das voll und ganz sein zu können, müsse ich meine anderen Studien aufgeben. Da ich wußte, wie hartnäckig er war, mußte ich damit rechnen, daß diese Ankündigung zum Bruch zwischen uns führen würde. Aber ich fühlte: Wenn ich dazu bereit war, würde ich mich auf der anderen Seite der Mauer wiederfinden, die mich bisher von allem trennte, was ich mir wünschte.

Bislang war ich in eine Art von Kokon gebettet, den meine Umwelt um mich gesponnen hatte. Mir war, als hätte mich der Lärm des Lebens bisher nur so gedämpft erreicht, daß ich keinen unmittelbaren Eindruck von der Wirklichkeit hatte. Doch ich wußte, daß ein Künstler von der unmittelbaren Erfahrung des Lebens zehrt, gleichgültig, wie er sie in seinem Werk zum Ausdruck bringt, und daß es für mich an der Zeit war, mich aus dem Kokon zu befreien. Ich glaube, das war mehr als eine Krise des Verstandes. Es war fast eine Neugeburt, und als mein Entschluß gefaßt war, fühlte ich mich so nackt wie an jenem Tag, als ich zur Welt kam.

Im Oktober schrieb ich meinem Vater einen Brief, mit dem ich versuchte, ihm alles zu erklären. Als Antwort schickte er mir meine Mutter, die wie ich stets völlig unter seiner Herrschaft gestanden hatte; sie sollte mich auf der Stelle nach Paris zurückbringen. Als wir zu Hause ankamen, erwartete er uns schäumend vor Wut: Mein Benehmen sei skandalös, ich müsse verrückt geworden sein. Falls ich mich darauf versteife, so drohte er, dann wisse er, daß ich ernstlich krank sei, und er werde mich einliefern lassen. Er gab mir eine halbe Stunde Zeit, meine Meinung zu ändern, und ging, um eine Besorgung zu machen. Ich wußte, daß ich nun schnell handeln mußte. Ohne meiner Mutter etwas zu sagen, verließ ich das Haus und lief zu meiner Großmutter, die nicht weit von meinen Eltern wohnte. Sie war nicht daheim. Ich beschloß, auf ihre Rückkehr zu warten. Nach ein paar Minuten kamen meine Eltern. Jetzt war wohl auch meine Mutter davon überzeugt, daß ich verrückt geworden sei. Bis zu diesem Tag hatte ich immer gehorcht, auch wenn es mir schwergefallen war. Auf einmal, mit einundzwanzig Jahren, war ich so unbeugsam wie mein Vater.

Als ich meine Eltern kommen sah, rannte ich hinauf ins oberste Stockwerk. Da ich wußte, in welcher Stimmung mein Vater jetzt war, rechnete ich damit, daß er mich packen und wieder mit nach Hause nehmen wollte. Ich dachte, das würde ihm nicht so leicht gelingen, wenn ich so weit wie möglich von der Haustür entfernt war. Er folgte mir nach oben. Noch nie hatte ich ihn so wütend gesehen. Er war schon immer ein jähzorniger Mann und gewohnt, daß ihm jeder – zu Hause, in der ganzen Familie, in seinen Fabriken, in aller Welt – sofort gehorchte.

Er fragte mich, ob ich nach Hause zurückkommen wolle. Ich verneinte; ich hätte mich entschlossen, das Elternhaus zu verlassen, wenn er nicht auf meine Forderungen eingänge, und fügte noch hinzu, daß ich ihn nie wieder um etwas bitten würde, denn von nun an hätte ich vor, so zu leben, wie es *mir* paßte.

Er fing an, mich mit aller Kraft zu schlagen – auf Kopf, Schultern, Rücken, ins Gesicht. Er war viel größer und stärker als ich, ich wußte, daß ich ihm nicht standhalten konnte, wenn er nicht bald aufhörte. Ich setzte mich auf die Treppe, und es gelang mir, meine Beine durch das Geländer zu zwängen. Dann schob ich meine Arme hindurch und verschränkte die Hände; so konnte er mich nicht mehr ins Gesicht schlagen, das fürchterlich zugerichtet war. Das Blut rann über die weißen Geländerstangen auf meine Knie. Ich spürte, wie mein Auge anschwoll. Er versuchte, mich vom Geländer wegzuzerren, aber ich konnte mich anklammern.

In diesem Augenblick hörte ich, wie unten die Haustür aufging. Meine Großmutter kam herein. So schnell sie konnte, lief sie herauf und stellte meinen Vater zur Rede, was hier vorgehe. Er antwortete, was sie hier sehe, hätte ich mir selbst eingebrockt. Ich rief dazwischen, das sei nicht wahr. Das könne sie nicht beurteilen, meinte sie, aber so viel stehe fest, daß ich in einem schlimmen Zustand sei. Dann steckte sie mich ins Bett und rief sofort einen Arzt. »Morgen werden wir weitersehen«, meinte sie.

Meine Großmutter war damals fünfundsiebzig Jahre alt. Vier Jahre vorher, nach dem Tod meines Großvaters, hatte sie einen Nervenzusammenbruch erlitten; sie mußte in ein Sanatorium gehen. Erst seit einem Jahr war sie genesen und lebte wieder in ihrem Haus. Sie war meine Großmutter mütterlicherseits, hatte ihr eigenes Vermögen und war nicht von meinem Vater abhängig. Die Verhältnisse hatten jedoch dazu geführt, daß ihr Geld von einem Anwalt verwaltet wurde, der ein Freund meines Vaters war und ein wenig unter seiner Fuchtel stand. Mein Vater nutzte diesen Umstand aus, um sie in seine Drohungen einzubeziehen. »Ich werde euch beide einliefern lassen«, schrie er. »Ihr seid beide verrückt. Von jetzt an werdet ihr erleben, daß Geld nicht mehr ganz so leicht zu haben ist. Wir werden sehen, wie euch das bekommt.«

Meine Großmutter richtete sich steil vor ihm auf. »Nur weiter so! Versuch es nur, uns wegschaffen zu lassen. Ich bin gespannt, wie du das fertigbringen willst. Von jetzt an wird Françoise bei mir bleiben, wenn sie es wünscht. Und nur um dir's leichter zu machen, wird sie sich von selbst einer psychiatrischen Untersuchung unterziehen.«

Das französische Recht schreibt vor, daß zwei Psychiater unabhängig voneinander im Urteil über eine geistige Erkrankung übereinstimmen müssen, bevor jemand in eine Anstalt eingeliefert werden kann. Der erste, den Vater mit meiner Untersuchung beauftragte, konnte nichts Negatives finden außer der Tatsache, daß mein Stoffwechsel um mehr als dreißig Prozent unter dem Normalwert lag, woraus er lediglich schloß, daß ich sehr abgespannt sei. Nach diesem Fiasko trieb mein Vater eine Psychiaterin auf. Ob sie nun tatsächlich von seiner Geschichte, daß ich verrückt sei, überzeugt war oder ob sie den Auftrag hatte, mich in diesen Zustand zu bringen, weiß ich nicht; jedenfalls beschäftigte sie sich zwei Stunden lang damit, mich zu testen, auf mich einzureden, mir zu drohen. Trotzdem kam nichts dabei heraus.

Ich machte noch bei einigen Psychiatern, die mein Vater bestellt hatte, die Runde; ein Vetter von ihm war auch darunter. Nach jeder Konsultation fühlte ich mich ruhiger und selbstsicherer. Schließlich hatte diese Geduldsprobe ein Ende.

Seit ich bei meiner Großmutter wohnte, hatte ich finanzielle Sorgen, denn vorher hatte ich immer von meinem Vater Geld bekommen. Mein einziges Kleid war jenes, das ich an dem Tag anhatte, an dem ich zu meiner Großmutter floh. Es war natürlich unmöglich, irgend etwas aus dem Haus meines Vaters zu holen.

Dieses Haus lag unmittelbar am Zugang zum Bois de Boulogne, und ich war sehr oft zum Reiten im Bois gewesen. Nun ging ich zu meinem alten Reitlehrer und sagte ihm, daß ich einen Job suche. Er ließ mich Unterricht für Anfänger geben. An manchen Tagen hatte ich in Maisons-Laffitte zu tun, einem Zentrum des Reitsports, das etwa zwanzig Kilometer von Paris entfernt ist. Das hielt mich ganz schön in Trab.

So wurde es November, bis ich wieder eine Gelegenheit fand, Picasso zu besuchen. Etwas fiel mir dabei besonders auf: die Ungezwungenheit, in der ich mit ihm umgehen konnte. Mit meinem Vater hatte ich schon seit Jahren nicht mehr reden können. Selbst das Verhältnis zu meinem gleichaltrigen Freund, den ich zu lieben glaubte, war oft schwierig und kompliziert, ja fast negativ gewesen. Nun gab es auf einmal jemand für mich, der dreimal so alt war und mit dem ich mich sofort so gut verstand, daß wir über alles reden konnten. Es war wie ein Wunder.

Als ich ihn nach einer Pause von vier oder fünf Monaten und nach allem, was ich in diesem Sommer erlebt hatte, wiedersah, hatte ich das Gefühl, zu einem Freund zurückzukehren, dessen Wesen dem meinen verwandt war. In meiner Jugend war ich mir oft wie ein einsamer Wanderer vorgekommen, der eine Wüste durchquert. Bei all meiner intellektuellen Überheblichkeit war ich in Gesellschaft schüchtern und blieb auch oft im Kreis meiner Freunde schweigsam. Hier aber war ich bei jemandem, den ich kaum kannte, ganz unbefangen.

An sich hatten Picasso und ich nichts gemeinsam, tatsächlich verband uns aber sehr viel. Eines Tages, als ich ihm in einem Anflug von Herzlichkeit – sehr im Gegensatz zu der »englischen Zurückhaltung«, die ich zuvor gezeigt hatte – gestand, wie unbefangen ich mich in seiner Gegenwart fühle, packte er mich am Arm und rief erregt: »Aber das ist ja genau das, was ich auch empfinde. Als ich jung war, noch jünger als Sie heute, fand ich nie einen Menschen, der so wie ich war. Ich hatte das Gefühl, völlig isoliert zu leben, und sprach mit niemandem über das, was ich wirklich dachte. Ich flüchtete mich ganz in meine Malerei. Im Lauf des Lebens traf ich hier und da Menschen, mit denen ich mich ein wenig austauschen konnte, und mit der Zeit wurde das immer besser. Auch ich hatte bei Ihnen das Gefühl, daß wir dieselbe Sprache sprechen. Vom ersten Augenblick an wußte ich, daß wir etwas miteinander anfangen könnten.«

Ich sagte ihm, das sei mir eine Beruhigung, denn vor den Ferien hätte ich manchmal ein schlechtes Gewissen gehabt, weil ich so oft zu ihm kam, und ich wolle ihn auch jetzt nicht durch allzu häufige Besuche stören.

»Verstehen wir uns doch richtig«, sagte er. »Ob Sie kommen oder nicht, irgendwer wird mich immer stören. Als ich jung war, kannte mich niemand und störte mich niemand. Ich konnte den ganzen Tag arbeiten. Wären Sie damals gekommen, dann hätten Sie mich wahrscheinlich gestört, selbst wenn Sie kein Wort gesagt hätten. Aber heute gibt es so viele, die mich stören; wenn Sie es nicht sind, dann ist es irgendein anderer. Ehrlich gesagt«, und hier verzog sich seine ernste Miene zu einem Grinsen, »es gibt Leute, die mir lästiger sind als Sie.«

So verbrachte ich die zwei oder drei Vormittage, an denen ich keine Reitstunden geben mußte, in der Rue des Grands-Augustins. Die meisten Besucher, die ich dort traf, waren Leute, die fast täglich kamen. Sie sahen sich ein paar Bilder an, wenn Picasso Lust hatte, ihnen etwas zu zeigen. Wenn nicht, dann saßen sie nur herum, redeten nicht viel, und zur Mittagszeit ging jeder wieder seiner Wege. Nicht daß sie Schmarotzer waren – es waren Leute, die irgendwie in Picassos Leben gehörten. Zum Beispiel Christian Zervos, der Herausgeber der *Cahiers d'Art*, der am Œuvre-Katalog Picassos arbeitete und oft seinen Fotografen mitbrachte, um die neuesten Zeichnungen und Gemälde aufnehmen zu lassen. Oder der »Baron«, Jean Mollet, der seinerzeit, als Guillaume Apollinaire der offizielle Sprecher der kubistischen Richtung war, dessen Sekretär war – Apollinaire war nun schon seit fünfundzwanzig Jahren tot, aber der »Baron« gehörte immer noch mehr oder weniger zur bleibenden Ausstattung von Picassos Atelier.

Ein anderer, der sehr oft kam, war André Dubois, der später Polizeipräfekt wurde und danach zu der Zeitschrift *Match* ging. Damals arbeitete er im Innenministerium, und weil die Deutschen wenig Möglichkeiten fanden, Picasso zu belästigen, obwohl sie wahrscheinlich sehr darauf aus waren, kam André Dubois fast jeden Tag, um nach dem Rechten zu sehen. Auch Jean-Paul Sartre, Simone de Beauvoir und der Dichter Pierre Reverdy kamen häufig. Sartre und Simone de Beauvoir unterhielten sich meistens miteinander; wenn Sartre mit Picasso sprach, dann fast immer in einer entfernten Ecke, und er sah dabei so geheimnisvoll und verschwörerisch aus, daß ich annahm, es gehe um die Résistance und seine Untergrund-Publikationen. Wenn Sartre in meiner Gegenwart redete, dann nie über die Malerei im allgemeinen oder speziell über die Picassos; auf mich wirkte er meistens so belehrend, daß ich es mir angewöhnte, lieber mit anderen zu sprechen – so mit dem Dichter Jacques Prévert. In einer Zeit, in der die meisten Menschen nicht viel zu lachen hatten, brachte es Prévert immer noch fertig, irgendeinen Witz zu machen.

Als Picasso seine eigene Hand in Bronze gegossen hatte, amüsierte Prévert eines Tages sich und uns damit, die Bronzehand in seinen Ärmel zu stecken und sie zur Begrüßung zu reichen. Dann ging er weiter und ließ die Bronzehand in der des Besuchers zurück.

Im Winter ging ich eines Morgens in die Rue des Grands-Augustins, um

Picasso einige Bilder zu zeigen, die ich gerade fertig hatte. Ich bemerkte, daß sich eine Anzahl der regelmäßigen Gäste, die ich oft oben im Maleratelier gesehen hatte, in dem langen Raum des unteren Stockwerks aufhielt, wo Sabartès arbeitete. Er sah wie ein Verschwörer drein und gab mir ein Zeichen, ihm zu folgen. Als wir draußen waren, flüsterte er: »Ich darf Sie nach oben bringen, hat er gesagt, sonst will er heute niemand sehen. Sie werden jemanden finden, der Sie ganz schön erschrecken wird.«

Als wir das Maleratelier betraten, sah ich Picasso mit einem schlanken, dunklen, sehr lebhaften Mann sprechen, dessen Anblick mir, wie ich zugeben muß, tatsächlich einen Schock versetzte. Es war André Malraux, damals vor allen anderen das Idol unserer Generation. Wir alle hatten seine Bücher verschlungen – *Les Conquérants*, *La Condition humaine*, *L'Espoir* –, aber wir waren nicht nur davon hingerissen, sondern auch von dem, was er in China, Indochina, Spanien und neuerdings als ein Führer des südfranzösischen Maquis unternahm.

Picasso stellte mich Malraux vor und forderte mich auf, meine Bilder zu zeigen. Ich war dabei ziemlich verlegen. Zu einem der Bilder bemerkte ich, daß es aus der Erinnerung an einen Ausflug nach Lex Baux entstanden sei, den ich im vorigen Sommer gemacht habe. Picasso erinnerte sich, daß er dort vor ungefähr fünf Jahren am Weihnachtstag Malraux getroffen hatte: »Man fühlt sich dort wie in einer anderen Welt, wenn man ins Val d'Enfer hinunterschaut; ich muß dabei an Dante denken.«

»Das ist durchaus möglich«, sagte Malraux. »Während seiner Verbannung aus Florenz kam Dante bei seinen Wanderungen durch Frankreich dorthin und beschrieb diesen Schauplatz im *Inferno*.«

Als Malraux gegangen war, sagte Picasso: »Ich hoffe, Sie wissen das Geschenk zu schätzen, das ich Ihnen eben gemacht habe.« – »Welches«, fragte ich. »Daß ich Sie mit Malraux sprechen ließ. Niemand darf wissen, daß er hier war. Es ist zu gefährlich. Er tauchte geradewegs vom Maquis hier auf.« Ich sagte zu Picasso, ich wisse nicht, ob ich dafür dankbar sein solle. Bislang war ich mit der romantischen Legende glücklich gewesen. Aber nun, da ich Malraux zum erstenmal gesehen hatte, mit seinem von nervösen Zuckungen verzerrten Gesicht, war ich sehr enttäuscht.

Am entgegengesetzten Ende des Spektrums, politisch und überhaupt, stand Jean Cocteau. In jenem Winter kam er eines Tages mit seinem Freund, dem Schauspieler Jean Marais – »Jeannot«, wie er ihn nannte –, um Picasso zu erzählen, daß Marais die Rolle des Pyrrhus in der *Andromache* von Racine bekommen habe. »Unser kleiner Jeannot wird einen ungeheuren Erfolg haben«, versicherte Cocteau. Jeannot hatte sogar die Bühnenbilder und Kostüme entworfen, die Cocteau bis ins Detail beschrieb, dabei hob er besonders den dramatischen Kontrast zwischen den weißen Kostümen und den schwarzen Säulen des Palastes hervor. Wenn Pablo sich bloß eine Vorstellung davon machen könnte, *wie* königlich Jeannot in seinem mehr als fünf Meter langen prächtigen Purpurcape aussehe, wenn er sich in einem überwältigenden Auftritt der Länge nach die Treppe herabstürze! Es gebe da nur ein Problem: Jeannot müsse ein Zepter haben. Ob ihm Pablo nicht eines entwerfen könne?

Picasso überlegte einen Augenblick, dann fragte er: »Kennt ihr den kleinen Markt drüben in der Rue de Buci?« Cocteau und Marais waren verdutzt, sagten aber ja, den kennten sie.

»Schön«, sagte Picasso. »Dann geht dorthin und besorgt mir einen Besenstiel.« Sie sahen etwas konsterniert aus, aber schließlich gingen sie und kamen mit einem Besenstiel zurück. Picasso nahm ihn in Empfang. »Kommt in zwei Tagen wieder«, sagte er. »Ich werde etwas machen.«

Als sie fort waren, nahm er einen eisernen Schürhaken, brachte ihn in seinem großen Ofen zum Glühen und brannte ein abstraktes Muster im Stil der Primitiven auf die ganze Länge des Stiels. Ich fand, er sei etwas zu lang. »Dann wird sich Jeannot nicht verwickeln«, meinte er. »Außerdem kann er sich darauf stützen.«

Als die Premiere bevorstand, wollte Picasso nicht hingehen – nicht einmal, um Jeannot das Zepter schwingen zu sehen, das er für ihn gemacht hatte. Er gab seine Einladung mir. Wie zu erwarten war, agierten die Damen in sittsamer und langweiliger Verhüllung vom Kinn bis zu den Zehen, und die Männer schwänzelten wie kleine Ballettratten in kurzen Tuniken herum, die ihre Beine und so viel wie möglich vom Hintern zeigten.

Das Erheiterndste an der Aufführung waren aber die schwarzen Säulen des Palastes. Jedesmal, wenn Pyrrhus sich an eine lehnte, hatte er die billige Wasserfarbe an den Händen. Als er dann, ein Höhepunkt des Dramas, Andromache in die Arme schloß, ließ er die Abdrücke auf ihrem fließenden weißen Gewand zurück. Nach kurzer Zeit sah sie nicht mehr sehr griechisch, sondern eher avantgardistisch aus. Das Publikum schrie. Schließlich wurden Pfiffe, Zischen und Buhrufe laut. Ich glaube, das Stück wurde nach drei Abenden abgesetzt.

Ein anderer regelmäßiger Besucher im Atelier war der Fotograf Brassaï, der oft kam, um Bilder von Picassos Skulpturen zu machen. Picasso hatte seine Freude daran, ihn aufzuziehen, gewöhnlich begrüßte er ihn mit den Worten: »Na, was werden Sie mir denn heute zerbrechen?« Brassaï schien dafür prädestiniert, und eine simple Bemerkung wie diese genügte ihm als Startzeichen. Damals modellierte Picasso gerade die schwangere Katze, die ihren Schwanz steif hinter sich ausstreckt. Als Brassaï an einem Vormittag sein Stativ aufbaute, sagte er zu ihm: »Um Himmels willen, kommen Sie diesem Schwanz nicht zu nahe, Sie werden ihn abbrechen.« Brassaï hielt sich brav von der Skulptur fern, zerrte sein Stativ umher, machte noch eine Seitwärtsbewegung, und schon hatte er den Katzenschwanz heruntergeschlagen.

Sobald er wieder von der Katze losgekommen war, riß er sein Stativ an sich.

Picasso höhnte: »Lassen Sie doch Ihr Stativ in Ruhe und biegen Sie lieber Ihre Augen zurecht!« Das war keine sehr liebenswürdige Bemerkung, denn Brassaï litt – vielleicht wegen einer Schilddrüsenerkrankung – an stark hervorquellenden Augen. Aber mir war von Anfang an aufgefallen, daß niemand über Picassos Sticheleien böse wurde. Brassaï fing so schrecklich zu lachen an – entweder fand er das wirklich zum Lachen oder er dachte, er müsse lachen –, daß er über sein eigenes Stativ stolperte und rücklings in ein großes Wasserbecken stürzte, das Picasso für Kasbek, seinen Afghanenhund, im Atelier aufgestellt hatte. Alle wurden mit Wasser bespritzt, und das genügte, um Picasso für den Rest des Vormittags in gute Laune zu versetzen.

»Wenn mich vormittags niemand besuchen würde, könnte ich am Nachmittag nicht arbeiten«, sagte er mir später einmal. »Diese Begegnungen laden mich auf wie eine Batterie, auch wenn das, was dabei vorgeht, keine sichtliche Beziehung zu meiner Arbeit hat. Das ist wie das Aufflammen eines Streichholzes. Es hellt mir den ganzen Tag auf.«

Doch nicht alle seine Besucher waren Picasso willkommen. Die Deutschen hatten verboten, seine Bilder auszustellen. In ihren Augen war er ein »entarteter« Künstler und, schlimmer noch, ein Feind des Franco-Regimes. Unentwegt suchten sie nach einem Vorwand, um ihm Schwierigkeiten zu machen. Ungefähr alle ein bis zwei Wochen kam eine Gruppe von uniformierten Deutschen, die mit drohender Miene fragten: »Hier wohnt doch Monsieur Lipschitz, nicht wahr?«

»Nein«, pflegte Sabartès zu sagen, »hier wohnt Monsieur Picasso.«
»O nein. Wir wissen, das ist die Wohnung von Monsieur Lipschitz.«
»Aber nicht doch«, beharrte dann Sabartès, »hier wohnt Picasso!«
»Monsieur Picasso ist nicht zufällig Jude?«
»Natürlich nicht«, sagte Sabartès. Da der Arier- oder Nichtarierstatus eines Menschen nach dem Taufschein der Urgroßeltern festgesetzt wurde, konnte wirklich niemand sagen, Picasso sei jüdisch. Trotzdem kamen sie immer wieder und gaben vor, den Bildhauer Lipschitz zu suchen, obwohl sie genau wußten, daß er sich derzeit in Amerika aufhielt und nie seinen ständigen Wohnsitz in Paris gehabt hatte. Dann behaupteten sie, sie müßten sich von seiner Abwesenheit überzeugen: »Wir wollen sichergehen. Wir kommen herein und suchen nach Dokumenten.« Gewöhnlich traten drei oder vier von ihnen ein, unter ihnen ein außerordentlich höflicher Offizier, der Französisch sprach. Das Durcheinander ringsum wirkte herausfordernd auf sie. Sie pflegten jeden Winkel zu durchstöbern.

Picasso hatte ein Rencontre mit den Deutschen gehabt, ehe ich ihn kennenlernte; er erzählte mir eines Tages mit beträchtlicher Genugtuung davon. 1940, gleich nach dem Waffenstillstand, machten die Deutschen Inventur in allen Banktresoren, es war eine ihrer ersten Aktionen. Jüdisches Eigentum wurde beschlagnahmt, das anderer Leute auf Listen erfaßt, um es im Bedarfsfall verfügbar zu haben. Am meisten interessierten sich die Deutschen für ausländische Aktien und Wertpapiere, Gold, Schmuck und wertvolle Kunstwerke.

Als die Inventur begann, eilten die meisten Leute zurück, die gerade nicht in Paris waren, um dabei zu sein, wenn ihre Fächer und Tresore geöffnet wurden. Alle waren sich darüber im klaren, daß am Anfang, bevor die »Experten« aus Deutschland da waren, die Besatzungssoldaten ziemlich aufs Geratewohl vorgehen würden und daß es deshalb einige Chancen gab, Wertsachen zu retten. So hielt es meine Familie und, wie ich später erfuhr, auch Picasso.

Neben seinen eigenen Tresoren kümmerte er sich auch um die von Matisse, der eine sehr schwere Unterleibsoperation hinter sich hatte und nach Südfrankreich gezogen war. Beider Bilder lagen in der Zentrale der B.N.C.I., der Nationalbank für Handel und Industrie. Als die Tresore geöffnet wurden, legte Picasso Wert darauf, dabeizusein. Im Kellergeschoß der Bank waren drei große Räume mit Bildern angefüllt, zwei mit seinen eigenen, einer mit denen von Matisse; der Bankdirektor war mit beiden Malern befreundet. Da Picasso Spanier ist, war es für die Deutschen schwierig, sein Eigentum anzutasten, vorausgesetzt, daß er gültige Papiere besaß. Doch als *persona non grata* des Franco-Regimes war er in einer prekären Situation. Da obendrein beide, er und Matisse, von den Nazis als »entartete« Künstler eingestuft worden waren, bestand noch mehr Grund zur Vorsicht.

Die Inspektoren, zwei deutsche Soldaten, hatten sehr gute Manieren, waren aber nicht besonders hell, wie Picasso sagte. Er führte sie von einem Raum in den anderen, zog Leinwände heraus, prüfte sie, stopfte sie wieder hinein, bugsierte die beiden um irgendwelche Ecken oder ging in die verkehrte Richtung, bis er sie derart in Verwirrung gebracht hatte, daß sie völlig ratlos waren. Und da sie von seinem Werk und von dem Matisses überhaupt keine Ahnung hatten, begriffen sie weder, was sie sahen, noch in welchem Raum sie gerade waren. Er holte nur ein Drittel seiner Bilder zum Inventarisieren hervor, und als sie zu den Bildern von Matisse kamen, sagte er: »Ah, die haben wir ja schon gesehen.« Sie konnten keins vom andern unterscheiden, und als sie fragten, was alle diese Sachen wert seien, nannte Picasso 8000 Francs – für alle Bilder von sich und Matisse. Sie glaubten ihm aufs Wort. Nichts von den beiden Malern wurde mitgenommen. Es schien nicht der Mühe wert.

»Die Deutschen haben immer Respekt vor Autorität, und zwar in jeder Form«, sagte er. »Die Tatsache, daß ich jemand war, den jeder kannte, und daß ich persönlich hergekommen war, um ihnen genaue Angaben über Größen, Wert und Daten zu machen, beeindruckte sie sehr. Und sie konnten sich nicht vorstellen, daß ihnen jemand eine Geschichte erzählte, die ihn teuer zu stehen gekommen wäre, wenn man ihn erwischt hätte.«

Zwei Personen, die damals gelegentlich in Picassos Atelier ein- und ausgingen, umgab eine kafkaeske Unbestimmtheit: einen reichlich mysteriösen Kunsthistoriker und einen Fotografen, der von Zeit zu Zeit in undurchsichtigem Auftrag kam. Picasso hielt sie für Agenten, doch gab es weder eine Möglichkeit, das zu überprüfen, noch einen triftigen Grund, ihnen den Einlaß zu verweigern. Am meisten fürchtete sich Picasso davor, daß einer von diesen verdächtigen Deutschen – der Fotograf zum Beispiel, der öfter kam als die anderen – einmal belastende Papiere bei ihm verstecken könnte, so daß die Gestapo bei der nächsten Haussuchung etwas finden mußte.

Es gehörte für ihn viel Mut dazu, während des Krieges in Paris zu bleiben, weil Hitler seine Bilder angeprangert hatte und die Besatzungsbehörden den Intellektuellen recht skeptisch gegenüberstanden. Viele Künstler und Schriftsteller – Léger, André Breton, Max Ernst, André Masson, Ossip Zadkine und andere – waren nach Amerika gegangen, bevor die Deutschen kamen. Vielen erschien es klüger, das Wagnis des Bleibens nicht auf sich zu nehmen. Einmal fragte ich Picasso, warum er dageblieben sei.

»Oh, ich suche nicht die Gefahr«, antwortete er, »mir ist das alles ziemlich gleichgültig, aber ich möchte auch nicht der Gewalt weichen. Hier bin ich, hier bleibe ich. Die einzige Macht, die mich vertreiben könnte, wäre mein eigener Wunsch zu gehen. Hierbleiben ist eigentlich keine Manifestation des Mutes, sondern nur eine Form von Trägheit. Ich glaube, daß ich eben lieber hier sein will. Und ich werde bleiben, was immer es kostet.«

Je öfter ich vormittags in der Rue des Grands-Augustins auftauchte, desto mürrischer wurde Sabartès zu mir. Einmal, als nur er, Picasso und ich im Maleratelier waren, kam er anscheinend zu dem Entschluß, er sei nun lange genug diplomatisch gewesen. Ich vermutete, daß sie über mich gesprochen hatten, ehe ich kam, denn ich war kaum ein paar Minuten bei ihnen, da sagte Sabartès, als wolle er nur noch ein Gespräch ergänzen, das schon länger im Gange war: »Das alles gefällt mir gar nicht, Pablo. Es wird ein schlechtes Ende nehmen. Du weißt, ich kenne dich. Außerdem wechselt sie zu oft die Kleider, das ist kein gutes Zeichen.«

Tatsächlich hatte sich meine Mutter eine Woche zuvor anders besonnen und einige von meinen Kleidern zu meiner Großmutter geschmuggelt. Ich kann mir denken, daß ich davon reichlichen Gebrauch machte, nachdem ich wochenlang tagtäglich dasselbe Kleid getragen hatte.

»Kümmere dich um deinen eigenen Kram, Sabartès«, erwiderte Picasso. »Du hast ja keine Ahnung. Du hast nicht genug Verstand, um zu begreifen, daß dieses Mädchen auf einem Seil geht und dabei fest schläft. Willst du sie aufwecken? Willst du, daß sie abstürzt? Du verstehst uns Schlafwandler nicht. Und du verstehst auch nicht, daß ich dieses Mädchen gern habe. Ich hätte sie genauso gern, wenn sie ein Junge wäre. Tatsächlich hat sie ein wenig Ähnlichkeit mit Rimbaud. Also behalte deine finsteren, schlechten Gedanken für dich. Geh lieber wieder hinunter und arbeite etwas.«

Sabartès sah gar nicht überzeugt aus. Er stieß einen tiefen Seufzer aus und ging nach unten. Picasso schüttelte den Kopf: »Ein Ausbund von Begriffsstutzigkeit! Man lebt, und man wirft einen Ball. Man hofft, daß er eine Mauer trifft und zurückspringt, damit man ihn von neuem werfen kann. Man hofft, daß seine Freunde diese Mauer sind. Aber sie sind fast nie eine Mauer. Sie sind wie alte, nasse Bettlaken, und der Ball, den man wirft, fällt herunter, wenn er die nassen Laken trifft. Er kommt fast nie zurück.« Mit einem Seitenblick auf mich fuhr er fort: »Ich fürchte, ich werde sterben, ohne je geliebt zu haben.« Ich lachte: »Darüber läßt sich doch heute noch nichts sagen. So weit sind Sie noch nicht.«

Picasso schwieg eine Weile, dann sagte er: »Erinnern Sie sich noch, wie wir über die Leiter zum ›Wald‹ hinaufgestiegen sind und auf die Dächer sahen?« Ich bejahte.

»Eines würde ich mir wünschen – Sie sollten hierbleiben, gleich jetzt, oben im ›Wald‹, und dort so verborgen leben, daß niemand wüßte, daß Sie hier sind. Ich würde Ihnen zweimal täglich Essen bringen. Sie könnten dort oben in Ruhe arbeiten, und in meinem Leben gäbe es ein Geheimnis, das mir niemand nehmen könnte. Nachts könnten wir zusammen ausgehen, wohin wir wollen. Da Sie die Menge nicht mögen, wären Sie restlos glücklich, weil Sie sich um niemanden auf der Welt kümmern müßten, außer um mich.« Ich sagte, das sei ein guter Einfall.

Aber dann wurde er nachdenklich: »Ich weiß nicht, ob das wirklich eine so gute Idee ist; dann wäre ich ja auch gebunden. Wenn Sie keine Freiheit mehr hätten, wäre es auch mit meiner Freiheit vorbei.«

Ich sah ihm an, daß es ihm dennoch schwerfiel, den Gedanken aufzugeben. »Es wäre trotzdem schön«, fuhr er fort. »Sie würden hier leben, ohne einen Menschen auf der Welt außer mir zu sehen, würden schreiben oder malen, ich würde Ihnen alles nötige Arbeitsmaterial geben. Und wir hätten zusammen ein Geheimnis. Wir würden erst ausgehen, wenn es dunkel ist, und dann nur in Viertel, in denen wir keinen Bekannten begegnen könnten.«

Ich muß gestehen: Im Augenblick hatte dieser Gedanke mindestens als poetische Vorstellung einen großen Reiz für mich. Allein dort oben leben hieß, von allen Menschen, die mir lästig waren, getrennt zu sein und nur den einen Menschen zu sehen, der mich so sehr interessierte und der mir damals vollauf genügt hätte. Ich wußte, es war noch keine Frage der Liebe, doch ich erkannte auch, wie es uns mit aller Kraft zueinander zog.

Als ich mich verabschiedete, sagte Picasso: »Ich bin es ebenso leid wie Sie, Sabartès brummen zu hören, wenn er Ihnen morgens hier begegnet. Nach dem Essen ist er nicht hier, wäre es Ihnen lieber, in Zukunft am Nachmittag zu kommen?« Das war mir recht, aber ich sagte, er solle nicht damit rechnen, daß ich gerade jetzt in den »Wald« ginge; ich hätte das Gefühl, im Februar sei es doch wohl ziemlich kalt dort oben unter der Dachrinne.

»Einverstanden«, meinte er. »Übrigens, für den Februar habe ich eine bessere Idee. Nachmittags empfange ich hier niemanden, ich gehe nicht einmal ans Telefon, wenn es läutet – wir werden also völlig ungestört sein, und ich werde Ihnen Unterricht im Radieren geben. Ist Ihnen das recht?« Ich stimmte zu.

Vor meinem ersten Nachmittagsbesuch in der Rue des Grands-Augustins rief ich Picasso an, um den Zeitpunkt zu vereinbaren. Pünktlich war ich zur Stelle. Ich trug ein schwarzes Samtkleid mit hochgeschlossenem weißen Spitzenkragen, mein dunkelrotes Haar war zu einer Frisur aufgesteckt, wie ich sie auf den *Infantinnen*-Porträts von Velasquez gesehen hatte. Picasso starrte mich mit offenem Mund an. Nach einer Weile fragte er: »Ist das die Kostümierung, die man trägt, wenn man das Radieren lernen will?«

»Sicher nicht. Aber ich weiß genau, daß Sie nicht im mindesten die Absicht haben, mir das Radieren beizubringen. Deshalb habe ich das Kleid angezogen, das mir am meisten den Umständen zu entsprechen scheint. Mit anderen Worten: Ich möchte einfach schön aussehen!«

Er warf die Hände hoch. »Guter Gott! Sie haben Nerven! Sie tun, was Sie können, um mir die Sache schwer zu machen. Können Sie nicht wenigstens so *tun*, als ob Sie erobert würden, wie andere Frauen auch? Wenn Sie meine Ausflüchte nicht ernst nehmen, wie sollen wir dann jemals zusammenkommen?« Er hielt inne und schien über seine Vorwürfe nachzudenken. Dann sagte er, schon etwas langsamer: »Eigentlich haben Sie recht. Es ist besser, die Augen aufzumachen. Aber seien Sie sich darüber im klaren: Wenn Sie die schiere Wahrheit wollen – keine Ausrede –, dann verlangen Sie, daß Ihnen nichts erspart bleibt. Das volle Tageslicht ist ziemlich grell.« Einen Augenblick schien es, als fühle er sich unsicher. »Nun«, schloß er, »wir haben viel Zeit. Wir werden sehen.«

Ich folgte ihm in das große Zimmer, in dem Sabartès morgens arbeitete. Der Raum war jetzt leer, abgesehen vom üblichen Durcheinander. Picasso verschwand und kam nach einigen Minuten mit einer großen Mappe zurück. Er schob einige Stapel von Büchern und Papier auf dem langen Tisch in der Mitte beiseite und legte die Mappe hin. Dann löste er die Verschnürung und schlug den Deckel auf. Ein dicker Stoß von Drucken kam zum Vorschein.

»Sie sehen, wir werden doch zum Thema Radierung kommen. Hier ist eine Serie von hundert Radierungen, die ich in den dreißiger Jahren für Vollard gemacht habe.«

Oben auf dem Stoß lagen drei Porträtradierungen des Kunsthändlers

Ambroise Vollard, zwei davon in Aquatinta. Picasso lachte. »Die schönste Frau der Welt wurde bestimmt nicht öfter gemalt, gezeichnet und radiert als Vollard – von Cézanne, Renoir, Rouault, Bonnard, Forain, wirklich fast von jedem. Ich glaube, sie alle porträtierten ihn aus Eifersucht, jeder wollte es besser machen als die anderen. Dieser Mann war eitel wie eine Frau. Renoir stellte ihn als Toreador dar, das Thema hat er *mir* gestohlen. Aber mein kubistisches Porträt von ihm ist das beste von allen.«

Er kam zu einem Druck, der einen blonden, sitzenden Frauenakt mit einem breitkrempigen, blumenbedeckten Hut darstellte. Davor stand eine zweite, teilweise verhüllte Aktfigur mit dunklen Haaren und Augen. Er zeigte auf die Stehende: »Hier, das sind Sie. Sie erkennen sich doch, nicht wahr? Sie wissen, ich war immer von ganz bestimmten, seltenen Gesichtern besessen, und Ihres ist eines davon.«

Er nahm einen anderen Druck, der wieder eine teilweise verhüllte Nackte zeigte, diesmal neben einer seltsam aussehenden männlichen Gestalt, die sie bei der Hand hielt – sicher ein Maler, denn in seiner anderen Hand hielt er Palette und Pinsel. Er war ein stark behaarter Bursche und trug eine Halskrause und einen zerknitterten Hut. »Sehen Sie diesen brutalen Typ mit dem krausen Haar und dem Schnurrbart? Das ist Rembrandt. Oder vielleicht auch Balzac, genau weiß ich das nicht. Vielleicht ein Kompromiß. Es kommt auch gar nicht darauf an. Es sind nur zwei Menschen, die mich faszinieren. Sie verstehen, jedes menschliche Wesen ist eine ganze Kolonie.«

Er zeigte mir noch andere Drucke. Sie waren bevölkert mit bärtigen und glattrasierten Männern, mit Minotauren, Zentauren, faunartigen Gestalten und allen möglichen Frauen. Sie waren alle nackt oder beinahe nackt und schienen Szenen aus der griechischen Mythologie zu spielen.

»Das alles spielt auf einer hügeligen Insel im Mittelmeer«, sagte Picasso, »vielleicht auf Kreta. Dort, an der Küste, leben die Minotauren. Sie sind die reichen Herren der Insel. Sie wissen, daß sie Ungeheuer sind, und wie die Dandys und Dilettanten überall führen sie ein Leben, das nach Dekadenz riecht – in Häusern voll Kunstwerken von Malern und Bildhauern, die gerade am meisten in Mode sind. Sie lieben es, hübsche Frauen um sich zu haben. Sie schicken die eingeborenen Fischer aus, um auf den benachbarten Inseln Mädchen aufzutreiben. Wenn die Hitze des Tages vergangen ist, laden sie die Bildhauer und ihre Modelle zu Parties mit Musik und Tanz; alle stopfen sich voll mit Muscheln und Champagner, bis die Melancholie vergeht und die Euphorie kommt. Wenn sie soweit sind, beginnt die Orgie.«

Er nahm das nächste Blatt. Es zeigte einen knienden Minotaurus; ein Gladiator gab ihm mit einem Dolch den Gnadenstoß. Eine Menge Gesichter, meist von Frauen, starrte hinter einer Barriere auf sie hinab. »Wir haben gelernt, daß Theseus kam und den Minotaurus tötete, aber das war nur ein Kampf von vielen. Jeden Sonntag geschah das gleiche: Ein junger Grieche kam vom Festland herüber, und wenn er den Minotaurus getötet hatte, waren alle Frauen glücklich, besonders die alten. Ein Minotaurus versorgt seine Frauen großzügig, doch er herrscht durch Terror, und sie freuen sich darüber, ihn sterben zu sehen.«

Picasso sprach jetzt sehr sanft. »Ein Minotaurus kann nicht um seiner selbst willen geliebt werden«, sagte er. »Mindestens denkt er so. Irgendwie kann er sich das nicht vorstellen. Vielleicht deshalb die Orgien.« Er nahm einen neuen Druck: ein Minotaurus, der eine schlafende Frau bewacht. »Er beobachtet sie, er versucht, ihre Gedanken zu lesen, um zu ergründen, ob sie ihn vielleicht liebt, *weil* er ein Ungeheuer ist.« Picasso sah zu mir auf. »Frauen sind kurios genug, um dazu fähig zu sein.« Er sah wieder auf seine Radierung. »Schwer zu sagen, ob er sie wecken oder töten will.«

Ein nächstes Blatt. »Die Maler sind der Realität etwas entfremdet. Sehen Sie diesen hier: Jemand bringt ihm ein Mädchen, und was zeichnet er? Eine Linie. Er ist ein Gegenstandsloser. Aber die Maler führen wenigstens ein ordentlicheres Leben als die Bildhauer. Sie können beobachten: Wo immer es Orgien gibt, gibt es Bärte. Das sind die Bildhauer – warmes Fleisch in der einen Hand, kühlen Champagner in der anderen. Ohne Zweifel, die Bildhauer sind sehr wirklichkeitsnah.«

Er zeigte mir noch einige Drucke. Da hatte er einen, der eine nackte Blondine in den Armen des Bildhauers zeigte. Neben ihnen auf einem Sockel stand ein Frauenkopf im Profil; er sah einigen Arbeiten Picassos ähnlich, die ich in seinem Bildhaueratelier gesehen hatte. »Sehen Sie, der Bildhauer ist auch ein wenig durcheinander. Er weiß nicht genau, wie er arbeiten soll. Natürlich. Wenn Sie auf all die verschiedenen Formen, Größen und Farben der Modelle achten, nach denen er arbeitet, können Sie seine Verwirrung verstehen. Er weiß nicht, was er will. Kein Wunder, daß sein Stil so unentschieden ist. Es ist wie mit Gott. Gott ist ja auch nichts anderes als ein Künstler. Er erfand die Giraffe, den Elefanten und die Katze. Genaugenommen hat er keinen Stil. Er versucht immer neue Dinge. Ebenso dieser Bildhauer. Erst arbeitet er nach der Natur, dann versucht er es mit Abstraktion. Zu guter Letzt liegt er herum und streichelt seine Modelle. Und sehen Sie hier!« Er zeigte auf ein Modell, das vor einer Konstruktion stand, die aus einem Rokokostuhl gemacht schien, von dem einzelne Bestandteile an weibliche Formen erinnerten. »Wer macht schon Skulpturen aus solchem Trödelkram?« fragte er grinsend. »Er ist nicht ernsthaft genug. Sich selber natürlich nimmt er sehr ernst: Das bloße Faktum, daß er sich einen Bart wachsen läßt, beweist es. Und dann« – er deutete auf ein blondes Modell, das auf einer anderen Radierung in den Armen eines Bildhauers lag – »solche Girlanden um ihr Haar zu winden wie hier.« Er sah genauer hin. »Ich nehme an, das sind wilde Clematis in ihrem Haar. Aber er hat Efeu in seinem. Männer sind immer sehr viel treuer als Mädchen.«

Er kam zum nächsten Blatt. Ein Bildhauer arbeitete an einer Porträtbüste und sah sehr selbstzufrieden aus. Von seinem Kopf gingen Strahlen aus. »Während er arbeitet, ist er überzeugt, ein Genie zu sein, wie Sie sehen.« Er nahm eine andere Radierung. Der Bildhauer saß vor seinem Werk, das Modell stand dazwischen. »Sie sagt zu ihm: ›So sehe ich auf keinen Fall aus!‹« Picasso warf noch einen Blick auf das Blatt und sah dann mich an. »Aber das sind natürlich wieder Sie, das Modell. Wenn ich eben jetzt Ihre Augen zeichnen müßte, würde ich sie genauso machen.«

Der nächste Druck zeigte eine dunkelbärtige, Rembrandt-ähnliche Gestalt, vor der ein junger Maler mit einer phrygischen Mütze stand. Picasso seufzte. »Jeder Maler hält sich für Rembrandt«, sagte er. »Selbst der hier, dabei können Sie an seiner Mütze sehen, daß er mindestens dreitausend Jahre vor Rembrandt gelebt hat. Alle leiden an demselben Wahn.«

Auf dem folgenden Blatt beugte sich ein nacktes Modell über einen ruhenden Bildhauer. Das Gewicht und die Biegung ihres Körpers waren mit wenigen, schlanken Linien festgelegt. »Er hat einen recht heiteren Gesichtsausdruck, nicht wahr?« sagte Picasso. »Wenn es ihm gelungen ist, einen reinen Umriß zu schaffen, dann weiß er, daß er etwas geleistet hat. Wenn eine Skulptur gut gemacht ist – wenn die Form vollendet und der Raum erfüllt ist –, dann müßte, wenn Sie aus einem Krug Wasser über ihren Kopf gießen, die ganze Figur überall naß sein, nachdem es abgelaufen ist.«

Ein neuer Druck: ein halbbekleidetes, stehendes Modell, neben ihr sitzend ein anderes, vor einem Bild, das so etwas wie einen zerrauften Blumenstrauß darstellte. »Die Sitzende sieht aus wie ein Modell von Matisse, das beschlossen hat, es mit einem anderen Maler zu probieren. Nun sieht sie, was dabei herauskommt, und wünscht, sie wäre zu Hause geblieben – es ist ihr zu konfus. Die andere sagt gerade zu ihr: ›Er ist ein Genie. *Mußt* du denn verstehen, was das bedeuten soll?‹«

Er sah mich an. »*Was* soll es aber bedeuten? Wissen *Sie* es?«

Ich sagte, ganz sicher sei ich nicht, aber ich hätte wenigstens eine Ahnung. »Dann haben Sie genug gesehen. Schluß für heute.« Er schloß die Mappe. »Gehen wir nach oben, ich möchte auch von etwas eine Ahnung haben.«

Wir stiegen die Wendeltreppe hinauf. Picasso hakte mich unter und führte mich ins Schlafzimmer. Mitten im Raum blieb er stehen und wandte sich mir zu. »Ich sagte Ihnen, ich wolle eine Ahnung von etwas haben. Was ich wirklich meinte, ist, daß ich sehen will, ob die Ahnung, die ich schon habe, richtig ist.« Ich fragte ihn, was für eine Ahnung das sei. »Ich möchte sehen, ob Ihr Körper mit der Vorstellung, die ich mir davon gemacht habe, übereinstimmt. Ich möchte auch sehen, wie er zu Ihrem Kopf paßt.« Ich stand da, und er zog mich aus. Als er damit fertig war, legte er meine Kleider auf einen Stuhl, trat zurück zum Bett, etwa drei Meter von mir, und begann, mich zu betrachten. Nach einer Weile sagte er: »Es ist unglaublich, in welchem Maße ich Ihren Körper im voraus gekannt habe.«

Ich muß etwas unsicher gewirkt haben, wie ich da mitten im Zimmer stand. Er setzte sich aufs Bett und bat mich, zu ihm zu kommen. Ich näherte mich ihm, und er zog mich auf seine Knie. Er sah wohl, daß ich verwirrt war und daß ich alles getan hätte, was immer er von mir verlangte – nicht weil ich es wirklich wollte, sondern weil ich mir das in den Kopf gesetzt hatte. Er muß das gespürt und erkannt haben, daß ich noch irgendwie unentschlossen war und kein wirkliches Verlangen hatte, denn er begann, beruhigend auf mich einzureden. Er sagte, er wolle mich hier bei sich haben, aber er dächte nicht, daß die Vollendung unserer Beziehung so unwiderruflich wie der vorbestimmte Glockenschlag einer Uhr einträte. Was auch zwischen uns sei oder sein werde, sei sicher etwas Wunderbares: Aber wir müßten uns beide frei fühlen, damit alles, was geschähe, unseren beiderseitigen Wünschen entspreche.

Ich habe schon gesagt, daß ich zu ihm kommen wollte, und ich wußte auch, wohin dies führen würde. Ich war bereit, die Konsequenzen zu tragen, doch ich wünschte es nicht wirklich. Was ich auch getan hätte, ich hätte es ihm zu Gefallen getan, aber nicht von ganzem Herzen. Er spürte den Unterschied.

Von dem Augenblick an, als er mich auszog und mich studierte, wie ich dort mitten im Zimmer stand, hatte sich meine Einstellung von Grund auf geändert. Was er da tat, erschütterte mich irgendwie zutiefst. Ich fühlte auf einmal, daß ich ihm völlig vertrauen konnte und daß ich anfing, den Beginn meines Lebens zu leben. Man muß diesen Beginn nicht unbedingt am Anfang erleben.

Er streckte mich auf dem Bett aus und legte sich neben mich. Von Minute zu Minute sah er mich zärtlicher an, strich mit seiner Hand leicht über meinen Körper wie ein Bildhauer über eine von ihm geschaffene Skulptur, um sich zu vergewissern, daß die Form so ist, wie sie sein soll. Er war sehr sanft, und das ist der Eindruck, der mir bis heute geblieben ist: seine außerordentliche Sanftheit.

Er sagte, daß von nun an alles, was ich tue und alles was er tue, von größter Wichtigkeit sei: Jedes Wort, die geringste Geste sei von Bedeutung: alles was zwischen uns geschehe, werde uns beständig verändern. »Ich wünsche«, sagte er, »ich könnte die Zeit in diesem Augenblick aufhalten und die Dinge genau an diesem Punkt fixieren, weil ich spüre, daß dieser Augenblick ein wahrer Anfang ist. Wir haben eine bestimmte, uns nicht bekannte Quantität Erfahrung zu unserer Verfügung. Sobald das Stundenglas umgedreht wird, fängt der Sand zu rinnen an, und dann wird er nicht aufhören, bis das letzte Sandkorn gefallen ist. Deshalb wünschte ich, ich könnte diesen Augenblick festhalten. Wir sollten uns so wenig wie möglich bewegen, ein Minimum an Worten aussprechen, uns sogar nur so selten wie möglich sehen, wenn das diesen Augenblick verlängern kann. Wir wissen nicht, wieviel wir vor uns haben, deshalb müssen wir uns sehr davor hüten, die Schönheit dessen, was wir haben, zu zerstören. Es gibt alles nur in begrenztem Maß, besonders das Glück. Wenn eine Liebe beginnen soll, ist alles schon irgendwo aufgezeichnet, auch ihre Dauer und ihr Inhalt. Könntest du am ersten Tag den höchsten Grad erreichen, so wäre alles schon am ersten Tag zu Ende. Und deshalb mußt du besonders vorsichtig sein, wenn du etwas so sehr wünschst, daß du es lange behalten willst. Du darfst nicht die kleinste voreilige Forderung stellen, die diese Entwicklung hin zum höchsten Ausmaß für die längstmögliche Zeit verhindern könnte.«

Wunschlos glücklich, ohne etwas zu begehren als dieses Beisammensein, lag ich in seinen Armen, während er mir seine Auffassungen erklärte. Schließlich schwieg er. Wir lagen immer noch da, ohne ein Wort zu sprechen, und ich fühlte, daß dies wirklich der Anfang eines wunderbaren Erlebens war. Ich wußte, daß er nicht heuchelte. Er sagte nicht, daß er mich liebe – dazu war es noch zu früh. Er sagte und zeigte es, aber erst Wochen später. Wenn er damals mit der Stärke seines Körpers von mir Besitz ergriffen hätte, wenn er mit Liebeserklärungen einen Sturm von Gefühlen in mir entfesselt hätte, ich hätte ihm nichts geglaubt. Aber so, wie es war, glaubte ich ihm alles.

Bis dahin war er für mich der große Maler gewesen, den jeder kannte und bewunderte, ein sehr intelligenter, geistreicher Mann, aber irgendwie ungreifbar. Von nun an begriff ich ihn. Bislang hatte er mein Interesse geweckt und meinen Geist beschäftigt. Nun kamen meine Gefühle, meine Zuneigung hinzu. Ich hatte bis dahin nicht gedacht, daß ich ihn jemals lieben könnte. Nun wußte ich, daß es keinen anderen Weg gab. Er war offenbar fähig, in seinen menschlichen Beziehungen alle Klischees ebenso radikal zu vermeiden wie in seiner Kunst. Man erkennt diese Schablonen selbst dann, wenn man noch keine Erfahrungen damit hat. Er war der Meister der Situation, indem er das intellektuelle Spiel beendete, das erotische umging und unsere Beziehung auf die einzig mögliche Basis stellte, auf der sie für ihn und – wie ich sogleich spürte – auch für mich von Bedeutung sein konnte.

Schließlich sah ich, daß es an der Zeit war zu gehen, und ich sprach davon. »Wir dürfen uns nicht zu oft sehen«, sagte er. »Wenn die Flügel des Schmetterlings ihren Schmelz behalten sollen, darf man sie nicht berühren. Wir dürfen nichts von dem verschwenden, was Licht in unser beider Leben bringen soll. Alles andere in meinem Leben zieht mich nur nieder und verhüllt das Licht. Was ich mit dir habe, ist für mich wie ein Fenster, das sich öffnet. Ich möchte, daß es offenbleibt. Wir dürfen einander sehen, aber nicht zu oft. Wenn du mich sehen willst, ruf mich an und sag es mir.«

Als ich an diesem Tag das Haus verließ, wußte ich: Alles, was nun geschehen wird – sei es wunderbar, schmerzlich oder beides zugleich –, ist von ungeheurer Bedeutung. Sechs Monate lang hatten wir einander in Ironie umkreist, nun war im Zeitraum von einer Stunde mit unserer ersten wirklichen Begegnung die Ironie verschwunden. Es war Ernst daraus geworden, etwas wie eine Offenbarung.

Es war ein kalter, grauer Februartag, doch in meiner Erinnerung ist er von Sommersonne erfüllt.

ZWEITER TEIL

In jenem Winter und im Frühling 1944 malte ich eifriger denn je. Manchmal nahm ich Zeichnungen oder Gemälde mit in die Rue des Grands-Augustins, um sie Pablo zu zeigen. Er übte niemals offene Kritik, sondern gab seine Ratschläge immer nur in Form allgemeiner Regeln, zum Beispiel: »Du weißt, für eine bestimmte Arbeit brauchen wir ein bestimmtes Werkzeug. Wir sollten uns auf dieses eine Werkzeug beschränken. Dadurch gewöhnt sich die Hand daran, sie wird geschmeidig und geschickt, und wir erhalten dabei ein Gefühl für die Maßverhältnisse, das dann in jeder unserer Arbeiten zum Ausdruck kommen wird. Die Chinesen lehren, daß man für ein Aquarell oder eine Tuschzeichnung nur einen einzigen Pinsel benutzen darf. Auf diese Weise nimmt alles, was du malst, die gleiche Proportion an. Durch diese Proportion erhält das Werk seine Harmonie, und zwar auf eine viel augenfälligere Weise, als wenn du Pinsel verschiedener Größe benutzen würdest. Und wenn du dich dazu zwingst, dich in deinen Mitteln zu beschränken, wird gerade dadurch deine Erfindungskraft freigesetzt. Das führt dich zu Fortschritten, von denen du dir im voraus keine Vorstellung machen kannst.« Obwohl er mir also keine direkten Ratschläge zu geben schien, kam ich schon dadurch voran, daß ich mich an seine Grundsätze hielt.

Manchmal stellte er mir Kompositions-Aufgaben. Er gab mir ein Stück blaues Papier – etwa von einer Zigarettenpackung –, ein Streichholz und ein abgerissenes Stück Karton: »Mach mir daraus eine Komposition. Bringe sie auf dieser Fläche unter«, und er zeichnete ein Rechteck auf ein Stück Papier, um Größe und Form anzudeuten. »Mach, was du willst, aber mach eine Komposition, die auf eigenen Füßen steht.« Es ist unglaublich, wie viele Möglichkeiten man mit drei oder vier solchen Elementen hat. Oft sagte er zu mir: »Du darfst nie an die äußere Grenze deiner Möglichkeiten gehen, sondern mußt etwas darunter bleiben. Wenn du drei Elemente anwenden kannst, dann nimm nur zwei. Wenn du zehn nehmen kannst, nimm nur fünf. So wirst du alles, was du nimmst, leichter und sicherer handhaben; damit weckst du in dir das Gefühl, Kraftreserven zu haben.«

Damals malte Picasso einige Ansichten von Paris – mit drei oder vier Seine-Brücken, eine über der anderen, dazu Notre-Dame oder die Schiffe auf der

Seine. Daneben arbeitete er an einer Reihe von Ölbildern vom Vert Galant, der westlichen Spitze der Ile de la Cité, mit einem riesigen, stark überhängenden Baum, den eine Art Gabel stützte – er steht heute nicht mehr. Diese Inselspitze war im Frühling ein bevorzugter Treffpunkt für Liebespaare. All das und nicht zuletzt die Legende von den Liebschaften Heinrichs IV. regte Picasso an, mehrere Versionen zu malen. Jedesmal waren die Liebenden und der Fluß im Bild, das wesentliche Element der Komposition war immer der große, überhängende Baum. Er ging überhaupt gern am Seineufer zwischen dem Quai des Grands-Augustins und dem Pont du Carrousel spazieren. Selbst im Krieg kamen viele Maler dorthin, um den historischen Platz zu malen, und Picasso zeichnete eine Serie von Karikaturen in ein altes Tagebuch, die Scharen von ihnen als malende Affen, manche auch mit Engelsflügeln und Eselsohren, zeigten.

»Immer«, so sagte er, »wenn ich einen von diesen Malern nach der Natur arbeiten sehe und mir seine Leinwand betrachte, bekomme ich nur schlechte Malerei zu sehen.«

Meistens war Pablo noch nicht an der Arbeit, wenn ich nachmittags in die Rue des Grands-Augustins kam. Einmal nahm er mich sofort mit ins Atelier, kaum daß ich eingetreten war. Auf der Staffelei stand ein Bild, das er wohl vor ein oder zwei Tagen begonnen und dann beiseite gestellt hatte. In der Mitte der Leinwand war ein großer runder Fleck, fast wie eine grüne Sonne, zu sehen; von der unteren linken Ecke aus schoß ein violettes Dreieck quer durch das Bild gegen einen Punkt oberhalb der grünen Sonne. Beide waren durch eine dicke schwarze Linie miteinander verbunden, die sich wie ein leicht geschwungenes V durch beide Farbformen zog. Ich fragte ihn, was daraus werden solle.

»Das ist schon jetzt ein Stilleben«, antwortete er. »Hier ist die Bildidee. Es ist gleich, ob der Hauptgegenstand ein Glas oder eine Flasche wird. Das ist nur ein Detail. Es wird Augenblicke geben, in denen die Wirklichkeit greifbarer wird und wieder verschwindet. Das ist wie das Steigen und Fallen der Gezeiten: Das Meer ist immer da.

Was du hier siehst, ist das Ausgangsstadium: der grüne Fleck, der Vorstoß des Violett und diese schwarze Linie, die sie verbindet. Diese Elemente kämpfen miteinander; überall herrschen Spannungen. Der grüne Fleck zum Beispiel hat die Tendenz zu wachsen, sich von der Mitte weg auszubreiten. Er ist von keiner Linie oder Form umschlossen – was Farbe überhaupt niemals sein sollte. Sie ist da, um eine Ausstrahlung zu haben. Sie ist ihrer Natur nach dynamisch. Also will sie sich ausdehnen. Auf der anderen Seite beginnt das Violett auf breiter Basis und wird kleiner, bis es in einer Spitze ausläuft. Und unabhängig von den Formen des Grün und Violett findet ein Kampf zwischen den Farben selbst statt, ebenso zwischen der geraden Linie und der Kurve. In jedem Fall sind sie einander fremd. Also muß ich den Kontrast betonen.«

Als ich fragte, ob er glaube, daß das Grün und das Violett einander das

Gleichgewicht hielten, meinte er: »Darum geht es nicht. Ich brauche das gar nicht zu wissen. Ich versuche nicht, diesem ersten Zustand einen stärkeren Zusammenhalt zu geben. Im Augenblick geht es mir darum, ihn noch unruhiger zu machen. Dann erst werde ich mit der Ausarbeitung anfangen – aber nicht um zu harmonisieren, sondern um noch mehr zu zerstören und noch mehr Unruhe zu stiften.

Siehst du, bis jetzt entstand alles instinktiv. Jetzt muß ich etwas hineinbringen, was darüber hinausgeht; etwas wesentlich Kühneres. Das Problem ist, wie ich diesen ersten Entwurf aufrütteln kann. Wie kann ich aus ihm, ohne ihn ganz zu zerstören, etwas Umstürzlerisches machen? Etwas Einzigartiges, das nicht einfach neu, sondern losgelöst und auseinandergerissen ist? Du siehst, für mich ist Malen ein dramatisches Geschehen, in dem die Realität auseinandergenommen wird. Für mich hat dieses dramatische Geschehen den Vorrang vor allen anderen Erwägungen. Der rein bildnerische Vorgang ist für mich nur sekundär. Einzig das Drama in diesem bildnerischen Vorgang zählt, der Augenblick, in dem das Universum aus sich selbst heraustritt und seiner eigenen Zertrümmerung begegnet.

Juan Gris hat gesagt: ›Ich nehme einen Zylinder und mache eine Flasche daraus‹, womit er in einem gewissen Sinne Cézannes Bemerkung umkehrte. Sein Gedanke war, daß man, ausgehend von einer idealen Form – *einem Zylinder* – ein Stück Wirklichkeit – *die Flasche* – in diese Form eingehen lassen kann. Die Methode von Gris war die des Grammatikers. Ich glaube, meine könnte man dagegen durch und durch romantisch nennen. Ich fange mit einem Kopf an und ende bei einem Ei. Und selbst wenn ich mit einem Ei anfange und bei einem Kopf ende, bin ich doch immer zwischen den beiden unterwegs und weder mit dem einen noch mit dem anderen zufrieden. Was mich interessiert, ist, etwas zu schaffen, was man als *rapports de grand écart* bezeichnen könnte – die am wenigsten erwartete Beziehung zwischen den Dingen, über die ich sprechen möchte. Es liegt eine gewisse Schwierigkeit darin, gerade solche Beziehungen herzustellen, und in dieser Schwierigkeit liegt ein Anreiz und in diesem Anreiz eine gewisse Spannung, und diese Spannung ist für mich viel entscheidender als das stabile Gleichgewicht der Harmonie, das mich überhaupt nicht interessiert. Die Wirklichkeit muß in jedem Sinne des Wortes zerlegt weren. Die Menschen vergessen, daß jedes Ding einzigartig ist. Die Natur schafft kein Ding zweimal. Daher mein Nachdruck auf der Suche nach den *rapports de grand écart:* ein kleiner Kopf auf einem großen Körper, ein großer Kopf auf einem kleinen Körper. Ich möchte den Geist in eine ihm ungewohnte Richtung lenken, ihn aufwecken. Ich möchte dem Betrachter etwas enthüllen, was er ohne mich nicht entdeckt hätte. Deshalb betone ich zum Beispiel den Unterschied zwischen dem rechten und dem linken Auge. Ein Maler sollte sie nicht gleich machen. Denn das sind sie nämlich nicht. Meine Absicht ist, die Dinge in Bewegung zu bringen, diese Bewegung durch widersprüchliche

Spannungen, durch gegnerische Kräfte zu provozieren und in dieser Spannung oder diesem Gegensatz den Moment zu erfassen, der mir am interessantesten erscheint.«

Ich sagte ihm, wenn er in seinem ganzen Leben kein einziges Bild gemalt hätte, wäre er wahrscheinlich als Philosoph bekannt geworden. Er lachte. »Als ich noch ein Kind war, sagte meine Mutter zu mir: ›Wenn du Soldat wirst, wirst du General werden. Wenn du ein Mönch wirst, wirst du schließlich Papst werden.‹ Statt dessen habe ich es als Maler versucht und bin Picasso geworden.«

Damals, in jenem Sommer vor der Befreiung, hatten wir sehr oft Fliegeralarm. Das einzige Verkehrsmittel in Paris war die Métro, doch wurde sie nur von wenigen Leuten benutzt: Wenn man einmal drunten war, kam man nur schwer wieder herauf. Da manchmal ein Alarm nach dem anderen kam, konnte es passieren, daß man morgens in die Métro hinabstieg und den ganzen Tag über unten bleiben mußte.

Für mich war mein Fahrrad das beste Fortbewegungsmittel. Ich nahm es bei jedem Wetter. Wenn ich vom Haus meiner Großmutter in Neuilly quer durch Paris zu Pablo fuhr, kam ich oft über und über mit Schlamm besprizt bei ihm an. Als ich einmal in diesem Zustand erschien, lachte er: »Das ist wohl die neue Mode des Make-up. Zu meiner Zeit haben sich die Mädchen viel Mühe gegeben, Gesicht und Augen zu schminken. Heute ist der letzte Schrei Schlamm an den Beinen.«

In den letzten Tagen vor der Befreiung konnte ich nur telefonisch mit Pablo sprechen, denn es war fast unmöglich, ihn zu besuchen. Man begann bereits, die Pflastersteine herauszureißen, um Barrikaden zu errichten. Selbst Kinder arbeiteten mit, besonders im VI. Arrondissement – wo Pablo wohnte – in der Nähe des Senats, wo viel gekämpft wurde, bis hinüber zum Pont Sully an der Spitze der Ile Saint-Louis. Ebenso sammelte sich die Résistance in der Gegend der Polizeipräfektur, und so war es ziemlich schwierig, durch diese Stadtteile zu kommen. Überall waren deutsche Scharfschützen. Bei unserem letzten Gespräch vor der Befreiung erzählte mir Pablo, am Morgen, als er aus dem Fenster gesehen habe, sei eine Kugel nur wenige Zentimeter an seinem Kopf vorbeigeflitzt und in der Wand steckengeblieben. Er hatte vor, die nächsten Tage bei seiner neunjährigen Tochter Maya und ihrer Mutter, Marie-Thérèse Walter, zu verbringen, die in einem Appartement auf dem Boulevard Henri-IV am östlichen Ende der Ile Saint-Louis wohnte. Auch in dieser Gegend wurde viel gekämpft, und er war um ihre Sicherheit besorgt.

Einige Tage später, am 24. August, wurde Paris befreit. Bald danach kehrte Picasso in die Rue des Grands-Augustins zurück; er brachte zwei Gouachen mit, die er während seiner Abwesenheit nach der Reproduktion einer Bacchanalszene von Poussin, *Der Triumph des Pan*, gemalt hatte.

Eines der ersten Ereignisse nach der Befreiung war der Besuch Hemingways in der Rue des Grands-Augustins. Als er ankam, war Pablo noch bei Maya und ihrer Mutter. Die Concierge in Pablos Haus war eine zurückhaltende, aber keineswegs schüchterne Frau. Sie hatte keine Ahnung von Hemingway, war es aber gewohnt, daß viele von Picassos Freunden und Bewunderern Geschenke für ihn daließen, wenn sie in seiner Abwesenheit vorsprachen, und als ihm während des Krieges südamerikanische Freunde von Zeit zu Zeit Schinken und andere Lebensmittel schickten, teilte er manchmal seine Lebensmittelpakete mit ihr.

Da Hemingway auf die Auskunft, daß Pablo nicht da sei, eine Nachricht hinterlassen wollte, fragte sie ihn, wie sie uns später erzählte: »Möchten Sie vielleicht ein Geschenk für Monsieur abgeben?« Hemingway antwortete, daran habe er noch gar nicht gedacht, aber vielleicht sei das keine schlechte Idee. Er ging hinaus zu seinem Jeep, brachte eine Kiste Handgranaten in die Loge und schrieb darauf: »Für Picasso von Hemingway.« Als die Concierge entziffert hatte, was sonst noch auf der Kiste stand, rannte sie aus der Loge und weigerte sich zurückzukehren, bis die Kiste fortgeschafft war.

Nach der Befreiung von Paris wurden alle kulturellen Schlüsselstellungen wie zum Beispiel die Direktion der französischen Museen gesäubert; Kollaborateure und Anhänger Pétains wurden sofort entlassen. Da Picasso der Maler war, der als Nummer 1 auf der Verbotsliste der Deutschen gestanden hatte, wurde zum Zeichen des politischen Umschwungs eine große Picasso-Retrospektive zusammengestellt – die erste Rache an den Deutschen. Die Ausstellung wurde von Jean Cassou, dem Chefkonservator des Musée d'Art Moderne, organisiert, und sie bildete eine Abteilung des Herbstsalons.

Sofort gab es einen Skandal. Zwei Gruppen waren es, die ihn hauptsächlich schürten: Kunstreaktionäre und politische Agitatoren. Die erste Gruppe vereinte die Leute, die nie eine große repräsentative Auswahl von Picassos Werken gesehen hatten, besonders die Bilder aus der Kriegszeit mit ihren entstellten Formen oder die des lyrischen Realismus der Periode von 1932 bis 1936. Sie revoltierten gegen eine so massierte Ausstellung dieser gewalttätigen Kunst, die über Nacht gewissermaßen offiziell geworden war.

Die andere Gruppe setzte sich aus politisch rechtsstehenden Studenten und ehemaligen Pétain-Anhängern zusammen. Sie kamen in Massen, um laut zu protestieren, und sie versuchten, die Bilder von den Wänden zu reißen. Es war in Wirklichkeit ein politischer Protest unter dem Deckmantel ästhetischer Mißbilligung.

Während der Besatzungszeit hatten viele französische Kommunisten aktiv und heldenhaft in der Résistance gekämpft. Einer der bedeutendsten war Laurent Casanova. Die Deutschen hatten seine Frau, Danielle, umgebracht; er selbst flüchtete dreimal aus dem Kriegsgefangenenlager, wurde aber jedesmal wieder festgenommen. Doch bei einem vierten Versuch erreichte er die Umgebung von Paris. Seine Freunde nahmen Verbindung mit dem Dichter Paul Eluard auf, der auch Kommunist war, und sagten ihm, daß Casanova irgendwo versteckt werden müsse, am besten bei Leuten, die nicht wüßten, wem sie Unterschlupf gewährten. Paul fragte den Schriftsteller Michel Leiris, ob er bereit sei, ungefähr für die Dauer eines Monats einen Kommunisten in seiner Wohnung zu verstecken, sagte ihm aber nicht, daß es sich um Casanova handelte – einem geflüchteten Gefangenen, einem Kommunisten oder Juden Asyl zu gewähren, bedeutete damals, sein eigenes Todesurteil zu unterschreiben. Michel Leiris sagte zu, und Casanova lebte nun in einem Appartement am Quai des Grands-Augustins 53, in dem Haus, das Pablos Kunsthändler Kahnweiler und seine Frau vor der Besatzungszeit gekauft hatten, um dort gemeinsam mit dem Ehepaar Leiris zu wohnen.

Viele Jahre hindurch war Kahnweiler Pablos Kunsthändler gewesen. Als Deutscher hatte er während des Ersten Weltkriegs aus Frankreich fliehen müssen; seine Bilder waren von der französischen Regierung beschlagnahmt und verkauft worden. Nach dem Krieg nahm er den Kunsthandel wieder auf, mußte aber im Zweiten Weltkrieg erneut fliehen und hielt sich mit seiner Frau in der unbesetzten Zone auf; seit 1940 hieß seine Firma »Galerie Louise Leiris«. Louise Leiris, »Zette«, wie sie genannt wurde, war die Frau von Michel Leiris und Kahnweilers Schwägerin. Sie war nicht nur ein Strohmann für ihn, sondern auch eine tüchtige Mitarbeiterin, die schon seit 1921 für ihn tätig war. Als nun Kahnweiler erneut untertauchen mußte – diesmal als Jude auf der Flucht vor den Deutschen –, konnte das Geschäft dennoch ziemlich ungestört weitergeführt werden, weil seine Galerie nach außen hin die ihre war.

Während des Monats, in dem sich Casanova in der Wohnung von Michel Leiris aufhielt, übte er einen großen Einfluß auf dessen Kreis aus. Zum erstenmal hatte Pablo Gelegenheit, mit einer Persönlichkeit der Kommunistischen Partei zu sprechen, die zugleich intelligent und aufgeschlossen genug war, um von jemandem ernstgenommen zu werden, dem die Parteidogmatiker nicht imponierten. Als Folge der Begegnungen mit Casanova trat später eine ganze Reihe Intellektueller in die Kommunistische Partei ein, unter ihnen auch Pablo.

Obwohl Pablos Kunst den meisten Parteifunktionären zuwider war, waren sie sich doch darüber im klaren, daß sein Name und seine Persönlichkeit ihrer Sache nützlich sein konnten. Ich wußte, daß er von Casanova tief beeindruckt war. Ich wußte außerdem, daß zwei seiner engsten Freunde, die Dichter Louis Aragon und Paul Eluard, bei seinem Übertritt eine Rolle gespielt hatten. Als ich ihn aber fragte, was nun der eigentliche Grund dafür gewesen sei (denn alle »Erklärungen«, die ich in der Presse gelesen hatte, schienen eher Propagandasprüche zu sein), sagte er: »Ich ging in die Partei wie ein Dürstender an die

Quelle.« Die rechtsgerichteten Gruppen jedoch, die nun so geräuschvoll gegen die Ausstellung demonstrierten, versuchten Pablo zu diskreditieren, um seinen Wert als Aushängeschild für die Kommunistische Partei herabzusetzen.

Zusammen mit anderen jungen Malern und Kunststudenten, die Pablos Werk unbeeinflußt von irgendwelchen politischen Parteibindungen bewunderten, mußte ich oft in dieser Ausstellung sein; unsere Aufgabe war, die Bilder zu bewachen und sie notfalls wieder aufzuhängen, wenn es den Demonstranten doch gelang, eines von der Wand zu reißen. Noch vor zwei Monaten hatte bewaffnete Miliz auf die Menschen in den Straßen geschossen. Nun, nach der Befreiung, hatte die Agitation lediglich andere Formen angenommen. Die Menschen gingen in die Ausstellung, um ihr politisches Gift zu verspritzen.

Viele der gezeigten Bilder, die einfach *Liegende Frau* hießen, waren stark rhythmisch gegliederte Porträts von Marie-Thérèse Walter; einige davon hatte der Kunsthändler Paul Rosenberg schon früher ausgestellt. Dann waren noch neuere, wesentlich entstelltere Porträts von Dora Maar zu sehen, außerdem Stilleben mit einer Kerze, einem Stierkopf oder mit einer Katze, die einen Vogel fängt – alle überaus traumhaft und düster. Nach dem Alpdruck der Besatzung muß es für das breite Publikum ein Schock gewesen sein, vor einem Werk zu stehen, das dem Geist der Jahre, die gerade hinter ihm lagen, so nahe war. Den Ausdruck einer Zeit wahrzunehmen, die alle Maßstäbe zerbrochen hatte, war wohl irgendwie schwieriger, als sie zu durchleben.

Plötzlich war Picasso der Mann des Tages. Wochenlang nach der Befreiung konnte man keine drei Schritte in seinem Atelier gehen, ohne über einen herumliegenden jungen G.I. zu stolpern. Sie wollten alle Picasso sehen, waren aber so müde, daß sie sich gerade noch bis zum Atelier schleppen konnten, um dann sofort umzufallen. Ich erinnere mich, einmal zwanzig amerikanische Soldaten gezählt zu haben, die in den verschiedenen Ecken des Ateliers schliefen. Anfangs waren es meistens junge Schriftsteller, Künstler und Intellektuelle. Nach einiger Zeit kamen nur noch Touristen, auf deren Besichtigungsplan Picassos Atelier offensichtlich ganz oben, gleich neben dem Eiffelturm, stand.

Seit dieser Zeit war Picasso kein Privatmann mehr, er wurde »öffentliches Eigentum«. Ich erinnere mich noch, wie ich eines Tages über die Place Clichy radelte und an einer Kreuzung an einem Zeitungskiosk Picassos Gesicht vom Titelblatt einer Illustrierten wie *Life* oder *Match* auf mich herabstarren sah. Seine Lieblingstaube hockte auf seinem Kopf oder seiner Schulter. Ich wurde blaß. Natürlich war ich mir immer darüber im klaren, daß er bis zu einem gewissen Grad eine Persönlichkeit des öffentlichen Lebens war, doch ich hatte dabei das Gefühl, daß dieser Aspekt nur eine Fassade sei, hinter der er für die Öffentlichkeit unberührbar und nicht erreichbar als Privatmann lebte.

Als ich aber die Fotografie mit diesem Vogel sah, der so ungezähmt war, daß er sich von niemandem außer Picasso anfassen ließ und nur zu ihm kam, wenn er allein war, aber sofort wegflog, wenn sich jemand anderer näherte – da er-

Françoise Gilot im Frühjahr 1943, als sie Picasso kennenlernte

Pablo mit seinem Afghanen Kasbek und dem Modell zum Mann mit dem Schaf *im Bildhaueratelier in der Rue des Grands-Augustins*

schien mir das fast wie eine Aufforderung an die ganze Welt, ihm auf den Leib zu rücken.

Unter den ersten amerikanischen Besuchern nach dem Krieg war ein Kunsthändler, den ich Jacques nennen möchte. Er hatte einst viele der schönsten Bilder Picassos gekauft und Paris vor dem Krieg verlassen, um nach New York zu übersiedeln. Nun, da der Krieg zu Ende war, war er auf einem Liberty-Schiff herübergekommen, um sich in Europa nach Kunstschätzen umzusehen. Als er in der Rue des Grands-Augustins ankam, hatten seine kühnen Erwartungen freilich schon etwas nachgelassen. Er erzählte Pablo, daß er nur sehr wenig Gepäck mitgenommen habe, dafür aber eine Dreipfund-Dose mit Wismut, da er an einem Magengeschwür litt, und eine Menge Zigaretten, die, wie er befürchtete, in Europa knapp waren.

Die Zollbeamten in Le Havre hatten diese verdächtige Fracht ohne Umstände beschlagnahmt. Jacques hatte zwar versucht zu erklären, daß die Dose Wismut für sein Magengeschwür enthalte, aber die Zöllner hatten es sich anders in den Kopf gesetzt: Es könne wenigstens teilweise Kokain darin sein. Sie schickten die Dose zur chemischen Analyse, ebenso die Zigaretten – mindestens einige davon konnten Marihuana enthalten. Jacques wurde angewiesen, inzwischen auf Abruf in einem Hotel in Le Havre zu bleiben. Nach zwei Tagen erfuhr man das negative Ergebnis der Analysen, und Jacques durfte nach Paris weiterreisen, nicht ohne eine beträchtliche Summe für Laboratoriumskosten und natürlich eine Zolleinfuhrgebühr für die Zigaretten entrichtet zu haben. Dabei war, seit eine Armee von G.I.s den schwarzen Markt mit den verschiedensten PX-Waren versorgte, ganz Paris von amerikanischen Zigaretten überschwemmt, die Jacques jederzeit kaufen konnte, wie er uns traurig erzählte, und zwar für wesentlich weniger Geld, als ihn seine eigenen inzwischen gekostet hatten.

Nun hatte sich das Interesse gewisser amerikanischer Käufer vorübergehend abgekühlt, weil Pablo in die Kommunistische Partei eingetreten war. In Amerika fielen die Preise für seine Bilder. Jacques versicherte, er halte das für eine Schande, und dieser Vorgang solle weder seine freundschaftlichen Gefühle für Pablo noch sein Interesse an Pablos Werk beeinträchtigen. »Trotz allem«, versicherte er, ». . . ich bin gekommen, um zu kaufen, wenn Ihre Preise einigermaßen vernünftig sind. Sie wissen, ich gehöre nicht zu denen, die am Unglück anderer Leute profitieren wollen. Als Renoir starb, erfuhr ich das morgens um zehn Uhr. Um halb elf kam ein Mann in meine Galerie und fragte, ob ich Renoirs hätte. Ich konnte mir nicht vorstellen, wie er die Nachricht so rasch erhalten hatte, zeigte ihm aber nur zwei oder drei kleine Bilder. Er wünschte etwas Bedeutenderes. Da war ich sicher, daß er Bescheid wußte. Ich brachte ein viel größeres Bild und sah, daß es das Richtige war. Er fragte nach dem Preis. Ich kann es nicht ausstehen, wenn man vom Tod eines Malers profitieren will. Deshalb machte ich ihm einen Preis für einen toten Renoir, nicht für einen lebenden.«

Pablo war nicht sonderlich gerührt. »Ich glaube schon, daß Sie nicht auf den Tod eines Künstlers spekulieren«, sagte er, »doch es wird Ihnen auch nichts nützen, wenn Sie versuchen, auf mich als Lebenden zu spekulieren. Meine Preise sind *jetzt* höher. Ich schlage vor, Sie gehen nach Amerika zurück und versuchen, dort ein paar Picassos zu Vorkriegspreisen aufzutreiben. Hier bedeutet es eine gewisse Wertsteigerung, wenn man den Krieg überlebt hat. Das macht meine Bilder teurer.«

»Sie haben kein Herz«, protestierte Jacques. »Sie sind nicht mein Freund. Alles, was ich sage, verwenden Sie gegen mich. Wenn ich bedenke, daß ich Ihnen einen Gefallen tun wollte!«

Doch Pablo war an Jacques' Gefälligkeiten nicht interessiert, und so kamen sie an diesem Tag nicht miteinander ins Geschäft.

Einige Wochen später kam Jacques noch einmal zu Pablo. Der Picasso-Markt blühte wie nie zuvor, und Jacques brannte darauf, Geschäfte zu machen. Ich glaube, daß er Pablo aufrichtig liebte und bewunderte, aber er wollte auch Bilder haben. Fast atemlos langte er in der Rue des Grands-Augustins an. Obwohl er sehr mager war und kaum mehr als hundert Pfund gewogen haben kann, wirkte er an diesem Tag beinahe füllig: Er war buchstäblich mit Dollars ausgestopft.

»Endlich bin ich wieder da, um Bilder zu kaufen«, sagte er zu Pablo. »Ich habe Geld mitgebracht, sehen Sie!« Er zog Bündel von Geldscheinen hervor und fing an, sie auf dem Tisch zu stapeln; ab und zu blätterte er eines vor Pablos Nase auf. Pablo war überhaupt nicht beeindruckt. Er sah Jacques traurig an. »Es ist schrecklich, mein armer Freund. Aber Sie sind wirklich nicht reich genug für mich. Ich glaube nicht, daß Sie mich kaufen können.«

»Was sagen Sie da?« schrie Jacques. »Sie verkaufen an Kahnweiler, sogar an Carré. Warum nicht an mich? Sehen Sie doch, hier!«

Er hatte eine Tasche entdeckt, die noch nicht angezapft war, und brachte noch ein paar Bündel Geldscheine zum Vorschein. Schließlich zückte er sein Scheckbuch und legte es auf den Tisch.

Pablo schüttelte den Kopf. Dann bemerkte er Jacques' Hut. »Ein hübscher Hut«, sagte er. »Er gefällt mir.«

»Das will ich meinen«, ereiferte sich Jacques. »Er ist von Lock in London.« Er nahm ihn ab, zeigte Pablo das Etikett und seine Blattgold-Initialen. Pablo probierte ihn auf. Der Hut war so klein, daß er auf seinem Kopf saß wie eine Erdnuß auf einem Elefantenrücken. Er gab ihn Jacques zurück.

»Ich besorge Ihnen einen in Ihrer Größe«, bot Jacques an.

»Na schön«, sagte Pablo. »Wenn Sie mir einen Hut besorgen, genauso einen – *vielleicht*, trotz allem, würde ich Ihnen dann ein Bild verkaufen, weil ich ein netter Kerl bin und Sie mag.« Jacques machte sich sofort auf, sprang in das nächste Flugzeug nach London und erschien am folgenden Tag wieder – mit einem Duplikat seines Hutes von Lock samt Pablos Initialen im Hutband.

»Schön«, meinte Pablo. Er probierte ihn auf und betrachtete sich im Spiegel. Dann sah er Jacques traurig an: »Sie sehen ja, der Hut steht mir überhaupt nicht. Behalten Sie ihn.« Pablo nahm ihn und stülpte ihn Jacques auf den Kopf. Er war ihm viel zu groß. Pablo zog ihm den Hut bis tief über die Ohren und ging weg. Jacques bekam auch an diesem Tag keine Bilder.

Als Pablo jung war, nützten ihn die Kunsthändler aus, soviel sie nur konnten; sie diktierten ihm die Preise. Später war es umgekehrt; alle Welt wollte seine Bilder haben, und nun war es Pablo, der die Preise machte. Von da an gab es nur noch die eine Frage, ob ein Händler Bilder bekommen sollte oder nicht, und wenn ja, welche, denn Pablo behielt die besten lieber für sich. Er gab sich große Mühe, den Händler bis zur letzten Minute im ungewissen zu lassen, ob er Bilder erhalten würde und ob das wichtige oder nur relativ unbedeutende Arbeiten waren.

Ich hatte bald Gelegenheit zu beobachten, daß Pablo im Umgang mit seinen Händlern wie überhaupt mit allen Leuten den Grundsatz »teile und herrsche« auf seine eigene Art praktizierte. In den Jahren 1944 und 1945 war Kahnweiler nicht sein einziger Kunsthändler. Er verkaufte auch viel an Louis Carré und richtete es manchmal so ein, daß beide gleichzeitig in die Rue des Grands-Augustins kamen. Unter diesen Umständen waren Carré und Kahnweiler nicht sehr begeistert voneinander, und Pablo sorgte dafür, daß sie gelegentlich fast eine Stunde gemeinsam antichambrieren mußten. Da sie nicht gut dasitzen konnten, ohne etwas zu reden, blieb ihnen nichts übrig, als sich zu unterhalten, und erst wenn sie lange genug gewartet hatten, ließ Pablo einen von ihnen in das Allerheiligste ein. Da er Kahnweiler lieber mochte, durfte in der Regel Louis Carré zuerst eintreten. Carré wußte ganz genau, daß Kahnweiler wie ein Liebhaber, den man zappeln läßt, ängstlich auf seinen Gesichtsausdruck lauerte, wenn er herauskam. Denn Kahnweiler dachte: Lächelt Carré, dann hat er Bilder bekommen, schaut er traurig drein, dann ist er leer ausgegangen. Carré war schlau genug, um dieses Spielchen mitzumachen, und so tätschelte er – besonders wenn er kein Bild bekommen hatte – Pablo den Rücken, nannte ihn »mon cher ami« und gab sich überhaupt den Anschein, als sei er sehr zufrieden. Manchmal sah ich Kahnweilers Gesicht aschgrau werden, wenn Carré so herauskam. Er konnte nicht dagegen an; es übermannte ihn.

Das war nicht einfach Eifersucht zwischen Kunsthändlern. Ich glaube, daß Kahnweiler neben den normalen Geschäftsinstinkten eines Kunsthändlers stets eine so außergewöhnlich starke Beziehung zu Picasso und seinem Werk hatte, daß er, wenn sein Rivale Carré entzückt herauskam und Picasso auf den Rücken klopfte, nicht nur glauben mußte, daß er Bilder bekommen hatte, sondern daß nun ein anderer das Vertrauen jenes Mannes genoß, der so schrecklich wichtig für Kahnweiler war. Und das muß ihn noch viel tiefer getroffen haben. Sehr häufig stimmte es gar nicht, aber Kahnweiler glaubte es, und sein Kummer nahm ihm alle Widerstandskraft. Pablo ließ ihn dann hereinkommen, doch er war so mitgenommen von dem Anblick des in strahlender Laune abgehenden Carré, daß Pablo sehr leicht mit ihm fertig werden konnte. Wenn Pablo zum Beispiel seine Preise bei Kahnweiler steigern wollte, ließ er stets Louis Carré als ersten herein. Damals sah Carré sehr jugendlich aus, strahlend vor Lebensfreude, mit einer gutgebauten, stämmigen Figur und einer gewissen Leichtigkeit der Worte und Gesten – ein Mann der Tat. Kahnweiler hingegen war ein Introvertierter mit dem Gehabe eines Mannes, der in Frankfurt in einem ziemlich puritanischen Klima aufgewachsen war.

Das war einer meiner ersten Einblicke in Pablos klassische Methode, die Menschen wie Kegel zu behandeln und den einen mit der Kugel zu treffen, um einen anderen damit zu Fall zu bringen.

Damals, in jenem Winter, gab Pablo mir die Autobiographie der Alice B. Toklas zu lesen. Ich fand sie sehr amüsant und sagte ihm, daß ich Gertrude Stein gern kennenlernen möchte. Eines Morgens im Frühjahr sagte er dann: »In dieser Woche werden wir Gertrude Stein besuchen. Das wird dir Spaß machen. Im übrigen gebe ich ziemlich viel auf ihr Urteil. Wenn du ihr gefällst, wird mich das in meiner guten Meinung von dir noch bestärken.« Von diesem Augenblick an verlor ich alle Lust, Gertrude Stein kennenzulernen. Aber ich mußte hingehen, weil er sich mit ihr verabredet hatte.

An jenem Tag ging ich mit Pablo zum Lunch ins *Catalan*. Er war ungewöhnlich heiter, doch ich konnte keinen Bissen herunterkriegen. Gegen halb vier stiegen wir den breiten, kalten, offenen Treppenaufgang in Gertrude Steins Haus in der Rue Christine hinauf, und Pablo klopfte an die Tür. Wir mußten etwas warten, dann wurde die Tür einen Spalt geöffnet, fast so widerwillig wie die Tür zum Atelier in der Rue des Grands-Augustins, und durch den Spalt sah ich ein schmales, braunes Gesicht mit großen Augen unter schweren Lidern, einer langen Hakennase und einem dunklen Schnurrbart. Als diese Erscheinung Pablo erkannte, öffnete sich die Tür vollends, und ich sah eine kleine alte Dame mit einem riesigen Hut. Das war Alice B. Toklas.

Sie ließ uns in die Diele und begrüßte Pablo mit tiefem Bariton. Als Pablo mich vorstellte, grunzte sie ihr »Bonjour, Mademoiselle« mit dem Akzent eines Komikers, der einen aus dem französischen Sprachführer vorlesenden amerikanischen Touristen mimt. Wir legten unsere Mäntel in einer kleinen Garderobe ab und gingen durch einen größeren Korridor voller Bilder, viele von ihnen aus der kubistischen Periode, die meisten von Pablo und Juan Gris. Aus diesem Raum gelangten wir in einen von Sonnenlicht durchfluteten Salon. Dort saß in einem Lehnstuhl gegenüber der Tür unter ihrem Porträt, das Pablo 1906 gemalt hatte, Gertrude Stein, breit, massiv, imposant, das graue Haar ganz kurz geschoren. Sie trug einen langen braunen Rock, der bis zu den Knöcheln reichte, eine mattbeige Bluse und an ihren bloßen Füßen grobe Ledersandalen.

Pablo stellte mich vor, und sie ließ mich auf einem Roßhaardiwan ihr gegenüber Platz nehmen. Pablo setzte sich auf eine Fensterbank neben und etwas hinter ihr, mit dem Rücken zum Licht, als ob er die Szene zwar zu überblicken wünschte, doch ohne die Verpflichtung, zu sehr daran teilzunehmen. Ein Funkeln in seinen Augen verriet mir, daß er sich ein ungeheures Vergnügen versprach.

Alice Toklas setzte sich neben mich auf den Diwan, aber so weit wie möglich von mir entfernt. In der Mitte unseres kleinen Kreises standen einige niedrige Tischchen mit Tellern voll Petits fours, Kuchen, Gebäck und Leckereien aller Art, die man damals gleich nach dem Krieg nirgends bekam.

Gertrude Steins erste Fragen schüchterten mich ein, da sie etwas scharf und manchmal recht durchsichtig waren. Es war ganz klar, daß sie sich fragte: Was ist zwischen Pablo und diesem Mädchen? Und sie versuchte, zuerst auf englisch und dann auf französisch – es war kein sehr gutes Französisch –, mich zum Sprechen zu bringen. Es war schlimmer als das mündliche Examen für das *baccalauréat*.

Ich beantwortete ihre Fragen, so gut es ging, doch irritierte mich der riesige Hut, den Alice Toklas auf dem Kopf trug. Sie war in sehr dunkles Grau und Schwarz gekleidet, und ihr ungeheurer Hut war schwarz mit ein wenig grauem Putz. Sie sah aus, als habe sie sich für eine Beerdigung angezogen, aber die Schneiderarbeit war offensichtlich von allererster Qualität. Später hörte ich, daß sie bei Pierre Balmain arbeiten ließ.

Ich fühlte mich unbehaglich an ihrer Seite. Sie sah feindselig aus, als ob sie gegen mich voreingenommen sei, und sagte nicht viel, nur gelegentlich kam sie Gertrude Stein mit irgendeinem Detail zu Hilfe. Wenn sie sprach, war ihre Stimme sehr tief, männlich und krächzend, man hörte die Luft laut durch ihre Zähne zischen, ein äußerst unangenehmes Geräusch, wie das Wetzen einer Sense.

Im Laufe des Nachmittags verloren Gertrude Steins Fragen etwas an Peinlichkeit. Sie wollte wissen, welche ihrer Werke ich kannte und ob ich andere amerikanische Autoren gelesen hatte. Glücklicherweise waren mir einige vertraut. Sie erklärte mir, sie sei die geistige Mutter von allen: Sherwood Anderson, Hemingway, Scott Fitzgerald. Sie behauptete besonders von Dos Passos, er sei sehr von ihr beeinflußt, ja selbst Erskine Caldwell, und wollte, daß ich mir über die Bedeutung ihres Einflusses klar wurde, den sie angeblich selbst auf jene ausübte, die nie zu ihren Füßen gesessen hatten, wie zum Beispiel Faulkner und Steinbeck. Sie sagte, daß ohne sie die moderne amerikanische Literatur, wie wir sie kennen, nicht denkbar sei.

Nachdem die literarischen Probleme geklärt waren, wandte sie sich dem Thema Malerei zu und fing an, mich über den Kubismus zu examinieren. Mit der ganzen Pedanterie meiner dreiundzwanzig Jahre machte ich alle die Anmerkungen, die mir über den analytischen Kubismus, den synthetischen Kubismus, den Einfluß der Negerkunst, die Wirkung Cézannes usw. passend erschienen. Ich versuchte nicht, einen guten Eindruck zu machen, und wollte nur, daß Pablo nicht von mir enttäuscht war. Schließlich drehte sie sich um, deutete auf Pablos Bild und sagte: »Was halten Sie von meinem Porträt?« Ich antwortete, daß ich ihre Bemerkung gelesen hätte, das Bild habe ihr zwar zunächst nicht geglichen, doch nach acht Monaten habe sie angefangen, ihm ähnlich zu sehen. Nach all den Jahren komme es mir allerdings so vor, als habe sie sich nach einer anderen Richtung hin verändert, weil sie dem Bild nicht mehr ähnlich sehe. Nun sei sie meiner Vorstellung, wie ein tibetanischer Mönch aussehen müsse, wesentlich nähergekommen. Sie sah mich mißbilligend an.

Das Störendste an diesem Nachmittag war, daß Alice Toklas während der ganzen Zeit nicht etwa ruhig dasaß, sondern dauernd herumhüpfte, sich vorwärts und rückwärts beugte oder ins Eßzimmer lief, um weitere Kuchen zu holen, die sie auf die kleinen Tische stellte und herumreichte. Bei manchen meiner Antworten an Gertrude Stein machte sie ein schrecklich finsteres Gesicht, sie waren ihr wohl nicht respektvoll genug. Ich bewunderte Gertrude Stein zwar, doch ich sah nicht den mindesten Grund, deshalb vor ihr auf den Knien zu liegen. Immer, wenn ich etwas sagte, was Alice Toklas mißfiel, schob sie mir einen neuen Teller mit Gebäck unter die Nase, und ich mußte ein Stück nehmen und hineinbeißen. Die Kuchen waren alle sehr fett und klebrig, es gab nichts zu trinken dazu, das machte das Sprechen nicht gerade leicht. Ich glaube, ich hätte etwas über ihre Kochkunst sagen sollen, doch ich aß nur ihre Kuchen und sprach weiter mit Gertrude Stein. Deshalb habe ich mir an diesem Tag Alice Toklas wahrscheinlich zur Feindin gemacht. Gertrude Stein hingegen schien mich, wie ich aus ihrem herzlichen Lachen schließen durfte, recht unterhaltend zu finden, wenigstens im Augenblick. Gegen Ende des Nachmittags verließ sie das Zimmer und kam mit dreien ihrer Bücher zurück. Eines davon war, wie ich mich erinnere, *Wars I have seen*. Sie schrieb in jedes etwas hinein, und in dieses schrieb sie: »Eine Rose ist eine Rose ist eine Rose ist eine Rose – noch einmal für Françoise Gilot.« Als wir aufbrechen wollten, sagte Gertrude

Stein: »Jetzt können Sie mich auch allein besuchen.« Und wieder kam ein finsterer Blick von Alice Toklas. Ich wäre hingegangen, wenn Mrs. Steins kleine Gefährtin mich nicht in Schrecken versetzt hätte. Doch das tat sie, und ich gelobte mir, diese Wohnung nie wieder zu betreten.

Während der ganzen Zeit hatte Pablo kein Wort gesprochen, obgleich ich seine Augen funkeln sah und hin und wieder seine Gedanken erraten konnte. Es war klar, daß er mich mir selbst überließ. Ich sollte selber nach besten Kräften mit allen Klippen fertig werden. An der Wohnungstür sagte er mit Unschuldsmiene: »Nun, Gertrude, hast du in der letzten Zeit neue Maler entdeckt?« Sie witterte anscheinend die Falle und sagte: »Was meinst du damit?« Er sagte: »Schön, Gertrude, du bist ohne Zweifel die Großmutter der amerikanischen Literatur, aber bist du sicher, daß du in der Malerei ein ebenso gutes Urteil über die Generation nach uns gehabt hast? Als Matisse und Picasso entdeckt waren, ging alles gut. Schließlich bist du auch an Gris geraten, aber seitdem, scheint mir, waren deine Entdeckungen etwas weniger interessant.«

Sie sah böse aus, gab aber keine Antwort. Nur um den Stachel noch etwas tiefer in die Wunde zu bohren, fuhr Pablo fort. »Du hast einer Generation zur Entdeckung verholfen, und das ist schön, aber zwei oder drei Generationen zu entdecken, ist schwerer, und ich glaube nicht, daß dir das gelungen ist.«

Einen Augenblick herrschte Schweigen. Dann entgegnete sie: »Schau mal, Pablo, ich sage einem Maler, was auf einem Bild von ihm gut ist, und auf diese Weise ermutige ich ihn, in der Richtung seiner besonderen Begabung weiterzusuchen. Das Resultat ist, daß das, was schlecht ist, verschwindet, weil er es vergißt. Ich weiß nicht, ob mein kritisches Urteil seine Klarheit verloren hat oder nicht, doch ich bin sicher, daß mein Rat für die Maler immer konstruktiv gewesen ist.«

Danach sah ich Gertrude Stein gelegentlich in der Rue de Buci, wo sie zur Mittagszeit Einkäufe zu machen pflegte. Sie schien – unter einem Cape – immer dasselbe Kleid zu tragen, das sie an jenem Tag trug, an dem Pablo und ich sie besuchten. Jedesmal drängte sie mich auf freundliche Art, sie in der Rue Christine zu besuchen. Ich sagte dann: »O ja, gern«, tat aber nichts dergleichen, weil es mir leichter fiel, ohne sie auszukommen, als sie im Gespann mit Alice B. Toklas zu ertragen.

Bevor ich Picasso kennenlernte und noch einige Monate danach war meine Malerei in einer experimentellen Art gegenständlich gewesen. Anfang 1944 kam ich zu der Überzeugung, daß das, was man in der Fachsprache als »Anekdote« bezeichnet, überflüssig sei, und ich begann, ganz ungegenständlich zu malen. Meine Großmutter kam jeden Abend in mein Atelier herauf, um zu sehen, was ich tagsüber getan hatte. Einige Monate vorher hatte ich ziemlich stark deformierte Porträts und Stilleben gemalt, die sie schockiert hatten. Doch als ich begann, ungegenständliche Bilder zu malen, gefielen sie ihr sofort.

»Was du vorher gemacht hast, habe ich nicht verstanden«, sagte sie zu mir. »Dies verstehe ich zwar auch nicht, aber ich finde es gefällig. Ich sehe die Harmonie von Farbe und Zeichnung, und seit du die Natur nicht mehr zerreißt und entstellst, gefallen mir deine Bilder besser.« Ich sagte ihr, daß es mir nicht so vorkomme, als ob meine neuen Bilder gefälliger seien als das, was ich früher gemalt hätte. Im Gegenteil, meiner Meinung nach sollten meine neuen Kompositionen ganz bestimmte dramatische Spannungen ausdrücken, und ich hielte sie nicht gerade für gefällig.

Ich fragte sie, ob sie die Bilder nicht aufregend finde. Sie antwortete: »Überhaupt nicht. Ich kann sie mir stundenlang ansehen und finde sie beruhigend.«

Ich erzählte das Pablo eines Nachmittags, bevor er zu malen anfing. Er lachte: »Natürlich. Ungegenständliche Malerei wirkt niemals revolutionär. Sie ist immer wie ein Sack, in den der Betrachter alles hineinstopfen kann, was er loswerden will. Du kannst deine Gedanken nicht den Leuten aufzwingen, wenn keine Beziehung zwischen deiner Malerei und dem besteht, was sie zu sehen gewohnt sind. Ich spreche nicht von den Kennern der Malerei. Ich meine den Durchschnittsmenschen, dessen visuelle Gewohnheiten ziemlich konventionell sind. Er sieht einen Baum auf eine ganz bestimmte Weise, so wie er es von Kindesbeinen an gewöhnt ist. Ein Mensch mit hochentwickeltem Sehvermögen kann eine Landschaft bei Aix wie Cézanne, eine Landschaft bei Arles wie van Gogh sehen. Doch im allgemeinen sehen die Leute die Natur ganz konventionell und wollen nicht, daß jemand etwas daran ändert. Sie sind bereit, sich Dinge anzusehen, die mit nichts Ähnlichkeit haben, weil diese Dinge einem vagen, unformulierten, geheimen Traum entsprechen. Doch wenn du etwas alltäglich zu Sehendes nimmst und nur das kleinste Detail daran änderst, ruft jeder: ›O nein, unmöglich! Das ist nicht das Porträt meiner Großmutter.‹

Wenn ich male, versuche ich stets eine Form der Darstellung zu finden, die die Leute nicht erwarten, ja, die sie darüber hinaus noch ablehnen. Das ist das, was mich interessiert. In diesem Sinne versuche ich immer, revolutionär zu wirken. Das heißt, ich gebe einem Menschen ein Bild seiner selbst, dessen Elemente der üblichen Sehweise entnommen sind, so, wie die traditionelle Malerei sie kennt, aber neu zusammengesetzt auf eine Weise, die so unerwartet und beunruhigend ist, daß sie es ihm unmöglich macht, sich den Fragen, die sie aufwirft, zu entziehen.«

Ich sagte Pablo, daß meiner Meinung nach niemand für die total ungegenständliche Malerei höher begabt sei als er. »Ich nehme es an«, erwiderte er. »In den polyedrischen, kubistischen Porträts, die ich um 1909 in Weiß, Grau und Ockertönen malte, gab es Beziehungen zu natürlichen Formen; doch in den frühen Stadien ihres Entstehens gab es sie praktisch nicht. Ich malte sie nachträglich hinein. Ich nenne sie ›Attribute‹. In jener Periode malte ich um des Malens willen. Es war nicht wirklich reine Malerei, und eine Komposition war nichts anderes als eine Komposition. Erst kurz bevor ich ein Porträt beendete, fügte ich die Attribute hinzu. In einem bestimmten Moment setzte ich einfach drei oder vier schwarze Flecke, und was um diese Flecke herum war, wurde zu einer Weste.

Ich glaube, ich gebrauche das Wort Attribut so, wie es eher ein Schriftsteller als ein Maler gebrauchen würde; das heißt so, wie man über einen Satz mit Subjekt, Verbum und Attribut spricht. Das Attribut ist ein Adjektiv. Es dient dazu, das Subjekt näher zu bestimmen. Doch das Verb und das Subjekt sind in Wirklichkeit die ganze Malerei. Die Attribute waren die wenigen Bezugspunkte, die eingezeichnet wurden, um den Betrachter zur allgemein erkennbaren visuellen Realität zurückzuführen. Und außerdem wurden sie eingezeichnet, um die reine Malerei hinter ihnen zu verbergen.

Ich habe nie etwas davon gehalten, daß man nur für die ›happy few‹, die wenigen Auserwählten, malt. Ich habe immer geglaubt, daß die Malerei selbst in einem Menschen, der sich gewöhnlich keine Bilder ansieht, etwas wecken müsse, so wie es bei Molière immer etwas gibt, worüber sehr intelligente Menschen genauso lachen wie diejenigen, die nichts begreifen. Bei Shakespeare ist es genauso. Und in meinen Arbeiten gibt es wie bei Shakespeare oft burleske und ziemlich vulgäre Elemente. Auf diese Weise erreiche ich jeden. Nicht daß ich um die Gunst der Öffentlichkeit buhlte, aber ich möchte für jedes Niveau etwas bieten.

Doch um auf die Attribute zurückzukommen – kennst du mein kubistisches Porträt von Kahnweiler?« Ich sagte ja, zumindest als Reproduktion. »Also gut. In seiner ursprünglichen Form sah es für mich so aus, als wolle es in Rauch aufgehen. Doch wenn ich Rauch male, möchte ich, daß man einen Nagel hineinschlagen kann. So fügte ich die Attribute hinzu – eine Andeutung der Augen, die Welle im Haar, ein Ohrläppchen, die gefalteten Hände –, und jetzt kann man es. Siehst du, zu jener Zeit und in diesen Porträts hatte ich das Gefühl, daß das, was ich zu sagen hatte, ziemlich schwer zu verstehen sei. Es ist wie mit Hegel. Hegel ist ein sehr interessanter Mann, aber es gibt nicht viele Leute, die die Mühe auf sich nehmen wollen, ihn zu lesen. Er schwebt da oben, nur für die wenigen Leute erreichbar, die sich auf der Suche nach der Nahrung, die er ihnen zu bieten hat, dieser Mühe unterziehen wollen. Will man in der Malerei solche Nahrung verabfolgen, wie sie für die meisten Leute, die nicht die Organe haben, sie zu verdauen, nur schwer zu schlucken ist, dann braucht man eine Art Vorwand.

Es ist wie wenn man einem Kind eine lange und schwierige Erklärung gibt: Du fügst gewisse Details hinzu, die es sofort versteht, um sein Interesse wachzurufen und ihm über die schwierigeren Stellen hinwegzuhelfen. Die große

Mehrheit besitzt keinen schöpferischen oder erfinderischen Geist. Wie Hegel sagt: Sie können nur kennenlernen, was sie bereits kennen. Wie willst du ihnen also etwas Neues beibringen? Indem du das, was sie kennen, unter das mischst, was sie noch nicht kennen. Wenn sie dann in ihrer Umnebelung vage etwas sehen, das ihnen vertraut ist, denken sie: ›Ah, das kenne ich.‹ Dann ist es nur noch ein Schritt, bis sie sagen: ›Ah, das Ganze ist mir ja bekannt.‹ Und ihr Geist stößt vor in das Unbekannte, sie beginnen wiederzuerkennen, was ihnen bislang nicht bekannt war, und so vermehrt sich ihre Erkenntniskraft.«

Das klinge sehr plausibel, sagte ich. »Natürlich ist es plausibel«, meinte er. »Es ist reinster Hegel.«

Ich sagte ihm, diese Heranziehung Hegels sei sehr imponierend. Wieviel er von ihm gelesen habe?

»Nichts«, antwortete er. »Ich sagte dir doch schon, es gibt nicht viele Menschen, die die Mühe auf sich nehmen, ihn zu lesen. Ich auch nicht. Ich habe mein Wissen bei Kahnweiler aufgeschnappt. Doch ich komme immer wieder von meinen Attributen ab. Du mußt verstehen, wenn die Attribute – oder in einem allgemeineren Sinn die Gegenstände – das Wichtigste in meiner Malerei wären, dann hätte ich sie mit großer Sorgfalt ausgewählt. Auf Bildern von Matisse zum Beispiel spielen die Gegenstände die Hauptrolle. Aber nicht jeder x-beliebige Gegenstand hat die Ehre, als Objekt für ein Bild von Matisse auserwählt zu werden. Es sind alles Dinge, die für sich genommen höchst ungewöhnlich sind. Die Gegenstände, die in meine Bilder eingehen, sind das überhaupt nicht. Es sind gewöhnliche Dinge von irgendwoher: eine Wasserkanne, ein Bierkrug, eine Pfeife, ein Päckchen Tabak, eine Schale, ein Küchenstuhl mit einem Sitz aus Rohrgeflecht, ein einfacher alltäglicher Tisch – der Gegenstand in seiner gewöhnlichsten Form. Ich bemühe mich nicht, einen seltenen Gegenstand aufzutreiben, von dem niemand je was gehört hat, um ihn dann umzuformen wie einen von Matisses venezianischen Stühlen, die wie Austern aussehen. Das hätte keinen Sinn.

Ich möchte durch das Medium des alltäglichen Gegenstands etwas erzählen: zum Beispiel eine Kasserolle, irgendeine beliebige Kasserolle, wie sie jeder kennt. Für mich ist sie ein Gefäß im metaphorischen Sinn, genau wie Christus die Gleichnisse gebraucht hat. Er hatte einen Gedanken. Er formulierte ihn in Gleichnissen, damit dieser Gedanke so vielen Menschen wie irgend möglich verständlich wurde. Genauso benutze ich die Gegenstände. Ich werde zum Beispiel niemals einen Louis-Quinze-Sessel malen. Das ist ein Gegenstand, der bestimmten Menschen vorbehalten ist, aber er ist nicht für jeden. Ich benutze Gegenstände, wie sie jeder besitzen kann, wenigstens theoretisch. Auf jeden Fall verpacke ich in sie meine Gedanken. Sie sind meine Gleichnisse.«

Ich sagte Pablo, daß er in der Hierarchie der Heiligkeit Fortschritte mache: erst Hegel, dann Christus. Und wer komme dann? Er dachte einen Augenblick nach. »Ich weiß nicht genau, vielleicht Aristoteles. Zumindest jemand, der fähig sein könnte, die Malerei wieder ins Geleise zu bringen.« Wo sie denn aus dem Geleise geraten sei, wollte ich wissen.

»Das ist eine lange Geschichte«, sagte er. »Aber du bist eine gute Zuhörerin, also will ich sie dir erzählen. Du mußt den ganzen Weg zurückgehen bis zu den Griechen und den Ägyptern. Heute sind wir in der unglücklichen Lage, keine Ordnung und keinen Kanon mehr zu haben, die die künstlerische Produktion bestimmten Regeln unterwerfen. Die Griechen, Römer, Ägypter hatten ihre Regeln. Ihrem Kanon konnte sich niemand entziehen, weil die sogenannte Schönheit durch Definition in diesen Regeln enthalten war. Aber sobald die Kunst jede Verbindung zur Tradition verloren hatte und jene Befreiung, die mit dem Impressionismus begann, jedem Maler gestattete, zu tun, was er wollte, war es mit der Malerei vorbei. Als man sich darauf einigte, daß es auf die Gefühle und Emotionen des Malers ankomme, daß jeder die Malerei neuschaffen könne, so, wie er sie verstand, ganz gleich, wo er begann, da gab es keine Malerei mehr. Es gab nur noch Individuen. Die Skulptur starb den gleichen Tod.

Angefangen mit van Gogh sind wir alle, so groß wir auch sein mögen, in gewissem Maße Autodidakten – man könnte fast sagen, naive Maler. Die Maler leben nicht mehr innerhalb einer Tradition, und so muß jeder von uns alle seine Ausdrucksmöglichkeiten neuerschaffen. Jeder moderne Maler hat das vollkommene Recht, diese Sprache von A bis Z zu erfinden. Kein Kriterium kann a priori auf ihn angewandt werden, weil wir nicht mehr an strenge Maßstäbe glauben. In gewissem Sinn ist das eine Befreiung, aber gleichzeitig ist es eine ungeheure Begrenzung, denn wenn die Individualität des Künstlers beginnt, sich auszudrücken, verliert er das, was er an Freiheit gewinnt, an Ordnung. Und wenn du nicht mehr in der Lage bist, dich einer Ordnung zu unterwerfen, dann ist das im Grunde ein gefährlicher Nachteil.«

Ich warf die Frage des Kubismus auf. Sei denn das nicht eine Art von Ordnung, fragte ich ihn. Er zuckte die Achseln. »Es war wirklich bei denen, die daran beteiligt waren, die Äußerung eines vagen Wunsches, zu einer Art von Ordnung zurückzukehren, das stimmt schon. Wir versuchten, uns in eine dem Impressionismus entgegengesetzte Richtung zu bewegen. Das war der Grund, weshalb wir auf Farbe, Emotion, Empfindung und alles, was von den Impressionisten in die Malerei eingeführt worden war, verzichteten. Wir suchten wieder nach einer architektonischen Grundlage der Komposition, und wir bemühten uns, eine Ordnung daraus zu machen. Die Leute verstanden damals nicht recht, weshalb wir unsere Bilder sehr oft nicht signierten. Von denjenigen, die signiert sind, wurden die meisten erst Jahre später signiert. Das geschah, weil wir die Verlockung einer anonymen Kunst, die Hoffnung darauf, nicht in ihrem Ausdruck, das heißt in der Endphase, sondern in ihrem Ausgangspunkt spürten. Wir versuchten, eine neue Ordnung aufzubauen, und die mußte sich durch verschiedene Individualitäten ausdrücken. Niemand brauchte zu wissen, ob es der oder jener war, der dies oder jenes Bild gemalt hatte. Aber der Individualismus war schon zu stark, und das Ergebnis war ein Fehlschlag, denn nach ein paar Jahren waren alle Kubisten, die überhaupt etwas taugten, keine Kubisten mehr. Kubisten blieben nur diejenigen, die in Wirklichkeit keine echten Maler waren. Braque sagte neulich: ›Kubismus ist ein Wort, das von den Kritikern erfunden wurde, aber wir waren niemals Kubisten.‹ Das stimmt nicht ganz. Wir waren schon zu einer bestimmten Zeit Kubisten, doch als wir uns von dieser Periode entfernten, stellten wir fest, daß wir, mehr noch als Kubisten, Individuen und nur uns selbst verpflichtet waren. Sobald wir sahen, daß das kollektive Abenteuer eine verlorene Sache war, mußte jeder einzelne von uns sein individuelles Abenteuer finden. Und das individuelle Abenteuer geht immer auf das eine zurück, das der Archetyp unserer Zeit ist: das Abenteuer van Goghs – ein im wesentlichen einsames und tragisches Abenteuer. Deshalb habe ich vorhin gesagt, daß wir alle Autodidakten sind. Das ist, glaube ich, buchstäblich wahr, doch ich wußte selbst damals, als der Kubismus starb, daß wir durch eine Tatsache vor der völligen Isolation als Individuen bewahrt blieben, wie verschieden wir auch dem Anschein nach sein mochten: Wir waren alle *Art-nouveau*-Künstler. Es gab so viele wilde, wahnwitzige Kurven an diesen Métroeingängen und all den Werken des *Art nouveau*, daß ich dagegen rebellierte und mich fast ausschließlich auf gerade Linien beschränkte. Trotzdem nahm auch ich auf meine Art am *Art nouveau* teil. Denn wenn man auch gegen eine Bewegung ist, so bleibt man doch ein Teil von ihr. Das Für und Wider sind letztlich zwei Aspekte derselben Bewegung. So wurden diejenigen von uns, die versuchten, sich vom *Art nouveau* zu lösen, mehr *Art nouveau* als sonst jemand. Du kannst dich deiner eigenen Epoche nicht entziehen. Ob du dich für oder gegen sie entscheidest, du bleibst immer innerhalb ihrer Grenzen.«

Ich sagte Pablo, daß ich den Kubismus immer als die Periode der reinen Malerei betrachtet habe. Ich hätte das Gefühl, daß er sich danach zwar in andere Richtung, aber nicht darüber hinaus entwickelt habe. Seit damals sei zwar ein eindrucksvolleres Werk entstanden, was die Unmittelbarkeit und Kraft seines Ausdrucks angehe, doch habe er meiner Meinung nach nichts Größeres geleistet als sein Werk der kubistischen Periode.

»Ich möchte dich nicht in fünf Jahren an diese Meinung erinnern«, entgegnete er. »Inzwischen würde es dir freilich nichts schaden, den Kubismus intensiver zu studieren. Andererseits, glaube ich, kann ich dich nicht wegen deiner Meinung tadeln. Damals in der kubistischen Zeit hatte ich genau die gleiche Einstellung dazu, obwohl ich natürlich nicht die Möglichkeit hatte, sie im Rückblick zu sehen.«

Er lächelte. »Stell dir nur vor, fast jeden Abend kam entweder ich zu Braque ins Atelier oder er zu mir. Jeder von uns mußte ganz einfach sehen, was der andere tagsüber gemacht hatte. Wir kritisierten jeder des anderen Arbeit. Ein

Bild war nicht fertig, bevor wir nicht beide das Gefühl hatten, es sei nun nichts mehr daran zu tun.«

Er kicherte. »Ich erinnere mich, wie ich eines Abends in Braques Atelier kam. Er arbeitete an einem großen, ovalen Stilleben mit einem Päckchen Tabak, einer Pfeife und all den üblichen Requisiten des Kubismus. Ich betrachtete es, wich zurück und sagte: ›Du Unseliger, das ist ja fürchterlich. Ich sehe ein Eichhörnchen auf deinem Bild.‹ Braque antwortete: ›Das ist nicht möglich.‹ Darauf ich: ›Ja, ich weiß, es ist eine paranoische Vision, aber es ist nun einmal so, daß ich ein Eichhörnchen sehe. Das Bild soll ein Gemälde sein, keine optische Illusion. Weil die Leute etwas darauf sehen müssen, möchtest du sie ein Päckchen Tabak sehen lassen, eine Pfeife und die anderen Sachen, die du gemalt hast. Aber schaff um Gottes willen das Eichhörnchen weg!‹ Braque trat ein paar Schritte zurück und sah sehr genau hin. Jetzt sah natürlich auch er das Eichhörnchen, denn diese Art paranoischer Vision ist äußerst ansteckend. Tagelang bekämpfte Braque das Eichhörnchen. Er änderte den Aufbau, das Licht, die Komposition – das Eichhörnchen kam immer wieder. Denn als wir es erst einmal in unserem Kopf hatten, war es fast unmöglich, es wieder loszuwerden. Wie sehr Braque die Formen auch variierte, irgendwie brachte es das Eichhörnchen immer fertig, wiederzukommen. Schließlich, nach acht oder zehn Tagen, gelang es Braque; das Bild wurde wieder ein Päckchen Tabak, eine Pfeife, ein Kartenspiel und, von all dem abgesehen, ein kubistisches Bild. Damals war unsere Arbeit eine Art Laboratoriumsforschung, aus der jeder persönliche Anspruch, jede individuelle Eitelkeit verbannt waren. Du mußt diese geistige Haltung verstehen.« Ich versicherte ihm, das könne ich sehr gut, weil ich die kubistische Malerei immer fast mit religiöser Verehrung betrachtet habe. Aber ich könne nicht ganz die innere Notwendigkeit einsehen, die zum *papier collé* geführt habe. Mir sei es immer so vorgekommen, daß das *papier collé* ein Nebenprodukt oder vielleicht sogar der Ausklang der kubistischen Malerei gewesen sei.

»Keineswegs«, entgegnete Pablo. »Das *papier collé* war in Wirklichkeit die große Entdeckung, obwohl man vom ästhetischen Standpunkt aus ein kubistisches Gemälde vorziehen mag. Siehst du, einer der Grundzüge des Kubismus ist dieser: Wir versuchten nicht nur, die Realität zu verdrängen; die Realität war einfach nicht mehr in dem Gegenstand, den wir malten. Sie war im Bild. Wenn der kubistische Maler sich vornahm: ›Ich will eine Vase malen‹, dann machte er sich an die Arbeit in dem klaren Bewußtsein, daß eine gemalte Vase nichts mit einer Vase im wirklichen Leben zu tun hat. Wir haben uns immer für Realisten gehalten, doch im Sinne des Chinesen, der sagte: ›Ich kopiere die Natur nicht; ich arbeite wie sie.‹«

Ich fragte ihn, wie es möglich sei, daß ein Maler wie die Natur arbeite. »Nun«, meinte er, »abgesehen vom Rhythmus bewegt uns in der Natur die Unterschiedlichkeit der Texturen am stärksten: die Transparenz des Raumes im Gegensatz zur Opazität, zur lichtdurchlässigen Undurchsichtigkeit des Gegenstands in diesem Raum, die Kompaktheit eines Päckchens Tabak neben einer Porzellanvase – und darüber hinaus die Beziehung von Form, Farbe und Volumen zur Textur. Warum diese Unterschiede mit langweiligen Pinselstrichen in Ölfarbe darstellen und das Sichtbare mit Hilfe so entstellender und rhetorischer Konventionen wie Perspektive und so weiter ›wiedergeben‹? Das *papier collé* sollte beweisen, daß verschiedenartige Texturen in eine Komposition eingehen können, um im Bild zu einer Wirklichkeit zu werden, die mit der Wirklichkeit in der Natur in Konkurrenz tritt. Wir versuchten, vom *trompe-l'œil* loszukommen, um ein *trompe-l'esprit* zu finden. Wir wollten nicht länger das Auge narren; wir wollten den Geist narren. Das Zeitungsblatt wurde niemals benutzt, um eine Zeitung daraus zu machen, sondern um zu einer Flasche oder etwas Ähnlichem zu werden. Es wurde niemals buchstäblich, sondern immer als ein Element benutzt, das von seiner gewöhnlichen Bedeutung in eine andere Bedeutung verwiesen wurde, um einen Schock zwischen der gewohnten Bestimmung an seinem Ausgangspunkt und seiner neuen Bestimmung am Zielpunkt auszulösen. Wenn ein Stück Zeitungspapier eine Flasche werden kann, gibt uns das auch etwas zum Nachdenken, sowohl über Zeitungen als über Flaschen. Dieser umgepflanzte Gegenstand ist in einen Bereich eingegangen, für den er nicht gemacht ist, in dem er bis zu einem gewissen Grade seine Fremdheit behält. Und diese Fremdheit war es, über die wir die Menschen nachdenken lassen wollten, weil wir recht gut wußten, daß unsere Welt immer fremder wurde und nicht gerade beruhigender.«

Während der nächsten Wochen nach unserem ersten Gespräch über den Kubismus bemühte ich mich, wie Pablo mir geraten hatte, tiefer in den Kubismus einzudringen. In meinen Studien und Gedanken arbeitete ich mich bis an seine Wurzeln und noch weiter zurück bis zu Pablos frühen Pariser Jahren, der Zeit von 1904 bis 1909 im *Bateau Lavoir*, wo er Fernande Olivier begegnet war und mit ihr gelebt hatte und wo er die Harlekin- und Zirkusbilder gemalt hatte, die rosa Akte, die den Bildern der Blauen Periode folgten, und schließlich seine frühen kubistischen Werke. Er erzählte mir oft von dieser Zeit und immer mit sehr viel sehnsüchtigem Heimweh. Eines Dienstags kam ich in die Rue des Grands-Augustins, um den Nachmittag dort zu verbringen, während Pablo malte. Da sah ich ihn auf der Schwelle vor dem Haus, angezogen zum Ausgehen in dem frischen Frühherbstwetter. Er trug einen alten grauen Mantel, seine übliche zerknitterte graue Hose und einen zerbeulten Filzhut, dessen Rand er tief über die Augen gezogen hatte. Um den Hals hatte er einen langen, grünlich-blauen, gestrickten Wollschal geschlungen, den er über dem Mantel trug und dessen eines Ende er hinten über seine Schulter baumeln ließ nach der Art Aristide Bruants, des alten Chansonsängers vom Montmartre.

»Ich werde dir heute das *Bateau Lavoir* zeigen«, kündigte er mir an. »Ich muß eine alte Freundin von damals besuchen, die in der Nähe wohnt.«

Marcel, Pablos Chauffeur, fuhr uns fast bis zur Höhe des Montmartre. Pablo ließ ihn in einer wenig bebauten, einsamen Gegend halten, und wir stiegen aus. Die Bäume hatten ihre Blätter verloren. Die Häuser waren klein und sahen schäbig aus, doch ihr stilles, vernachlässigtes Aussehen war von eigenartigem Reiz. Das übrige Paris schien weit weg. Abgesehen von einzelnen modernen Appartementhäusern, kam es mir vor, als seien wir nach einer langen Reise durch Zeit und Raum in einem verblichenen Winkel der Vergangenheit gelandet. Pablo deutete hinter uns auf einen niedrigen, schuppenähnlichen Bau, der auf einer sanften, etwas von der Straße zurückliegenden Anhöhe stand. »Dort hat Modigliani gewohnt«, sagte er. Wir gingen langsam bergab zu einem grauen Haus mit einem großen, nach Norden gelegenen Atelierfenster. »Das war mein erstes Atelier, hier, gerade vor uns«, sagte er. Wir bogen nach rechts ab in die Rue Ravignan und gingen weiter bergab. Pablo zeigte auf ein etwas höhergelegenes, kastenähnliches Haus in einem kleinen Garten zu unserer Rechten, der von einem schmiedeeisernen Zaun umgeben war. »Dort lebte damals Pierre Reverdy«, sagte er. Gleich dahinter, zur Rechten, sah ich die Rue d'Orchampt mit ihren winzigen Pavillons und den Straßenlaternen aus dem 19. Jahrhundert, die ich von Utrillos Lithographie her kannte.

Kurz darauf kamen wir zu einem abschüssigen, gepflasterten Platz, der recht hübsch und ein wenig melancholisch aussah. Vor uns lag das Hotel Paradies, daneben ein niedriges, flaches, einstöckiges Gebäude mit zwei Eingangstüren, das ich, ohne daß Pablo es mir gesagt hätte, als das *Bateau Lavoir* erkannte. Pablo wies mit dem Kinn in Richtung des Gebäudes. »Dort hat alles angefangen«, sagte er ruhig. Wir gingen über den kleinen Platz zur linken Tür. Daneben waren die Fenster mit Läden verschlossen. »Dort hat Juan Gris gearbeitet«, fuhr Pablo fort. Er öffnete die Tür, und wir betraten das Haus.

Ein schaler, dumpfer Geruch umfing uns. Die Wände waren schmutzigweiß und braun, die Dielen abgenutzt und lose, sie wackelten unter unseren Schritten.

»Es hat sich nicht sehr viel geändert in den vierzig Jahren«, sagte Pablo mit dem Ansatz zu einem Lachen. Geradeaus im Hintergrund führte eine Treppe in das untere Stockwerk. Wir gingen hinunter. Er zeigte auf eine kleine Tür, die wie eine Toilettentür aussah.

»Das ist das Zimmer, in dem damals Max Jacob gewohnt hat. Es liegt fast unter meinem Atelier. Du wirst es sehen, wenn wir wieder nach oben gehen. Neben Max wohnte ein Bursche namens Soriol, der Artischocken verkaufte. Eines Nachts, als Max und Apollinaire und die ganze Bande in meinem Atelier waren, machten wir einen solchen Lärm über Soriols Kopf, daß er nicht schlafen konnte. Er schrie zu uns herauf: ›He, Mistbande, wie wär's, wenn ihr einen ehrlichen Arbeiter schlafen ließet?!‹ Ich begann mit einem dicken Stock auf den Fußboden – seine Decke – zu hämmern, und Max lief umher und kreischte: ›Soriol, halt's Maul, halt's Maul, halt's Maul, halt's Maul.‹ Wir machten diesen Heidenlärm genauso lange, bis er begriffen hatte, wieviel besser er wegkam, wenn er sich nicht beschwerte. Er machte uns in Zukunft keine Schereien mehr.«

Pablo schüttelte den Kopf. »Max war wunderbar«, sagte er. »Er verstand es immer, den wunden Punkt zu treffen. Er liebte natürlich den Klatsch und jeden kleinsten Skandal. Einmal erfuhr er, daß Apollinaire für Marie Laurencin eine Abtreibung arrangiert hatte. Kurz danach, bei einem unserer Dichterabende, kündigte Max an, daß er ein Lied zu Ehren Apollinaires gedichtet habe. Er stand auf und sang, den Blick auf Marie Laurencin gerichtet:

> Ah, l'envie me démange
> de te faire un ange
> de te faire un ange
> en farfouillant ton sein
> Marie Laurencin
> Marie Laurencin.

Marie Laurencin wurde rot, Apollinaire blaurot, doch Max blieb ganz ruhig und sah unschuldig wie ein Engel aus. Ich glaube, Apollinaire war für Max die liebste Zielscheibe. Er wußte, daß er ihn jederzeit hochbringen konnte. Apollinaires Mutter, die sich Comtesse de Kostrowitzky nannte, war eine sehr auffalende Erscheinung. Sie war von einer langen Reihe von Verehrern ausgehalten worden, doch Apollinaire liebte keine Anspielungen auf ihre erotische Karriere. Eines Nachts sang Max ein Lied, das so begann:

> Epouser la mère d'Apollinaire
> de quoi qu'on aurait l'air?
> de quoi qu'on aurait l'air?

Er konnte das Lied nicht zu Ende singen, denn Apollinaire sprang wütend auf und jagte ihn um den Tisch.

Apollinaire war auch sehr vorsichtig mit seinem Geld. Eines Abends lud er Max und mich in seine Wohnung ein. Marie Laurencin war bei ihm. Er hatte eine große Wurst gekauft und acht Scheiben davon aufgeschnitten – zwei für jeden von uns, wie ich annahm –, doch er bot uns nichts davon an. Er und Marie Laurencin hatten getrunken und waren ziemlich angeheitert. Nach einigen Minuten verließen sie das Zimmer, um miteinander allein zu sein. Wir fanden,

Françoise Gilot, Pablo Picasso und sein Neffe Javier Vilato (1948)

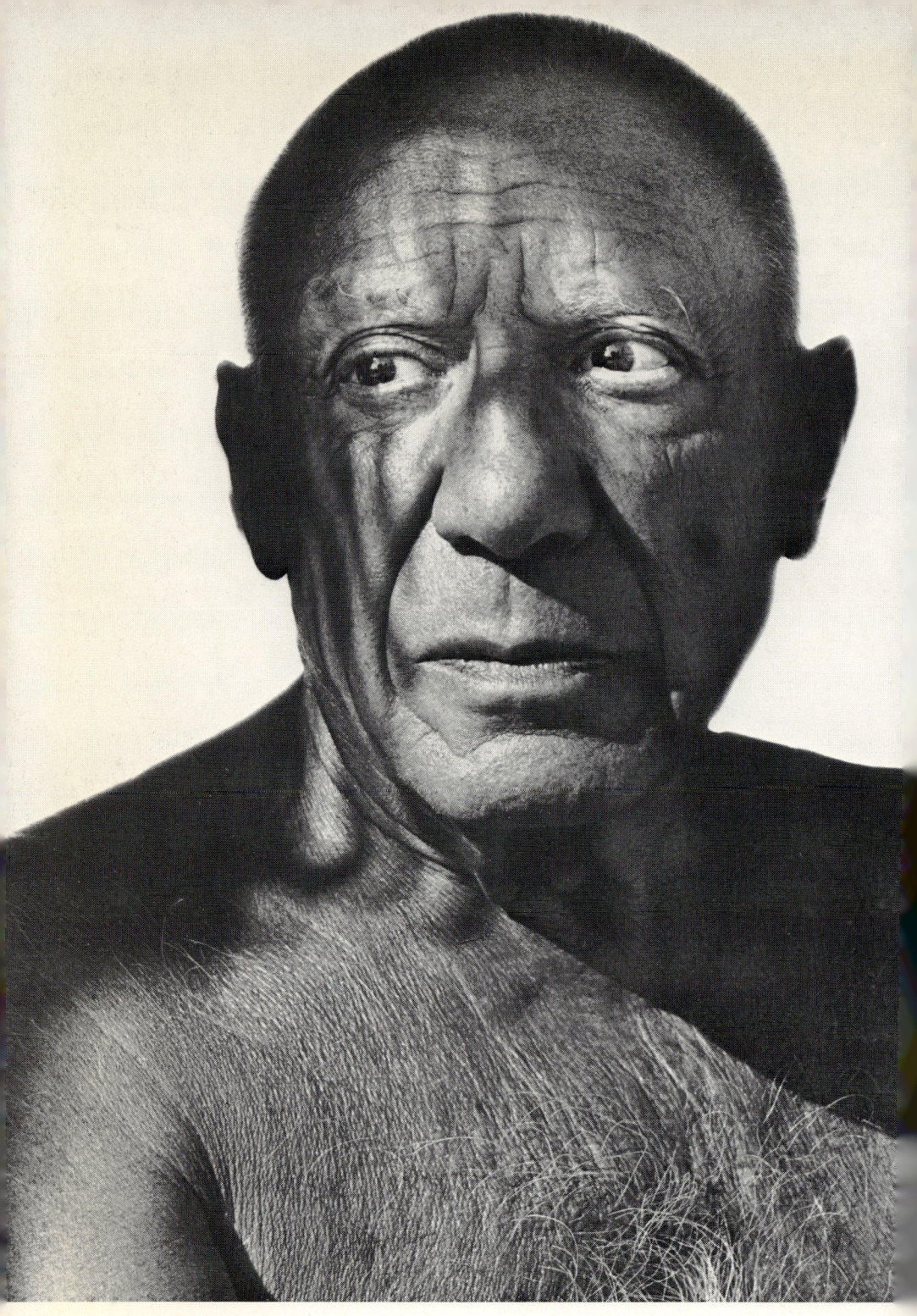

Pablo Picasso (1963)

daß die Wurst schon lange fällig war. Deshalb aßen Max und ich jeder eine der Scheiben, die Apollinaire abgeschnitten hatte. Als Apollinaire und Marie Laurencin wieder ins Zimmer kamen, zählte Apollinaire als erstes die Scheiben. Als er fand, daß nur noch sechs da waren, sah er uns mißtrauisch an, sagte aber nichts; er schnitt noch zwei Scheiben herunter. Nach ein paar Minuten gingen die beiden wieder hinaus, und Max und ich aßen die beiden Scheiben. Wir hatten sie kaum heruntergeschluckt, als Apollinaire wieder zurückkam und die Wurstscheiben zählte: immer noch sechs. Er sah verblüfft aus, schnitt aber noch einmal zwei ab und ging wieder hinaus. Als er schließlich endgültig zurückkam, war die ganze Wurst weg, immer zu je zwei Scheiben.«

Pablo warf einen Blick auf einen anderen Korridor, dann wandte er sich abrupt um und stieg wieder die Treppe hinauf. Diesmal gingen wir um den Treppenschacht herum zur Rückseite und kamen rechts an eine Tür mit einer Visitenkarte. Er betrachtete sie genau. »Nie von ihm gehört«, sagte er. »Jedenfalls, dies war mein Atelier.« Er legte eine Hand auf den Türgriff und die andere auf meinen Arm. »Wir brauchen nur diese Tür zu öffnen«, sagte er, »und wir sind in der Blauen Periode. Du bist dazu geschaffen, in der Blauen Periode zu leben, du hättest mich kennenlernen sollen, als ich hier wohnte. Wenn wir uns damals getroffen hätten, wäre alles vollkommen gewesen, denn was auch geschehen wäre, wir hätten die Rue Ravignan niemals verlassen. Mit dir hätte ich nie das Bedürfnis gehabt, von hier wegzugehen.« Er klopfte an die Tür, doch niemand kam. Er versuchte sie zu öffnen, aber sie war abgeschlossen. Die Blaue Periode blieb uns hinter dieser Tür verschlossen. Als wir wieder auf den Platz hinaustraten, war immer noch kein Mensch zu sehen. Wir gingen zu dem Brunnen in der Mitte. »Hier an diesem Brunnen sah ich Fernande Olivier zum erstenmal«, erzählte Pablo. Wir gingen am tiefergelegenen Ende des Platzes einige Stufen hinunter auf die Straße, die hinter dem Hotel Paradies entlangführte. Von der Rückseite des Hotels lief ein Fahrweg zur Rückfront des *Bateau Lavoir*. Wir gingen ihn entlang bis zum Ende. Pablo zeigte nach oben auf zwei große Fenster: »Das war mein Atelier.« Weil der Boden vor dem Haus stark abfiel, lagen die Fenster zu hoch, und wir konnten nicht hineinsehen. Im Parterre gab es einige Werkstätten. Ich bemerkte, das Gebäude sehe aus, als könne es jeden Augenblick einstürzen. Pablo nickte: »So sah es schon immer aus. Nur die Macht der Gewohnheit hält es zusammen. Als ich hier wohnte, gab es ein kleines Mädchen, die Tochter der Concierge, die den ganzen Tag vor meinem Fenster Himmel und Hölle spielte und Seil sprang. Sie war so süß, daß ich wünschte, sie würde nie erwachsen werden. Nachdem ich weggezogen war und einmal wieder zu Besuch kam, hatte sie sich zu einer sehr ernsthaften jungen Frau entwickelt. Als ich sie das nächste Mal sah, war sie ziemlich dick geworden. Jahre später traf ich sie wieder, sie sah ganz alt aus, und das deprimierte mich schrecklich. Vor meinem geistigen Auge stand immer noch das kleine Mädchen mit seinem Springseil. Ich merkte, wie schnell die Zeit verflog und wie weit ich mich von der Rue Ravignan entfernt hatte.« Wir gingen den Fahrweg hinunter; er konnte nur schwer seiner Bewegung Herr werden. Den ganzen Weg zurück zum Platz blieb er schweigsam.

Ich dachte an die Zeit, als Pablo mich halb im Ernst gedrängt hatte, auf dem Dachboden in der Rue des Grands-Augustins zu wohnen, damit wir im geheimen zusammenleben könnten. Seit damals äußerte er von Zeit zu Zeit immer wieder diesen Gedanken, mal in dieser, mal in anderer Form: »Du solltest ein schwarzes Kleid tragen, das bis zum Boden reicht«, hatte er mir eines Nachmittags gesagt, »und ein Tuch über deinem Kopf, damit niemand dein Gesicht sehen kann. So würdest du den anderen noch weniger gehören. Sie würden dich noch nicht einmal mit den Augen besitzen.« Er glaubte, daß er jemanden, der ihm teuer war, für sich allein haben müsse, weil alle zufälligen Berührungen mit der äußeren Welt jenen beflecken und bis zu einem gewissen Grade für ihn verderben würden.

In diesem Licht konnte ich noch besser verstehen, was das *Bateau Lavoir* für ihn bedeutete. Es verkörperte das Goldene Zeitalter, in dem alles frisch und ungetrübt war, bevor er die Welt erobert hatte und dann entdecken mußte, daß diese Eroberung wechselseitig war und daß es manchmal so schien, als habe die Welt ihn erobert. Immer wenn ihm die Ironie dieses Paradoxons besonders heftig zum Bewußtsein kam, war er bereit, alles zu versuchen, alles ins Auge zu fassen, was ihn vielleicht in das Goldene Zeitalter zurückversetzen konnte.

Wir gingen den Hügel wieder hinauf, bis er die Rue des Saules fand. Dort betraten wir ein kleines Haus. Er klopfte an eine Tür und ging, ohne eine Antwort abzuwarten, hinein. Ich sah eine kleine alte Frau, die zahnlos und krank im Bett lag. Während Pablo leise mit ihr sprach, stand ich an der Tür. Nach ein paar Minuten legte er etwas Geld auf ihren Nachttisch. Sie dankte ihm überschwenglich, und wir gingen wieder. Pablo schwieg, als wir die Straße hinabgingen. Ich fragte ihn, weshalb er mich zu der Frau mitgenommen habe.

»Ich möchte, daß du etwas vom Leben kennenlernst«, erwiderte er ruhig. »Doch warum gerade diese alte Frau?« fragte ich ihn. »Diese Frau heißt Germaine Pichot. Sie ist heute alt, zahnlos, arm und unglücklich«, erklärte er mir. »Aber als junges Mädchen war sie sehr schön; sie ließ einen Freund von mir, einen Maler, so leiden, daß er Selbstmord beging. Sie war eine junge Wäscherin, als ich zum erstenmal nach Paris kam. Die ersten Menschen, die wir in Paris aufsuchten, mein Freund und ich, waren diese Frau und Freunde von ihr, bei denen sie lebte. Ihre Adresse hatten wir von Bekannten in Spanien bekommen, und sie luden uns ab und zu zum Essen ein. Sie verdrehte vielen den Kopf. Und nun sieh sie dir an.«

Ich glaube, Pablo bildete sich ein, er offenbare mir etwas Neues und Erschütterndes, indem er mich mit zu dieser Frau nahm, wie man jemandem einen Schädel zeigt, damit er über die Vergänglichkeit des menschlichen Lebens nachdenke. Doch das hatte meine Großmutter schon vor ihm getan. Sie hatte mir vor vielen Jahren einige Lektionen dieser Art erteilt – soweit ich zu jener Zeit fähig war, sie zu begreifen. Sie hatte die Gewohnheit, täglich auf den ihrem Hause gegenüberliegenden Friedhof zu gehen. Sie ging langsam, alt und müde und setzte sich still auf den Grabstein ihres Mannes und dreier ihrer Kinder und ihrer übrigen Verwandten, die in diesem Familiengrab lagen. Sie sagte nichts, aber auf ihrem Gesicht lag immer ein leichtes Lächeln. Damals war ich noch ein Teenager und empfand eine solche Vertrautheit mit dem Tode als etwas Schreckliches. Ich fragte sie, weshalb sie dort sitze.

»Du wirst sehen«, gab sie zur Antwort, »es kommt ein Tag im Leben, an dem du durch so viel Leid gegangen bist, daß du es wie einen riesigen Stein auf deinem Herzen fühlst. Von dem Tage an kannst du dir den Luxus erlauben, auf einem solchen Stein zu sitzen. Wir leben in einer Art Gnadenfrist. Wenn du soweit bist, das einzusehen, lebst du nicht länger nur für dich selbst, für deine eigenen Wünsche und Annehmlichkeiten, sondern ebensosehr für den Anblick einer Blume oder irgendeinen Duft oder für andere Menschen.«

Von 1945 an gab es Zeiten, in denen ich meine Besuche bei Pablo ganz einstellte – für eine Woche, zwei Wochen oder auch zwei Monate. Trotz meiner Zuneigung zu ihm und seinem Wunsch, mich bei sich zu haben, hatte ich ziemlich früh bemerkt, daß unsere Temperamente sehr gegensätzlich waren. Vor allem war er sehr launenhaft: heute strahlender Sonnenschein, morgen Donner und Blitz. In unseren Gesprächen ließ er mir viel Spielraum, er ermutigte mich, über alles zu sprechen, was mir durch den Kopf ging. Er regte mich außerordentlich an. Gleichzeitig fühlte ich, daß ihm das Interesse, das er mir entgegenbrachte, etwas gegen den Strich ging. Ich merkte, daß er mich zwar amüsant fand und sich gern mit mir beschäftigte, daß ihm aber die tieferen Gefühle, die dabei mitspielten, wenigstens zeitweise lästig waren und er sich in solchen Zeiten sagte: »Ich darf mich nicht zu weit mit ihr einlassen.« Da war einerseits die Anziehung, aber sie fand ihr Gegengewicht in der Beunruhigung, die sie auslöste.

In unserer Liebesbeziehung war er, wenn er sich einmal so weit hatte gehenlassen, besonders zärtlich und kindlich zu sein, beim nächsten Zusammensein stets hart und brutal. Offensichtlich glaubte Pablo, er könne sich mit jedem Menschen alles erlauben, doch ich bin immer ein Mensch gewesen, der »alles« nur sehr schwer akzeptiert. Gelegentlich sagte er zu mir: »Du darfst dir nicht einbilden, daß ich für immer und ewig an dir hängen werde.« Das ärgerte mich ein wenig, weil ich das von Anfang an gar nicht erwartet hatte. Ich meinte, wir sollten fortfahren wie bisher, ohne zu fragen, wohin das führte. Weil ich nichts forderte, hatte er meiner Ansicht nach keine Veranlassung, sich gegen mich zu verteidigen. Ich war nicht diejenige, die verlangte, daß er sich mit mir belaste. Er selbst war es, stellte ich fest, der das wollte. Ich glaube, gerade deshalb versicherte er mir von Zeit zu Zeit das Gegenteil. Er kämpfte nicht gegen mich, sondern gegen die Wirkung, die ich auf ihn ausübte. Doch weil er gegen die Wirkung kämpfte, hielt er es wohl für notwendig, auch gegen mich zu kämpfen.

Nach einiger Zeit gewöhnte ich mir an, wenn er Bemerkungen machte wie »Glaub nur nicht, daß du mir etwas bedeutest, ich liebe meine Unabhängigkeit«, zu antworten »Ich auch« und dann eine oder zwei Wochen wegzubleiben. Er war dann immer die Freundlichkeit selbst, wenn ich wiederkam.

Eines Nachmittags sagte er: »Ich weiß nicht, warum ich dich überhaupt gebeten habe zu kommen. Ich hätte viel mehr Spaß daran, ins Bordell zu gehen.« Ich fragte ihn, weshalb er es dann nicht tue.

»Das ist es ja gerade«, platzte er heraus. »Deinetwegen habe ich noch nicht einmal dazu Lust. Du zerstörst mein Leben.«

Natürlich wußte ich, daß er sich überhaupt nichts aus »öffentlichen Mädchen« machte. Ich glaube, er wollte nur den Verworfenen spielen. Eines Tages berichtete er mir, er habe auf dem Boulevard des Capucines ein Mädchen aufgelesen: »Ich ging mit ihr in eine Bar und erzählte ihr von dem ganzen Ärger, den ich mit Frauen habe. Sie war sehr nett zu mir und sagte, ich hätte ein zu starkes Pflichtgefühl. Du siehst, sie war eine Realistin. Sie verstand mich. Das ist wahrscheinlich die einzige Art Frau, die mich trösten kann.« Ich entgegnete, er solle nur zu ihr gehen, ich begriff ihn vollkommen.

»Aber es macht mir keinen Spaß«, gestand er. »Es langweilt mich.« Kaum hatte er das zugegeben, begab er sich wieder in die Defensive, indem er einen seiner Lieblingswitze zitierte: »Nichts ist einander so ähnlich wie ein Pudel dem anderen, das gilt auch für die Frauen.« Er behauptete mit Vorliebe: »Es gibt nur zwei Kategorien von Frauen – Göttinnen und Fußabstreifer.« Und immer, wenn er dachte, ich könne mich zu sehr als Göttin fühlen, tat er, was er konnte, um mich zum Fußabstreifer zu erniedrigen. Einmal, als ich ihn besuchen kam, beobachteten wir den tanzenden Staub in einem schräg durch eines der hohen Fenster einfallenden Sonnenstrahl. Da sagte er: »Kein Mensch bedeutet mir wirklich etwas. Für mich sind andere Menschen wie diese kleinen Staubkörner, die da im Sonnenlicht schweben. Nur ein Schlag mit dem Besen, und draußen sind sie.« Ich erzählte ihm, wie oft ich in seinem Umgang mit anderen Menschen bemerkt habe, daß sie nur ein Staubkörnchen für ihn seien. Doch sei ich ein kleines Staubkorn, das sich selbständig bewegen könne und keinen Besen brauche: Ich könne von selbst gehen. Und ich ging. Drei Monate kam ich damals nicht wieder. Nicht daß ich seine Größe nicht bewundert hätte;

nur sah ich sie nicht gern getrübt durch eine Überheblichkeit, die für mich mit wahrer Größe unvereinbar war. Ich verehrte ihn als Künstler außerordentlich, doch wollte ich weder sein Opfer sein noch eine Märtyrerin. Offenbar war gerade das einigen anderen seiner Freundinnen passiert. Dora Maar zum Beispiel.

Von Pablo wußte ich, daß Dora Maar zur Gruppe der Surrealisten gehörte, als er sie kennenlernte. Sie war seit ihrer Mädchenzeit mit Michel Leiris, Man Ray, André Breton und Paul Eluard befreundet und etwas jünger als die Dichter dieser Bewegung; aber sie gehörte durchaus in dieses Milieu. Ihr Vater, ein Jugoslawe, war ein recht erfolgreicher Architekt, ihre Mutter, wie Pablo sagte, eine außerordentlich fromme Frau, eine Anhängerin der orthodoxen Kirche, die aber später zum Katholizismus konvertierte.

Als Pablo Dora zum erstenmal traf, war sie Fotografin. Ihre Fotografien, sagte er, erinnerten ihn immer an die frühen Bilder von Chirico. Oft sah man auf ihnen einen langen Tunnel, durch dessen Ende Licht eindrang, und einen Gegenstand, der sich in dem dämmrigen Gang zwischen Linse und Licht schwer identifizieren ließ. Sie habe ihn damals gebeten, einige Porträts von ihm aufnehmen zu dürfen, und deshalb war er in ihr Atelier gekommen.

»Es gibt zwei Berufe«, sagte er, »deren Angehörige nie zufrieden sind mit dem, was sie tun: die Zahnärzte und die Fotografen. Jeder Zahnarzt wäre lieber Arzt und jeder Fotograf lieber Maler. Brassaï ist ein sehr begabter Zeichner, Man Ray ein schlechter und rechter Maler, und auch Dora gehört in diese Tradition. In Dora Maar, der Fotografin, steckte eine Malerin, die danach lechzte, sich auszudrücken.«

Dora sei es gewesen, die ihm das Atelier in der Rue des Grands-Augustins besorgt habe. Bald darauf zog sie in eine Wohnung gleich um die Ecke in der Rue de Savoie. Sie begann, sich immer mehr der Malerei zu widmen. Nach und nach gab sie ihre fotografische Werkstatt auf. Einiges von ihrer Einrichtung – Scheinwerfer, Prospekte und ähnliches – wanderte bei Gelegenheit in Picassos Atelier in der Rue des Grands-Augustins. Die schwarzen Vorhänge dienten während der Besatzung als ausgezeichnete Verdunkelung, und oft arbeitete Pablo nachts, Doras Scheinwerfer auf seine Leinwand gerichtet.

Bei meinem Antrittsbesuch in der Rue des Grands-Augustins sah ich die ersten zwei Bilder, die sie ihm geschenkt hatte: Köpfe, von einer Persönlichkeit gemalt, die offenbar ausgeprägten Sinn für das Okkulte besaß. Die Bilder hatten mehr symbolischen und ästhetischen Gehalt als malerische Qualitäten und waren anscheinend aus einem inneren Zwang heraus entstanden. Sie schienen mir ein wenig mit Arbeiten von Victor Brauner verwandt zu sein.

Pablo erzählte mir, daß er Dora zu Anfang ihrer Bekanntschaft einmal im *Deux Magots* sitzen sah. Sie trug schwarze Handschuhe mit applizierten rosa Blümchen. Plötzlich streifte sie ihre Handschuhe ab, nahm ein langes spitzes Messer und begann, es zwischen ihren gespreizten Fingern in den Tisch zu bohren, um festzustellen, wie nahe sie damit jedem einzelnen Finger kommen konnte, ohne sich zu schneiden. Hin und wieder irrte sie sich um einige Millimeter. Als das Spiel mit dem Messer zu Ende war, troff ihre Hand von Blut. Von diesem Augenblick an habe er begonnen, sich mit ihr zu beschäftigen. Er war fasziniert. Er bat sie, ihm die Handschuhe zu schenken, und bewahrte sie in einer Vitrine in der Rue des Grands-Augustins auf, zusammen mit anderen Erinnerungsstücken.

Als ich Pablo 1943 kennenlernte, wußte ich von ihm und Dora Maar, weil alle davon wußten. Dann begann ich, ihn regelmäßig zu sehen, und erfuhr mehr über sie, das meiste durch ihn. Sie kam nur zu besonderen Gelegenheiten in die Rue des Grands-Augustins. Pablo rief sie an, wenn er sie sehen wollte. Sie wußte nie, ob sie mit ihm zu Mittag oder zu Abend essen würde – nicht von einer Mahlzeit bis zur nächsten –, doch sie mußte sich ständig zur Verfügung halten. Rief er an oder kam er vorbei, wollte er sie daheim antreffen. Sie durfte jedoch nie einfach in seine Wohnung kommen oder anrufen, um etwa zu sagen, sie könne abends nicht mit ihm essen. Der Maler André Beaudin, der Dora gern mochte, erzählte mir, daß er sie einmal gebeten habe, mit ihm zu Abend zu essen. Sie erklärte ihm, sie könne bis zum Mittag weder zu- noch absagen, denn Pablo könne doch anrufen, um sich mit ihr zu verabreden, und er würde toben, falls sie nicht käme.

Im Frühjahr 1945 stellte Dora Maar bei Jeanne Bucher in Montparnasse aus. Ich ging allein in die Ausstellung, und sie gefiel mir sehr gut. Die Bilder, die sie dort zeigte, halte ich für die schönsten, die sie je gemalt hat. Es waren fast alles Stilleben, sehr asketisch in der Auffassung, die meisten zeigten nur einen einzigen Gegenstand. Sie spiegelten vielleicht bis zu einem gewissen Grade ihre geistige Gemeinschaft mit Picasso wider, doch war die Stimmung, die diese Bilder beherrschte, eine völlig andere. Ihr Werk zeigte keine Abhängigkeit; ihre Formen hatten nichts Scharfes oder Eckiges. Tatsächlich arbeitete sie in einer Clairobscur-Technik, die seinen Bildern gänzlich fremd war. Sie hatte die unscheinbarsten Gegenstände gemalt – eine Lampe, einen Wecker, ein Stück Brot – und erweckte im Betrachter das Gefühl, daß es ihr nicht so sehr um diese Objekte selbst als um deren Einsamkeit gehe, die furchtbare Einsamkeit und Leere, die in diesem Halbdunkel alles umgab.

Ich ging in die Ausstellung, weil es mich interessierte zu sehen, was sie malte, keineswegs weil ich glaubte, Pablo sei dort. Doch wie es so geht, er traf nur wenige Minuten nach mir ein.

Ich trug ein in allen Regenbogenfarben gestreiftes Kleid, und wegen diesem Kontrast zu der Düsternis der Bilder Dora Maars und ihrer ganzen Erscheinung – sie ging stets in Schwarz – fühlte ich mich so fehl am Platz, daß ich mich davonstahl und die Treppe hinunterrannte. Ich dachte, dadurch würde ich Komplikationen aus dem Wege gehen, aber das Gegenteil geschah. Pablo lief hinter mir her und rief: »Wo willst du denn hin? Du hast ja noch nicht einmal

›Guten Tag‹ gesagt.« Ich blieb nur so lange stehen, um »Guten Tag« zu sagen, sprang auf mein Fahrrad und fuhr weg.

Pablos Stimmungen richteten sich im allgemeinen nach dem Wetter. An einem Nachmittag im späten Frühjahr, etwa zwei Monate nach Dora Maars Ausstellung bei Jeanne Bucher, beschloß ich, ihn zu besuchen. Ich nahm an, daß das Wetter vielleicht günstig auf seine Stimmung eingewirkt habe. Als ich anrief, sagte er »Schön«, doch es klang nicht sehr begeistert. Ich versprach, um zwei Uhr dort zu sein. Ich kam wie üblich etwas später, und als ich mich seinem Hause näherte, sah ich hinauf zu dem Fenster, das an der Treppe lag, die von der ersten zur zweiten Etage seiner Wohnung führt. Dort sah ich ihn, wie so oft, sitzen und auf mich warten. Zu seinen seltsamen Komplimenten gehörte es, mir zu sagen, das schönste an meinen Besuchen sei die Zeit, die er auf der Treppe sitze und zum Fenster hinausschaue, um auf meine Ankunft zu warten. Gewöhnlich flogen seine Tauben auf, wenn er dort saß, und hockten sich auf seine Schultern. An diesem Nachmittag war ich ziemlich enttäuscht, denn seinem Gesichtsausdruck nach mußte ich schließen, daß meine meteorologischen Berechnungen nicht stimmten. Als er mich einließ, fragte ich ihn, was los sei. Offensichtlich quälte ihn etwas.

»Komm nach oben«, sagte er. »Ich werde es dir erzählen.« Wir gingen in sein Schlafzimmer, und er setzte sich aufs Bett. Ich setzte mich in seine Nähe. Er nahm meine Hand, etwas, was sonst überhaupt nicht seine Art war, und saß zwei oder drei Minuten da, ohne ein Wort zu sprechen. Ich merkte dann, daß er nicht etwa böse mit mir war, sondern nur tief erschüttert. Schließlich sagte er: »Ich bin froh, daß du gekommen bist. Ich bin jetzt etwas ruhiger. Vor zwei Wochen hatte ich das Gefühl, daß etwas nicht stimmte, doch ich war mir nicht sicher, darum sprach ich nicht darüber. Aber jetzt – naja, du wirst sehen.

Vor zwei Wochen ist etwas sehr Seltsames mit Dora Maar passiert. Ich ging in ihre Wohnung, um sie zum Essen abzuholen, aber sie war nicht da. Ich wartete auf sie. Schließlich erschien sie mit zerzaustem Haar und zerrissenen Kleidern. Ein Mann habe sie auf der Straße angefallen, erzählte sie, und habe dann ihren Hund gestohlen, einen kleinen Malteser, den ich ihr geschenkt hatte und an dem sie sehr hing.« Die Geschichte könne natürlich wahr gewesen sein, meinte er, doch seien in diesen ersten Monaten nach der Befreiung alle Menschen glücklich und zufrieden gewesen, es habe noch nicht einmal wie heute an den Seineufern Clochards gegeben. Pablo gestand mir, daß ihn diese Geschichte beunruhigt habe. »Ich konnte einfach nicht daran glauben«, sagte er. »Und ganz nebenbei, warum sollte jemand einen kleinen Hund stehlen?« Dann, vorgestern abend, sei wieder etwas vorgefallen. Ein Polizist habe Dora in der gleichen Verfassung am Quai in der Nähe des Pont Neuf herumlaufen sehen. Sie behauptete, sie sei von einem Mann angefallen worden, der ihr Fahrrad gestohlen habe. Der Polizist brachte sie nach Hause, und seitdem scheine sie ganz benommen zu sein. Später, sagte Pablo, sei ihr Fahrrad gefunden worden, anscheinend unberührt, ganz in der Nähe der Stelle, an der sie angeblich überfallen worden war. Es sah aus, als habe sie es dort stehenlassen. Er fragte sich nun allmählich, ob sie die Geschichten nicht einfach erfunden hatte. »Ich nahm an, sie wollte mein Mitleid erregen«, sagte er, »vielleicht weil sie fühlte, daß ich nicht mehr so an ihr hing wie früher. Und weil es ihre Art ist, die Dinge zu dramatisieren, glaubte ich, sie wolle auf diese Weise die Aufmerksamkeit auf sich lenken. Daher nahm ich es nicht allzu ernst.

Gestern abend ging ich in ihre Wohnung, um sie zum Essen abzuholen. Ich fand sie äußerst aufgeregt, sie rannte nervös im Zimmer herum und begann sofort, mir wegen meiner Lebensweise Vorwürfe zu machen. Sie sagte, ich führte vom moralischen Standpunkt aus ein schändliches Leben, und ich solle doch daran denken, was mich im künftigen Leben erwarte. Ich antwortete ihr, ich sei es nicht gewohnt, daß jemand so mit mir rede. Und dann, als ich dachte, es sei vorüber, kam es mir komisch vor, und ich fing an zu lachen. Aber sie fand es überhaupt nicht komisch. Ich wußte, sie hatte immer zum Mystizismus und zum Okkulten hingeneigt. Sie hatte aber nie versucht, es anderen aufzudrängen. Ich hätte nichts dagegen gehabt, wenn sie das alles mit einem Lächeln gesagt hätte, doch es war ihr tödlich ernst. Sie sagte mir, ich solle lieber bereuen, so lange es noch Zeit sei. Als Künstler möge ich außergewöhnlich sein, moralisch gesehen sei ich wertlos. Ich versuchte, sie zum Schweigen zu bringen, und sagte, diese Gewissensfragen gingen nur die Person etwas an, die sich damit herumzuschlagen habe, und niemand anderen. ›Kümmere du dich um dein eigenes Seelenheil, so wie du es für richtig hältst, und behalte deine Ratschläge für dich‹, sagte ich ihr, doch sie fuhr fort, immerzu das gleiche zu wiederholen. Schließlich konnte ich ihren Redefluß lange genug unterbrechen, um ihr zu sagen, daß wir essen gehen und ein anderes Mal darüber sprechen wollten. Während des Essens redet sie über andere Dinge, doch in einer irgendwie nachtwandlerischen Art. Manchmal konnte ich nicht verstehen, worüber sie sprach. Ich wußte, sie hatte nicht getrunken, deshalb wurde mir klar, daß irgend etwas ernstlich nicht in Ordnung war. Nach dem Essen brachte ich sie nach Hause und sagte, ich käme am nächsten Morgen vorbei.

Heute morgen, als ich aufgestanden war, machte ich mir Sorgen um sie; ich rief Eluard an und bat ihn, gleich herüberzukommen. Ich wußte, er mochte Dora gern und würde Anteil nehmen an dem, was ihr passiert war, und ich hatte gerade begonnen, ihm zu erzählen, was geschehen war, da kam Dora herein. Als sie uns beide sah, begann sie, die sonderbarsten Dinge zu sagen.«

»Ihr beide solltet vor mir in die Knie sinken, ihr gottloses Paar«, zitierte Pablo. Paul und Pablo waren beide von jeher Atheisten gewesen, doch Dora hatte schon immer religiöse Neigungen gehabt, die anfangs halbphilosophischer Natur waren, sich dann aber mehr und mehr dem Buddhismus näherten. »Mir offenbart sich die innere Stimme. Ich sehe die Dinge, wie sie wirklich sind, in der Vergangenheit, in der Gegenwart und in der Zukunft. Wenn ihr so weiterlebt wie bisher, werdet ihr eine schreckliche Katastrophe auf eure Häupter herabbeschwören«, habe sie ausgerufen. Sie packte die beiden am Arm und versuchte, sie in die Knie zu zwingen. Pablo wollte Dr. Lacan rufen, den Psychoanalytiker, den er gewöhnlich bei seinen medizinischen Problemen zu Rate zog, doch in Doras Gegenwart wollte er nicht telefonieren, daher schickte er Sabartès hinaus, um anzurufen. Lacan kam sofort.

»Nachdem Lacan mit Dora gegangen war, war Eluard so erregt, daß er mich für ihren Zustand verantwortlich machte. Meinetwegen sei sie so unglücklich«, erzählte Pablo weiter. »Ich sagte ihm, wenn ich mich ihrer nicht angenommen hätte, wäre sie schon längst in diese Verfassung geraten. ›Wenn jemand die Schuld hat, dann bist du es und die anderen Surrealisten‹, hielt ich ihm vor, ›denn es sind eure wirren Ideen, die den Rationalismus abtöten und alle Sinne durcheinanderbringen.‹ Eluard meinte, daß jeder Einfluß, den die Surrealisten auf sie gehabt hätten, indirekt gewesen sei. Das sei doch alles nur Theorie gewesen. Aber ich hätte sie auf eine sehr konkrete Weise unglücklich gemacht. Er war so wütend, daß er einen Stuhl ergriff und zu Boden schleuderte.

Jedenfalls weiß ich«, schloß Pablo, »daß ihr Leben produktiver geworden ist, als es vorher war, nachdem sie mich kennengelernt hat. Es wurde konzentrierter. Die Fotografie befriedigte sie nicht. Sie begann, mehr und mehr zu malen, und machte wirklich Fortschritte. Ich habe etwas aus ihr gemacht.«

Ich wandte ein, daß er vielleicht etwas aus ihr gemacht habe, doch nur, um sie danach fallenzulassen. Ohne Zweifel habe sie Fortschritte erzielt, doch gerade in dem Moment habe er begonnen, sich von ihr zu lösen.

»Man geht niemals ganz plötzlich vor die Hunde ohne tiefere Ursache«, sagte er. »Es ist wie ein Feuer, das lange Zeit schwelt, aber dann, wenn der Wind hineinfährt, fängt es an zu rasen. Vergiß nicht, daß die führenden Surrealisten, diejenigen, die die Blütezeit der Bewegung überlebten – Breton, Eluard, Aragon –, sehr starke Charaktere sind. Mit den Schwächeren in ihrem Fahrwasser ist es nicht immer so gut ausgegangen: Crevel beging Selbstmord, Artaud wurde verrückt, und es gibt noch eine Menge ähnlicher Fälle. Als Ideologie hat der Surrealismus im allgemeinen nur Verderben gesät. Die Quellen des Surrealismus sind eine recht zweifelhafte Mischung. Es ist nicht verwunderlich, daß bei einem solchen Mischmasch so viele die Orientierung verloren haben.«

Die Geschichte hatte mich sehr aufgeregt. Ich deutete an, daß er nun, da wir darüber gesprochen hatten, vielleicht gern allein sein wolle. Er sagte: »Nein. Die Gegenwart hat immer den Vorrang vor der Vergangenheit. Das ist ein Triumph für dich.«

Wir unterhielten uns wohl noch zwei oder drei Stunden über Dora Maar. Je länger wir über sie sprachen, um so mehr versetzte ich mich in ihre augenblickliche Lage. Als ich Pablo das sagte, schob er es beiseite. »Wir wollen die ganze Angelegenheit fallenlassen«, sagte er. »Das Leben ist nun einmal so. Es ist so eingerichtet, daß es diejenigen, die sich nicht anpassen können, automatisch ausschaltet. Und es hat keinen Sinn, noch eine Minute länger über das zu sprechen, was heute geschehen ist. Das Leben muß weitergehen, und das Leben sind wir.« Ich sagte, das sei eine einfache, bequeme Methode, aus seinem Leben alle diejenigen auszuscheiden, die gerade einen schwachen Augenblick durchlebten; ich glaubte nicht, daß es richtig sei zu sagen, wenn jemand auf der Strecke blieb: »Ich gehe weiter. Es steht ihr ja frei mitzukommen.«

»Diese Art der Nächstenliebe ist sehr unrealistisch«, meinte er. »Es ist nichts als Sentimentalität, eine Art von Pseudohumanismus, den du bei diesem winselnden, weinerlichen Schwindler Jean Jacques Rousseau aufgelesen hast. Überdies ist das Wesen jedes Menschen im voraus festgelegt.«

Ich vermute, daß Pablo mit seinem spanischen Sinn für Stolz Doras Schwäche für unentschuldbar hielt. Sie hatte ihr Gesicht vor ihm verloren. Ihre Schwäche muß für ihn so etwas wie einen Geruch des Todes ausgeströmt haben, und das hielt Pablo, wie ich später feststellen sollte, ebenfalls für unverzeihlich.

Dr. Lacan behielt Dora drei Wochen in der Klinik. Dann ließ er sie nach Hause zurückkehren. Er behandelte sie weiter, und sie unterzog sich einer Analyse bei ihm. »Anfangs, nachdem sie von der Klinik zurückgekommen war, schien sie sehr wenig verändert«, sagte mir Pablo. Eine Zeitlang war sie nicht ganz in Ordnung, doch als ihre Analyse weiter fortgeschritten war, begann sie wieder zu malen. Pablo besuchte sie weiterhin, wie er es immer getan hatte. Ich sagte, meiner Meinung nach müsse er sich sehr um sie kümmern, denn es gebe niemand sonst in ihrem Leben, der ihr irgend etwas bedeute. Ich sei bereit, ihn seltener zu sehen, wenn das helfen würde.

»Gut«, antwortete er. »Ich sagte ihr, ich wolle sie in den Ferien mit nach Südfrankreich nehmen.« Er hatte auch eine Einladung seiner alten Freundin, der Kunstsammlerin Marie Cuttoli, angenommen, eine Zeitlang bei ihr am Cap d'Antibes zu Gast zu sein. Ich fuhr in diesem Sommer in die Bretagne in dem Gefühl, daß alles so war, wie es sein sollte. Ich war kaum angekommen, als ich einen Brief von Pablo erhielt, in dem er mir mitteilte, er habe mir im Hause eines anderen alten Freundes, eines Druckers namens Louis Fort, in Golfe-Juan ein Zimmer besorgt. »Bitte komm sofort«, schrieb er. »Ich langweile mich schrecklich.«

Ich stellte fest, daß der »barmherzige Samariter« nicht gerade eine von Pablos besten Rollen war. Und ich wußte, wenn ich seine Einladung annähme, würde er täglich für mehrere Stunden von Dora weglaufen, und es würde nicht lange dauern, bis sie den Grund entdeckt hatte. Dann war es leicht möglich, daß sie einen Rückfall bekam. Außerdem war ich überhaupt nicht sicher, ob ich wirklich ununterbrochen für längere Zeit so nahe bei Pablo leben wollte. In Paris sah ich ihn, wenn ich ihn sehen wollte, und das war alles. Aber der Gedanke, mich zu seiner Verfügung halten zu müssen, damit er mich jederzeit, wenn ihm danach zumute war, sehen konnte, und gleichzeitig das Risiko einzugehen, Dora Maar neue Schwierigkeiten zu bereiten, gefiel mir überhaupt nicht. Ich schrieb ihm, daß ich nicht kommen würde. Mein Sommer in der Bretagne war nicht sehr aufregend, doch ich hatte viel Zeit, über alles nachzudenken.

Nach meiner Rückkehr nach Paris blieb ich der Rue des Grands-Augustins fern. Ich war willens, den Rhythmus eines Lebens nicht zu stören, das schon ohne mein Dazutun kompliziert genug war. Und von einem rein egoistischen Standpunkt aus schien mir, daß ich mich auf nichts einlassen könnte, mit dem ich eines Tages nicht mehr fertig wurde. Mehr als zwei Monate blieb ich zu Hause, entschlossen, meine Gefühle für Pablo zu unterdrücken und unsere Beziehung zu beenden. Doch je länger ich wegblieb, desto deutlicher spürte ich, daß es für mich ein wirkliches Bedürfnis war, ihn zu sehen. Es gab Augenblicke, in denen es mir körperlich beinahe unmöglich erschien, fern von ihm zu atmen. Gegen Ende November, als ich einsah, daß von Heilung keine Rede sein konnte und daß mein Wegbleiben wahrscheinlich auch seine sich verschlechternde Beziehung zu Dora Maar nicht retten würde, begann ich, ihn wieder zu besuchen.

Als ich in jenen Novembertagen wieder in die Rue des Grands-Augustins kam – es war der sechsundzwanzigste, ein Geburtstagsgeschenk, das ich mir selbst machte –, war Pablo intensiv mit Lithographieren beschäftigt. »Ich dachte schon, du kämest gar nicht wieder«, sagte er, »und ich war deshalb in mörderischer Stimmung. Vor einiger Zeit frage mich Mourlot, ob ich nicht einmal ein paar Lithos machen wolle. Da ich seit fünfzehn Jahren keine mehr gemacht habe, dachte ich, jetzt sei gerade die richtige Zeit, wieder anzufangen.« Außerdem werde er mehr und mehr von seiner Arbeit abgelenkt durch eine wachsende Flut von Besuchern, Engländern und Amerikanern und auch alten französischen Freunden, die aus dem Krieg zurückgekehrt waren und die er seit Jahren nicht gesehen hatte. Die Gelegenheit, das Atelier in der Rue des Grands-Augustins mit der relativen Abgeschiedenheit von Mourlots Druckerei zu vertauschen, schien ihm verlockend.

Bis dahin hatte Pablo nur einige Zeichnungen von mir gemacht, außerdem zwei Ölporträts: kleine Bilder in Grau und Weiß mit kontrastierenden Profilen, die zu Anfang des Jahres entstanden waren. Nun bewiesen mir die Lithographien, die er mir zeigte, wie sehr er sich mit mir beschäftigt hatte. Die meisten dieser Werke waren in irgendeiner Weise Porträts von mir. Eins der Lithos war ein Stilleben, ein anderes – was mich sehr amüsierte – offenbar ein Knabenporträt seiner selbst, ein weiteres zeigte zwei Frauen, die eine schlafend, die andere neben ihr sitzend. Die Sitzende war offensichtlich ich. Die andere konnte ich nicht identifizieren. Als ich ihn fragte, wer das sei, sagte er, er wisse es auch nicht genau, entweder sei es Dora Maar oder meine Freundin Geneviève. Als ich das Litho zum erstenmal sah, hatte er sechs Fassungen davon gemacht. Er nahm während des Winters noch weitere Änderungen daran vor, und als es seine endgültige Form erreicht hatte – es waren im ganzen achtzehn Variationen –, hatte es seinen Charakter vollständig gewandelt – vom ganz und gar Gegenständlichen zum bis zur Unkenntlichkeit Abstrakten. Doch in dem Maße, in dem die schlafende Frau ihre malerische Identität verlor, hatte sie ihre tatsächliche Identität wiedergewonnen. Pablo hatte schließlich erkannt, daß es Dora Maar war. Und wie zum Beweis zeigte er mir eine Anzahl von Kritzeleien am Rande des Blattes: kleine Vögel der verschiedensten Arten und zwei Insekten in minuziöser Detailzeichnung. Er sagte, er habe Dora von jeher für eine so kafkaeske Persönlichkeit gehalten, daß er immer, wenn er einen Flecken an der Wand ihres Zimmer entdeckte, mit der Feder so lange an ihm herumgearbeitet habe, bis er ihn in ein kleines, aber täuschend lebensechtes Insekt verwandelt hatte. An der Tatsache, daß er sich dazu getrieben gefühlt hatte, dieselbe Art von »Kommentar« an den Rändern des Steins anzubringen, habe er erkannt, daß die schlafende Frau wirklich Dora sei. Die Vögel am oberen und unteren Rand seien für mich.

Ich freute mich, zu sehen, daß er sich wieder mit Lithographie beschäftigte, nicht nur weil vieles sich auf mich bezog, sondern weil er, obwohl er immer viele Radierungen gemacht hatte, oft über die Lithographie in – wie mir schien – ungerechtfertigt verächtlichen Worten gesprochen hatte. Ich hatte das Gefühl, daß dies mehr als ein vorübergehendes Interesse war, und er arbeitete dann auch tatsächlich vier Monate lang ständig bei Mourlot.

Eins der interessantesten Lithos, das er in dieser Zeit schuf, ist eine Stierkampfszene, in der er das Prinzip des *papier collé* auf die Lithographie übertrug. Er nahm ein Stück Lithopapier, legte es auf eine rauhe Oberfläche und fuhr an beiden Enden und noch an ein oder zwei anderen Stellen so lange mit einem Lithostift darüber, bis diese Stellen die körnige Struktur der *Frottagen* von Max Ernst zeigten. Aus der dunkelsten dieser Stellen schnitt er die Figur eines Pikadors aus und klebte sie auf die weiße Fläche nahe der rechten Kante. Andere Elemente, zum Beispiel den Stier und die Sonne, malte er mit lithographischer Tinte. An jeder Seite des Stiers befand sich ein Pikador: links ein weißer – der aus der ausgeschnittenen leeren Stelle bestand – vor einem körnigen schwarzen Hintergrund, rechts ein schwarzer, das ausgeschnittene Stück vor einem weißen Hintergrund. Es war ein Gewaltakt, wie ihn vor ihm niemand versucht hatte. Mourlot war entzückt über diesen kühnen Versuch eines »Außenseiters«.

»Man muß bei der Arbeit immer ökonomisch denken«, sagte Pablo. »Siehst du, ich habe nichts anderes gemacht, als dieselbe Form zweimal zu benutzen – zuerst als positive und dann als negative Form. Das ist die Basis meiner zwei Pikadore. Außerdem ergibt sich dadurch eine plastische Beziehung zwischen beiden Formen, die kompositorisch sehr wirkungsvoll ist.«

Von Zeit zu Zeit nahm Pablo mich mit zu Mourlot. Er arbeitete damals in der Rue de Chabrol nahe beim Gare de l'Est. Es war ein düsterer, unordentlicher, baufälliger Raum, angefüllt mit Stapeln von Plakaten, Lithosteinen und allgemeinem Durcheinander, doch seit vielen Jahren war aus ihm das schönste lithographische Werk hervorgegangen, das es jemals gegeben hat. Es war immer ziemlich dunkel, feucht und kühl, denn bei behaglicher Wärme wird das Wachs in der lithographischen Tinte zu flüssig, und das direkte Sonnenlicht würde die Steine und das Papier zu sehr austrocknen. Es war fast wie eine Szene von Daumier, ganz in Schwarz-Weiß, mit nur einem einzigen Farbfleck, den großen Pressen, aus denen in leuchtenden Farben die Plakate hervorkamen, die die Pariser Kunstausstellungen anzeigten. Daumier steckte auch in den Steinen selbst: viele, die Mourlot besaß, waren schon im 19. Jahrhundert in Gebrauch gewesen. Nach jedem Druck wird der Stein abgerieben, um die Zeichnung zu entfernen. Doch weil man als lithographischen Stein Kalkstein verwendet, der weich und porös ist, absorbiert er natürlich die Tinte, und die Zeichnung dringt stellenweise unter die Oberfläche; so kommen Teile einer alten Zeichnung wieder zum Vorschein, nachdem ein Stein abgerieben worden ist. Lithographen nennen dieses Phänomen das »Gedächtnis« des Steins, und ab und zu sahen wir, wie einer der Steine sich an eine Arbeit von Daumier »erinnerte«.

Wenn Pablo zur Arbeit kam, begrüßte er jedesmal alle Arbeiter, schüttelte ihnen die Hand und redete sie mit Vornamen an. Sie zeigten ihm ihre auserlesensten Schätze, ihre ausgeschnittenen Pin-up-Girls, Radfahrchampions und andere Volkshelden. Sie waren eine scharfzüngige, aber freundliche Gesellschaft, unordentlich fast bis zur Anarchie. Alle bis auf einen.

Ganz im Hintergrund in der dunkelsten Kammer arbeitete ein alter Mann namens Monsieur Tuttin. Im kunstvollen Drucken der technisch schwierigsten Lithos gab es nicht seinesgleichen. Er sah nicht verlottert und anarchistisch aus wie die meisten von Mourlots Angestellten, sondern wie ein ältlicher Revisor aus einem Roman von Dickens – mit scharfen blauen Augen, einer stahlgeränderten Brille, spitzen Gesichtszügen, weißem Haar und einem sorgfältig zugeknöpften, gut gebügelten schwarzen Rock. Diesem Monsieur Tuttin wurden Pablos Arbeiten anvertraut, weil Pablos Mißachtung der konventionellen lithographischen Verfahren die Drucker vor alle möglichen Probleme stellte. Die Schwierigkeit war nur, daß Monsieur Tuttin Pablos Arbeiten nicht mochte. Genau gesagt, er verabscheute sie.

Pablo hatte eine seiner Tauben in höchst unkonventioneller Manier lithographiert. Die Hintergrundschicht bestand aus schwarzer lithographischer Tinte, die Taube war in weißer Gouache darübergemalt. Weil lithographische Tinte Wachs enthält, »hielt« Gouache normalerweise darauf nicht gut, doch trotzdem hatte Pablo sie prachtvoll auf das Lithopapier aufgetragen. Als Mourlot in die Rue des Grands-Augustins kam und sah, was Pablo gemacht hatte, rief er: »Was denken Sie eigentlich, wie wir das drucken sollen? Das ist unmöglich!« Pablo meinte, daß nach dem Umdrucken der Zeichnung vom Papier auf den Stein die Gouachefarbe den Stein abdecken und die Tinte nur auf die Teile, die nicht mit Gouache bedeckt waren, wirken würde. Aber Mourlot hielt dem entgegen, daß die Gouache durch die Berührung mit der flüssigen Tinte sicherlich – wenigstens teilweise – aufgelöst werde und zerfließen könne.

»Geben Sie es Monsieur Tuttin, er wird wissen, wie man es behandeln muß«, sagte Pablo.

Als er das nächste Mal in Mourlots Werkstatt kam, regte sich Monsieur Tuttin immer noch über die Taube auf. »Kein Mensch hat je so etwas gemacht«, sagte er wütend. »Ich kann das nicht machen. Es wird niemals herauskommen.«

»Ich bin sicher, daß Sie es können«, entgegnete Pablo. »Übrigens habe ich eine Idee. Madame Tuttin würde sich gewiß sehr über einen Probeabzug von der Taube freuen. Ich werde ihr einen widmen.«

»Alles, nur das nicht«, erwiderte Monsieur Tuttin mit Abscheu. »Außerdem wird es mit der Gouache, die Sie aufgetragen haben, sowieso niemals gehen.«

»Na schön«, sagte Pablo. »Ich werde Ihre Tochter mal zum Abendessen einladen und ihr erzählen, was für ein Drucker ihr Vater ist.« Monsieur Tuttin sah erschrocken aus. »Ich weiß natürlich«, fuhr Pablo fort, »daß eine Arbeit wie diese etwas schwierig für die meisten Leute hier ist, doch ich hatte die Vorstellung – fälschlich, wie ich nun sehe –, daß Sie wahrscheinlich der einzige Mann seien, der das fertigbringt.« Da seine Berufsehre auf dem Spiel stand, gab Monsieur Tuttin widerwillig nach.

Manchmal brachte Pablo ihm Lithographien, die mit gewöhnlichen Stiften gezeichnet waren, anstatt mit Lithostiften. Dann war Monsieur Tuttin entsetzt. »Wie soll ein Mensch so etwas drucken?« fragte er. »Das ist eine Ungeheuerlichkeit.« Am Ende, wenn Pablo ihn genug bearbeitet hatte, willigte Monsieur Tuttin ein, einen Versuch zu machen; so oder so brachte er es immer fertig, daß es klappte. Ich glaube, daß er sich schließlich sogar über solche Herausforderungen freute, weil sie ihm die Chance gaben, Pablo zu zeigen, daß er genausoviel konnte wie er.

Obwohl der Krieg seit mehr als einem Jahr vorüber war, wurde im Februar 1946 die Elektrizität immer noch rationiert. An einem späten Nachmittag, als der Strom abgestellt war, stürzte ich im Hause meiner Großmutter die Treppe hinunter und brach mir den Arm. Ich mußte am Ellbogen operiert werden und blieb zehn Tage im Krankenhaus. Eines Nachmittags kam ein Botenjunge mit einem ungeheuren Paket: eine riesige Azalee mit hellroten Blüten, besteckt mit kleinen Schleifen aus rosa und blauem Band. Sie war wirklich so scheußlich, daß es einem durch Mark und Bein ging. Gleichzeitig kam sie mir so komisch vor, daß ich einfach lachen mußte. Dabei lag eine Karte von Pablo; er schrieb, er habe diese Pflanze in einem Schaufenster gesehen, als er in seinem Auto durch die Stadt gefahren sei. Sie sei so geschmacklos, daß er sie einfach unwiderstehlich gefunden habe. Er hoffe, ich verstünde seine Absicht in ihrer wahren Bedeutung. Ich glaube, der schönste Blumenstrauß der Welt hätte mich weniger gerührt als diese absurde Zusammenstellung von Farben. Ich verstand sehr gut, weshalb er das geschickt hatte. Ein Blumenstrauß mehr oder weniger, was bedeutete das schon? Aber dieses monströse Ding konnte man nie vergessen.

Nach meiner Entlassung aus dem Krankenhaus beschloß ich, mit meiner Großmutter nach Südfrankreich zu reisen. Pablo gab mir die Adresse seines alten Freundes Louis Fort, der in Golfe-Juan wohnte und noch seine Handpressen und Kupferplatten und alles nötige Gerät für Radierungen hatte. Weil ich doch zur Erholung fahren würde, könnte ich genausogut dorthin gehen und vielleicht etwas dabei lernen. Ich brachte meine Großmutter nach Antibes, wo sie gewöhnlich die Ferien verlebte, und ging dann nach Golfe-Juan, um bei Monsieur Fort zu wohnen.

Pablo hatte die beiden oberen Stockwerke von Monsieur Forts Haus für mich gemietet, und ich hatte mit Geneviève vereinbart, daß sie von Montpellier herüberkam, um mir Gesellschaft zu leisten. Das Haus war von dem gleichen Geschmack wie die Azalee, die Pablo mir ins Krankenhaus geschickt hatte. Von außen sah es aus wie alle anderen Häuser am Hafen von Golfe-Juan, doch innen war es mit nichts zu vergleichen. Es hatte vier Stockwerke mit je zwei Zimmern. Monsieur Fort hatte sich in all seiner Naivität große Mühe gegeben, es in einer Weise auszustatten, die zumindest originell genannt werden mußte. Ein Zimmer war königsblau mit Weiß gesprenkelt. Die Decke war mit weißen, rot eingefaßten Sternen bedeckt, und auch alle Möbel waren rot mit weißen Sternen. Das Zimmer war nicht sehr groß, die vierte Wand bestand aus einem Erkerfenster mit Blick auf das Meer. Es machte ein wenig den Eindruck eines Planetariums: ein dunkles Loch, von dem aus man die unendliche Weite des Meeres auf einer Seite sehen konnte und, wenn man wollte, die unendliche Weite des Firmaments auf allen anderen Seiten. Die übrigen Zimmer waren einfach häßlich, und die Weichholzmöbel waren mit eingebrannten Girlanden von Kastanienblättern und mit aufgemalten Margeriten und blühenden Mandelbaumzweigen verziert.

Monsieur Fort war ein sehr dünner Mann, damals schon über achtzig Jahre alt, mit rotem Gesicht, weißem Haar, blauen Augen und einer sehr langen Nase. Er trug eine Baskenmütze und hielt sich stets vornübergebeugt, ob er nun ging oder stand. Nach all den Jahren, in denen er sich über seine Kupferplatten geneigt hatte, war er nicht mehr fähig, gerade zu stehen. Er sah auch immer ein wenig betrunken aus, und nachdem ich einmal seine Frau gesehen hatte, die ungefähr dreißig Jahre jünger war als er, verstand ich, weshalb er seinen Mut auf diese Weise stärken mußte.

Von Beruf war er Graveur. Er hatte die Illustrationen für viele Veröffentlichungen Ambroise Vollards gedruckt, einschließlich Pablos berühmter Serie *Les Saltimbanques*. Er lehrte mich die Anfangsgründe der verschiedenen Techniken des Kupferstichs und der Radierung. Ich lernte, wie man einen Ätzgrund herstellt und schließlich, wie man die Kupferplatte mit der Säure ätzt, und ich erfuhr alles über die verschiedenen Geräte – die Radiernadel, den Schaber, den Polierer. Ich begann, meine Hand mit diesen Werkzeugen zu üben. Am Ende der ersten Woche fand ich alles so interessant, daß ich Pablo schrieb – er hatte angekündigt, er wolle mich einige Zeit besuchen –, ich arbeite sehr gut und sehe nicht ein, weshalb er sich die Mühe machen solle, herzukommen. Ich war erstaunt, als ich zwei Tage später Pablo und Marcel vorfahren sah, und fragte Pablo, warum er gekommen sei, ich hätte ihm doch geschrieben, daß ich ganz gut allein zurechtkäme.

»Eben«, sagte er. »Ich weiß nicht, für wen du dich eigentlich hältst, aber wie konntest du schreiben, daß du ohne mich glücklich bist?« Das war natürlich nicht das, was ich gemeint hatte. Er wandte ein: »Weil du mich nicht sehen wolltest, dachte ich, ich komme am besten so schnell wie möglich hierher.«

Am nächsten Tag war er schon schlechter Laune, nur weil er sich nun hier befand.

Geneviève war erst am Tag vorher von Montpellier gekommen, eine Woche später als geplant.

Pablos erste Handlung war, sie in das kleine Hotel-Restaurant *Chez Marcel*, das in derselben Straße lag, auszuquartieren. Ich versuchte Einspruch zu erheben, aber er wünschte keine Gesellschaft, nicht einmal die eines hübschen Mädchens wie Geneviève. Von Anfang an war es offensichtlich, daß sie nicht miteinander auskamen. Pablos Neckereien, mit denen er niemanden verschonte, kamen bei Geneviève schlecht an. Sie war sehr streng erzogen und hatte einen etwas begrenzten Sinn für Humor; ich glaube, Pablo fand sie ein wenig steif.

Jeden Nachmittag fuhr ich nach Antibes, um meine Großmutter zu besuchen. An den ersten beiden Tagen spürte ich bei meiner Rückkehr, daß die Atmosphäre zwischen Pablo und Geneviève äußerst gespannt war, auch wenn sich beide ziemlich reserviert verhielten. Am dritten Tag, als ich von meinem Besuch in Antibes zurückkam und nach oben ging, sah ich im vorderen Raum des dritten Stockwerks Pablo sehr rot und wütend in der einen Ecke und in der anderen Geneviève ziemlich weiß und noch wütender. Sie starrten einander stumm an. Ich sah von einem zum anderen.

»Ich möchte dich allein sprechen, Françoise«, platzte Geneviève heraus.

»Ich will mit dir sprechen«, sagte Pablo.

Ich konnte mir ziemlich gut vorstellen, worüber beide sprechen wollten. Ich sagte Pablo, mit ihm würde ich später reden, ging mit Geneviève hinunter und begleitete sie in ihr Hotel.

»Wie kannst du es mit einem solchen Ungeheuer aushalten?« fragte sie.

»Wieso Ungeheuer?«

»Es ist nicht nur das, was er getan hat oder was er versucht hat zu tun, es ist die Art, wie er es angefangen hat«, sagte sie. »Nachdem wir dich nach Antibes gebracht hatten, nahm er mich mit nach Hause. Er sagte – mit ehrlichem Gesicht –, er wolle mir eine Lektion im Radieren geben, doch dann, ohne daß noch von einer Lektion die Rede war, sah er mich einfach an und sagte: ›Ich werde Françoises Abwesenheit ausnutzen und gleichzeitig Sie!‹ Ich sagte, so etwas würde er doch nicht tun. Da setzte er mich einfach aufs Bett und sagte: ›Wieso, ich werde Ihnen ein Kind machen. Das ist das, was Sie brauchen.‹ Ich stand sofort auf, weil ich überzeugt war, daß er das wirklich tun wollte.«

In Genevièves Gesicht kehrte langsam die Farbe zurück, aber sie sah nicht weniger wütend aus. Mir war natürlich klar, daß Pablo das alles nur gesagt hatte, weil er sie loswerden wollte, aber das konnte ich ihr nicht sagen. Ich versicherte ihr, daß ich ihr glaube, aber sie hätte sich nicht so aufregen sollen. Wenn sie ihn ausgelacht hätte, wäre alles viel leichter für sie gewesen.

»Das mag für dich gelten«, sagte sie, »aber leider liegt mir diese Art zu lachen nicht.« Geneviève war in unserer gemeinsamen Internatszeit den Lehren der Nonnen immer zugänglicher gewesen als ich. In der folgenden Stunde versuchte sie, mich davon zu überzeugen, daß das einzig Vernünftige, Anständige Normale, das ich tun könne, der einzige Weg, um, wenn nicht meine Haut, so doch meine Seele zu retten, sei, morgen mit ihr nach Montpellier zu fahren. Außerdem würde mein Ellbogen in der ruhigen und ordentlichen Atmosphäre ihres Elternhauses viel schneller heilen als in der Gesellschaft eines Ungeheuers wie Pablo. Ich sagte, ich wolle es mir überlegen und am nächsten Morgen zu ihr kommen, um es mit ihr zu besprechen. »So oder so, ich fahre morgen nach Montpellier«, warnte sie mich.

Als ich in Monsieur Forts Haus zurückkam, war Pablo ganz ruhig, wie ich erwartet hatte. »Ich kann mir vorstellen, was für Lügen sie dir erzählt hat«, sagte er. Ich beschloß, ihm eine Lehre zu erteilen. Ich sagte, daß ich Geneviève schon viele Jahre kenne und daß ich alles glaube, was sie mir erzählt habe. Am nächsten Tag reise sie ab, und ich fahre mit ihr nach Montpellier.

Er machte ein finsteres Gesicht und schüttelte den Kopf. »Wie kannst du dein Vertrauen in eine Sorte Mädchen setzen, die hinter deinem Rücken versucht, mich zu verführen? Wie kannst du überhaupt ein solches Mädchen zur Freundin haben? Ich verstehe so etwas nicht. Aber wenn du mich verläßt und mit ihr weggehst – nun, in diesem Falle gibt es nur eine einzige Erklärung: Ihr habt etwas miteinander.«

Es war nun an mir, den Rat zu befolgen, den ich Geneviève gegeben hatte.

Ich lachte Pablo ins Gesicht. »Du hast deinen Beruf verfehlt«, sagte ich. »Du bist der reinste Jesuit.« Er wurde über und über rot und begann, um mich herumzutanzen. »Ungeheuer! Schlange! Natter!« schrie er. Ich lachte immer noch. Allmählich beruhigte er sich. »Wie lange wirst du wegbleiben?« fragte er mich. Ich sagte, ich werde ganz wegbleiben, punktum. Plötzlich wurde er sehr grämlich. »Ich kam hierher, um mit dir allein zu sein«, klagte er, »weil wir in Paris nie wirklich allein sind – nicht für mehr als ein paar Stunden. Nun bin ich hier, und du sprichst von Weggehen. Du bist bereit, mich zu verlassen. Ich habe nicht mehr sehr lange zu leben, das weißt du. Und du hast kein Recht, mir das kleine bißchen Glück wegzunehmen, das mir bleibt.« Er fuhr in dieser Tonart mindestens eine Stunde lang fort. Als er sich ausgesprochen hatte und ich sah, daß er aufrichtig bereute, sagte ich, daß ich vielleicht trotz allem bleiben werde. Am nächsten Morgen ging ich wieder ins Hotel und gab Geneviève Bescheid.

»Du steuerst auf eine Katastrophe zu«, warnte sie mich. Ich sagte, daß sie wahrscheinlich recht habe, aber ich sei mir klar darüber, daß dies eben die Art von Katastrophe sei, der ich nicht ausweichen wolle. Sie fuhr zurück nach Montpellier, ich ging wieder zu Pablo.

Nach Genevièves Abreise war Pablo verhältnismäßig umgänglich. Einen oder zwei Tage später sagte er: »Da wir schon einmal hier sind, laß uns Matisse besuchen. Zieh deine malvenfarbene Bluse und die weidengrüne Hose an, diese beiden Farben liebt er sehr.«

Damals lebte Matisse in einem Haus, das er vor dem Ende der Besatzungszeit in Vence gemietet hatte, in der Gegend, in der heute die berühmte, von ihm ausgemalte Kapelle steht. Wir fanden ihn im Bett, denn seit seiner Operation konnte er nur eine oder zwei Stunden am Tag aufstehen. Er sah sehr wohlwollend aus, fast wie ein Buddha. Mit einer langen Schere schnitt er Formen aus sehr schönen Papieren aus, die nach seinen Anweisungen mit Gouache bemalt worden waren. »Ich nenne das mit der Schere zeichnen«, erläuterte er. Er erzählte uns, daß er oft arbeite, indem er Papier an der Decke befestige, und, wenn er im Bette liege, mit Holzkohle, die an einen Bambusstock gebunden war, darauf zeichnete. Als er seine Figuren ausgeschnitten hatte, befestigte sie Lydia, seine Sekretärin, an der Wand auf einem Papier, auf dem Matisse mit seinem Bambus und der Holzkohle Zeichen angebracht hatte, an welchen Stellen sie festgeklebt werden sollten. Zuerst heftete sie die Papiere fest und wechselte sie dann aus, bis er den genauen Platz für sie bestimmt hatte und sie im richtigen Verhältnis zueinander standen.

An diesem Tag sahen wir eine Reihe von Bildern, an denen er gearbeitet hatte, darunter Variationen eines Themas: zwei Frauen in einem Interieur, die eine nackt, ziemlich naturalistisch und in Blautönen gemalt. Doch irgendwie schien die Komposition nicht ganz ausgewogen. Pablo sagte zu Matisse: »Mir scheint, daß in einer solchen Komposition die blaue Farbe nichts zu suchen hat. Diese Art der Zeichnung verlangt Rosa. In einer stärker übersetzten Zeichnung könnte die Lokalfarbe des Aktes vielleicht blau sein, aber hier ist die Zeichnung noch die eines rosa Aktes.« Matisse gab zu, daß er recht hatte, und versprach, es zu ändern. Dann wandte er sich an mich und sagte lachend: »Jedenfalls sollte ich je ein Porträt von Françoise malen, dann würde ich ihr Haar grün malen.« Pablo fragte: »Aber warum willst du denn ein Porträt von ihr malen?«

»Weil sie einen Kopf hat, der mich interessiert«, antwortete Matisse, »mit ihren Augenbrauen, die wir Zirkumflex-Akzente aussehen.«

»Du kannst mich nicht hinters Licht führen«, sagte Pablo. »Wenn du ihr Haar grün malst, dann nur deshalb, weil es zu dem orientalischen Teppich auf dem Bild paßt.«

»Und du würdest den Körper blau malen, damit er zu dem rotgekachelten Küchenfußboden paßt«, entgegnete Matisse.

Bis dahin hatte Pablo nur zwei kleine Porträts in Grau und Weiß von mir gemalt, doch als wir wieder ins Auto stiegen, packte ihn ganz plötzlich der Besitzerinstinkt.

»Wirklich, das geht zu weit«, rief er, »mache ich denn Porträts von Lydia?« Ich sagte, mir sei nicht klar, was das eine mit dem anderen zu tun habe. »Jedenfalls«, schloß er, »ich weiß jetzt, wie ich dein Porträt malen muß.«

Ein paar Tage nach unserem Besuch bei Matisse sagte ich zu Pablo, daß ich nun wieder nach Paris zurückfahren wolle.

»Wenn wir zurück sind, möchte ich, daß du zu mir kommst und mit mir lebst«, sagte er unverblümt. Er hatte diesen Gedanken schon zuvor geäußert, meist in einer halbernsten Stimmung, doch ich war nicht erpicht darauf, seine Herausforderung anzunehmen, und ich hatte seinen Vorschlag jedesmal abgelehnt. Meine Großmutter gab mir alle Freiheit, deren ich bedurfte. Und außerdem fand ich die Vorstellung, sie zu verlassen, nicht schön. Schließlich hatte auch sie mich nicht verlassen. Ich antwortete Pablo, daß es mir unmöglich sei, ihr einen solchen Schritt begreiflich zu machen, selbst wenn ich es wolle.

»Das ist wahr«, sagte er, »also mußt du kommen, ohne ihr etwas zu sagen. Dein Großmutter braucht dich nicht so sehr wie ich.« Ich entgegnete, daß ich sehr an ihm hänge, aber nicht bereit sei, diesen Schritt zu tun.

»Sieh es doch einmal so an«, erklärte er. »Was du deiner Großmutter geben kannst, ist, abgesehen von deiner Zuneigung, nichts besonders Konstruktives. Wenn du hingegen mit mir zusammen bist, hilfst du mir, etwas sehr Konstruktives zu verwirklichen. Es ist logischer und positiver für dich, mit mir zusammen zu sein, schon deshalb, weil ich dich wirklich brauche. Was die Gefühle deiner Großmutter betrifft: Es gibt Dinge, die man tun und die man verständlich machen kann, und es gibt andere Dinge, die man nur durch einen *coup d'état* in die Tat umsetzen kann, weil sie über das Verständnis anderer Menschen hinausgehen. Es ist oft fast besser, einem Menschen einen Schlag zu versetzen und ihn später, wenn er ihn überwunden hat, sich mit der Tatsache abfinden zu lassen.« Ich fand, das klinge reichlich brutal.

»Aber es gibt Dinge, die man anderen Menschen nicht ersparen kann«, sagte er. »So etwas kann natürlich einen furchtbaren Preis kosten, aber es gibt Momente im Leben, in denen du einfach keine Wahl hast. Wenn es eine Notwendigkeit gibt, die für dich wichtiger ist als alle anderen Notwendigkeiten, dann bist du eben gezwungen, gegen irgend jemanden unschön zu handeln. Es gibt keine vollkommene, absolute Reinheit außer der Reinheit des Verzichts. Wenn man sich zu einer Leidenschaft bekennt, die man für überaus wesentlich hält und in der man bereit ist, für sich selbst einen Teil der tragischen Konsequenzen in Kauf zu nehmen, stellt man sich außerhalb der üblichen Gesetze und hat das Recht, so zu handeln, wie man unter normalen Bedingungen nicht handeln würde.« Ich fragte ihn, wie er zu dieser Denkweise gekommen sei.

»In einer solchen Lage fängt man an, die Leiden, die man anderen zugefügt hat, im gleichen Maße sich selbst zu bereiten«, sagte er. »Es geht um die Erkenntnis der eigenen Bestimmung, nicht um Bosheit oder Gefühllosigkeit. Theoretisch kann man zwar sagen, man habe nicht das Recht auch nur auf das kleinste bißchen Glück, das auf dem Unglück eines anderen Menschen beruht, aber diese Frage kann theoretisch nicht gelöst werden. Wir befinden uns immer inmitten eines Wirrwarrs aus Gut und Böse, Recht und Unrecht, und in jeder Situation sind die einzelnen Elemente hoffnungslos verwickelt. Was gut ist für den einen, ist für den anderen schädlich. Sich für einen Menschen entscheiden, heißt immer bis zu einem gewissen Grad einen anderen tödlich verletzen. Und so muß man den Mut des Chirurgen haben oder des Mörders, wenn du willst, und den Anteil an Schuld auf sich nehmen, den das mit sich bringt, und später versuchen, sich in dieser Angelegenheit so anständig wie möglich zu verhalten. In gewissen Situationen kann man einfach kein Engel sein.«

Ich entgegnete, daß ein primitiver Mensch sich mit diesem Gedanken viel leichter vertraut machen könne als jemand, der in Begriffen von Gut und Böse denke und versuche, nach diesen Grundsätzen zu handeln.

»Laß deine Theorien beiseite«, sagte er. »Du mußt begreifen, daß du für alles im Leben bezahlen mußt. Alles, was großen Wert besitzt – das Schöpferische oder jede neue Idee –, hat seine Schattenseiten. Damit mußt du dich abfinden. Sonst bleibt dir nur, dich nicht mehr von der Stelle zu bewegen und vollkommen passiv zu werden. Jede Tat trägt ihr Negativum in sich. Dem kannst du nicht ausweichen. Jeder positive Wert hat seinen Preis in negativen Begleiterscheinungen, und du wirst nie etwas Großes sehen, das nicht gleichzeitig auch mehr oder weniger entsetzlich wäre. Der Genius Einsteins führt nach Hiroschima.«

Ich erklärte ihm, daß ich oft geglaubt habe, er sei der Teufel – und nun sei ich dessen sicher. Seine Augen verengten sich.

»Und du – du bist ein Engel«, sagte er verächtlich, »aber ein Engel aus der Glutzone. Da ich der Teufel bin, bist du also einer meiner Untertanen. Ich glaube, ich werde dich brandmarken.«

Er nahm die Zigarette, die er rauchte, und hielt sie an meine rechte Wange. Er hatte wohl erwartet, daß ich zurückzucken würde, doch ich war entschlossen, ihm diese Genugtuung nicht zu verschaffen. Nach einer Zeit, die mir sehr lang erschien, nahm er sie weg. »Nein«, sagte er, »das ist keine sehr gute Idee. Vielleicht möchte ich dich doch noch mal anschauen.«

Wir brachen am nächsten Tag nach Paris auf. Pablo saß nie gern hinten im Auto, also saßen wir vorn neben Marcel, dem Chauffeur, Pablo in der Mitte. Marcel beteiligte sich ungezwungen an der Unterhaltung. Von Zeit zu Zeit brachte Pablo wieder die Rede darauf, daß ich bei ihm leben solle. Dann sah Marcel uns an und lächelte. Gelegentlich warf er einige Bemerkungen ein: »Ich glaube, sie hat recht. Lassen Sie sie jetzt nach Hause gehen. Geben Sie ihr etwas Zeit, sich alles zu überlegen.« Und Pablo hörte immer auf Marcel. So ging ich, als wir in Paris ankamen, wieder zu meiner Großmutter, ohne daß Pablo noch etwas dazu sagte. Doch von dem Augenblick an, da er den Gedanken, daß ich mit ihm leben müsse, ernstlich gefaßt hatte, bemühte er sich Tag für Tag, mich dazu zu bewegen.

Eines Morgens, ein paar Wochen nach unserer Rückkehr aus Südfrankreich, arbeitete ich in meinem Atelier. Ich hatte die schlechte Angewohnheit, aufzustehen, mich weder mit Waschen, Essen noch Anziehen aufzuhalten, einen alten Bademantel meiner Großmutter anzuziehen – der inzwischen mit Farbe bekleckst war und den ich, weil er mir zu groß war, mit einem Strick zusammenband – und mich dann mit fliegenden Haaren an die Staffelei zu setzen. Ich arbeitete so bis zum Mittag. In diesen Stunden lief ich mich sozusagen warm, und später, am Nachmittag, konnte ich dann mit mehr Ordnung und System weiterarbeiten. An jenem Morgen war ich mitten in der Arbeit und sah wie eine Hexe aus, als sich plötzlich die Tür öffnete. Ich sah Pablo in einem schweren, schafwollgefütterten Khakimantel hinter zwei Dutzend langstieliger weißer Rosen hervorlugen. Wir haben wohl beide einen ziemlichen Schock bekommen, denn ich hatte ihn noch nie hinter zwei Dutzend Rosen versteckt gesehen und er mich gewiß noch nicht in einem farbfleckigen, alten, mit einer Schnur zugebundenen Bademantel, barfuß und mit ungekämmten Haaren. Als das beiderseitige Erstaunen sich gelegt hatte, begannen wir zu lachen. Ich sagte: »Erzähl mir nicht, daß du diese Rosen für mich gekauft hast.« – »Natürlich nicht«, antwortete er. »Jemand hat sie mir gebracht, und ich dachte, es sei passender, sie dir zu geben. Jetzt fange ich an, das zu bezweifeln. Ich hätte nie für möglich gehalten, daß du so aussehen kannst.«

Ich bat ihn zu warten, und ging in mein Bad, um mich zu waschen. Während ich mich zurechtmachte, rief eine starke, tiefe, männlich klingende Stimme aus dem unteren Stockwerk nach mir. »Was ist denn das?« fragte Pablo. »Ein Mann in diesem Haus?« Ich erklärte ihm, das sei kein Mann, das sei meine Großmutter. Skeptisch wie immer verlangte er: »Ich möchte deine Großmutter gern kennenlernen. Sie hat eine höchst merkwürdige Stimme.« Als wir zum Essen fortgehen wollten, liefen wir ihr auf dem Treppenabsatz in die Arme. Sie war aus ihrem Wohnzimmer gekommen, um sich zu verabschieden.

Es war eine historische Begegnung. Meine Großmutter war eine kleine Frau, doch eine sehr starke Persönlichkeit mit einem unvergeßlichen Kopf wie ein alter Löwe, sehr runzlig und mit einer großen Mähne weißen Haares, das nach allen Richtungen abstand. Der massive Kopf auf dem winzigen Körper, dazu die ungewöhnlich tiefe, kräftige Stimme waren von unglaublicher Wirkung, und als sie mit Pablo sprach, sagte er zu mir im Bühnenflüsterton: »Ich habe eben den großen deutschen Dirigenten kennengelernt.« Dieser Spitzname blieb ihr. Die Reaktion meiner Großmutter erfuhr ich nicht sofort. Am Nachmittag, als ich zurückkam, fragte ich sie, was sie über ihn denke. Sie sagte: »Er ist außergewöhnlich. Ich habe noch nie einen Mann mit so glatter Haut gesehen. Sie ist wie ein Stück polierter Marmor.« Ich entgegnete, so glatt sei sie doch gar nicht. Sie sagte: »Doch, und hart und fest wie bei einer Statue, ich versichere dir, genau wie bei einer Statue.« Ich glaube, Pablos Art, die Menschen mit seinen stechenden dunklen Augen anzusehen, übt eine faszinierende Wirkung aus und kann unter Umständen den Gedanken an etwas Glattes, Festes wachrufen. Jedenfalls stand die Meinung der beiden übereinander für immer fest.

Abgesehen davon, daß ich meine Großmutter nicht gern verlassen wollte, und abgesehen von allen anderen Gründen, die ich hatte oder zu haben glaubte, nicht mit Pablo zu leben, hatte ich auch wenig Lust, zu ihm zu ziehen, solange noch ein Band zwischen ihm und Dora Maar bestand. Er versicherte mir natürlich, daß nichts in seinem Leben ihm mehr bedeute als ich. Tatsächlich hatte er, wie er mir erzählte, Dora bereits zu verstehen gegeben, daß zwischen ihnen alles aus sei. Er behauptete, sie verstünden einander in diesem Punkt vollkommen. Als ich ihm das nicht recht zu glauben schien, drängte er mich, mit ihm zu ihr zu gehen, um mich selbst davon zu überzeugen. Das lehnte ich ab. Doch er drängte mich unablässig.

Ein paar Wochen nach seiner ersten Begegnung mit meiner Großmutter fuhr Pablo mit Marcel vor dem Hause vor, um mich zu einer Ausstellung französischer Gobelins abzuholen, in der sich auch die berühmte Folge der *Dame mit dem Einhorn* befand. Ehe wir die Ausstellung verließen, blieben wir vor einer Vitrine stehen, in der die Barte eines Narwals ausgestellt war, wohl als Beispiel der dem sagenhaften Einhorn am nächsten kommenden Tierart. Der Saal war fast leer, doch gerade vor uns sah ich Dora Maar, die einen Gobelin studierte. Ich war ein wenig verlegen, Pablo hingegen schien erfreut, sie zu sehen; er fragte sie, wie ihr die Ausstellung gefallen habe. Nachdem sie über die Gobelins gesprochen hatten, sagte er, indem er ihr gerade ins Gesicht sah: »Wie wäre es, wenn wir zusammen essen gingen?« Als sie zusagte, schien sie, glaube ich, unter »zusammen essen gehen« zu verstehen, er wolle mit ihr allein essen. Darauf sagte Pablo: »Das ist sehr schön. Ich sehe, du bist großzügig. Wenn das so ist, werde ich euch beide zu *Chez Francis* einladen.« Ich fand, daß Dora überrascht und enttäuscht aussah, sie sagte aber nichts. Wir gingen alle hinaus, wo Marcel mit dem Auto wartete, und fuhren zur Place de l'Alma zu *Chez Francis*. Während der kurzen Fahrt spürte ich, wie Dora die Situation abschätzte und zu dem Schluß kam, daß die Dinge offensichtlich ein Stadium erreicht hatten, das nicht nach ihrem Geschmack war. Wir betraten das Restaurant, setzten uns und begannen die Speisekarte zu studieren.

»Du hast doch nichts dagegen, wenn ich das Teuerste auf der ganzen Karte bestelle, nicht wahr?« fragte Dora. »Ich nehme an, ich habe noch das Recht auf ein wenig Luxus unter den gegenwärtigen Umständen.«

»Aber sicher«, sagte Pablo, »alles, was du willst.« Dora bestellte Kaviar und die übrige Mahlzeit im gleichen Stil. Sie führte eine ununterbrochene, sehr geistreiche Konversation, doch Pablo lachte überhaupt nicht. Sobald ich jedoch versuchte, etwas einigermaßen Gescheites zu sagen, um nicht völlig in den Schatten gestellt zu werden, lachte er so herzlich, daß es peinlich war. Während des Essens sagte er immer wieder zu Dora: »Ist sie nicht herrlich? Diese Intelligenz! Da habe ich wirklich jemanden entdeckt, nicht wahr?« Ich hatte das Gefühl, daß diese Worte Dora nicht gerade glücklich machten.

Nach dem Essen sagte Pablo zu Dora: »Nun, Dora, ich brauche dich wohl nicht heimzubringen. Du bist jetzt ein erwachsenes Mädchen.«

Dora lächelte nicht. »Natürlich nicht. Ich bin vollkommen imstande, allein nach Hause zu gehen«, sagte sie. »Hingegen sehe ich, du hast es jetzt nötig, dich auf die Jugend zu stützen. Ich nehme an, in etwa einer Viertelstunde wirst du vor Langeweile sterben.«

Manchmal, wenn ich Pablo nachmittags besuchte, bat er mich, mit ihm zu Abend zu essen. Ich legte wenig Wert darauf, mit ihm in den Restaurants gesehen zu werden, daher bereitete uns entweder Inès, das Dienstmädchen, etwas zu oder Pablo ging, wenn sie nicht da war, an den reichlichen Vorrat an amerikanischen Konserven – Geschenken von G.I.s, die ihn nach der Befreiung besuchen kamen –, um etwas Eßbares zu finden. Eines Abends, als wir unsere unvermeidliche Portion Wiener Würstchen vertilgt hatten, sagte Pablo: »Wir wollen noch einen Spaziergang machen, bevor du nach Hause gehst. Ich möchte noch etwas frische Luft schnappen, ehe ich mich wieder an die Arbeit mache. Laß uns ins *Café Flore* gehen.« Dahin wollte ich nun ganz und gar nicht, denn ich wußte, daß viele seiner Freunde dort sein würden, und am nächsten Tag würde jeder wissen, daß etwas zwischen uns war. Als ich ihm das erklärte, sagte er: »Du hast recht. Gehen wir also nur zum Boulevard St.-Germain.« Ich lehnte auch das ab; auf dem Boulevard St.-Germain trafen wir wahrscheinlich dieselben Leute auf dem Weg ins oder vom *Café Flore*. »Ja, richtig«, sagte er. »Nun, dann werden wir nur bis zur Rue de l'Abbaye gehen.« Ich bemerkte, daß wir am Ende der Rue de l'Abbaye, die parallel zum Boulevard St.-Germain verläuft, praktisch am *Café Flore* seien.

»Dir kann man es schwer recht machen«, meinte Pablo. »Ich werde dir etwas sagen. Wir wollen nicht hineingehen, wir stellen uns nur draußen hin und schauen hinein.« Schließlich gab ich nach. Damals gab es noch nicht die gedeckte Terrasse, die heute bis zur warmen Jahreszeit vor dem *Café Flore* die Tische schützt. Alles saß drinnen. Als wir ankamen, sagte Pablo: »Ich will nur durchs Fenster sehen. Niemand wird mich erkennen.« Doch kaum hatte er einen Blick hineingeworfen, da rief er auch schon: »Oh, da sitzt Dora Maar mit einigen Freunden, und ich bin sicher, daß sie mich gesehen hat. Sie wird es sehr seltsam finden, wenn wir jetzt nicht hineingehen.« Wir gingen hinein. In strahlender Laune ging Pablo zu dem Tisch, an dem Dora saß, und sagte: »Ich wollte nicht vorübergehen, ohne guten Tag gesagt zu haben, weil ich sah, daß du hier bist. Ich habe dich so lange nicht gesehen. Du kennst doch Françoise.« Dora nahm meine Anwesenheit nicht zur Kenntnis, doch sagte sie ihm, er hätte nicht so weit zu laufen brauchen, wenn er sie zu sehen wünschte, gleich um die Ecke sei ja ihre Wohnung.

»Natürlich«, antwortete Pablo, immer noch von guter Laune überfließend. »Es wäre viel besser bei dir gewesen.«

»Warum nicht?« sagte Dora und nahm dabei offenbar an, daß er von ihnen beiden sprach. Als wir wieder draußen waren, sagte Pablo: »Siehst du! Sie hat uns eingeladen.« Ich sagte, so hätte ich es nicht verstanden, und ich würde nicht gehen. »Natürlich wirst du«, entgegnete er. »Mein Entschluß ist gefaßt. Ich möchte zuerst einige Dinge mit ihr in Ordnung bringen, und du sollst von uns beiden erfahren, daß wir uns ganz voneinander gelöst haben.«

Eines Abends, ungefähr eine Woche später, arrangierte Pablo ein neues »zufälliges« Zusammentreffen mit Dora Maar im *Flore*. Diesmal sagte er, er wünsche sie in einer Stunde in ihrer Wohnung zu sprechen. Ich fürchtete mich vor diesem Besuch und sagte Pablo, ich wolle nicht mitkommen, doch er war nicht in der Stimmung, auf mich zu hören. Als wir bei ihr ankamen, sah sie uns kalt an, doch war sie sehr gelassen. Um das Eis zu brechen, bat Pablo sie, uns einige ihrer Bilder zu zeigen. Sie zeigte uns fünf oder sechs Stilleben. Ich sagte, ich finde sie sehr schön. Sie wandte sich an Pablo: »Ich vermute, du kommst aus einem anderen Grund.«

»Richtig«, erwiderte er. »Du weißt, um was es geht. Ich möchte nur einfach, daß Françoise es hört. Sie hat Sorge, zu mir zu kommen und mit mir zu leben, weil sie denkt, sie vertreibt dich von deinem Platz. Ich sagte ihr, daß alles zwischen uns aus sei. Ich möchte, daß auch du es ihr sagst, damit sie es glaubt. Sie sorgt sich wegen ihrer Verantwortung.«

Dora Maar warf mir einen kurzen Blick zu. Es stimme, es sei wirklich nichts mehr zwischen Pablo und ihr, sagte sie, und ich solle mir ja nicht die Sorge machen, daß ich die Ursache ihres Bruches sei. Diese Vermutung sei wohl das Albernste, was ihr jemals vorgekommen sei.

Ich sah damals wesentlich jünger aus, als ich tatsächlich war. An jenem Abend trug ich Schuhe mit flachen Absätzen, einen karierten Schottenrock und einen losen Pullover, und mein Haar fiel lang den Rücken hinunter. Verführerisch sah ich bestimmt nicht aus. Als Pablo das Appartement betrat, hatte er mich an der Hand hinter sich hergezogen. Nun, da er seine Rede gehalten hatte, muß Dora gedacht haben, er habe den Verstand verloren. Sie sagte ihm, er müsse verrückt sein, daß er daran denke, mit »diesem Schulmädchen« zu leben.

Weil Dora etwa zwanzig Jahre jünger als Pablo war und ich vierzig Jahre jünger als er, fühlte ich mich wirklich fast wie ein Schulmädchen, das ein Gespräch zwischen dem Lehrer und dem Direktor der Schule mit anhört. Eine Menge Anspielungen gingen über meinen Kopf hinweg. Außerdem sprach keiner von beiden mit mir oder zog mich in die Unterhaltung. Hätte Dora mich angesprochen, ich bezweifle, daß ich ihr hätte antworten können, so elend war mir zumute.

»Du bist sehr komisch«, hielt Dora ihm vor. »Du triffst so viele Vorkehrungen, um dich auf etwas vorzubereiten, das nicht einmal die nächsten Wochen überdauern wird.« Sie würde sehr überrascht sein, wenn ich mich nicht, ehe drei Monate vergangen seien, draußen auf dem Müllhaufen fände, zumal Pablo nicht der Mensch sei, der sich an irgend jemanden binden könne. »Du hast in deinem ganzen Leben noch niemanden geliebt«, sagte sie zu ihm. »Du weißt überhaupt nicht, wie man liebt.«

»Du bist jedenfalls nicht gerade geeignet, zu beurteilen, ob ich lieben kann oder nicht«, antwortete er ihr.

Dora starrte ihn einen Augenblick an. »Ich denke, wir haben alles gesagt, was zu sagen war«, sagte sie abschließend.

»Richtig«, sagte Pablo und ging, mich hinter sich herziehend. Draußen fand ich meine Sprache wieder. Ich sagte ihm, ich wolle heimfahren nach Neuilly, und er könne mich zur Métro-Station am Pont-Neuf bringen. Als wir die Brücke überquerten, um zum Métro-Eingang auf dem rechten Seineufer zu kommen, fragte ich ihn, wie er eine Szene hätte heraufbeschwören können, die so unerfreulich für alle Beteiligten gewesen sei, warum er seine Gefühle in einer so häßlichen Weise gezeigt und Dora in meiner Gegenwart so tief verletzt habe. Seine Handlungsweise zeige einen völligen Mangel an Verständnis für andere Menschen, und das sei nicht gerade dazu angetan, mich in seine Arme zu treiben. Im Gegenteil, ich fühle mich ihm sehr fremd und zweifle an der Möglichkeit, jemals ergründen zu können, was in einem solchen Gehirn vorgehe. Er bekam einen Wutanfall.

»Ich habe das für dich getan«, schrie er, »damit du erkennst, daß mir außer dir niemand in meinem Leben etwas bedeutet! Und das ist der Dank, den ich dafür bekomme – deine Reserviertheit und einen Anpfiff. Du bist nicht fähig zu irgendwelchen intensiven Gefühlen. Du hast keine Ahnung, wie das Leben wirklich ist. Ich sollte dich in die Seine werfen. Was anderes verdienst du nicht!« Er packte mich und stieß mich in einen der halbkreisförmigen Mauervorsprünge auf der Brücke. Er preßte mich gegen die Brüstung und drehte meinen Kopf herum, so daß ich hinunter ins Wasser sehen mußte.

»Wie würde dir das gefallen?« sagte er. Ich antwortete, er solle mich nur hineinwerfen, wenn er wolle – es sei Frühling, und ich sei eine gute Schwimmerin. Schließlich ließ er mich los. Ich ließ ihn auf der Brücke stehen und rannte die Treppen zur Métro hinunter.

Wegen der Szene in Dora Maars Wohnung hätten sich nun eigentlich meine Gefühle für Pablo abkühlen müssen. Doch das war keineswegs der Fall. Ich machte mir Sorgen über das, was geschehen war, und über die Tragweite, doch mein Gefühl für ihn hatte sich bis zu einem Punkt vertieft, an dem es so stark war, daß es über alle Warnsignale triumphierte. Es ist schwierig zu erklären, weshalb das so war, aber vielleicht kann ich es wenigstens etwas deutlicher machen, indem ich mich kurz der Vergangenheit zuwende und etwa ein Dutzend Jahre in meine Kindheit zurückgehe.

Mein Vater hatte vier Schwestern, und seine Mutter war verwitwet, als er fünfzehn Jahre alt war. Er muß die Frauen satt gehabt haben. Als er heiratete, gebar meine Mutter ihm nur ein einziges Kind. Er warf mir oft vor, daß ich kein Junge war. Ich wurde wie ein Junge gekleidet, mein Haar war kurz geschnitten zu einer Zeit, als das in unseren Kreisen nicht üblich war. Mein Vater überwachte meinen Unterricht und bestand darauf, daß ich mich sportlich betätigte. Ich mußte Prüfungen ablegen wie jeder Junge, auch laufen und springen wie ein Junge. Darauf legte er Wert.

Im Sommer nahm er mich gewöhnlich mit zum Segeln. Er lehrte mich, das Meer zu lieben. War einmal die Küstenlinie verschwunden, und wir waren ganz allein auf einem Segelschiff, nur mit dem Himmel als Zeugen, dann – und nur dann – gelang es meinem Vater und mir, miteinander auszukommen. Er war ein sehr einsamer Mann, der die wilde, zerrissene Felsküste der Bretagne über alles liebte. Das Ergebnis war, daß ich gleich ihm die Einsamkeit und wilde Landschaften lieben lernte. Wenn wir in einer solchen Gegend waren, lächelte er oft, was er zu Hause nie tat. Doch sobald wir wieder in Paris waren, gerieten wir einander in die Haare.

Im Winter pflegte mein Vater mich zur Jagd mit in die Brière zu nehmen, eine sumpfige Gegend an der Loiremündung, gerade unterhalb der Bretagne. Dort gibt es fast keine Bäume, die Landschaft setzt sich aus kleinen Inseln und Halbinseln zusammen. Alles, selbst das Wasser und das Ried, hat eine perlmutterartige, grünlichgraue Tönung. Wir fuhren in einem flachen Boot weit hinaus in die Sümpfe. Es gab dort Hunderte von Vögeln aller Arten – Wildenten, Krickenten, Brachvögel, Wildgänse, Kraniche und Reiher –, die abends vom Meer hereinkamen, um an diesen Tümpeln zu schlafen, und die dann am nächsten Morgen wieder zurück aufs Meer flogen. Ich pflegte um fünf Uhr aufzustehen, um in der Morgendämmerung die Vögel zu beobachten, die über diese kalte, traurige Landschaft hinweg zum Meer zurückflogen. Ich glaube, von diesem Erlebnis blieb mir eine Vision, aus der sich die Grundstimmung meiner Malerei nährt: flüchtige, fast unmerkliche Veränderungen des Lichts über blassen, graugrünen Flächen.

Als ich klein war, fürchtete ich mich vor allem, besonders vor dem Anblick von Blut. Wenn ich mich geschnitten hatte und das Blut fließen sah, wurde ich ohnmächtig. Ich erinnere mich, daß ich mich auch vor dunklen und hohen Orten fürchtete. Mein Vater kämpfte energisch gegen das alles an. Er ließ mich auf hohe Felsen klettern und hinunterspringen. Es war schrecklich genug hinaufzuklettern, aber hinunterspringen zu müssen, war ein Alptraum. Zuerst weinte und schrie ich, doch bei meinem Vater erreichte man damit nichts. Wenn er entschieden hatte, daß ich etwas tun müsse, konnte ich stundenlang protestieren, aber am Ende mußte ich es tun. Und sobald ich ein Wagnis vollbracht hatte, zwang er mich, ein anderes, noch schwereres zu wagen. Ich war machtlos gegen seinen Willen. Meine einzig mögliche Reaktion war Zorn. Und der Zorn nahm solche Ausmaße an, daß kein Raum mehr für die Furcht blieb. Doch weil ich meinen Zorn nicht zeigen konnte, begann ich, einen verborgenen Haß zu nähren.

Er wünschte, daß ich schwimmen lernte, doch ich hatte Angst vor dem Wasser. Er zwang mich dazu, und als ich es gelernt hatte, ließ er mich jede Woche schneller und immer größere Strecken schwimmen. Als ich acht Jahre alt war, fürchtete ich mich vor nichts mehr; tatsächlich hatte mein Wesen sich geändert. Ich suchte nun Schwierigkeiten und Gefahren. Ich war wirklich ein anderer Mensch geworden. Er hatte mich furchtlos und stoisch gemacht, doch am Ende richtete sich seine Erziehung gegen ihn selbst. Wenn es etwas gab, das ich tun wollte, und von dem ich wußte, daß er es mißbilligen würde, pflegte ich mir im voraus auszumalen, womit er mich bestrafen würde, und mich darauf vorzubereiten. Ich tat dann, was ich wollte, und vorbereitet machten mir die Reaktion meines Vaters und die Strafe nichts mehr aus.

Später richtete sich diese Psychologie allerdings auch gegen mich selbst. Als ich älter wurde, übte alles, was mir auf irgendeine Weise Furcht einflößte, zugleich einen unwiderstehlichen Reiz auf mich aus. Ich hatte einfach das Bedürfnis, zu weit zu gehen, nur um mir selbst zu beweisen, daß ich dazu fähig sei. Und als ich Pablo begegnete, wußte ich, daß hier etwas war, das stärker war als ich, etwas, woran ich meine Kräfte erproben konnte. Diese Vorstellung war manchmal schwindelerregend, doch selbst Angst kann eine köstliche Empfindung sein. Obwohl der Kampf zwischen uns so ungleich war, daß ich ein arges Fiasko riskierte, empfand ich ihn deshalb doch als eine Herausforderung, der ich mich nicht zu entziehen vermochte. Soviel über die Hintergründe.

Es gab noch einen anderen, persönlicheren und unmittelbareren Grund: Ich wußte jetzt, daß Pablo, obwohl er seit mindestens dreißig Jahren die Schmeichelei der Welt genoß, der einsamste aller Menschen war – in jener nur ihm eigenen inneren Welt, in welcher er sich von dem Heer der Bewunderer und Schmarotzer abschloß.

»Natürlich mögen mich die Menschen, sie lieben mich sogar«, klagte er eines Nachmittags, als ich versuchte, den Bann des Pessimismus zu brechen, in den ich ihn bei meiner Ankunft versunken fand. »Aber auf die gleiche Weise mögen sie Brathähnchen. Weil ich sie nähre. Aber wer nährt mich?« Ich sagte es ihm nie, aber ich glaube, ich konnte es. Ich wußte, ich konnte nicht die volle Last dieser Einsamkeit tragen, die ihn zeitweise zu erdrücken schien, doch ich fühlte, daß ich sie erleichtern konnte.

Was mich am meisten bekümmerte, war der Gedanke, meine Großmutter verlassen und das Vertrauen enttäuschen zu müssen, das sie in mich gesetzt hatte. Ich konnte ihr nicht erklären, was Pablo von mir verlangte, weil sie gesagt hätte: »Tu nicht so etwas Verrücktes. Tu, was du willst, solange du nicht wegziehst. Lebe nicht ganz mit diesem Mann zusammen, es wäre sicherlich ein Fehler.«

Ob sie den Zwiespalt fühlte, der mich bekümmerte, weiß ich nicht, doch gerade vor kurzem hatte sie zu mir gesagt: »Liebe fließt natürlicherweise von einer Generation hinab zur jüngeren. Du tust nur das Umgekehrte. Du versuchst, gegen den Strom zu schwimmen. Was erschreckt dich denn so an dem natürlichen Lauf des Lebensflusses, daß du gegen den Strom schwimmen willst, selbst gegen die Zeit? Du solltest wissen, daß du verloren bist, noch bevor du anfängst. Ich verstehe dich nicht, aber ich liebe dich und glaube, du gehorchst dem Gesetz deines Wesens.«

Ich hätte ihr, glaube ich, nicht begreiflich machen können, daß die Frage des Alters mich am wenigsten bekümmerte. Pablo erschien mir nicht nur nicht alt;

in mancher Beziehung schien er mir – reif zwar, doch kraftvoll, wie er war – sogar jünger zu sein als viele meiner gleichaltrigen Freunde. Vor allem aber hatte ich vom Augenblick unseres Kennenlernens an gemerkt, daß wir die gleiche Sprache sprachen, und das machte das Problem des Altersunterschieds ganz unwesentlich. Und da ich genau wußte, was sie zu mir gesagt hätte, und nicht fähig gewesen wäre, sie umzustimmen, mußte ich also meine Großmutter verlassen wie ein Dieb in der Nacht, mußte ich einfach weggehen, nicht wiederkommen und ihr am nächsten Tag eine Nachricht schicken. Das ist eine meiner schmerzlichsten Erinnerungen.

So geschah es: An einem frühen Abend gegen Ende Mai 1946, als ich nach meinem Besuch in der Rue des Grands-Augustins aufbrechen wollte, um nach Hause zu gehen, begann Pablo wieder, wie damals fast täglich, mich zu drängen, das letzte Band zu zerreißen und bei ihm zu bleiben. Er sagte: »Wenn zwei Menschen nicht zusammen leben, kommt eine Zeit, in der sie beginnen, sich auseinander zu leben.« In unserer Liebesbeziehung hätten wir, so lange es irgend möglich war, getrennt gelebt, und wenn wir das nicht änderten, werde alles auseinandergehen. »So jung, wie du bist, wird dich früher oder später ein anderer aufgabeln, und ich sehe dem nicht gerade mit großem Vergnügen entgegen. Und bei meinem Alter mußt du in Betracht ziehen, daß ich eines Tages in einem Augenblick der Entmutigung imstande bin, mir zu sagen, daß es besser für mich wäre, andere Dispositionen zu treffen. Also mußt du dich, wenn ich dir überhaupt etwas bedeute, entschließen, mit mir zu leben, trotz aller Schwierigkeiten. Wie groß sie auch sein mögen, sie sind sicher geringer als die Probleme des Getrenntlebens.«

Ich antwortete, vielleicht um eine Nuance zu schnippisch, meiner Meinung nach sei es gerade umgekehrt, daß nämlich nur Schlimmes dabei herauskommen könne, wenn ich nachgebe. Pablo wurde wütend. Er trug, wie oft, einen breiten ledernen Polizistengürtel. Er öffnete die Schnalle, zog ihn aus der Hose und hob ihn über den Kopf, als ob er mich prügeln wolle. Ich fing an zu lachen. Er wurde noch wütender und rief: »Zähle ich denn gar nichts in deinem Leben? Ist das alles nur ein Spiel für dich? Bist du so gefühllos?« Je mehr er tobte, desto lauter lachte ich. Ich glaube, ich war fast hysterisch, doch ich hatte das Gefühl, als beobachte ich die Szene wie ein Zuschauer. Schließlich hielt er inne. Er sah angewidert aus. »Hat man je einen Menschen unter solchen Umständen lachen gehört?« sagte er. »Es ist schön, Sinn für Humor zu haben, aber ich glaube, du übertreibst es.« Plötzlich schien er sehr erschöpft und niedergeschlagen. »Du quälst dich die ganze Zeit wegen deiner Großmutter«, sagte er. »Ich bin beinahe so alt wie sie. Du solltest dich um mich sorgen. Ich brauche dich und bin es müde, ohne dich auskommen zu müssen.« Und dann fügte er etwas heftiger hinzu: »Und weil ich ohne dich nicht auskommen kann, *mußt* du zu mir kommen.«

Da sagte ich ihm, ich finde seine Beweisführung so kindisch und seine

Gewaltsamkeit so pathetisch, daß ich annehmen müsse, er liebe mich sehr. Sonst könne er sich nicht in beiden Punkten in einem so nachteiligen Lichte zeigen. Wenn er mich aber so sehr liebe, wolle ich zu ihm kommen. Ich sah wohl, wie es ihn ärgerte, daß ich die ganze Sache auf dieses Gleis schob, doch er war nicht gewillt, etwas zu zerreden, das ihm als plötzlicher und unerwarteter Sieg erscheinen mußte. Alles, was er sagte, war: »Paß nur auf, daß du nicht vergißt, was ich über deinen Sinn für Humor gesagt habe.«

So blieb ich bei ihm, ohne mich von jemandem zu verabschieden oder eine Erklärung abzugeben. Am nächsten Morgen schrieb ich einen Brief an meine Großmutter und einen anderen an meine Mutter und teilte ihnen mit – ohne genau zu sagen, wo ich war und was ich tat –, daß ich beschlossen hätte, wegzugehen, um auf andere Weise zu leben, daß sie später von mir hören würden und sich nicht sorgen sollten. Pablo diktierte die Briefe. Ich war in diesem Augenblick unfähig, es mit eigenen Worten zu sagen.

DRITTER TEIL

Während des ersten Monats mit Pablo verließ ich niemals das Haus. Die meiste Zeit verbrachte ich im Atelier und sah ihm beim Malen und Zeichnen zu.

»Ich arbeite fast nie nach Modell, aber weil du hier bist, sollte ich es vielleicht versuchen«, sagte er eines Nachmittags zu mir. Ich mußte auf einem niedrigen Hocker Platz nehmen, und er setzte sich selbst auf eine lange grüne Holzbank, wie man sie in Paris in allen Parks sieht. Er nahm einen großen Zeichenblock und skizzierte dreimal meinen Kopf. Als er fertig war, prüfte er das Ergebnis und runzelte die Stirn.

»Das taugt nichts«, sagte er. »Es geht einfach nicht.« Er zerriß die Zeichnungen.

Am nächsten Tag bat er: »Du solltest mir lieber nackt Modell stehen.« Als ich mich ausgezogen hatte, ließ er mich hinten an der Tür stehen, ganz gerade, mit an den Seiten herabhängenden Armen. Bis auf den Strahl des Tageslichts, das rechts von mir durch die hohen Fenster einfiel, war der ganze Raum in ein gleichmäßig mattes, verdämmerndes Licht getaucht. Pablo stand mit einem gespannten und entrückten Gesichtsausdruck zwei bis drei Meter von mir entfernt. Er ließ mich nicht eine Sekunde aus den Augen. Er rührte seinen Zeichenblock nicht an und hatte noch nicht einmal einen Bleistift in der Hand.

Schließlich sagte er. »Ich sehe nun, was ich tun muß. Jetzt kannst du dich wieder anziehen. Du brauchst mir nicht mehr zu stehen.« Als ich meine Kleider holte, stellte ich fest, daß ich über eine Stunde dort gestanden hatte.

Am nächsten Tag begann Pablo aus dem Gedächtnis eine Reihe von Zeichnungen von mir in dieser Stellung. Dann entstand eine Folge von elf Lithographien meines Kopfes. Auf jeder brachte er ein winziges Muttermal unter meinem linken Auge an, meine rechte Augenbraue zeichnete er in Form eines Zirkumflexes.

Am selben Tag begann er, das Porträt von mir zu malen, das später *La Femme-Fleur* genannt wurde. Ich fragte ihn, ob es ihn störe, wenn ich ihm beim Malen zusehe.

»Keineswegs«, antwortete er. »Ich glaube sogar, daß es mir helfen wird, obwohl ich dich nicht als Modell brauche.«

La Femme-fleur *(Gemälde von Picasso, Mai 1946)*

Eva auf Adams Rippe *(Knochenschnitzerei von Picasso, 1946)*

Den ganzen nächsten Monat sah ich ihm beim Malen zu, während er abwechselnd am Porträt und an mehreren Stilleben arbeitete. Er benutzte keine Palette. Rechts von ihm stand ein kleiner Tisch mit Zeitungspapier und drei oder vier großen Dosen mit Terpentin, in denen die Pinsel standen. Jedesmal wenn er einen Pinsel nahm, wischte er ihn am Zeitungspapier ab, das mit einem Gewirr von Farbklecksen und Strichen bedeckt war. Immer wenn er reine Farbe haben wollte, preßte er ein wenig aus einer Tube auf das Zeitungspapier. Von Zeit zu Zeit mischte er kleine Mengen Farbe auf dem Papier. Auf dem Fußboden um die Staffelei herum standen Dosen, meist Tomatenbüchsen verschiedener Größen, die graue und neutrale Farbtöne enthielten und andere Farben, die er vorher gemischt hatte.

Er stand drei bis vier Stunden ununterbrochen vor der Leinwand. Er machte fast keine überflüssigen Bewegungen. Ich fragte ihn, ob es ihn nicht ermüde, so lange auf einem Fleck zu stehen. Er schüttelte den Kopf.

»Nein«, sagte er. »Deshalb leben die Maler ja so lange. Während ich male, lasse ich meinen Körper draußen vor der Tür wie die Moslems ihre Schuhe vor der Moschee.«

Gelegentlich ging er zum anderen Ende des Ateliers und setzte sich in den weidengeflochtenen Stuhl mit gotischer Rückenlehne, der auf vielen seiner Bilder zu sehen ist. Er schlug die Beine übereinander, stützte einen Ellbogen auf das Knie, das Kinn auf seine Faust, blieb eine Stunde lang so sitzen, ohne ein Wort zu sprechen, und betrachtete sein Bild. Danach arbeitete er gewöhnlich wieder weiter an dem Porträt. Manchmal sagte er: »Ich komme mit dieser Bildidee heute nicht zurecht.« Dann begann er, an einem anderen Bild zu arbeiten. Er hatte immer verschiedene halbtrockene, unvollendete Bilder zur Auswahl. So arbeitete er von zwei Uhr nachmittags bis elf Uhr abends, ohne daß er eine Pause machte, um etwas zu essen.

Im Atelier herrschte völlige Stille, die nur durch Pablos Monologe oder ein gelegentliches Gespräch unterbrochen wurde, nie aber durch eine Störung von der Außenwelt. Wenn das Tageslicht auf der Leinwand zu verblassen begann, knipste er zwei Scheinwerfer an, und alles bis auf die Bildfläche versank in Schatten.

»Es muß überall Dunkelheit sein, außer auf der Leinwand, damit der Maler von seinem eigenen Werk hypnotisiert wird und fast wie in Trance malt«, erklärte er. »Er muß so tief wie möglich in seiner eigenen inneren Welt bleiben, wenn er die Grenzen überschreiten will, die seine Vernunft ihm aufzuzwingen versucht.«

Ursprünglich war *La Femme-Fleur* das ziemlich realistische Porträt einer sitzenden Frau gewesen. Man kann es immer noch unter der endgültigen Fassung erkennen. Ich saß auf einem langen, geschwungenen afrikanischen Hocker, der ein wenig wie eine Muschelschale geformt war, und Pablo malte mich darauf in recht realistischer Manier. Nachdem er eine Weile gearbeitet hatte, rief er aus: »Nein, das ist einfach nicht dein Stil. Ein realistisches Porträt würde dich überhaupt nicht richtig wiedergeben.«

Dann versuchte er, die Form des Hockers in einem anderen Rhythmus schwingen zu lassen, aber auch das führte er nicht zu Ende.

»Ich sehe dich nicht sitzend«, sagte er. »Du bist ganz und gar kein passiver Typ. Ich sehe dich nur stehend«, und er begann, meine Figur zu vereinfachen, indem er sie in die Länge zog. Plötzlich erinnerte er sich daran, daß Matisse gesagt hatte, er wolle mein Porträt mit grünen Haaren malen, und er folgte dieser Anregung. »Matisse ist nicht der einzige, der dich mit grünem Haar malen kann«, sagte er. Und auf einmal nahm mein Haar die Form eines Blattes an. Als das geschehen war, verwandelte sich das Porträt nach und nach in ein symbolisches Blumenmotiv. Die Brüste behandelte er in dem gleichen kurvenhaft geschwungenen Rhythmus.

Das Gesicht war durch alle Phasen hindurch ganz realistisch geblieben. Es schien nicht zu dem übrigen zu passen. Er sah es einen Augenblick lang prüfend an. »Ich muß dem Gesicht eine andere Idee zugrunde legen«, stellte er fest. »Die Linien der Formen, die bereits da sind, und den Raum, der sie umgibt, darf ich nicht fortsetzen. Du hast zwar ein ziemlich langes ovales Gesicht, aber wenn es das richtige Licht und den richtigen Ausdruck bekommen soll, muß ich ein breites Oval malen. Ich werde die Länge hineinbringen, indem ich eine kalte Farbe nehme – blau. Es wird wie ein kleiner blauer Mond aussehen.«

Er malte ein Stück Papier himmelblau an und begann, ovale Formen auszuschneiden, die seine Vorstellung von meinem Kopf variierten: zuerst zwei, die vollkommen rund waren, dann drei oder vier, die eher der Idee entsprachen, das Gesicht in die Breite zu ziehen. Als er sie alle ausgeschnitten hatte, versah er jedes mit kleinen Zeichen für Augen, Nase und Mund. Dann heftete er sie auf die Leinwand, eines nach dem anderen, schob jedes einzelne ein wenig nach rechts oder links, nach oben oder unten. Keins schien wirklich zu passen, bis er an das letzte kam. Nachdem er alle die anderen Gesichter an verschiedenen Stellen ausprobiert hatte, wußte er jetzt genau, wo er es haben wollte, und als er es vor die Leinwand hielt, schien die Form gerade am richtigen Platz. Er klebte das Gesicht auf die feuchte Leinwand, trat zur Seite und sagte: »Jetzt ist es dein Porträt.« Er markierte die Kontur leicht mit Zeichenkohle, nahm das Papier weg und übertrug dann langsam und sorgfältig genau das, was auf dem Papier zu sehen war. Als er damit fertig war, rührte er den Kopf nicht mehr an. Jetzt ließ er sich von der Stimmung des Ganzen tragen und fand plötzlich, daß der Rumpf viel kleiner sein dürfe, als er ihn zuerst gemalt hatte. Er übermalte den ursprünglichen Rumpf mit einem zweiten schmalen und stengelartigen, ein Spiel der Phantasie, das die Illusion hervorrief, diese Frau sei sehr viel kleiner als die meisten anderen Frauen.

Er hatte mich mit der rechten Hand eine kreisförmige, von einer horizontalen Linie durchschnittene Form halten lassen: »Diese Hand hält die Erde, halb Land, halb Wasser, in der Tradition der klassischen Gemälde, auf denen die dargestellte Person einen Globus hält oder betastet. Ich habe das hineingebracht, damit es die Kreisformen der beiden Brüste fortsetzt. Die Brüste sind natürlich nicht symmetrisch, wenn sie es auch in Wirklichkeit mehr oder weniger sind. In der Malerei sollten sie jedenfalls nicht gleich aussehen. Auf einem naturalistischen Bild ist es die Bewegung des einen oder des anderen Armes, die sie ungleich macht, und ihre Unregelmäßigkeit ist funktionell. Ich individualisiere die Brüste, indem ich ihnen verschiedene Formen gebe. Dadurch haben sie oft scheinbar keine Beziehung zueinander. Aus dieser Verschiedenheit kann man schließen, daß eine Bewegung da ist. Aber es ist nicht die Bewegung, die die Form bestimmt. Die Form existiert um ihrer selbst willen. Hier habe ich einen Kreis gemacht am Ende des rechten Arms, weil der linke Arm in einem Dreieck endet, und ein rechter Arm ist völlig verschieden von einem linken Arm, so wie ein Kreis von einem Dreieck. Und der Kreis in der rechten Hand reimt sich auf die Kreisform der Brust. Im wirklichen Leben hat ein Arm sicher mehr Beziehung zum anderen Arm als zu einer Brust, doch das hat nichts mit Malerei zu tun.«

Ursprünglich war der linke Arm viel länger und umfangreicher und ähnelte weit mehr einem Blatt, doch Pablo fand ihn zu schwer. Er entschied, daß er nicht so bleiben könne. Der rechte Arm kam anfangs aus dem Haar heraus, als ob er falle. Nachdem er ihn eine Zeitlang betrachtet hatte, sagte er: »Eine fallende Form ist nie schön. Außerdem harmoniert er nicht mit dem Rhythmus deines Wesens. Ich muß etwas finden, das in der Luft schweben bleibt.« Dann zeichnete er den Arm ausgestreckt von der Mitte des Körperstengels und in einem Kreis endend. Während er ihn malte, sagte er halb im Scherz, aus Furcht, ich könne ihn zu ernst nehmen: »Du siehst also, eine Frau hält die ganze Welt in ihrer Hand – Himmel und Erde.« Ich bemerkte damals oft, daß er seine malerischen Entscheidungen teils aus formalen Erwägungen und teils um ihres Symbolwertes willen traf. Oder manchmal auch aus formalen Überlegungen, die einen symbolischen Ursprung hatten. Dieser Ursprung war manchmal recht verborgen, aber er wurde einem zugänglich, wenn man erst einmal seine Spielart von Humor verstand.

Anfangs war das Haar auf dem Bild eher glatt und gleichmäßig gescheitelt, mit einem großen Knoten, der an der rechten Seite herabhing. Das übermalte er wieder, weil er es zu symmetrisch fand. »Ich suche ein Gleichgewicht, nach dem du greifen und das du festhalten kannst, nicht eines, das dasitzt und gebrauchsfertig auf dich wartet. Ich möchte es fassen, wie ein Jongleur sich nach einem Ball ausstreckt«, sagte er. »Ich liebe die Natur, aber ich möchte, daß ihre Proportionen geschmeidig und frei sind, nicht festgelegt. Als ich ein Kind war, hatte ich oft einen Traum, der mich sehr ängstigte. Ich träumte, daß meine Arme und Beine ins Riesenhafte wuchsen und gleich darauf zu zwergenhaften

Ausmaßen zusammenschrumpften. Und um mich herum sah ich im Traum andere Menschen, die die gleichen Wandlungen durchmachten, einmal riesengroß, dann wieder winzig klein werden. Dieser Traum quälte mich jedesmal sehr.« Als er mir das erzählte, begriff ich den Ursprung vieler Bilder und Zeichnungen, die er in den frühen zwanziger Jahren gemacht hatte, die Frauen mit mächtigen Armen und Beinen und oft sehr kleinen Köpfen, Nackte, Badende, Mütter mit ihren Kindern, bekleidete Frauen, die in Lehnstühlen saßen oder über den Strand liefen, und hier und da männliche Gestalten und gigantische Kinder. Sie waren aus der Erinnerung an diese Träume entstanden und weitergeführt worden als ein Mittel, die Monotonie der klassischen Körperformen zu durchbrechen.

Als Pablo das Porträt vollendet hatte, schien er zufrieden. »Wir sind alle mehr oder weniger Tiere«, bemerkte er, »und ungefähr drei Viertel der menschlichen Rasse sehen wie Tiere aus. Aber du nicht. Du bist wie eine Pflanze im Wachstum, und ich habe mich gefragt, wie ich es ausdrücken könnte, daß du mehr zum Reich der Pflanzen als zu dem der Tiere gehörst. Ich habe mich noch nie dazu getrieben gefühlt, jemanden so zu malen. Seltsam, nicht wahr? Ich glaube, es ist trotzdem ganz richtig so. Es stellt genau dich dar.«

An den folgenden Tagen beobachtete ich oft, wie Pablo den breiten ovalen Kopf meines Porträts studierte. »Solange man nur einen Kopf malt, ist es gut«, sagte er eines Tages, »doch wenn du die ganze menschliche Gestalt malst, ist es oft gerade der Kopf, der alles verdirbt. Wenn du überhaupt keine Details einfügst, bleibt es ein Ei, kein Kopf. Dann hast du eine Schaufensterpuppe, aber keine menschliche Gestalt. Und wenn du zu viele Details in den Kopf einzeichnest, verdirbt es das Licht. Das ist in der Malerei genau wie in der Skulptur. Anstelle von Licht hast du Schatten, das gibt Löcher in deiner Komposition, und das Auge kann nicht frei umherschweifen, wohin es will. Eine der Möglichkeiten, die du hast, ist, das gesamte Volumen des Kopfes in seinen normalen Proportionen zu halten, oder sogar etwas größer, und, um die Gewohnheiten des durchschnittlichen Betrachters nicht allzusehr zu stören, ein Minimum an nahe beieinanderliegenden kleinen graphischen Zeichen für Augen, Nase, Mund und so weiter einzufügen. Das gibt ihm die nötigen Hinweise auf die verschiedenen funktionellen Züge. Auf diese Weise verlierst du nichts an Helligkeit, und es ist vorteilhaft für die Gesamtkomposition des Bildes. Außerdem fügst du ein Überraschungsmoment hinzu. Der Betrachter, der an den künstlerischen Problemen interessiert ist, wird verstehen, warum du es getan hast und welche Bedeutung es hat. Und auf den Betrachter, der nichts von Malerei versteht, wirkt es skandalisierend: ›Wie kann dieser Mann nur zwei Punkte statt der Augen, einen Knopf statt der Nase und einen Strich statt des Mundes malen?‹ fragt er. Er tobt, er hat Schaum vor dem Mund. Und für einen Maler ist das kein unwesentliches Ergebnis.«

Damals hatte Pablo mehrere Monate hindurch an einer Folge von Stilleben gemalt. Das Thema dieser Bilder waren ein Schädel und ein paar Lauchstangen auf einem Tisch. Vom formalen Gesichtspunkt aus ersetzte der Lauch die gekreuzten Knochen, die traditionsgemäß zu einem Schädel gehören. Die zwiebelartigen Enden entsprachen den Knochengelenken.

»Malerei ist Poesie und wird immer in Versen mit bildnerischen Reimen, niemals in Prosa geschrieben«, erklärte mir Pablo eines Tages, als er an einem dieser Stilleben arbeitete. »Bildnerische Reime sind Formen, die einander ergänzen oder die Assonanzen ergeben, entweder zu anderen Formen oder zum Raum, der sie umgibt. Manchmal reimen sie sich auch durch ihre Symbolik, doch diese Symbolik darf nicht zu offen zutage treten. Was haben Lauchstangen mit einem Schädel zu tun? Nach den Bildgesetzen haben sie alles mit ihm zu tun. Du kannst heute ebensowenig noch einen Schädel mit gekreuzten Knochen malen, wie du *amour* auf *tojours* reimen kannst. Also bringst du statt dessen die Lauchstangen herein und erreichst damit dein Ziel, ohne gezwungen zu sein, es allzu deutlich zu enthüllen.«

Ein Bild dieser Gruppe hielt ich für überaus gut komponiert: Die Formen und der umgebende Raum waren wunderbar ausgewogen. Mir schien es, daß daran unmöglich etwas zu ändern war. Der Schädel war besonders ausdrucksvoll. Doch Pablo war unzufrieden. »Das ist gerade der Jammer«, sagte er. »Es ist so gut ausgewogen, daß es mich ärgert. Ich kann es so nicht lassen. Es ist ein stabiles Gleichgewicht, kein unstabiles. Es ist zu geschlossen. Mir ist ein Gleichgewicht lieber, das prekärer ist. Ich möchte, daß es sich selbst trägt, aber nur gerade so eben noch.«

Weil alle Elemente der Komposition vollkommen waren und ihn nur das Problem des Gleichgewichts verstimmte, schlug ich ihm die Lösung vor, die er bei meinem Porträt versucht hatte. Er solle aus einem Stück Papier den Schädel ausschneiden und auf der Bildfläche umherschieben. Er schnitt eine neue Schädelform aus, bedeckte den gemalten Schädel mit der Hand und schob den Papierschädel überall dorthin, wo er glaubte, daß er irritierend genug wirken würde. Schließlich fand er eine Stelle, die viel unerwarteter war und ganz genau jenes schicksalhafte Nebeneinander ergab, das er suchte: Das Gleichgewicht hing an einem Faden. Nun war er zufrieden.

»Wenn du ein Bild komponierst«, sagte er, »baust du es um Kraftlinien herum, an denen sich deine Konstruktion orientiert. Du hast eine Fläche, auf der die erste graphische Skizze zum Beispiel die Idee eines Tisches beschwört, eine andere Skizze die Vorstellung von der Bewegung des Raumes hinter dem Tisch hervorruft. Diese Kraftlinien schaffen ein Zusammenspiel, das den Gang deiner Arbeit bestimmt, denn im allgemeinen entscheidest du darüber nicht eigenmächtig. Doch wenn du einmal eines dieser Elemente aus deiner Komposition herausnimmst und es umherschiebst, als ob es unabhängig durch diesen zweidimensionalen Raum wandere, dann kannst du einen weit größeren

Überraschungseffekt erzielen, als wenn du es in der ursprünglichen Position läßt.« Er übermalte den ersten Schädel, nahm den papiernen von der Leinwand und übertrug ihn mit größter Sorgfalt auf seinen neuen Platz. Als er fertig war, sah er, daß ein Teil des ersten Schädels noch unter der Oberfläche sichtbar war. Er sah ihn einen Augenblick prüfend an und malte dann schnell ein Stück Schweizerkäse über die vorwitzige Ecke des ursprünglichen Schädels. Die beiden Formen entsprachen einander genau.

»Der Käse dient einem doppelten Zweck«, erklärte er. »Er beseitigt die Leere, die durch das Verschwinden des alten Schädels entstanden ist. Weil der Käse aber zum Teil die gleiche Form hat wie der neue Schädel, der dem alten nachgebildet wurde, entsteht zugleich eine kompositorische Entsprechung zwischen ihm und dem neuen Schädel. Jetzt schau!« Er malte Löcher in den Käse. Nun war es unverwechselbar ein Emmentaler. »Siehst du, wie die Löcher im Käse sich auf die Augenhöhlen des Schädels reimen?« fragte er. Er legte den Pinsel nieder. Das Bild war fertig, und Pablo war glücklich. Indem er das Problem des Gleichgewichts gelöst hatte, hatte er ein anderes Problem geschaffen und zugleich auf eine Weise gelöst, die das Bild viel wirkungsvoller machte, als es jemals hätte gewesen sein können, wäre das Problem niemals aufgetaucht. Und das geschah so schnell, daß es mir fast vorkam wie ein Wunder, das sich vor meinen Augen abspielte.

In den folgenden Monaten arbeitete Pablo an weiteren Porträts von mir. Er schien sich sehr um eine andere Form des Kopfes zu bemühen. Immer wieder verwandte er neue Symbole dafür. Aber er kam stets auf die ovale Mundform und die Pflanzenform zurück. Er war verzweifelt.

»Ich kann nichts dagegen machen«, sagte er. »Der Kopf will einfach auf diese Weise dargestellt werden. So ist es manchmal. Es gibt Formen, die sich dem Maler aufdrängen. Er sucht sie sich nicht aus. Und sie entspringen manchmal einen Atavismus, der noch vor dem animalischen Leben liegt. Es ist sehr mysteriös und verdammt ärgerlich.«

Die hartnäckige Mondform des Kopfes ärgerte ihn besonders. »Ich habe vorher nie in Begriffen der Sternenwelt gedacht«, sagte er. »Das ist nicht die Bildwelt, die ich liebe. Die Sterne gehören zu einer anderen Welt. Aber es entzieht sich einfach meiner Kontrolle. Ein Künstler ist nicht so frei, wie es manchmal aussieht. Es ist genauso wie bei den Porträts, die ich von Dora Maar gemalt habe. Ich könnte kein Bild von ihr malen, auf dem sie lacht. Für mich ist sie die weinende Frau. Vor Jahren habe ich sie in verzerrten Formen gemalt, nicht aus Sadismus und auch nicht mit Vergnügen, sondern nur einer Vision folgend, die sich mir aufzwang. Es war eine tief verwurzelte Realität, keine oberflächliche. Du siehst, ein Maler hat Grenzen, und nicht immer in der Art, wie man sie sich im allgemeinen vorstellt.«

Erst zwei Jahre später gelang es Pablo, diese Grenzen zu durchbrechen, wenn er mich malte. Bis dahin war ich zweifellos realer für ihn geworden. Er konnte nicht länger an mich denken als an jemanden aus einer anderen Welt, und seine Porträts begannen, diese Tatsache widerzuspiegeln. Er machte in dieser Periode viele Lithographien von mir, und Mourlot kam eines Tages ins Atelier und brachte den Probeabzug eines Porträts, das Pablo kürzlich von mir gemacht hatte. An jenem Morgen hatte Pablo ein unvollendetes Bild auf der Staffelei, auch ein Porträt von mir, sehr rhythmisch komponiert, und die Proportion des Kopfes bereitete ihm ziemlich viel Kopfzerbrechen. Er hatte ihn kleiner gemacht, vergrößert, hin und her geschoben, übermalt, doch nichts befriedigte ihn. War er klein, klagte Pablo darüber, daß er den Proportionen der Hände zu sehr verwandt sei. Hatte er ihn größer gemacht, war er den Proportionen der Beine zu ähnlich. Er hatte das Bild beiseite gestellt, weil er keine Lösung fand. An jenem Morgen nahm er die Lithographie, die Mourlot gebracht hatte, und heftete sie, so wie sie war, auf die Leinwand; der obere Rand der Lithographie deckte sich genau mit dem oberen Rand des Bildes. Es war wirklich unmöglich, so etwas zu tun, denn es warf die Komposition des Bildes völlig über den Haufen. Ein fremdes Element so in diese Komposition einzuführen, war, als öffne man ein Fenster in dem Bild und lasse einen neuen Bildaufbau von ganz anderen Dimensionen herein. Das Bild war sehr farbig, das Litho schwarz-weiß. Das ergab farblich also einen ebenso schrecklichen Kontrast wie formal, und dieser Kontrast entzückte ihn. Er nahm die Lithographie weg und malte sofort auf die Stelle, auf die er sie geheftet hatte, meinen Kopf auf die gleiche Manier, wie er auf dem Litho dargestellt war. Er hielt das für eine so aufregende Entdeckung, daß er vier oder fünf Bilder malte, die nach dem gleichen Prinzip gebaut waren, sich aber auf keine existierende Lithographie stützten.

Manchmal begann Pablo morgens ein Bild und abends sagte er: »Nun, ich glaube, es ist fertig. Was ich formal zu sagen hatte, ist da, aber es ging fast zu schnell. Wenn ich es so lasse, nur mit dem Anschein, als habe ich hineingelegt, was ich wollte, befriedigt es mich nicht. Aber ich werde jeden Tag ständig unterbrochen und bin kaum jemals in der Verfassung, meine Gedanken zu ihrer letzten Konsequenz zu steigern. Ein Bild muß langsam verwandelt werden, und manchmal kann ich einfach nicht den Punkt erreichen, an dem ich ihm das letzte an Gedanken, das es nötig hat, mitgeben kann. Meine Gedanken bewegen sich schnell, und weil meine Hand so schnell gehorcht, kann ich mir in der Arbeit eines einzigen Tages die Befriedigung verschaffen, fast gesagt zu haben, was ich sagen wollte, bevor ich gestört wurde und diesen Gedanken aufgeben mußte. Und da ich am nächsten Tag gezwungen bin, einem anderen Gedanken nachzugehen, lasse ich die Dinge, wie sie sind, wie Gedanken, die mir zu rasch kamen, die ich zu rasch ließ und auf die ich eigentlich zurückkommen wollte, um weiter an ihnen zu arbeiten. Doch ich habe kaum je die Chance, auf sie zurückzukommen. Manchmal könnte ich sechs Monate an einem solchen Gedanken arbeiten, bis mir seine exakte Formulierung gelingt.«

Ich fragte ihn, weshalb er die Welt und die Unterbrechungen, die sie mit sich bringe, nicht ausschalte.

»Aber ich kann nicht«, antwortete er. »Was ich malend schaffe, kommt zwar aus meiner inneren Welt. Aber gleichzeitig brauche ich den Kontakt und den Austausch mit anderen Menschen. Wenn ich Sabartès bitte, niemanden zu mir zu lassen, und es kommen Leute, und ich weiß, sie sind da, aber ich lasse sie nicht herein, dann quält mich der Gedanke, daß sie vielleicht etwas zu sagen haben, was ich wissen müßte und nicht weiß, und ich kann mich nicht auf meine Arbeit konzentrieren. Braque ist ein glücklicher Kerl. Er ist ein einsiedlerischer, meditativer Typ, der ganz mit sich allein lebt. Ich brauche andere Menschen, nicht nur weil sie mir etwas geben, sondern wegen dieser verfluchten Neugier, die sie befriedigen müssen.

Ich male so, wie andere ihre Autobiographie schreiben. Bilder, ob fertig oder nicht, sind Seiten meines Tagebuchs, und als solche haben sie ihre Bedeutung. Die Zukunft wird die Seiten aussuchen, die sie für wichtig hält. Es ist nicht meine Sache, die Auswahl zu treffen. Ich habe den Eindruck, daß die Zeit immer schneller an mir vorüberzieht. Ich bin wie ein Fluß, der sich weiterwälzt und Bäume mit sich führt, die zu nahe an seinen Ufern wuchsen, oder tote Kälber, die man hineingeworfen hat, oder alle möglichen Mikroben, die in ihm gedeihen.

Ich trage das alles mit mir herum und ich ziehe damit weiter. Es ist die Bewegung des Malens, die mich interessiert, die dramatische Bewegung von einer Leistung zur nächsten, selbst wenn diese Leistungen vielleicht nicht bis zu ihren letzten Möglichkeiten vorangetrieben werden. Von einigen meiner Bilder kann ich mit Sicherheit sagen, daß die Leistung ihren vollen Umfang und ihr Ziel erreicht hat, weil ich fähig war, den Fluß des Lebens um mich her aufzuhalten. Ich habe immer weniger Zeit, aber ich habe immer mehr zu sagen, und was ich zu sagen habe, ist in wachsendem Maß etwas über das, was in der Werkstatt meiner Gedanken vorgeht. Siehst du, ich habe das Stadium erreicht, da die Arbeitsweise meiner Gedanken mich mehr interessiert als die Gedanken selbst.«

Ich fragte ihn, ob es nicht besser für ihn sei, weniger Bilder zu malen, dann werde ihn der Mangel an Zeit oder Gedanken nicht so belasten. Er schüttelte den Kopf: »Man muß Maler sein, niemals Kenner der Malerei. Der Kenner gibt dem Maler nur schlechte Ratschläge. Aus diesem Grunde habe ich es aufgegeben, mich selbst zu beurteilen. Natürlich muß man sich, wenn man malt, zugleich mit der Inspiration alle bewußten Schlüsse, die man ziehen könnte, zunutze machen. Doch zwischen der Anwendung eines bewußten und verhältnismäßig dialektischen Gedankens und einem rationalen Gedanken, den man hat, besteht ein gewaltiger Unterschied. Weil ich Antirationalist bin, habe ich entschieden, daß keine Veranlassung für mich besteht, der Richter meines eigenen Werkes zu sein. Ich überlasse das der Zeit und der Umwelt.

Heute ist für mich nur noch wichtig zu existieren, die Spur meiner Schritte zu hinterlassen; andere sollen dann beurteilen, ob dieser oder jener Schritt mit der allgemeinen Entwicklung übereinstimmt oder nicht. Ich habe manchmal das Gefühl, es ist sogar ein Fehler von mir, mich zu bücken und ein Stück Papier aufzuheben, auf das ich etwas gezeichnet habe, das mir nicht ganz gefällt, und es etwas zu überarbeiten, anstatt eine neue Zeichnung zu machen, die mehr mit meiner Vorstellung übereinstimmt.

Dazu kommt der Glaube an das Schicksal. Ich bin ganz und gar nicht einverstanden mit Cézannes Idee, Poussin neuzuschaffen, aber in Übereinstimmung mit der Natur. Um so zu arbeiten, müßte ich ja in der Natur diejenigen Zweige eines Baumes wählen, die in ein Bild passen, wie es Poussins Vorstellung entsprochen haben könnte. Doch ich wähle gar nichts, ich nehme, was kommt. Meine Bäume sind nicht aus Strukturen zusammengesetzt, die ich selber gewählt habe, sondern aus Strukturen, die der Zufall meiner persönlichen Dynamik mir aufdrängt. Cézanne suchte sich in der Natur, um das volle Gefühl für ein Objekt außerhalb seiner selbst zu bekommen, das, was einer bestimmten ästhetischen Forderung entsprach, wie sie in ihm bereits im voraus formuliert war.

Wenn ich einen Baum male, dann wähle ich ihn mir nicht aus, ich sehe mir noch nicht einmal einen an. Das Problem stellt sich mir gar nicht so. Ich habe keine vorgefaßte ästhetische Meinung, nach der ich meine Wahl treffe. Ich kenne auch keinen prädeterminierten Baum. Mein Baum ist ein Baum, der nicht existiert, und ich bediene mich meiner eigenen psycho-physiologischen Dynamik, in meiner Bewegung auf seine Zweige zu. Das ist eigentlich alles andere als ein ästhetisches Verhalten.«

Einige Wochen, nachdem ich zu Pablo gezogen war, hatte Dora Maar eine Ausstellung in der Galerie Pierre Loeb. Es war eine Zusammenstellung ähnlicher Stilleben, wie sie sie vor einem Jahr bei Jeanne Bucher gezeigt hatte. Darunter befanden sich auch einige Ansichten von Pariser Quais, die vom Pont-Neuf mit dem Blick auf das Châtelet gemalt worden waren. In ihrer Behandlung des Seinewassers lag eine Transparenz, die große Tiefe andeutete, eine Tiefe, die es gar nicht gab, die sie aber durch ihren gewandten Pinselstrich zu suggerieren vermocht hatte. Ihre Auffassung und ihre Technik waren interessant, und was sie noch an Einfluß von Picassos Werk zeigte, schien nun zu schwinden – was vielleicht ein Ergebnis ihres Bruches mit ihm war.

Nach dieser Periode begann sie mit Balthus Gespräche über Malerei zu führen. Als Picasso sie einmal besuchte und sich ansah, woran sie gerade arbeitete, erzählte er mir, daß er in diesen Arbeiten den Einfluß von Balthus erkannt habe. Das störte ihn. »Man kann nicht in einer Richtung arbeiten, die progressiv ist, und dann eine Kehrtwendung machen und sich einer völlig anderen Welt zuwenden«, sagte er. »Diese Art der Malerei mag für Balthus nicht überwunden sein, sicher aber für jemanden, der einmal gegen den Strom der Tradition à la Balthus geschwommen ist. Balthus hat im Fahrwasser Courbets angefangen und ist nie weit über ihn hinausgekommen. Für Dora Maar ist diese Malerei ein Anachronismus.«

Pablo hatte gesagt, daß wir im Sommer nach Südfrankreich reisen würden. Ich nahm an, er meine die Côte d'Azur. Doch eines Tages kam er ins Atelier zurück und sagte: »Wir machen jetzt Ferien und gehen zuerst nach Ménerbes in Dora Maars Haus.« Das befremdete mich. Für mich konnte es nicht sehr erfreulich sein, für sie, wie ich mir denken konnte, mußte es außerordentlich unerfreulich sein. Ich sagte ihm das. Er entgegnete, und hier sprach der Teil seines Wesens, der gleichzeitig außerordentlich praktisch und vollkommen phantastisch war: »Aber ich selbst habe Dora Maar dieses Haus geschenkt. Es gibt keinen Grund, weshalb ich es nicht benutzen sollte.« Ich sagte, meiner Meinung nach würde sie es ihm sicher gern für ihn allein zur Verfügung stellen, doch sei sie vielleicht nicht so bereitwillig, wenn ich dabei sei. Er antwortete: »Natürlich ist sie einverstanden. Außerdem bestand ich darauf, daß sie uns das Haus leiht. Und jetzt, da ich es habe, bestehe ich darauf, daß du mit mir dorthin gehst.« Das gab mir einen kleinen Schock, doch ich reagierte in diesem Augenblick nicht sehr stark darauf. Schließlich hatte ich ihm zuliebe alles andere aufgegeben; daher schien es mir auf eine Konzession mehr oder weniger nicht anzukommen.

»Ménerbes liegt im Département Vaucluse in der Nähe von Gordes. Es sieht aus wie eine dörfliche Festung. Von seiner Höhe überblickt es das Ackerland des reichen Tales von Cavaillon. Die Landschaft war sehr reizvoll, doch das Haus lag mitten im Dorf.

Es war ein großes Haus, und weil es an einen schräg abfallenden Felshang gebaut war, lagen an der Straßenseite vier Stockwerke, an der Rückseite jedoch nur ein einziges. Was vorn die vierte Etage war, bildete hinten das Erdgeschoß. Im untersten Stockwerk lag nach vorn hinaus eine dunkle, hohe Diele, die hauptsächlich als Duschraum benutzt wurde, weil es das einzige Stockwerk war, das fließendes Wasser hatte. Das nächste Stockwerk darüber bestand aus großen Räumen, die im Empirestil eingerichtet waren. Das Haus hatte früher einem der Generäle Napoleons gehört, der sich hier nach der endgültigen Niederlage des Kaisers angesiedelt hatte.

Die Vormittage waren fast ausschließlich der Erholung gewidmet. Mittags gingen wir in ein Bistro im Zentrum des Dorfes. Die meisten der Gäste waren Steinmetze, die in den nahegelegenen Steinbrüchen arbeiteten. Wir hörten sie oft über Skorpione sprechen. Fast jeden Mittag erzählte einer der Arbeiter von jemandem, der gerade an diesem Morgen von einem Skorpion gebissen worden war. Als ich das erstemal davon hörte, beachtete ich das nicht weiter, doch als es öfter geschah, fing ich wohl an, besorgt auszusehen, denn Pablo versuchte mich aufzuheitern und erzählte mir, daß auch Marie Cuttoli im vergangenen Jahr von einem Skorpion gebissen worden sei: »Wie du siehst, ist sie nicht gestorben. Sie war natürlich eine Zeitlang ziemlich krank.« Die eine Hälfte des Dorfes lag an der sonnigen Südseite eines großen Felsgiebels, doch Dora Maars Haus lag nach Norden an der »kalten Küste«, wie die Einheimischen es nannten. Weil das Haus nur als Sommerwohnung gedacht war, besaß es einen gewissen Vorteil: Die Räume waren nie zu heiß. Die Skorpione aber liebten, wie ich bald herausfand, ebenfalls den Schatten. Zuerst entdeckte ich einen oder zwei im Garten, dann einige weitere an der Außenwand des Hauses. Innen gab es ein monumentales Treppenhaus, und auch dort stieß ich auf eine Anzahl nicht weniger monumentaler Skorpione. Dann fand ich einen Skorpion in unserem Schlafzimmer. Tagsüber war alles in Ordnung, doch wenn es dunkel wurde, kamen sie in Scharen heraus. Deshalb mußten wir alle Kleidungsstücke von innen nach außen wenden und sorgfältig absuchen, bevor wir uns anzogen.

Vom Hause aus konnten wir das Dorf Gordes sehen, das auf dem gegenüberliegenden Hügel auf der anderen Seite des Tales lag. Jeden Abend hörten wir den Klang der Jagdhörner, die auf allen im Tal verstreuten, kleinen Höfen geblasen wurden, ein höchst dissonanter Chor. Die Sonnenuntergänge in jener Gegend sind prachtvoll, und ich empfand es als ziemlich störend, einen Sonnenuntergang zu genießen und all den Frieden und die Ruhe, die er brachte, und dann plötzlich durch das Geblase ringsum im Tal gestört zu werden. Das ging allabendlich so, von der Dämmerung bis gut nach zehn Uhr. Pablo jedoch war entzückt. Eine seiner größten Freuden war es, Horn zu blasen. Im Atelier in der Rue des Grands-Augustins hatte er ein altes Signalhorn der französischen Armee, von dem eine rotweißblaue Schnur herabhing. Täglich nahm er es in die Hand und blies ein paar kräftige Töne so laut, wie es ihm möglich war. Das war freilich nicht ungefährlich, denn in Paris gab es Gesetze gegen Geräusche dieser Art, und besonders während der Besatzungszeit wäre es ihm schlecht bekommen, wenn er zu laut geblasen hätte. Doch sofort nach der Befreiung, in der allgemeinen Erregung, wurde er sehr mutig und brachte es soweit, dreißig Noten am Tag zu blasen. Ich glaube, das bereitete ihm größte Befriedigung. Versäumte er einmal aus irgendeinem Grund, seine dreißig Noten zu blasen, fühlte er sich elend. So waren diese Geräusche für ihn hier in Ménerbes, wo er eine Zeitlang sein tägliches Pensum entbehren mußte, zunächst Balsam. Aber mit der Zeit machte es ihn nur unglücklich. Er wollte sein eigenes Horn, doch das war in Paris geblieben.

Am 14. Juli, am Nationalfeiertag, ernteten wir die Früchte all dieser Proben: Ein Fackelzug mit sämtlichen Hornbläsern aus Ménerbes und dem umliegenden Tal fand statt; große stämmige Mannsbilder mit roten Köpfen und in Hochstimmung schwangen ihre Fackeln und bliesen mit aller Kraft in ihre Hörner – einer falscher als der andere. Und das dauerte fast drei Stunden. Ich konnte Pablo nicht von der Stelle bringen. Nie habe ich ihn erregter gesehen als damals beim Anblick dieser rauhen Hufschmiedetypen, die meisten von ihnen mit entblößten Oberkörpern, die das geliebte Jagdhorn bliesen und ihre Fackeln schwangen. Dies war wahrhaft Männersache, und die Frauen waren praktisch davon ausgeschlossen. Das bedeutete – und das ist wohl einzigartig am 14. Juli –, daß nicht getanzt wurde: genau das richtige für Pablo. Er haßt das Tanzen nicht nur, er hält es für die unanständigste aller denkbaren Vergnügungen. Für einen Mann, der so ungehemmt ist wie er, hat er, was das Tanzen betrifft, eine seltsam puritanische Ader. Mit einer Frau zu schlafen, mit irgendeiner Frau oder mit jeder Menge Frauen, war vollkommen in Ordnung. Aber mit einer Frau zu tanzen, war der Gipfel der Dekadenz. Offenbar war in Ménerbes niemand dekadent, also tanzte niemand. Sie gaben sich einem rein männlichen Vergnügen hin, soviel Lärm zu machen, wie menschenmöglich war.

Am nächsten Morgen malte Pablo, noch erregt von dem Schauspiel, eine große Gouache der Männer, die in der Nacht mit einer rotweißblauen Fahne durch die Straßen zogen und ihre Fackeln und Jagdhörner schwangen.

Jeden Abend machten wir einen Spaziergang um das Dorf. Auf einem unserer ersten Gänge erlebten wir etwas, was Pablo faszinierte und für die Dauer unseres Aufenthalts in Ménerbes fesselte. In dieser Gegend gab es viele große Eulen. Sobald es dunkel wurde, kamen sie heraus und suchten nach unvorsichtigen Kaninchen, die sie in ihren Klauen davontrugen. Weil die meisten Einheimischen das wußten, hielten sie ihre Kaninchen nachts eingesperrt. Doch immer streifte eine Anzahl ausgemergelter Katzen umher. Wenn man den Einheimischen gegenüber diese Magerkeit erwähnte, erhielt man die Antwort, das komme davon, weil die Katzen nur Grashüpfer und Eidechsen fräßen, und weil die Eidechsen, die noch lebten, nachdem die Katzen sie verschluckt hatten, sich innen so heftig bewegten, daß die Katzen davon dünn wurden. In Wirklichkeit waren sie so dürr, weil niemand sie fütterte. So strichen die Katzen nachts umher, um Eidechsen zu suchen, und die Eulen strichen umher, um Katzen zu jagen.

Nach dem Essen im *Café de l'Union* besuchten wir gewöhnlich das andere Café, in dem die Männer saßen und tranken. Nachdem wir dort eine Weile bei unserem Kaffee gesessen hatten, mußten wir noch fast einen Kilometer gehen, bis wir daheim waren. Und auf dieser Straße sahen wir fast jedesmal einige Kämpfe zwischen Eulen und Katzen. Die Sterne schienen sehr hell, die Luft war klar, und die Dunkelheit der Nacht wirkte geradezu transparent. Außerdem stand auch noch alle fünfhundert Meter eine Straßenlaterne am Weg. Plötzlich schoß eine Eule aus dem Dunkel hervor. Die Oberfläche ihrer Flügel war grau-beige, doch auf der Brust war sie weiß-golden, und sie strich hinter einer Katze her, die vor uns die Straße entlanglief. Manchmal gelang es ihr, die Katze mit ihren Klauen zu fassen und fortzuschleppen, um sie anderswo zu fressen. Doch wenn die Katze groß war, dauerte der Kampf ziemlich lange. Pablo stand dann wie gebannt da, solange der Kampf währte. Er machte wenigstens fünf oder sechs Zeichnungen davon.

Nicht weit von Ménerbes lag ein anderer Felskegel, den wir über einen Fußpfad erreichen konnten. Dort gab es kein Dorf, nur ein paar Häuschen, in denen manchmal im Sommer die Hirten wohnten. Das war die einzige Zeit, in der ich bei Pablo je ein Interesse an der Natur wahrgenommen habe. Weil er sicher war, niemandem zu begegnen, wagte er es, auf Entdeckungen auszugehen. Eines Tages, als wir von einem dieser Spaziergänge zurückkehrten, las er ein Stück von der Rippe einer Kuh auf. Es war ungefähr zehn Zentimeter lang, und Wind und Wetter hatten es glattgeschliffen. Er zeigte es mir. »Das ist Adams Rippe«, sagte er. »Ich werde für dich eine Eva daraufzeichnen.« Er gravierte sie mit seinem kleinen Taschenmesser ein, und als er fertig war, hatte er eine mythologisch aussehende Eva mit zwei kleinen Hörnern geschaffen. Sie lag in der Stellung einer Sphinx und hatte anstelle der Füße die gespaltenen Hufe, die er oft auf solchen Zeichnungen anbrachte.

Inzwischen rückten uns die Skorpione immer mehr auf den Leib. Eines Abends, als ich mich an die Wand lehnte, rief Pablo: »Sieh hinter dich!« Ich wandte mich um und sah drei Skorpione, die um meinen Kopf herumflitzten. »Das ist die Art Krone, mit der ich dich gern sehe. Sie sind mein Tierkreiszeichen«, sagte er.

Der Gedanke, noch länger in Ménerbes bleiben zu müssen, wurde mir mit jedem Tag unerträglicher. Ich hoffte, daß irgend etwas in Pablo den Wunsch wecken würde, abzureisen, ohne daß ich es verlangte, denn dann wäre er imstande gewesen zu triumphieren: »Aha, auch du reagierst auf die Kategorien von Freude und Schmerz!« Es herrschte also eine Art philosophischer Konkurrenzkampf zwischen uns. Mir blieb nichts anderes übrig, als zu versuchen, ein perfekter Stoiker zu werden. Ich hielt meinen Mut fast drei Wochen lang aufrecht. Bis dahin sah es so aus, als ob Pablo beabsichtige, den ganzen Sommer dort zu verbringen, und ich begann mich ernstlich zu fragen, ob es weise gewesen war, überhaupt mit nach Ménerbes zu kommen. Tatsächlich war ich gar nicht sicher, ob ich mein neues Leben weiterführen wollte. Und nicht nur wegen der Skorpione. Es gab noch einen Faktor in dieser Situation, den ich weitaus störender empfand.

Als Pablo mit Dora Maar gebrochen hatte, nahm ich an, daß es keine anderen wirklichen Bindungen in seinem Leben mehr gab. Ich wußte natürlich, daß er mit Olga Khokhlova, einer russischen Tänzerin, verheiratet gewesen war und einen Sohn von ihr hatte, Paul, einen jungen Mann ungefähr in meinem Alter, den jeder Paulo nannte. Doch Pablo und Olga lebten seit 1935 getrennt. Ich war ihr einmal kurz begegnet, als ich mit Pablo am linken Seineufer spazierenging, und ich hatte den Eindruck, daß sie sich gefühlsmäßig ganz von ihm gelöst hatte. Ich wußte auch, daß er eine Freundin namens Marie-Thérèse Walter gehabt hatte und von ihr eine Tochter, Maya. Ich wußte, daß Pablo sie und ihre Tochter gelegentlich besuchte, doch ich sah keinen Grund, mir darüber den Kopf zu zerbrechen. Sobald ich jedoch in die Rue des Grands-Augustins gezogen war, stellte ich fest, daß Pablo jeden Donnerstag und Sonntag tagsüber nicht zu sehen war. Nach ein paar Wochen fing ich an zu begreifen, daß sein Verschwinden regelmäßig erfolgte.

Als ich ihn danach fragte, erklärte er mir, er habe immer die Gewohnheit gehabt, diese Tage mit Maya und ihrer Mutter zu verbringen, weil dies die zwei Tage seien, an denen Maya nicht in die Schule müsse. Kaum waren wir in Ménerbes angekommen, als Pablo täglich Briefe von Marie-Thérèse erhielt, und er gewöhnte sich an, sie mir jeden Morgen bis ins einzelne und mit stets sehr anerkennenden Kommentaren vorzulesen. Sie schrieb immer in liebevollstem Ton und redete ihn mit großer Zärtlichkeit an, gab ihm Rechenschaft über jeden Tag bis ins intimste Detail, und es war viel von Finanzen die Rede. Immer waren Neuigkeiten über ihre Tochter Maya dabei, manchmal auch Fotos von beiden.

Pablo las mir gewöhnlich einige der innigsten Stellen vor, seufzte dann tief auf und sagte: »Irgendwie kann ich mir nicht vorstellen, daß du mir je einen solchen Brief schreiben würdest.« Ich erwiderte, nein, das würde ich auch nie tun.

»Weil du mich nicht genug liebst«, warf er mir vor. »Diese Frau liebt mich wirklich.« Ich entgegnete, jeder Mensch habe eine andere Art, zu fühlen und seine Gefühle auszudrücken.

»Du bist zu unreif, um so etwas zu verstehen«, sagte er überlegen. »Du bist eben noch keine voll entwickelte Frau. Du bist nur ein Mädchen.« Er las mir eine andere Stelle vor, nur um mir zu zeigen, wie sehr Marie-Thérèse Frau war. Sehr schön, sagte ich und biß mir auf die Lippen, um meine Wut nicht zu zeigen.

Seit ich begonnen hatte, mit Pablo im Atelier in der Rue des Grands-Augustins zu leben, hatte ich diesen Ort als geheiligten Boden betrachtet. Alles schien mir richtig und natürlich, solange wir dort waren. Unsere Beziehung war auf die einfachste Form reduziert, und der Rahmen, in dem sie existierte, war eindrucksvoll genug, um ihre Entwicklung zu begünstigen. Doch sich abrupt in eine sowohl körperlich wie seelisch zutiefst feindselige Umgebung versetzt zu sehen, das war zuviel. Zwischen Doras Haus und Marie-Thérèses Briefen fühlte ich mich sehr unbehaglich. Ich stieg den Hügel hinab unf folgte der Straße zum Meer. Auf der Suche nach einem greifbaren Ziel erinnerte ich mich, daß ein Freund von mir, ein Maler, mir aus Tunesien geschrieben hatte, ich könne dort jederzeit eine Stelle als Zeichenlehrerin bekommen.

Eines Tages, als Pablo mit dem Wagen unterwegs war, kam ich zu dem Entschluß, daß ich unter diesen Umständen nicht mehr weiter mit ihm zusammenleben könne. Ich hatte kein Geld, doch ich ging auf die Hauptstraße, die nach Süden führte, um nach Marseille zu trampen. Dort hatte ich Freunde, von denen ich mir Geld leihen konnte, um nach Nordafrika zu fahren. An diesem Tag war wenig Verkehr auf der Straße, und es dauerte nicht lange, bis Marcel und Pablo daherkamen. Das Auto hielt neben mir, und Pablo stieg wutschnaubend aus. Er fragte mich, was ich hier tue. Ich sagte es ihm.

»Ich glaube, du bist verrückt!« schrie er. »Warum willst du mich verlassen?« Ich sagte ihm, daß ich mich in diesem Haus nicht wohl fühle. Außerdem sei mir bereits klar, daß das Leben mit ihm nie eine natürliche, spontane Beziehung sein werde: Es sei viel zu kompliziert.

»Aber was suchst du denn?« fragte er und pflanzte sich breitbeinig vor mir auf, die Hände in die Hüften gestemmt. Marcel starrte über seine Schulter und versuchte gar nicht, sein Interesse an diesem Auftritt zu verhehlen. Ich sagte Pablo, ich wünsche nicht, länger in Ménerbes zu bleiben. Ich sei durch den sehr schmerzlichen Prozeß hindurchgegangen, alle Ketten zu zerreißen, die mich an eine andere Lebensform banden, und nun, in meinem neuen Leben, fühle ich mich noch mehr wie in einer Zwangsjacke. Ich sagte, es sei schon schwer genug gewesen, mich einer völlig neuen Umgebung anzupassen, und nun fühle ich mich auch noch an den unveränderlich starren Lebensrhythmus gefesselt, der von seiner Vergangenheit geprägt und bestimmt werde.

Pablo sah mich ungläubig an. »Nach allem, was du aufgegeben hast, um zu mir zu kommen und mit mir zu leben, sag mir bloß nicht, daß du nur deshalb alles hinwerfen willst! Als du endlich zu mir gekommen bist, nach all deinen Zweifeln und Hemmungen, nahm ich an, es war, weil du dich entschlossen hattest, mich zu lieben. Es müßte dir lange vor diesem Tag klar gewesen sein, daß ich dich ebenfalls liebe. Wir mögen einige Schwierigkeiten haben, uns einander anzupassen, aber jetzt, da wir zusammengekommen sind, ist es an uns, gemeinsam etwas aufzubauen. Laß uns unsere Chance nicht so einfach wegwerfen.«

Das waren so unerwartete Töne, er sprach plötzlich so anders, als er seit unserer Ankunft in Ménerbes gesprochen hatte, daß ich auf einmal meiner selbst nicht mehr sicher war. Pablo packte mich am Arm und stieß mich ins Auto.

Marcel ließ den Motor an und wendete den Wagen wieder in Richtung Ménerbes. Mit einer Hand hielt Pablo immer noch meinen rechten Arm fest, mit der anderen, die er um meine Schulter legte, zog er mich fest an sich. Nach einer Weile wandte er sich mir zu, lockerte seinen Griff und küßte mich. Als er nach einigen Minuten wieder sprach, war er ruhiger geworden.

»Du darfst in solchen Dingen nicht deinem Kopf gehorchen«, sagte er. »Du wirst dich um die entscheidenden Dinge im Leben reden. Was du brauchst, ist ein Kind. Das wird dich zur Natur zurückbringen und die Harmonie mit der übrigen Welt herstellen.«

Ich sagte, nichts sei einfacher in meinem Alter, als ein Kind zu bekommen. Es komme nur auf die Entscheidung an, aber ich glaube nicht, daß ein Kind die Erfahrung, mit der ich mich gerade jetzt auseinanderzusetzen habe, wesentlich bereichern könne. Kinder seien mehr in negativem als in positivem Sinne nützlich. Wenn man reif werde und keine Kinder habe, werde der Mangel spürbar, weil man als gereifter Mensch von sich selbst loskommen müsse. Und die Beschäftigung mit den Problemen anderer helfe die eigenen Schmerzen erleichtern. Doch Kinder seien nur eine Lösung unter vielen anderen. Es gebe schließlich noch andere Formen des Schöpferischen. Die Tatsache, daß ich es unternommen hätte, Malerin zu werden und obendrein mit ihm zu leben und die Last seiner Einsamkeit tragen zu helfen, zeige, daß ich versuche, etwas aus meinem Leben zu machen, um von mir selbst loszukommen. Jeder einzelne dieser Schritte habe sich mir aufgezwungen, und es sei mir klargeworden, daß ich keine Wahl gehabt habe; doch der Gedanke, ein Kind zu haben, sei etwas, das mir bis heute nie in den Sinn gekommen sei; er scheine mir völlig irrelevant. Es sei genauso, als ob er mir sage, ich solle lernen, Schuhe zu besohlen. Darauf könne ich nur antworten, ja, natürlich, das sei sicher sehr nützlich, aber im Augenblick doch wohl nicht unbedingt nötig. Und genauso empfinde ich bei dem Gedanken, ein Kind zu haben. Das alles versuchte ich ihm zu erklären.

Pablo seufzte. »Worte, Worte«, sagte er. »Du bist nur auf der intellektuellen Ebene entwickelt, auf jeder anderen bist du zurückgeblieben. Du wirst nicht wissen, was es heißt, eine Frau zu sein, ehe du ein Kind hast.«

Ganz so optimistisch war ich zwar nicht, wenn ich daran dachte, wohin meine radikalen Versuche, mich auf eigene Füße zu stellen wie eine erwachsene Frau, bisher geführt hatten. Das sagte ich ihm. Er tat es ab: »Ich habe es oft genug wirken gesehen, und ich versichere dir, du wirst vollkommen verwandelt sein. Bitte lehne es nicht ab, bevor du es nicht wenigstens versucht hast.«

Ich konnte nicht sofort die lebhafte Begeisterung aufbringen, die Pablo an den Tag legte, doch noch bevor er das Thema fallenließ, hatte ich mich entschlossen, seinem Rat zu folgen und nicht mehr auf meinen Verstand zu hören. Pablo hatte, wie ich überzeugt war, aus dem Herzen gesprochen, also konnte ich ihm zumindest mit dem Herzen zuhören. Ich verbannte Marie-Thérèse und

Porträt seiner Frau Olga (1917)

Daniel-Henry Kahnweiler

alle die anderen unangenehmen Geschichten aus meinen Gedanken und nahm im übrigen Pablos Rat an: Ich versuchte es.

Die Befreiung von Ménerbes kam eher, als ich erwartet hatte. Marie Cuttoli bat uns, zu ihr zu kommen und einige Tage bei ihr zu wohnen. Pablo sagte nicht nein, also schlug ich vor, wir könnten für drei Tage hinfahren und dann zurückkommen. Doch ich war entschlossen, nicht zurückzukehren. Wir brachen nach Cap d'Antibes auf und blieben drei oder vier Tage bei den Cuttolis.

Während wir dort waren, fuhren wir hinüber nach Golfe-Juan, um Monsieur Fort in seinem kleinen Haus zu besuchen. Ich sagte zu Pablo, mir sei das Wasser viel lieber als das Land, ich wolle ein wenig schwimmen. In dieser Form war der Plan für Pablo akzeptabel, also mietete er die beiden oberen Stockwerke in Monsieur Forts Haus und schickte Marcel zurück, um die Sachen zu holen, die wir in Dora Maars Haus gelassen hatten. Nach ein paar Wochen wußte ich, daß ich schwanger war.

Heute gibt es in Golfe-Juan private Strandflächen, unzählige Sonnenschirme und Tausende von Touristen, darunter auch Angehörige der Sechsten Flotte der Vereinigten Staaten, aber im August 1946 war es ganz einsam dort, und wenn Pablo und ich morgens Monsieur Forts Villa *Pour Toi* verließen und über die Straße zum Schwimmen gingen, waren wir fast immer allein.

Weil Monsieur Forts Haus klein war und wir nur die beiden oberen, sehr engen Stockwerke bewohnten, hatten wir wenig Platz zum Arbeiten. Pablo begann unruhig zu werden. Ihm fehlte der Raum zum Malen. Doch war er Mittelmeermensch genug, um die Morgenstunden am Strand und das Nichtstun zu genießen. Als wir eines Tages am Strand lagen, kam der Bildhauer und Fotograf Sima vorbei und erzählte uns, er wisse einen Platz, an dem Pablo unter Umständen arbeiten könne. Es war das Grimaldi-Schloß, das von seinen Wällen herab den Hafen von Antibes überschaut. Seit 1928 war es irgendeine Art Museum, das Musée d'Antibes. Der Kurator, Monsieur Dor de la Souchère, Lehrer für Latein und Griechisch am *Lycée Carnot* in Cannes, war nicht in der Lage gewesen, das Museum seinem Zweck entsprechend zu füllen. Es besaß nur sehr wenige Kunstschätze und lebte von einem winzigen Budget. Im Augenblick war sein Hauptbesitz eine Sammlung von Dokumenten über Napoleon, die wohl dort aufbewahrt wurden, weil Napoleon bei seiner Rückkehr von Elba in Golfe-Juan gelandet war. Das war ungefähr alles, was das Museum zu bieten hatte, außer einigen hohen, leeren Räumen im zweiten Stock, die nicht benutzt wurden.

Pablo lebte auf. »Gut«, sagte er. »Wenn Sie den Kurator einmal morgens zu mir bringen und er wirklich möchte, daß ich dort arbeite, dann wäre ich glücklich. Denn ich habe da, wo ich jetzt wohne, keinen Platz.« Nachdem Sima gegangen war, begann Pablo vor Freude umherzutanzen.

»Vor zwanzig Jahren hätte ich dieses Schloß einmal beinahe gekauft«, erzählte er mir. »Es gehörte der Armee und hatte lange Zeit leergestanden. Die Armee bot es für achtzigtausend Francs zum Verkauf an. Ich war drauf und dran, es zu kaufen, als die Stadt Antibes Interesse zeigte. Die Armee zog es vor, es der Stadt zu verkaufen statt einem privaten Käufer, weil es zum nationalen Erbe gehörte.«

Sehr bald nach Simas Besuch kam Monsieur Jules-César Romuald Dor de la Souchère eines Morgens an den Strand und sagte, es würde ihn außerordentlich freuen, wenn Pablo im Musée d'Antibes arbeiten wolle. Er könne ihm einen der oberen großen Räume als Atelier zur Verfügung stellen. Am nächsten Morgen gingen Pablo und ich zum Schloß, um uns den Raum anzusehen. Er fand, daß er genau das Richtige für ihn war. »Wenn ich hier bin, werde ich nicht nur Bilder malen. Ich werde Ihnen Ihr Museum ausmalen«, versprach er. Dor de la Souchère war entzückt. Nach einem Rundgang durch das Museum kamen wir zu der kleinen Kirche, die etwas tiefer gelegen ist. Pablo steuerte auf sie zu. Ich fragte ihn, was er dort mit mir wolle. »Du wirst schon sehen«, antwortete er. Er führte mich durch das Innere, und als wir nach hinten in die Nähe des Taufsteins kamen, zog er mich in eine dunkle Ecke und sagte: »Du wirst hier schwören, daß du mich immer lieben wirst.« Ich war verdutzt. »Das kann ich doch überall schwören, wenn ich mich schon so feierlich verpflichten soll«, sagte ich. »Warum gerade hier?«

»Ich glaube, es ist besser hier als anderswo«, antwortete Pablo.

»Hier oder anderswo, das ist doch ganz egal«, sagte ich.

»Nein, nein«, sagte Pablo. »Na schön, es ist natürlich gleich, aber das ist schließlich so eine Sache. Man kann nie wissen. Es kann ja etwas dran sein an all dem Unsinn mit den Kirchen. Dadurch wird die Sache vielleicht ein wenig sicherer. Wer weiß? Ich finde, wir sollten diese Möglichkeit nicht verwerfen. Es könnte helfen.« Also schwor ich, er schwor, und er schien zufrieden.

Pablo mußte einiges von seinen Malutensilien aus Paris kommen lassen, weil diese Dinge im Augenblick knapp waren. Inzwischen ging er mit Sima hinunter zum Hafen und deckte sich mit Bootsfarben ein, denn, so sagte er, die seien das Geeignetste für diese Umgebung. Weil Bootsfarbe hauptsächlich auf Holz aufgetragen wurde, beschloß er, auf Sperrholz zu malen. Dann bestellte er einige große Tafeln aus Asbestzement und behauptete, darauf werde die Bootsfarbe ebenfalls gut halten. Er kaufte einige Anstreicherpinsel und begann am nächsten Tag, gleich nachdem die Sachen ins Museum gebracht worden waren, zu arbeiten. Er blieb im September und Oktober an der Arbeit und malte fast alle die Bilder, die heute dort sind: alle Asbestzement- und Sperrholzplatten außer *Odysseus und die Sirenen*, dieses malte er ein Jahr später. Die Folge von Zeichnungen rund um das Bild entstand nicht im Museum, sondern einen Monat früher bei Monsieur Fort. Die Keramiken wurden später gemacht, die Wandteppiche und Lithographien von Marie Cuttoli gestiftet.

In der Nähe des Restaurants *Chez Marcel* in Golfe-Juan, wo wir fast täglich aßen, lag ein winziges Café, das sich auf einheimische Meeresfrüchte spezialisiert hatte. Vor der Tür gab es einen Stand, auf dem sie auslagen, um die Leute zum Kaufen zu verlocken, doch es war Oktober, und fast alle waren abgereist. Die einzige, die von den *frutti di mare* verführt wurde, war die Frau, die das Lokal führte, selbst. Sie war so dick und ihr Café so eng, daß innen kaum Platz genug für sie war, also stand sie draußen und versuchte, für das Geschäft zu werben. Weil fast niemand kam, um bei ihr zu kaufen, griff sie den ganzen Tag selber zu. Sie war etwa eineinhalb Meter groß, sehr gedrungen und so lang wie breit, ungefähr vierzig oder fünfzig Jahre alt, mit einem der grobschlächtigsten Gesichter, die man sich vorstellen kann, eingerahmt von einer Masse mahagonirot gefärbter Korkzieherlocken, und mit einer komischen kleinen Stupsnase, die unter dem Schirm einer übergroßen Männermütze hervorschaute. Oft, wenn wir zum Essen gingen, sahen wir sie auf und ab gehen, einen Korb voll Seeigel vor sich und ein scharfes, spitzes Messer in der Hand, nach einem verirrten Kunden Ausschau haltend. Weil fast nie jemand kam, der ihr etwas abnahm, griff sie von Zeit zu Zeit in den Korb, öffnete einen der Seeigel und schlürfte den Inhalt mit solcher Gier, daß wir ihr einfach zuschauen mußten, fasziniert von dem Kontrast zwischen ihrem konturlosen, runden, roten Gesicht und den stacheligen grünvioletten Seeigeln, die sie ununterbrochen zum Munde führte. Vier der Bilder im Museum von Antibes stellen diese Frau dar und Seeleute, die im Hafen herumlungerten. Einmal gibt es ein Porträt der Frau selbst, dann eines von einem Seemann, der Seeigel ißt, und zwei Porträts von Seeleuten, der eine dösend, der andere gähnend.

Das Bild *Frau, Seeigel essend*, wurde eines Nachmittags in realistischer Manier begonnen. Alles auf diesem Porträt stellte ganz unverkennbar die Frau dar, wie wir sie kannten: mit Stupsnase, Korkzieherlocken, Männermütze und der schmutzigen Schürze, die sie gewöhnlich anhatte. Als es fertig war, beseitigte Pablo jeden Tag ein paar weitere naturalistische Details, bis nichts als eine äußerst vereinfachte, fast vertikale Form übrigblieb: Nur ein Teller mit Seeigeln in der Mitte des Bildes erinnerte daran, um wen es sich handelte.

Auf dem Bild des bleichen Matrosen, der Seeigel ißt, sind, da er die Augen gesenkt hat, nur das untere Augenlid und die Form des vom oberen Lid beleckten Augapfels angedeutet. Als ich vor etwa drei Jahren das Museum besuchte, entdeckte ich, daß jemand einen Farbstift genommen und in einem besonders abstoßenden blauen Farbton die Iris der Augen eingezeichnet hatte. Niemand scheint das sonst bemerkt zu haben. Wenigstens hatte niemand etwas dagegen getan, als ich vor kurzem wieder einmal dort war.

Bei meinem letzten Besuch stellte ich noch weitere Veränderungen fest. In

Odysseus und die Sirenen waren die Blautöne nachgedunkelt, andere Farbschichten der Oberfläche waren verblaßt, während die unterliegenden Schichten zum Teil deutlicher hervortraten. Das lag vielleicht an der Feuchtigkeit. Auch einige der in Bister gemalten Köpfe waren blasser geworden, das Braun im unteren Teil des Bildes hingegen kräftiger. Es hatte etwas von dem Grauton verloren, den es ursprünglich besaß. Die Farben der Faune in einem der kleinen Räume, die zuerst sehr stark geleuchtet hatten, waren stumpfer geworden, und ihre Blau- und Grüntöne traten mehr zurück. Pablo hatte ein Porträt von Sabartès als Faun auf Papier gemalt. Das Papier war, wie ich feststellte, vergilbt und stockfleckig, und die Farben waren matter geworden.

Eines Tages im Jahr 1948 kam Matisse mit seiner Sekretärin Lydia, um sich das Museum anzusehen. Besonders die auf eine lange Sperrholzplatte gemalte *Liegende Frau* gab ihm Rätsel auf. »Ich verstehe schon, warum du den Kopf so gemalt hast«, sagte Matisse, »aber nicht, was du mit ihrem Hintern gemacht hast. Seine zwei Hälften sind so merkwürdig verdreht. Sie passen nicht zu den anderen Flächen des Körpers.« Das schien ihn zu beunruhigen. Er zog ein Notizbuch heraus und machte eine Skizze des Bildes, um sie mit nach Hause zu nehmen und weiter zu studieren. Dann skizzierte er neun oder zehn andere Bilder in schnellen, ungefähren Strichen.

Pablo hatte sich seit den Tagen, in denen er mit Max Jacob und Guillaume Apollinaire befreundet gewesen war, immer gern mit Dichtern und Schriftstellern umgeben. Auch darum ist er wohl immer fähig, sehr artikuliert über seine Malerei zu sprechen. In jeder Phase der Entwicklung schufen die Dichter um ihn her die Sprache der Malerei. Später redete dann Pablo, der in solchen Dingen äußerst anpassungsfähig und geschmeidig ist, stets sehr scharfsinnig über seine eigene Malerei, da seine intimen Freunde die richtigen Worte dafür gefunden hatten.

Pablos engster Freund unter den Dichtern unserer Zeit war Paul Eluard. Ich hatte Eluard schon früher ein- oder zweimal getroffen, aber zum erstenmal für längere Zeit und aus der Nähe sah ich ihn während des Filmfestivals in Cannes 1946, als er und seine Frau Nush nach Golfe-Juan kamen, um uns zu besuchen und sich das in Arbeit befindliche Werk im Musée d'Antibes anzusehen. Es herrschte eine seltsame Beziehung zwischen Paul und Pablo, denn Nush war eine Zeitlang eines von Pablos Lieblingsmodellen gewesen. Seit der Mitte der dreißiger Jahre hatte er sie in vielen Zeichnungen und Porträts festgehalten. Auf einigen seiner Bilder erschien sie deformiert, wie er Dora Maar zu malen pflegte. Andere ihrer Porträts waren geistig eher der Blauen Periode verwandt. Nush war Deutsche, und sie und ihr Vater waren wandernde Akrobaten gewesen. Paul war ihr eines Tages begegnet, als er mit dem Dichter René Char spazierenging. Der Anblick dieses grazilen, zerbrechlichen siebzehnjährigen Mädchens, das sich vor allen Leuten auf dem Bürgersteig in akrobatischen Verrenkungen wand, fesselte ihn. Er verliebte sich in sie, und sie heirateten bald. In dieser Begegnung lag etwas Wunderbares, das auch Pablo berührte und für ihn die Periode der *Saltimbanques* vom Anfang des Jahrhunderts wieder heraufbeschwor. Diese Gabe, eine vergangene und reizvolle Zeit wieder aufleben zu lassen, machte Nush, verbunden mit ihrer körperlichen Zerbrechlichkeit, zu einer sehr sensitiven Erscheinung von poetischem Zauber.

Paul und Pablo waren ganz gegensätzliche Charaktere: Pablo zutiefst aggressiv und wechselhaft, Paul eine sehr harmonische Natur. Ich erkannte sofort, daß Paul zu jenen Menschen gehört, die, ohne von irgend jemandem etwas zu fordern, von allen dennoch das Beste empfangen. Er brachte in jeden Kreis, dem er sich anschloß, eine allgemeine Harmonie, nicht nur durch das, was er sagte, sondern einfach durch seine Anwesenheit. Als die Festspiele vorüber waren und Paul und Nush wieder nach Paris zurückfuhren, hatten wir Nush zum letztenmal gesehen. Paul fuhr bald darauf in die Schweiz, und während er dort war, starb Nush eines Nachts ganz plötzlich. Paul wurde durch ihren Tod zutiefst getroffen. Die Gedichte, die er später über sie schrieb, gehören zu den ergreifendsten der modernen Literatur.

Im folgenden Winter sahen wir Paul oft. Er konnte von seiner Lyrik nur kärglich leben, doch er war ein so geschickter Bibliophile, daß er sich durch den Handel mit allerlei Büchern, von denen er viel verstand, über Wasser halten konnte. Aber er lebte immer in sehr bescheidenen Verhältnissen. Von Zeit zu Zeit schenkte Pablo ihm eine Zeichnung oder ein Bild, oder er zeichnete etwas in ein illustriertes Werk hinein, so daß Paul, wenn die Zeiten zu schwer wurden, etwas verkaufen und über die Krise hinwegkommen konnte.

Paul und Nush hatten in den dreißiger Jahren Mougins »entdeckt« und Pablo, wie er mir erzählte, dazu bewegt, in den Jahren 1936 bis 1938 einen Teil seiner Ferien dort zu verbringen. Aus dieser Periode stammen Pablos Studien von Nush. Pablo hatte damals eine vage Affäre mit Nush gehabt, und er war sicher, daß Paul bewußt darüber hinweggesehen hatte: ein Prüfstein der selbstlosesten Freundschaft.

»Aber es war auch von mir nur eine Geste der Freundschaft«, sagte Pablo. »Ich tat es nur, um ihn glücklich zu machen. Er sollte nicht denken, ich möge seine Frau nicht.« Pablo hatte auch zärtliche Erinnerungen an ein Mädchen namens Rosemarie, die, wie er sagte, einen »herrlichen« Busen hatte und die sie alle mit nacktem Oberkörper in ihrem Auto an den Strand fuhr. Dora Maar war auch dabei. Es war ihr erster gemeinsamer Sommer.

Ein anderer Dichter, der ein guter Freund Pablos gewesen war, André Breton, hatte die Besatzungsjahre in Amerika verbracht und kam im Juni 1946 zurück, kurz nachdem ich begonnen hatte, mit Pablo zu leben. Wir hatten gehört, daß er wieder in Paris war, doch er kam Pablo nicht besuchen. Eines Morgens im August, als wir uns über den Balkon der Villa *Pour Toi* in Golfe-Juan lehnten, deutete Pablo hinunter in Richtung auf *Chez Marcel* und sagte: »Sieh mal, da ist André Breton.« Wir gingen sofort nach unten, weil Pablo annahm, daß Breton wahrscheinlich herauszufinden versuchte, wo wir wohnten. Als Breton uns kommen sah, wandte er sich ab, und es war offensichtlich, daß er nicht wußte, ob er Pablo sehen wollte oder nicht. Daß wir ihm auf der Straße entgegengingen, brachte anscheinend sein ganzes Konzept durcheinander. Er hatte sich wohl den Zeitpunkt und den ganzen Ablauf ihres ersten Wiedersehens nach dem Kriege anders gedacht.

Pablo streckte ihm mit spontaner Freundschaftlichkeit die Hand hin, denn er war mit Breton fast so eng befreundet gewesen wie mit Eluard. Breton zögerte, dann sagte er: »Ich weiß nicht, ob ich dir die Hand geben soll.«

»Warum denn nicht?« fragte Pablo. Breton antwortete in seiner charakteristischen dogmatischen Art: »Weil ich ganz und gar nicht mit deiner politischen Haltung seit der Befreiung einverstanden bin. Ich billige weder deinen Eintritt in die Kommunistische Partei noch die Haltung, die du nach der Befreiung in der Frage der Säuberung unter den Intellektuellen eingenommen hast.« Pablo antwortete: »Du hast dich nicht entschließen können, während der Besatzungsjahre bei uns in Frankreich zu bleiben. Und du hast nicht die Ereignisse durchlebt, die wir hier mitgemacht haben. Meine Haltung gründet sich auf diese Erfahrungen. Ich kritisiere deine Haltung nicht. Du kannst die Geschehnisse nur auf deine Weise beurteilen, weil du sie aus einer anderen Perspektive gesehen hast. Meine Freundschaft zu dir ist unverändert. Deine Freundschaft zu mir, denke ich, sollte genauso unverändert sein. Überhaupt sollte unsere Freundschaft erhaben darüber sein, daß wir die geschichtliche Wirklichkeit unterschiedlich beurteilen«, und er streckte ihm seine Hand aufs neue hin.

Breton fiel es anscheinend schwer, zurückzunehmen, was er gerade gesagt hatte. »Nein«, sagte er, »es gibt Prinzipien, die keinen Kompromiß dulden. Ich beharre auf den meinen, und ich bilde mir nicht ein, daß du meinetwegen die deinigen ändern wirst.«

»Nein, das will ich auch nicht«, entgegnete Pablo. »Wenn ich bei dieser Meinung bleibe, dann nur deshalb, weil ich durch meine Erfahrungen dazu gekommen bin. Die kann ich schließlich nicht gut ändern. Aber ich verlange ja auch nicht von dir, daß du deine Meinung änderst. Und ich sehe keinen Grund, weshalb wir uns nicht die Hand geben und Freunde bleiben sollen.« Breton schüttelte den Kopf: »Solange du diese Ansichten vertrittst, kann ich dir die Hand nicht geben.«

»Das ist sehr schlimm«, sagte Pablo, »weil ich Freundschaft über jede politische Meinungsverschiedenheit stelle. In Spanien waren wir während der dreißiger Jahre eine ganze Gruppe, die sich in demselben Café traf, obwohl wir diametral entgegengesetzte politische Ansichten vertraten. Manchmal hatten wir sehr stürmische Diskussionen, und wir wußten, daß wir uns am Tag des Kriegsausbruchs in verschiedenen Lagern befinden würden, doch niemand sah darin einen Grund, daß wir nur deshalb nicht mehr Freunde sein sollten. Wenn wir nicht die gleichen Überzeugungen haben, sollte das doch gerade ein Grund sein, die Diskussion in Gang zu halten.«

Breton schüttelte abermals den Kopf: »Es ist zu schrecklich, daß es Eluard gelungen ist, dich in diese politische Bindung hineinzuziehen.«

»Ich bin erwachsen«, entgegnete Pablo. »Ich fürchte, es sind meine eigenen Ansichten, nicht die Eluards.«

»Na schön«, sagte Breton, »ich fürchte, du hast einen Freund verloren, denn ich werde dich nicht mehr wiedersehen.«

Einer von Pablos ältesten Freunden war der Maler Georges Braque. Ein paar Wochen, nachdem ich zu Pablo gezogen war, meinte er, daß es mich freuen werde, Braque kennenzulernen und sein Atelier zu sehen. Auch wollte er, wie er mir zu verstehen gab, sehen, wie Braque auf mich reagierte. Als wir Braque eines Morgens in seinem Haus in der Rue du Douanier gegenüber vom Park Montsouris besuchten, war er sehr höflich. Er zeigte uns die Bilder, die er kürzlich gemalt hatte, und nach einem kurzen Gespräch gingen wir wieder. Als wir draußen waren, sah ich, daß Pablo offenbar verstimmt war.

»Jetzt siehst du den Unterschied zwischen Braque und Matisse«, sagte er. »Als wir Matisse besuchten, war er sehr herzlich und freundlich und nannte dich von Anfang an Françoise. Er wollte sogar dein Porträt malen. Ich habe dich Braque so vorgestellt, daß er gleich merken mußte, du bist nicht irgend jemand, den ich zufällig mitbringe, doch er nannte dich die ganze Zeit über Mademoiselle. Ich weiß nicht, ob das gegen dich oder gegen mich gerichtet ist, aber er benahm sich so, als habe er nicht begriffen, was los ist.« Pablo begann zu schmollen, dann platzte er heraus: »Außerdem hat er uns noch nicht einmal gebeten, zum Essen zu bleiben.«

Damals tauschten Pablo und Braque von Zeit zu Zeit Bilder aus. Eine der Früchte dieses Austausches war ein Stilleben Braques mit einer Teekanne, Zitronen und Äpfeln, ein schönes großes Bild, das Pablo sehr liebte und im Atelier unter den Bildern von Matisse und anderen, deren Arbeiten er besonders gern mochte, an einem bevorzugten Platz aufgehängt hatte. Ich bemerkte, daß das Stilleben an dem Tage, als wir von unserem Besuch bei Braque zurückkehrten, von seinem Platz verschwand.

In ihrer Jugend war die Beziehung zwischen Pablo und Braque außerordentlich eng gewesen. Die Tatsache, daß ihre Freundschaft nicht mehr so vertraut war, bekümmerte Pablo von Zeit zu Zeit. Er glaubte, diese Situation sei teilweise Braques Zurückhaltung zuzuschreiben, aber das war es nicht allein. Er versuchte, es herauszufinden, kam zu keinem Ergebnis und verkündete schließlich: »Ich mag meine alten Freunde nicht.«

Einmal bat ich ihn, mir das zu erklären. Er sagte: »Alles was sie tun können, ist, einen für Dinge zu tadeln, die sie nicht gutheißen. Sie sind nicht tolerant.« Er erklärte das nicht näher, doch war es offenbar, daß für Pablo Freundschaft keinen Wert hatte, wenn sie nicht durch Taten bewiesen wurde.

Bald nach diesem ersten Besuch brachen wir nach Ménerbes und Südfrankreich auf, doch als wir im Spätherbst nach Paris zurückkehrten, kam Pablo eines Tages plötzlich auf den Einfall, Braque zu besuchen.

»Ich werde Braque noch einmal eine Chance geben«, sagte er. »Ich werde dich wieder mitnehmen, und wir werden kurz vor Mittag ankommen. Wenn er uns diesmal nicht zum Essen einlädt, weiß ich, daß er mich nicht mehr mag, und ich will nichts mehr mit ihm zu tun haben.«

So gingen wir eines Morgens im Herbst, kurz vor Mittag, zu Braques Haus, natürlich ohne jede Vorwarnung. Einer von Braques Neffen war dort, ein großer Mann von ungefähr vierzig Jahren, der noch reservierter war als sein Onkel. Der aromatische Duft eines Lammbratens durchzog das Haus. Ich sah förmlich, wie Pablo innerlich die Anwesenheit des Neffen, die sehr appetitlichen Küchengerüche und seine lebenslange Freundschaft mit Braque addierte, um das ersehnte Ergebnis zu erhalten: eine Einladung zum Essen. Aber wenn Pablo seinen Braque genau kannte, so kannte Braque seinen Picasso ebensogut. Und ich bin sicher – weil ich später Braque viel besser kennenlernte –, daß Pablos düsterer Plan für Braque so durchsichtig wie Glas war. Er wußte genau: Wäre er höflich gewesen und hätte uns zum Essen eingeladen, dann hätte Pablo sich darüber amüsiert und jedem erzählt: »Stell dir vor, Braque hat keinen eigenen Willen. Ich komme mittags dort an, er weiß, daß ich essen möchte, und setzt mich hin und bedient mich. Ich stoße ihn herum, er lächelt nur.« Der einzige Weg für einen Mann wie Braque, der einen eigenen Willen hatte, war, diesen Willen zu beweisen. Schon darum, weil Pablo, wenn Braques Name fiel, mit Vorliebe sagte: »Ach, Braque ist nur Madame Picasso.« Irgendwann muß jemand Braque diesen Ausspruch Pablos zugetragen haben.

Wir gingen zum Atelier hinauf, und Braques Sekretärin Mariette holte seine letzten Sachen hervor und zeigte sie uns. Da gab es einige große Sonnenblumen, Strandszenen aus Varengeville, Weizenfelder, ein Bild mit einer Bank und nur einem Flecken Sonne darüber. In all diesen Bildern schien für Braque die Form wesentlich weniger zu zählen als in seinem früheren Werk, und es war klar, daß sein Hauptinteresse nun dem Studium der Lichteffekte galt. Es gab keine Deformierung oder »Übersetzung« der Form; man spürte vor allem den Wunsch, eine Atmosphäre zu schaffen, die seine Gedanken auszudrücken vermochte. Seine Bilder waren sehr schön.

»Nun«, sagte Pablo, »ich sehe, du kehrst zur französischen Malerei zurück. Aber weißt du, ich hätte nie gedacht, daß du dich zum Vuillard des Kubismus entwickeln würdest.« Nach Braques Aussehen zu schließen, dachte er bei sich, Pablo hätte ruhig etwas Schmeichelhafteres sagen können, doch fuhr er gutmütig fort, uns seine Werke zu zeigen.

Kurz vor ein Uhr begann Pablo sehr auffällig zu schnüffeln und sagte: »Oh, riecht das gut, das Lamm!«

Braque reagierte nicht. »Ich würde euch gern Skulpturen zeigen.«

»Bitte ja«, sagte Pablo. »Françoise wird sich freuen.« Braque zeigte uns einige Basreliefs von Pferdeköpfen, eines von ihnen sehr groß, und einige kleine Reliefs einer Frau, die einen Wagen lenkte. Ich fand sie alle sehr interessant, doch schließlich hatten wir alle Skulpturen gesehen.

»Das Lamm riecht, als ob es gar wäre«, fand Pablo. »Eigentlich schon mehr als gar.«

Darauf Braque: »Ich nehme an, Françoise würde gern meine neuen Lithos sehen.« Er begann, mir seine Lithographien und eine Anzahl Zeichnungen zu zeigen. Von Zeit zu Zeit kam Marcelle, Braques Frau, ins Atelier, lächelte und ging wieder nach unten, ohne ein Wort gesagt zu haben. Nachdem sie das dritte Mal dagewesen war, sagte Pablo: »Weißt du, du hast Françoise noch nicht deine fauvistischen Bilder gezeigt.« Sie hingen, wie er wußte, im Eßzimmer. Wir gingen nach unten, zuerst in das große Zimmer neben dem Eßzimmer, wo Braque uns einige Bilder zeigte, dann ins Eßzimmer. Der Tisch war für drei Personen gedeckt: Braque, Madame Braque und offenbar Braques Neffen. Ich bewunderte Braques fauvistische Bilder.

»Das Lamm riecht jetzt angebrannt«, sagte Pablo. »Es ist eine Schande.« Braque antwortete nicht. Ich fuhr fort, die Bilder zu bewundern, doch es waren nur sechs davon da, das konnte nicht ewig dauern, also sagte Pablo nach einer halben Stunde: »Da ist eins deiner neuen Bilder oben im Atelier, das ich noch nicht richtig gesehen habe. Ich würde gern hinaufgehen und es noch einmal anschauen.« Nun verabschiedete sich Braques Neffe. Er mußte wieder zur Arbeit. Wir stiegen nach oben und verbrachten die nächste Stunde damit, die neuen Bilder, die wir bereits gesehen hatten, noch einmal zu betrachten. Pablo entdeckte eines, das wir noch nicht kannten, und Braque brachte verschiedene andere zum Vorschein, die er uns noch nicht gezeigt hatte. Schließlich gingen wir. Es war halb fünf. Pablo war wütend. Aber nachdem er sich abgekühlt hatte, konnte man ihm anmerken, daß Braque in seiner Achtung beträchtlich gestiegen war. Und nur einen oder zwei Tage später bemerkte ich, daß das Stilleben Braques mit der Teekanne, den Zitronen und Äpfeln auf mysteriöse

Weise wieder aufgetaucht war und an seinem alten Platz in Pablos Atelier hing. Ich war erstaunt, wie oft ich von da an Pablo sagen hörte: »Du weißt, ich mag Braque.«

Es wäre ganz falsch, zu denken, Braque sei unempfindlich für die Nuance dieser Situation gewesen. Er wußte, wie wichtig es war, bei Pablo ständig auf der Hut zu sein, denn das Leben war für Pablo immer ein Spiel, in dem es keine Regeln für ihn gab. Als ich sie zum erstenmal zusammen sah, merkte ich, daß Braque Pablo sehr zugetan war, ihm jedoch nicht traute, weil er wußte, daß Pablo zu jeder List und Tücke fähig war, nur um aus jeder Situation als Sieger hervorzugehen. Seine infamsten Streiche waren für die reserviert, die er am meisten liebte, und er ließ nie eine Gelegenheit dazu vorübergehen, wenn man ihm die Chance gab. Und wer ihm jemals die Chance gab, vor dem hatte er keinen Respekt mehr. So lernte ich sehr früh, daß es nur eine einzige Möglichkeit gab, seine Achtung zu behalten, nämlich stets auf das Schlimmste vorbereitet zu sein und ihm, wenn möglich, zuvorzukommen.

Braque mochte Pablo sehr und wünschte, daß Pablo zumindest gut von ihm denke; deshalb fühlte er sich genötigt, im Umgang mit ihm ziemlich hart zu sein. Denn er wußte, daß Pablo, wenn er auch nur einen Augenblick nicht auf der Hut war, das sofort ausnützen würde, um ihn lächerlich zu machen oder bloßzustellen, und daß Pablo das dann sofort triumphierend allen ihren gemeinsamen Freunden erzählen würde. Zuerst dachte ich, Braque benehme sich so, weil es seine Natur sei: steif, zurückhaltend, unbeugsam. Mit der Zeit konnte ich beobachten, daß er sich vor allem in Pablos Gegenwart so verhielt, aber viel weniger, wenn Pablo nicht dabei war. Und als ich ihn schließlich besser kennenlernte und ihn allein oder mit seiner Frau zusammen sah, erkannte ich, daß er gar nicht so vorsichtig war, wenn er fühlte, daß er keinen Grund dazu hatte, und daß er oft sehr viel sprach. Später sagte Pablo dann zu mir: »Siehst du, er sagt nie ein Wort. Er hat wahrscheinlich Angst, ich eigne mir seine Aussprüche an. Dabei ist es in Wirklichkeit eher umgekehrt. Er liest meine Perlen auf und preist sie als seine eigenen an.«

Nachdem Braque am Tag des gebratenen Lammes Pablo in seine Schranken verwiesen hatte, schien er viel freier zu sein. Während wir in Südfrankreich waren, kam er öfter nach St. Paul-de-Vence und hatte nicht die geringsten Hemmungen, uns zuerst zu besuchen, obwohl er ohne Zweifel wußte, daß Pablo – und so war es in der Tat – nachher umherstolzieren und sagen würde: »Siehst du, Braque ist zuerst zu mir gekommen, er merkt, daß ich bedeutender bin als er.« Wäre aber Braque nicht zu uns gekommen, hätte sich Pablo tagelang aufgeregt und gesagt, Braque brauche deshalb, weil er wegbleibe, nicht zu denken, daß er ihn, Pablo, dazu bewegen könne, den ersten Besuch zu machen. Dieser Geist starker Rivalität kam in Gegenwart von Matisse nicht auf, der zwölf Jahre älter war als Pablo. Pablo hielt ihn, seltsam genug, nicht für einen Maler seiner Generation und deshalb auch für keinen direkten Rivalen. Doch mit

Braque war es immer wie bei zwei Brüdern – kaum ein Jahr im Alter auseinander und mit dem gleichen Hintergrund –, von denen jeder bestrebt war, seine Unabhängigkeit, seine Autonomie und – in Pablos Fall – seine Überlegenheit zu demonstrieren. Die Rivalität war um so stärker, als die beiden im Grunde durch echte Zuneigung miteinander verbunden waren. Darüber hinaus einigte sie das Bewußtsein, daß sie während der kubistischen Periode fast wie eine einzige Person gearbeitet hatten, bevor sie getrennte Wege gingen.

Rivalität aller Art machte sich auch auf anderen Gebieten bemerkbar. Natürlich besaßen Braque und Pablo viele gemeinsame Freunde. Sie waren zum Beispiel beide dem Dichter Pierre Reverdy sehr zugetan, und Reverdy pflegte beide zu besuchen. Doch wenn er je zu Pablo gesagt hätte: Ich muß jetzt gehen, denn ich habe eine Verabredung mit Braque – und das war schließlich oft der Fall –, hätte er Pablo sehr unglücklich gemacht. Wenn Pablo zu Braque kam und dort Reverdy begegnete, lag Ärger in der Luft. Zu Hause tobte er dann: »Reverdy macht sich einen Dreck aus mir, er zieht Braque vor!« Das machte die Lage sehr schwierig für Reverdy.

Gegen Ende seines Lebens veröffentliche Reverdy *Le Chant des Morts*, das Pablo, und ein anderes Buch, das Braque illustrierte. Als das Braque-Buch Reverdys herauskam, gab es ein großes Schmollen in Pablos Zelt. Pablo machte jedesmal, wenn Reverdy in Paris gewesen war, unglaubliche Anstrengungen, um nach seiner Abreise zu erfahren, ob Reverdy mehr Zeit bei Braque als bei ihm verbracht habe. Wenn es so war, erzählte Pablo überall: »Ich mag Reverdy nicht mehr. Außerdem ist er Braques bester Freund, also ist er kein Freund von mir.«

Braque besuchte Pablo nie in Paris, er mochte auch nicht, wenn Pablo ihn unangemeldet besuchte. Wenn Pablo anrief und sich ansagte, richtete es Braque so ein, daß keiner von Pablos Freunden dort war, wenn er kam. Eines Tages kamen wir unangemeldet zu Braque und fanden Zervos, René Char und den katalanischen Bildhauer Fenose bei ihm, die alle sehr verlegen aussahen. Wenn sie am Tag vorher bei Pablo gewesen wären, hätte er es nicht so tragisch genommen, doch es war mindestens zwei Wochen, wenn nicht einen Monat her, seit einer von ihnen in die Rue des Grands-Augustins gekommen war. Als wir wieder draußen waren, grollte Pablo: »Siehst du jetzt, wie es ist? Ich komme rein zufällig bei Braque vorbei, und wen treffe ich? Meine besten Freunde. Die verbringen offenbar ihr Leben dort. Aber zu mir kommen sie nicht mehr.« Am nächsten Tag erzählte er jedem, der ihn besuchte: »Braque ist wirklich ein Lump. Er findet Mittel und Wege, alle meine Freunde von mir fernzuhalten. Ich weiß nicht, was er für sie tut, aber er muß etwas tun, etwas, was ich nicht tun kann. Das Ergebnis ist, daß ich keinen einzigen Freund mehr habe. Die einzigen Menschen, die mich noch besuchen, sind ein Haufen Schwachsinniger, die etwas von mir wollen. Nun ja, so ist das Leben.« Das war nicht sehr schmeichelhaft für die Besucher, bei denen Pablo sich erleichterte. Und als Zervos am nächsten Tag kam, ließ Pablo ihm durch Sabartès sagen, er sei nicht da. Das wiederholte er die nächsten zwei oder drei Male, wenn Zervos vorsprach. Pablo ging sogar so weit, periodisch Spione zu Braque zu schicken, die ihm berichteten, wer dort war. Wenn die Berichte wiederholt Namen wie Zervos, Reverdy oder René Char nannten, wurde er wütend und blieb es den ganzen Tag. Ich versuchte gewöhnlich, ihn zu beruhigen, indem ich sagte, daß er die Leute fortjage und sein Bestes tue, um sie zu entmutigen. Also habe er kein Recht, sich zu beschweren, wenn er allein sei und nur diejenigen, die etwas von ihm wollten, nocht tapfer genug seien, sich seinem Zorn auszusetzen und ihn zu besuchen.

»Wenn sie mich wirklich liebten«, sagte er, »würden sie sowieso kommen, selbst wenn sie drei Tage vor der Tür warten müßten, bis ich sie freundlicherweise einlasse.«

Pablo liebte es, sich mit Vögeln und anderen Tieren zu umgeben. Im allgemeinen waren sie von dem Mißtrauen ausgenommen, mit dem er seine menschlichen Freunde betrachtete. Während Pablo noch im Musée d'Antibes arbeitete, kam eines Tages Sima mit einer kleinen Eule zu uns, die er in einem Winkel des Museums gefunden hatte. Eine ihrer Krallen war verletzt. Wir bandagierten sie, und die Kralle heilte allmählich. Wir kauften einen Käfig für sie; als wir nach Paris zurückkehrten, nahmen wir sie mit und stellten sie in die Küche zu den Kanarienvögeln, Tauben und Turteltauben.

Wir waren überaus nett zu ihr, doch sie starrte uns nur an. Jedesmal, wenn wir in die Küche kamen, zirpten die Kanarienvögel, die Tauben gurrten, und die Turteltauben lachten, doch die Eule blieb gleichgültig und still, bestenfalls schnaubte sie wütend. Sie roch schrecklich und fraß nichts als Mäuse. Weil Pablos Atelier von Mäusen wimmelte, stellte ich mehrere Fallen. Wenn ich eine Maus fing, brachte ich sie der Eule. Solange ich in der Küche war, ignorierte sie die Maus und mich. Sie sah natürlich, entgegen der allgemein verbreiteten Legende, auch am Tage gut, tat aber, als wäre ich Luft für sie. Sobald ich die Küche verließ, sei es auch nur für eine Minute, verschwand die Maus. Die einzige Spur war eine kleine Haarkugel, die die Eule Stunden später wieder ausspie.

Jedesmal wenn die Eule Pablo wütend anschnaubte, rief Pablo »*cochon, merde*« und ein paar andere Obszönitäten, um der Eule zu zeigen, daß er sich noch schlechter benehmen konnte als sie. Er steckte seine Finger zwischen die Stäbe des Käfigs, und die Eule biß ihn, doch Pablos Finger waren ebenso klein wie zäh, die Eule verletzte ihn nicht. Schließlich ließ sich die Eule von ihm am Kopf kraulen, allmählich hockte sie sich auf seinen Finger, statt ihn zu beißen, doch immer noch sah sie sehr unglücklich aus. Pablo machte eine Anzahl Zeichnungen, Bilder und mehrere Lithographien von ihr.

Die Tauben gurrten, aber die Turteltauben lachten wirklich. Sie waren klein und grau-rosa, mit einer dunkleren Krause um den Hals. Jedesmal, wenn wir zum Essen in die Küche gingen und Pablo einen seiner charakteristischen langen, halbphilosophischen Monologe von sich gab, waren die Turteltauben ganz Aufmerksamkeit. Genau in dem Augenblick, in dem er zur Pointe gekomme war, begannen sie zu lachen.

»Das sind die richtigen Vögel für einen Philosophen«, sagte Pablo. »Jede menschliche Äußerung hat ihre dumme Seite. Glücklicherweise habe ich die Turteltauben, die sich über mich lustig machen. Jedesmal wenn ich denke, ich sage etwas besonders Intelligentes, erinnern sie mich daran, wie eitel alles ist.«

Die beiden Turteltauben saßen zusammen in einem Käfig. Es sah oft so aus, als paarten sie sich, doch nie gab es ein Ei. Schließlich stellte Pablo fest, daß beides Männchen waren.

»Alle Welt spricht gut von Tieren«, sagte er. »Natur in ihrem reinsten Zustand und so weiter. Was für ein Unsinn! Sieh dir nur diese Turteltauben an: so schamlose Päderasten wie die bösesten Buben!«

Er machte zwei Lithographien von ihnen beim Akt, eine in Purpurrot, die andere in Gelb. Dann machte er eine dritte, indem er eine Lithographie über die andere legte, um den Effekt des Stoßens und Flatterns zu erzielen, mit dem sie ihre »Paarungen« zu begleiten pflegten.

Eines Morgens in jenem Winter, als die Sonne ins Schlafzimmer schien und ich das Gefühl hatte, es sei vielleicht doch möglich, bis zum Frühling auszuhalten, trotz der Kälte in Paris, der Feuchtigkeit des Ateliers und der unbehaglichen Momente meiner Schwangerschaft, sagte Pablo: »Nun, da du ein Teil meines Lebens bist, möchte ich, daß du alles darüber weißt. Du hast bereits die Rue Ravignan und das *Bateau Lavoir* gesehen. Ich führte dich zuerst dorthin, weil das meine poetischste Erinnerung ist und du damals bereits ein Teil meiner poetischen Gegenwart warst. Nun bist du ein Teil meiner alltäglichen Wirklichkeit, deshalb möchte ich, daß du das übrige siehst. Heute habe ich einen Gang zur Bank vor. Wir werden dort anfangen.«

Pablos Bank, das Hauptbüro der B.N.C.I. am Boulevard des Italiens, ist ein häßliches Gebäude im massiven und schwerfälligen Stil der dreißiger Jahre. Wir gingen hinein und nahmen den Fahrstuhl nach unten in die Kellerräume. Dort gab es zwei kreisförmige, übereinanderliegende Galerien, von denen die Wächter einen bequemen Überblick hatten, wenn sie um das große Loch in der Mitte, das wie eine Schlangengrube aussah, patrouillierten. Ich war an jenem Tag blaß und fühlte mich nicht sehr gut. Ich sagte, so habe ich mir Sing-Sing vorgestellt.

»Ich glaube, es gefällt dir hier nicht«, sagte Pablo. Ich antwortete, ich sei allergisch gegen Banken.

»Schön«, meinte er. »Wenn du diese Dinge verabscheust, werde ich dich meine Papiere und Geldangelegenheiten verwalten lassen. Menschen, die solche Dinge nicht mögen, beherrschen sie im allgemeinen sehr gut. Weil sie nie sicher sind, diese Arbeit richtig zu machen, widmen sie ihr um so mehr Aufmerksamkeit.« Ich protestierte, doch er blieb fest. Bald darauf, von dem Zeitpunkt an, als wir viel in Südfrankreich lebten, vertrat ich Sabartès, indem ich, sehr gegen meinen Willen, einen beträchtlichen Teil der Geldangelegenheiten übernahm.

Als wir an jenem Tag hereinkamen, musterte uns der Wächter und grinste breit. »Was gibt es zu lachen?« fragte ihn Pablo. Der Wächter sagte: »Sie haben Glück. Die meisten Kunden, die ich hier gesehen habe, kommen Jahr für Jahr mit derselben Frau, und sie sieht immer ein wenig älter aus. Jedesmal wenn Sie kommen, haben Sie eine andere Frau, und jede ist jünger als die vorhergehende.«

Pablos Gewölbe waren zwei gutproportionierte Räume. Er zeigte mir zuerst in einem von ihnen Bilder von Renoir, Rousseau, Cézanne, Matisse, Miró, Derain und anderen. Sein eigenes Werk war in zwei Gruppen geteilt: In einem Raum befand sich alles aus der Zeit bis etwa 1935, in dem anderen die Werke der vergangenen zehn Jahre. Alle seine Bilder waren signiert. Ich hatte bemerkt, daß er nur unsignierte Bilder in seinem Atelier aufbewahrte, und fragte ihn danach. »Solange ein Bild nicht signiert ist«, erklärte er mir, »ist es schwerer, es loszuwerden, wenn es gestohlen ist. Und es gibt auch noch andere Gründe. Eine Signatur ist oft ein häßlicher Fleck, der von der Komposition ablenkt, wenn er einmal da ist. Deshalb signiere ich im allgemeinen ein Bild erst, wenn es verkauft ist. Einige von diesen sind Bilder, die ich vor Jahren verkauft und dann zurückerworben habe. Die übrigen – nun, solange ein Bild unsigniert im Atelier herumhängt, habe ich das Gefühl, ich kann immer noch etwas daran tun, wenn ich nicht ganz damit zufrieden bin. Doch wenn ich alles gesagt habe, was ich auf ihm zu sagen hatte, und es sein eigenes Leben beginnen kann, dann signiere ich es und schicke es hierher.«

Einige der Bilder, die er mir an diesem Tag zeigte, waren entweder in Boisgeloup gemalt, einem Schloß aus dem 18. Jahrhundert, das er vor ungefähr fünfzehn Jahren gekauft hatte, in der Zeit, als er mit Olga lebte, oder in der Pariser Wohnung, die sie in der Rue la Boétie gemietet hatten.

Die Geschichte ihres schwierigen Zusammenlebens hatte er mir bereits erzählt. Er hatte Olga 1918 geheiratet. Sie war Tänzerin in Diaghilews Russischem Ballett gewesen. Sie gehörte nicht zu den besten Tänzerinnen der Truppe, sagte er, doch sie war hübsch, und sie hatte einen anderen Vorzug, den er sehr reizvoll fand: Sie kam aus dem niederen russischen Adel. Diaghilew hatte eine originelle Art, seine Tänzerinnen auszusuchen. Die Hälfte von ihnen mußten sehr gute Tänzerinnen sein, die andere Hälfte hübsche Mädchen mit gutem gesellschaftlichen Hintergrund. Die erste Gruppe lockte die Leute wegen ihres Tanzes in die Vorstellung, die andere wirkte auf Leute ihres eigenen Standes oder wegen ihres Aussehens. Das Russische Ballett war für Pablo während des Ersten Weltkrieges zu einer Art Zerstreuung geworden, als viele seiner Freunde, darunter Apollinaire und Braque, als Soldaten an der Front standen. Als er eines Tages allein in seinem Atelier war, kam Jean Cocteau, als Harlekin verkleidet, und sagte, er habe das Gefühl, es sei an der Zeit, daß Pablo aus seinem Elfenbeinturm herauskomme und den Kubismus auf die Straße oder zumindest ins Theater trage, indem er Bühnenbilder und Kostüme für ein Ballett entwerfe. Das Resultat war Pablos Mitarbeit am Ballett *Parade*. Er gastierte mit dem Ballett zuerst in Rom, dann in Madrid und Barcelona, später auch in London. Er arbeitete mit Larionow und der Gontscharowa, mit Bakst und Benois.

»Natürlich hatte das, was sie machten, nichts mit dem zu tun, was ich mit meiner Arbeit versuchte«, sagte er, »doch damals hatte ich noch keine Theatererfahrung. Zum Beispiel gibt es einige Farben, die sehen an einem Modell sehr hübsch aus, doch auf die Bühne übertragen wirken sie völlig unbedeutend. Das war etwas, worin Bakst und Benois große Erfahrung besaßen. In dieser Hinsicht lernte ich viel von ihnen. Sie waren gute Freunde und gaben mir wertvolle Ratschläge. Sie beeinflußten meine Entwürfe überhaupt nicht, doch gaben sie mir praktische Hinweise, wie diese Entwürfe am besten auf das lebendige Theater übertragen wurden.«

Pablos Verbindung mit Larionow und der Gontscharowa war viel enger, weil ihre ästhetische Auffassung mit der seinen in engerer Beziehung stand. Pablo schloß Freundschaft mit Leonid Massine, dem Choreographen, und mit Igor Strawinsky, zwei großen Künstlern, die er auf andere Weise wahrscheinlich nicht kennengelernt hätte. Bis dahin war sein Horizont strikt beschränkt gewesen auf andere Maler, die neue Lösungen suchten, auf die wenigen Sammler und Kritiker wie Gertrude Stein und Wilhelm Uhde, die sich für solche Maler interessierten, und auf einen kleinen Kreis von Bohémien-Dichtern und Schriftstellern wie Apollinaire und Max Jacob. Durch Diaghilew wurde er in eine andere Welt eingeführt. Obwohl er grundsätzlich diese Art von gesellschaftlichem Umgang verabscheute, reizte es ihn doch eine Zeitlang, und seine Heirat mit Olga entsprang in gewissem Sinne dieser vorübergehenden Versuchung.

Aus der Art, wie er über ihre erste Zeit sprach, konnte ich erkennen, daß Pablo gedacht hatte, diese junge Frau aus guter Familie werde in einer gesellschaftlichen Schicht, die wesentlich höher stand als jene, in die er bereits Eingang gefunden hatte, ein sehr nützlicher Partner sein. Der üblichen Ziviltrauung auf dem Standesamt folgte als Konzession an Olga eine feierliche Trauung in der Russischen Kirche in der Rue Daru, bei der sie nach dem orthodoxen Ritual Kronen auf dem Kopf trugen.

Nach Pablos Erzählungen war Olga nicht vom heiligen Feuer der Kunst erfüllt. Sie verstand nichts von Malerei und von allem, was damit zusammenhing. Sie heiratete in dem Glauben, das angenehme, verhätschelte Leben der oberen Zehntausend führen zu können. Pablo seinerseits stellte sich vor, daß er auch weiterhin als Bohémien leben könne, allerdings auf höherer, vornehmerer Ebene, versteht sich, aber trotzdem unabhängig. Er erzählte mir, daß er vor der Heirat mit Olga nach Barcelona gefahren sei, um sie seiner Mutter vorzustellen. Seine Mutter habe damals gesagt: »Du armes Mädchen, du weißt nicht, worauf du dich einläßt. Wenn ich ein Freund wäre, würde ich dich bitten, es unter keinen Umständen zu tun. Ich glaube nicht, daß irgendeine Frau mit meinem Sohn glücklich werden könnte. Er ist nur für sich da, nicht für andere.« Später versuchte Olga, die Unterstützung von Pablos Familie zu gewinnen, damit diese ihn überrede, ein normaleres – das heißt bürgerlicheres – Leben zu führen. Sie hatte nur einen einzigen Gedanken im Kopf, nicht etwa deren zwanzig, aber sie war fähig, diesen einen Gedanken so lange zu wiederholen, bis tatsächlich etwas geschah.

Paul Rosenberg, der in dieser Zeit Pablos wichtigster Kunsthändler wurde, fand für ihn eine Wohnung in der Rue la Boétie Nr. 23, in der Nähe der Champs-Elysées. Olga hielt sie für die ideale Wohnung, also zogen sie ein. Weil es dort kein Atelier gab, begann Pablo, in einem großen Zimmer in der Wohnung zu arbeiten, doch dieses hatte nicht die Vorteile eines richtigen Ateliers. Es behagte ihm dort durchaus nicht, und da er auch, wie er mir erzählte, fast von Anfang an mit Olga nicht gut auskam, mietete er eine Wohnung im siebten Stock, die gerade über der ihren lag, und verwandelte sie in eine Flucht von Atelierräumen.

Olgas gesellschaftliche Ambitionen beanspruchten immer mehr von seiner Zeit. 1923 wurde ihr Sohn Paulo geboren, und dann begann *le high life*, wie die Franzosen es nennen, mit Kindermädchen, Kammermädchen, Köchin, Chauffeur und allem Drum und Dran, teuer und zugleich ablenkend. Im Frühling und Sommer reisten sie nach Juan-les-Pins, Cap d'Antibes und Monte Carlo, wo Pablo seine Zeit – wie in Paris – mehr und mehr auf Kostümbällen, Maskeraden und all den anderen turbulenten Lustbarkeiten der zwanziger Jahre verbrachte, oft in Gesellschaft von Scott und Zelda Fitzgerald, den Gerald Murphys, von Graf und Gräfin Etienne de Beaumont und der übrigen internationalen Lebewelt.

1935, ganz kurz vor der Geburt Mayas, der Tochter von Marie-Thérèse Walter, trennten sich Pablo und Olga. Er wollte sich von ihr scheiden lassen, denn ihr Zusammenleben war unerträglich geworden. Er behauptete, sie habe ihn den ganzen Tag angeschrien. Olga wollte keine Scheidung, so waren ihre

Trennungsverhandlungen lang und kompliziert. Außerdem lebten sie in Gütergemeinschaft, und das bedeutete, daß er, wenn er sich von ihr scheiden ließ, verpflichtet gewesen wäre, ihr die Hälfte seiner Bilder zu überlassen. Das wollte er jedoch nicht. So ließ auch er, obwohl er einerseits die Scheidung wünschte, sich Zeit, um zu sehen, ob die Dinge nicht auf andere Art zu regeln waren. Nach dem französischen Gesetz konnte eine Ehe zweier Ausländer nur nach dem Gesetz des Landes geschieden werden, in dem der Ehemann Staatsbürger war. Während die Verhandlungen sich hinzogen, brach der Spanische Bürgerkrieg aus, die Regierung wurde gestürzt, General Franco kam an die Macht. Unter dem neuen Regime war die Scheidung für einen spanischen Bürger, der kirchlich getraut worden war, nicht mehr erlaubt. Er überließ Olga das Schloß von Boisgeloup und lebte weiter in der Wohnung in der Rue la Boétie, doch von 1937 an, als er das Atelier in der Rue des Grands-Augustins erwarb, arbeitete er nicht mehr dort. Seit 1942 lebte er auch in der Rue des Grands-Augustins.

An einem Wintermorgen, bald nach unserem ersten Besuch in der Bank, ging er mit mir in die Wohnung in der Rue la Boétie. Ich fühlte, wie die ganze Geschichte, die er mir bis ins kleinste Detail erzählt hatte, wieder zum Leben erwachte. Und doch war ich nicht im geringsten auf das vorbereitet, was ich sah. Wir betraten die Empfangshalle der Wohnung im sechsten Stock. In allen Zimmern waren die Fensterläden geschlossen, und alles war mit Staub bedeckt. Die Wohnung war seit 1942 verschlossen gewesen. Wir gingen in das Schlafzimmer zur Linken, das Pablo und Olga gehört hatte. Die Doppelbetten waren aufgeschlagen, eines von ihnen in der Art, wie man manchmal ein Bett aufdeckt, in dem gleich jemand schlafen soll: die Bettdecke heruntergezogen, Oberbett und Laken zurückgeschlagen. Auf diesen Laken und Kissenbezügen lag der Staub von fünf Jahren. Neben jedem Bett stand ein Nachttisch, und auf einem von ihnen lagen noch die Reste des letzten Frühstücks, etwas, das aussah wie Toast Melba und ein wenig Zucker. In diesem Zimmer hingen sechs oder sieben kleine Corots, die Pablo von Paul Rosenberg gekauft oder gegen eigene Werke eingetauscht hatte. Neben den Corots sah ich zwei Bilder in nachimpressionistischer Manier. »Wer ist das?« fragte er mich. Ich betrachtete sie genau. Das eine war eine Gebirgslandschaft. »Das muß Matisse sein«, meinte ich, »nach der Art, wie er das Rosa und das Grün miteinander verbindet.« – »Richtig«, sagte er. »Beides ist früher Matisse.« Das andere war ein Stilleben: Blumen in einem Zinnkrug, sehr farbig und vielleicht eher als ein Matisse erkennbar, doch auch ein sehr früher, noch vor der fauvistischen Periode gemalt.

Wir betraten das danebenliegende Schlafzimmer. Es war Paulos Zimmer gewesen. Die Wände waren mit Fotografien von Radrennchampions bedeckt, auf dem Fußboden lagen Spielzeugautos verstreut, als ob das Zimmer vor kurzem noch von einem achtjährigen Jungen bewohnt gewesen wäre. Doch als Paulo das Zimmer verlassen hatte, war er bereits vierzehn. Von dort gingen wir weiter in den Salon, der an der Frontseite des Hauses lag. Es war ein sehr unpersönlicher Raum mit einem Konzertflügel, auf dem Paulo unter Aufsicht von Marcelle Meyer seine Tonleitern hatte üben müssen, ungeachtet der Tatsache, daß er genau wie Pablo weder Sinn noch Begabung für das Klavier hatte. Alles war mit losen Schutzhüllen bedeckt, diese wieder mit fünf Jahre altem Staub. Pablo ging von einem Möbelstück zum anderen und nahm die Hüllen ab, um mir zu zeigen, daß jeder Stuhl mit Satin von verschiedener Farbe bezogen war. Überall lagen Zeitungen aufgestapelt, zwischen ihnen ragten Zeichnungen von ihm hervor.

Wir öffneten unter Schwierigkeiten eine Tür und befanden uns auf der Schwelle eines weiteren Zimmers, das, wie ich schätze, etwa vier Quadratmeter groß war. Es war unmöglich, dies genau festzustellen, weil es, mit Ausnahme einer kleinen freien Fläche zum Öffnen der Tür, vom Fußboden bis fast zur Decke vollgestopft war. Es war Pablos Lagerraum, in dem er alles aufbewahrte, was er behalten wollte. Doch weil Pablo niemals etwas weggeworfen hatte – sei es nur eine leere Streichholzschachtel oder ein kleines Aquarell von Seurat –, war die Menge an Dingen, die er enthielt, ungeheuerlich. Alte Zeitungen und Zeitschriften, Skizzenbücher mit Zeichnungen, Dutzende von Belegen der Bücher, die er illustriert hatte, bildeten eine kompakte Mauer, die fast bis zur Decke reichte. Ich hob einen Stoß Briefe auf und sah, daß sich darunter einige von Freunden wie Guillaume Apollinaire und Max Jacob befanden, aber auch ein Brief seiner Waschfrau, den er einmal amüsant gefunden hatte. Oben auf diesem Berg thronte eine entzückende italienische Marionette aus dem 17. Jahrhundert, ungefähr 1,30 Meter groß, die mit Drähten zusammengehalten wurde und als Harlekin gekleidet war. Dahinter sah ich hier und da Bilder, eingekeilt in den Stapel. Ich schaute in eine Kiste hinein. Sie war gefüllt mit Goldstücken.

Gegen diesen Raum bildeten die anderen einen Antiklimax: das Eßzimmer mit einem noch durchaus normalen Maß an Unordnung, dann ein anderes Zimmer, dessen Besonderheit ein großer runder Tisch in unbestimmbarem Neubarock war, mit einem charakteristischen Haufen Krimskrams beladen. Es war der Tisch, den man auf vielen der gemäßigten kubistischen Bilder und Gouachen aus den frühen zwanziger Jahren sieht, vor einem offenen Fenster stehend, manchmal mit der Kuppel von Saint-Augustin in der Ferne. Auf vielen dieser Bilder ist der Tisch überhäuft mit Gegenständen. Seit damals war nichts weggenommen worden, doch eine beträchtliche Menge war hinzugekommen.

Die wichtigsten Zimmer der Wohnung lagen in Halbkreisform um das Vestibül herum. Von dort führte ein langer Korridor zu den Haushaltsräumen: dem Wäschezimmer, der Waschküche, dem Schlafzimmer, in dem Inès, das Dienstmädchen, und ihre Schwester geschlafen hatten, und ganz am Ende zur

Küche. Im Wäschezimmer öffnete Pablo einen der Wandschränke. Fünf oder sechs Anzüge hingen dort wie tote Blätter, die ganz transparent geworden waren, nur das Geflecht ihrer Fasern war noch übrig. Die Motten hatten alle Wolle gefressen.

Geblieben war nur das Steifleinen und die Fäden um Revers und Taschen herum, überall dort, wo die Nadel des Schneiders gewirkt hatte. Im Gerippe der Brusttasche eines der Anzüge steckte ein zerknülltes, staubiges, vergilbtes Taschentuch. Einige Schranktüren fehlten.

»Ich dachte, man könne gut darauf malen, deshalb habe ich sie nach oben ins Atelier mitgenommen«, erklärte Pablo.

Wir gingen in die Küche. Die Schüsseln, Töpfe und Pfannen waren alle an Ort und Stelle. Ich schaute in die Speisekammer und sah Gelee und Marmelade, die längst kristallisiert waren.

Im oberen Stock war die Unordnung ungefähr die gleiche, doch die Anhäufung von Gegenständen war geringer. Es gab Bilder aller Größen, die an den Wänden aufgestapelt waren, Tische, mit Pinseln überladen, und Hunderte von leeren, aufgeplatzten Farbtuben überall auf dem Fußboden. Pablo zeigte mir die hölzernen Sessel mit den geflochtenen Sitzen und dem Kanapee aus dem Spanischen Pavillon der Pariser Weltausstellung von 1937, wo er *Guernica* ausgestellt hatte. Es waren Arbeiten katalanischer Bauern, und sie hatten ihm so gut gefallen, daß man sie ihm, nachdem die Ausstellung abgebrochen worden war, zum Geschenk gemacht hatte. Da standen auch die dürren Skelettreste eines Philodendrons, den Pablo mit allen möglichen seltsamen Dingen behängt hatte: einem Staubwedel aus prächtigen bunten Federn, einem hornigen Vogelschnabel und einer Anzahl verschiedenfarbiger leerer Zigarettenschachteln. Das zufällige Nebeneinander so vieler beziehungsloser Dinge hatte etwas ergeben, das mehr nach Picasso aussah als irgend etwas, das bewußt zusammengestellt worden wäre. Tatsächlich waren alle diese Dinge so offensichtlich und innig auf sein Werk bezogen, daß ich den Eindruck hatte, die Höhle eines mir sehr vertrauten Ali Baba betreten zu haben; aber eines Ali Baba, der lieber die Werkstatt eines Alchimisten als die eines Cartier, von Cleef oder Arpel geplündert hätte.

»Eines Sommers fuhr ich in die Ferien und ließ ein Fenster halb geöffnet«, erzählte Pablo. »Als ich zurückkam, sah ich, daß sich eine ganze Taubenfamilie im Atelier angesiedelt hatte. Ich wollte sie nicht wegjagen. Natürlich hinterließen sie überall ihre Spuren, es wäre zuviel gewesen, zu erwarten, daß sie die Bilder verschont hätten.« Ich sah mehrere Bilder aus jener Periode, die von den Tauben verziert worden waren. Pablo hatte nie einen Grund gesehen, ihre Spuren zu entfernen. »Das gibt einen interessanten, vorher nicht geplanten Effekt«, meinte er.

Ich sagte, mir scheine, seine Malerei schwelge am liebsten in alltäglichen und gewöhnlichen Dingen. »Du hast völlig recht«, antwortete er. »Wenn irgend jemand durch Dinge, die kein Geld kosten, Bankrott machen könnte, wäre ich schon vor Jahren ruiniert gewesen.«

Nicht lange danach sagte Pablo, weil ich nun die anderen Häuser gesehen hätte, sollte ich auch Boisgeloup sehen. Wenn die Wohnung in der Rue la Boétie die Höhle Ali Babas war, dann war Boisgeloup Blaubarts Schloß. Boisgeloup ist ein sehr schöner Besitz aus dem achtzehnten Jahrhundert, doch an dem Wintertag, an dem wir ihn besuchten, wirkte er besonders abweisend. Das Schloß ist um einen quadratischen Innenhof erbaut. Neben dem Eingang steht rechts ein Rosenbaum, dahinter eine reizende kleine Kapelle aus dem dreizehnten Jahrhundert. Hinter der Kapelle liegt ein rundes Taubenhaus, sehr groß, doch in schlechtem Zustand. Zu Boisgeloup gehörten sieben oder acht Morgen Land und ein Mann, der Verwalter und Gärtner, der sich darum kümmerte.

Am Tage unseres Besuches arbeitete der Bildhauer Adam in dem Atelier, in dem Pablo einst gearbeitet hatte. Er lebte in der kleinen Wohnung, die in den Tagen, die Pablo dort mit Olga verbracht hatte, von der Concierge benutzt worden war.

Die Hauptwohnung war uns, genaugenommen, nicht zugänglich, weil es die Wohnung war, die das Gericht bei der Trennung Olga zugesprochen hatte. Olga jedoch lebte den größten Teil des Jahres in Paris im Hotel California in der Rue de Berri auf der Höhe der Champs-Elysées und kam nur gelegentlich nach Boisgeloup. Weil Paulo bei uns war, beschloß Pablo, trotzdem hineinzugehen. Es war sehr düster und kalt an jenem Tag, und das Haus hatte weder Heizung noch Elektrizität.

»Daß ich es gekauft habe, ist noch kein Grund, es zu modernisieren«, sagte Pablo. So war trotz der reizvollen Architektur das Innere nicht sehr präsentabel. Weil Olga kaum je hier war, hatte die Stadt es beschlagnahmt – nach französischem Recht galt es als »ungenügend bewohnt« – und benutzte das Parterre als ein Nebengebäude der Dorfschule. In mehreren der Räume waren hölzerne Schulbänke aufgestellt, und in einem der Zimmer stand ein sehr hübscher Delfter Fayence-Ofen. Auf seiner Spitze thronte das Skelett eines Rhinozeroskopfes mit zwei großen Hörnern.

Oben bot die Wohnung einen finsteren Anblick. Da gab es eine lange Flucht von Räumen, einer hinter dem anderen, leer, bis auf einige verstreute Koffer. Pablo öffnete sie. Sie enthielten Olgas alte Ballettkostüme. Im nächsthöheren Stockwerk sahen wir nur eines der Zimmer an. Darin gab es nichts als den Stuhl, der auf dem 1917 entstandenen, ziemlich stark an Ingrès gemahnenden Porträt Olgas zu sehen ist. Sie sitzt darauf und hält einen Fächer in der Hand. Ich hatte allmählich das Gefühl, daß ich nur einen Wandschrank zu öffnen brauchte, um darin ein halbes Dutzend Exfrauen hängen zu sehen. Die Atmosphäre war ganz Staub, Verfall und Verlassenheit, und mich fröstelte.

Eine meiner schwersten Aufgaben war es, Pablo morgens aus dem Bett zu bekommen. Wenn er erwachte, war er stets von Lebensüberdruß erfüllt, und es mußte ein bestimmtes Ritual eingehalten werden, eine Art von Litanei, die jeden Tag mehr oder weniger sorgfältig zu wiederholen war.

Vom Bad aus hatte man das Schlafzimmer zu betreten, einen langen, schmalen Raum mit einem holprigen Fußboden aus roten Fliesen. An der gegenüberliegenden Wand stand ein hoher Louis-XIII.-Sekretär und linker Hand eine Truhe aus derselben Zeit. Beide waren überhäuft mit Papieren, Büchern und Zeitschriften; mit Post, die Pablo nicht beantwortet hatte und niemals beantworten wollte; mit Zeichnungen, die kunterbunt durcheinanderlagen, und Zigarettenpackungen. Dazwischen lag oder saß Pablo mitten in einem großen Messingbett, und er sah mehr denn je wie der ägyptische Schreiber im Louvre aus. Über ihm baumelte eine Glühbirne ohne Schirm, hinter dem Bett hingen Zeichnungen, die Pablo besonders liebte, an Wäscheklammern, die an die Wand genagelt waren. Die sogenannten wichtigeren Briefe, die er zwar auch nicht beantwortete, aber als ständige Mahnung und Vorwurf vor Augen haben wollte, waren ebenfalls mit Wäscheklammern an Drähten aufgehängt, die vom Lampenkabel zum Ofenrohr führten.

In der Mitte des Zimmers prangte ein kleiner, offener Holzofen. Auch wenn die Zentralheizung in Betrieb war, ließ Pablo damals stets ein Holzfeuer brennen, denn er liebte es, Flammen zu zeichnen. Das Ofenrohr war so lang und nahm so viel Raum ein, daß es das wichtigste Dekorationselement des Zimmers bildete. Kaum jemand außer Pablo, Sabartès und Inès, die klein genug waren, konnten sich durch dieses Labyrinth mit den im Luftzug schaukelnden Briefen schlängeln, ohne sich in den Drähten zu verfangen. Pablo bestand sogar dann noch darauf, das Rohr dazulassen, als der Ofen nicht mehr benutzt wurde. Viel mehr an Mobiliar war kaum vorhanden, abgesehen von einem modernen schwedischen Stuhl aus laminiertem Holz.

Zuerst kam Inès, das Zimmermädchen, mit Pablos Frühstückstablett: Café au lait und zwei Stück trockenen Toast. Ihr folgte Sabartès mit den Zeitungen und der Post. Ich bildete die Nachhut. Pablo fing jedesmal an zu nörgeln, zuallererst darüber, wie sein Frühstück auf dem Tablett angerichtet war. Inès ordnete es jeden Tag ein bißchen anders, um ihm den Gefallen zu tun, knickste und ging wieder hinaus. Dann legte Sabartès die Zeitungen hin und reichte ihm die Post. Pablo überflog sie gleichgültig, bis er an einen Brief von Olga kam.

Olga schrieb ihm fast täglich lange Tiraden auf spanisch, damit ich nichts lesen konnte, vermischt mit russischen Worten, die niemand verstand, und einem Französisch, das so schlecht war, daß es ebenfalls kaum zu verstehen war. Sie schrieb kreuz und quer in alle Richtungen und bis an die Ränder. Häufig legte sie eine Postkarte bei, die Beethoven zeigte – meistens beim Dirigieren eines Orchesters; manchmal auch ein Bild von Rembrandt mit der Aufschrift: »Wärest Du wie er, dann wärest Du ein großer Künstler.« Pablo las diese Briefe immer bis zum Schluß und ärgerte sich schrecklich darüber. Ich schlug ihm vor, er solle sie doch einfach beiseite legen, aber das brachte er nicht fertig. Er wollte wissen, was Olga schrieb.

Dann stöhnte er und begann mit seinen Klagen. »Du hast keine Ahnung, wie unglücklich ich bin. Niemand könnte unglücklicher sein. Außerdem bin ich ein kranker Mann. Mein Gott, wenn du wüßtest, welches Leiden ich habe.« Er hatte zwar seit 1920 hin und wieder mit einem Magengeschwür zu tun, doch wenn er begann, die Krankheiten aufzuzählen, an denen er litt, war das nur der Ausgangspunkt. »Ich habe ein Magenleiden. Ich glaube, es ist Krebs. Und niemand interessiert sich dafür. Am wenigsten Dr. Gutmann, der sich um meinen Magen kümmern sollte. Wenn er nur die mindeste Sorge um mich hätte, wäre er jetzt hier. Er wollte täglich kommen. Aber nein. Wenn ich ihn aufsuche, sagt er: ›Mein Freund, es geht Ihnen nicht so schlecht, wie Sie denken.‹ Und was tut er dann? Er zeigt mir einige Erstausgaben. Ist es nötig, daß ich seine Erstausgaben sehe? Was ich brauche, ist ein Arzt, der sich für *mich* interessiert. Aber er interessiert sich nur für meine Malerei. Kannst du mir vielleicht sagen, wie es mir dabei gutgehen soll? Meine Seele verdurstet. Kein Wunder, daß ich unglücklich bin. Niemand versteht mich. Aber wie sollen sie mich auch verstehen? Die meisten Leute sind so dumm. Mit wem kann man schon reden? Ich kann mit niemandem reden. Alles in allem – das Leben ist eine schreckliche Last. Gut, es gibt zwar immer noch die Malerei. Aber um meine Malerei steht es schlecht. Von Tag zu Tag arbeite ich weniger gut. Ist das ein Wunder bei dem Ärger, den ich mit meiner Familie habe? Hier ist schon wieder ein Brief von Olga. Sie läßt keinen Tag aus. Paulo hat schon wieder Querelen. Und morgen kommt womöglich Schlimmeres daher. Irgend jemand wird aufkreuzen, um mir das Leben zu verbittern. Wenn ich daran denke, daß das so weitergeht, Tag für Tag, und immer schlimmer – wunderst du dich, daß ich nicht mehr weiß, wie das weitergehen soll? Also. Ich verzweifle. Ich bin schon fast verzweifelt. Warum soll ich überhaupt aufstehen? Ich werde einfach nicht aufstehen. Warum soll ich malen? Warum soll ich so weitermachen? Ein Leben wie meines ist unerträglich.«

Damit war die Reihe an mir: »Aber nein«, sagte ich. »Du bist doch gar nicht so krank. Natürlich hast du ein bißchen mit dem Magen zu tun, aber das ist wirklich nichts Ernstliches. Und außerdem mag ich deinen Arzt ganz gern.«

Pablo fing zu schreien an. »Ja! Und er sagt auch, ich darf Whisky trinken. So besorgt ist er um mich. Er sollte sich schämen. Er schert sich einen Dreck um mich.«

»Aber was. Er sagt das, weil er denkt, es könnte dir Freude machen.«

»Ah! Ich verstehe! Ich werde aber trotzdem keinen trinken. Es würde wahrscheinlich alles verschlimmern.«

Also mußte ich ihm weiter zureden, daß er wirklich gar nicht so viel Ärger habe. Mit ein wenig Geduld könnten die Dinge von selbst in Ordnung kommen und das Leben wieder erträglich werden. Alle seine Freunde liebten ihn aufrichtig, seine Malerei sei einfach wunderbar, alle seien unbedingt dieser Meinung.

Es dauerte meistens eine Stunde, bis alle Argumente, die ihm wieder Mut machen konnten, erschöpft waren – und ich auch. Dann begann er, sich in seinem Bett zu rekeln, ganz als wolle er nun seinen Frieden mit der Welt machen.

»Mag sein, daß du recht hast. Vielleicht ist alles nicht so schlimm, wie ich dachte. Aber *glaubst* du wirklich, was du sagst. Bist du ganz sicher?« Wenn wir so weit waren, konnte ich nur noch hoffen, den toten Punkt zu überwinden, indem ich sagte: »Ja, ja, natürlich wird es besser werden. Es kann gar nicht anders sein. Schließlich liegt es auch an dir, etwas zu tun. Du weißt doch ganz genau, daß du mit deiner Malerei die Dinge ändern kannst. Ich bin sicher, daß du heute ein großartiges Bild anfangen wirst. Heute abend, wenn du's geschafft hast, wirst du mir recht geben. Dann wird die Welt wieder ganz anders für dich aussehen.«

Nun war er zuversichtlicher. Er richtete sich auf. »Ja? Bist du ganz sicher?« Dann stand er auf und machte seine übliche Runde, indem er bald dem einen, bald dem anderen der Freunde, die sich vor dem Essen im Atelier zu versammeln pflegten, etwas vorjammerte.

Nach dem Essen war sein Weltschmerz ganz und gar vergessen: Von zwei Uhr an dachte er nur noch ans Malen. Und bis auf eine kurze Pause für das Abendbrot gab es dann bis zwei Uhr früh nichts anderes mehr für ihn. Er war um diese Zeit frisch wie eine Rose. Nur – am nächsten Morgen fing alles wieder von vorn an.

Pablo litt an einer Art Willensschwäche, die es ihm unmöglich machte, die kleinste praktische Entscheidung zu treffen. Einmal beschlossen wir im Winter, in den Süden zu gehen, weil wir in Paris sehr schlechtes Wetter hatten. Die Reise war seit einer Woche geplant; Michel und Zette Leiris sollten mitkommen. Wir hatten beschlossen, sehr früh aufzustehen und um sechs Uhr abzufahren, was ganz und gar gegen unsere Gewohnheiten ging. Marcel, der Chauffeur, sollte uns abholen, und die beiden Leiris wollten rechtzeitig da sein.

Am Abend vorher, als wir bei Lipp aßen, fing Pablo gegen zehn an, auf seinem Stuhl hin und her zu rutschen. Schließlich sagte er: »Also, hör mal, warum wollen wir eigentlich in den Süden reisen?« Ich antwortete, weil wir erschöpft seien und es für eine gute Idee hielten, da unten etwas auszuspannen.

»Ja, aber das sagten wir vor einer Woche, und ich weiß nicht recht, ob ich jetzt noch dazu Lust habe.« Ich meinte, mir sei alles recht. Wir hätten zwar in erster Linie geglaubt, ihm damit eine Freude zu machen, aber es zwinge uns durchaus nichts, abzureisen.

Er war sichtlich unsicher, wie er die Sache anpacken sollte.

»Ja«, sagte er zögernd, »aber trotzdem, ich sehe nicht ein, weshalb wir dorthin müssen. Ich kann nie machen, was ich will.« Ich sagte, wenn er nicht wolle, so sei das doch ganz einfach: Wir würden Marcel abbestellen, den Leiris absagen und hierbleiben.

»Nun ja«, brummte er, »aber wie stehe ich da, wenn ich mich jetzt anders entschließe?« Ich meinte, das könne ihm doch gleich sein – wir könnten anrufen, daß wir nicht führen, und damit habe sich's.

»Aber ich weiß ja noch gar nicht, ob ich nicht fahre. Daß ich nicht möchte, bedeutet noch nicht unbedingt, daß ich nicht fahren werde. Es könnte ja sein, daß ich morgen ganz anders denke.«

»Dann sollten wir noch einmal darüber nachdenken«, erwiderte ich. »Wir haben noch viel Zeit. Es ist erst zehn. Vermutlich können wir Marcel und Leiris noch bis Mitternacht anrufen und ihnen sagen, daß sie morgen nicht kommen sollen.«

Darauf begann Pablo mit einem langen philosophischen Monolog, in dem er Kierkegaard, Heraklit, St. Johannes vom Kreuz und die heilige Therese zitierte. Es wurde eine Abhandlung über seine beiden Lieblingsthemen *todo es nada* (alles ist eitel) und *je meurs de ne pas mourir* (ich sterbe daran, daß ich nicht sterbe) – wenn er besser aufgelegt war, nannte er das seine *philosophie merdeuse*. Er zählte alle Beweggründe für Aktivität und Passivität auf, im allgemeinen und im besonderen, in diesem oder jenem hypothetischen Fall, und schloß mit der Behauptung, da jede Handlung in sich den Keim zu ihrer eigenen Verneinung berge, sei es im Prinzip besser, nicht zu handeln, wenn man die Wahl habe.

Ich stimmte ihm in allem zu – es sei durchaus richtig, daß man nach jeder entschiedenen Geste, nach jedem entschiedenen Schritt häufig Gelegenheit finden könne, sie zu bereuen. Es sei auch überhaupt nicht nötig, nach Südfrankreich zu reisen; täten wir es doch, würden wir es vielleicht hinterher bedauern. Ich wolle keinen Druck auf ihn ausüben, was immer er wünsche. Er solle die Entscheidung treffen, die ihn am glücklichsten mache.

»Ja, ja«, murmelte er, »aber das ist ja gerade das Schwierigste – sich zu entscheiden.«

»Nun gut. Wenn wir schon eine Entscheidung getroffen haben, sollten wir sie vielleicht auch realisieren.«

Er war unsicher. »Um sechs Uhr morgens aufzustehen, ist aber nicht sehr lustig. Ich verstehe, weshalb man die Verurteilten in der Morgendämmerung hinrichtet. Ich brauche nur die Morgendämmerung zu sehen, und mein Kopf rollt ganz von selbst.«

So ging es stundenlang weiter. Normalerweise stand ich diese Art von Diskussionen durch, ohne mich oder, was noch schwieriger war, ohne ihn aufzuregen. Aber nun war ich so erledigt, daß ich in Tränen ausbrach. Sofort hellte sich seine Miene auf.

»Aha«, sagte er, »ich habe es doch gewußt, daß du eine bestimmte Idee hast.«

Aber ich hatte überhaupt keine. Ich war einfach so erschöpft, daß ich weinen mußte, denn es war eine ganz und gar zwecklose Diskussion, und nach vier Stunden waren wir noch immer nicht weiter als am Anfang. Es war einfach zu zermürbend, von zehn Uhr abends bis zwei Uhr morgens über eine unbedeutende Sache zu streiten. Schluchzend sagte ich zu ihm: »Ich weine, weil ich nicht mehr kann.«

»Nein! Du weinst, weil du etwas willst.«

Ich sah, es war nutzlos. Ich war so erledigt, daß ich es vorzog, selber eine Entscheidung zu treffen, denn ich hielt es nicht mehr aus, noch länger zu bleiben, ohne ihn zu einem Entschluß bringen zu können.

»Gut«, sagte ich, »wenn du darauf bestehst: Ich will etwas.«

»Na endlich.« Er setzte eine sanfte Miene auf und fragte sehr zärtlich: »Also, was möchtest du nun wirklich?«

»Ich möchte nach Südfrankreich fahren.«

»Siehst du!« sagte er. »Ich wußte ganz genau, daß es das war. Du hättest mir das von Anfang an sagen können. Weil du mir endlich reinen Wein eingeschenkt hast, werden wir fahren. Aber wohlgemerkt, ich gehe nur dir zuliebe. Wenn es mir dort unten nicht gefällt, ist es deine Schuld.«

Nun war er zufrieden. Ich hatte die Verantwortung für unsere Reise auf mich genommen. Wenn sie mit einem Fiasko enden sollte, konnte er sich an mich halten.

Mein Baby sollte im Mai kommen. Im Februar erhielt ich einen Brief von meiner Großmutter, in dem sie mich um meinen Besuch bat. Seit ich mit Pablo lebte, hatte ich sie nicht mehr gesehen, doch sie wußte durch einen Zeitungsartikel, den ihr jemand gezeigt hatte, wo ich mich aufhielt. Sie war ruhig und liebevoll wie immer, doch bevor ich ging, sagte sie zu mir: »Du darfst nicht denken, daß du im Winter nicht mehr mit mir nach Südfrankreich zu gehen brauchst, nur weil du deinen Lebensstil verändert hast. Ich mache dir keine Vorwürfe wegen deines Verhaltens, aber ich erwarte, daß sich an unseren Gewohnheiten dadurch nichts ändern wird.«

In meiner Kindheit, seit meinem fünften Lebensjahr, hatte sie mich jedes Jahr in den Süden mitgenommen. Später war es umgekehrt: Sie wurde von mir mitgenommen. Ich erklärte das alles Pablo, und er willigte ein, daß ich mit ihr ging. Er kam zum Gare de Lyon, um uns zu verabschieden, setzte uns ins Abteil und wartete dann auf dem Bahnsteig. Als der Zug anfuhr, wurden seine Augen weich und zärtlich: Sie waren nun nicht mehr schwarz und stechend, sondern sehr schön. Selten hatte ich ihn so ergriffen gesehen. Es ging mir wie ein Stich durchs Herz, als ich ihn in der Ferne verschwinden sah.

Als meine Großmutter und ich drei Wochen später nach Paris zurückkehrten, entdeckte ich, daß Pablo während unserer Abwesenheit geglaubt hatte, ich käme nicht mehr zurück. Für ihn stand es fest, daß diese Fahrt eine List war, hinter der ich meinen Wunsch verbarg, ihn zu verlassen, und daß meine Familie mich in ihren Schoß zurückholen wollte.

Als er mich wiederkommen sah und erkannte, daß ich dergleichen nie beabsichtigt hatte, gab er sich so erleichtert und reizend, daß ich kaum glauben konnte, daß das Pablo war. Den Blick, den er mir schenkte, werde ich lange nicht vergessen.

Obwohl mein Kind in etwas mehr als zwei Monaten kommen sollte, hatte ich noch keinen Arzt wegen meiner Schwangerschaft aufgesucht. Pablo war dagegen, weil er das Gefühl hatte, es brächte Unglück, wenn man sich zu sehr um solche Dinge kümmerte. Der einzige Arzt, den ich während des Winters gesehen hatte, war der Psychoanalytiker Dr. Lacan.

Pablo meinte immer, man solle die Leute für Dinge bemühen, die außerhalb ihres Spezialgebietes lägen. Weil Lacan Psychoanalytiker war, hatte ihn Pablo zu seinem praktischen Arzt ernannt. Er erzählte ihm von seinen Beschwerden, aber Lacan verschrieb sehr wenig und sagte in der Regel, es sei alles in Ordnung. Einmal hatte ich eine schwere Grippe und mußte andauernd husten. Dr. Lacan fand, das sei eine Kombination aus Übermüdung und Nervosität, und gab mir einfach ein paar Schlaftabletten. Ich schlief daraufhin fast zwei Tage und Nächte, und als ich aufstand, waren Grippe und Husten verschwunden.

Ungefähr eine Woche vor der Geburt wurde ich sehr unruhig und sagte mir, daß nun endlich etwas getan werden müsse. Ich ließ nicht locker, bis Pablo endlich damit einverstanden war, einen Geburtshelfer und eine Klinik zu suchen. Er rief Dr. Lacan, der überrascht war, daß ich noch keinen Gynäkologen aufgesucht hatte, und mir Dr. Lamaze vermittelte. Der war noch verblüffter und besorgte mir ein Bett in einer Klinik in Boulogne, die sich *Le Belvedere* nannte.

Ein oder zwei Jahre, bevor ich Pablo begegnet war, hatte ich begonnen, die Einzelheiten ungewöhnlicher Träume aufzuschreiben. Kurz bevor wir uns kennenlernten, träumte ich eines Nachts, daß ich an einem jener Busausflüge teilnähme, wie sie für Touristen organisiert werden, die berühmte Stätten besichtigen wollen. In meinem Traum hielten wir vor einem Museum. Als wir ausstiegen, trieb man uns in einen Ziegenstall. Dort war es zwar stockfinster, aber ich konnte sehen, daß keine Ziegen da waren. Ich frage mich schon, weshalb man uns dorthin gebracht hatte, als ich mitten im Stall einen Kinderwagen mit zwei Bildern sah: das Porträt der *Mademoiselle Rivière* von Ingres und ein kleines Bild des Zöllners Rousseau, *Les Représentants des puissances étrangères venant saluer la République en signe de paix*. Beide waren kleiner als im Original; der Ingres hing von der Stange des Kinderwagens herab, der Rousseau lag im Innern des Wagens.

Ein paar Monate, nachdem ich Pablo kennengelernt hatte, zeigte ich ihm das Notizbuch, in dem ich meine Träume aufzeichnete. Er fand besonders diesen Traum sehr interessant, um so mehr, als das Bild Rousseaus, von dem ich geträumt hatte, ihm gehörte, was ich damals noch nicht wissen konnte.

Als ich in die Klinik kam, war Dr. Lamaze noch nicht da, und statt seiner warteten eine Krankenschwester und eine Hebamme auf mich. Die eine hieß Mademoiselle Ingres, die andere Madame Rousseau. Mademoiselle Ingres besaß schwarzes Haar, das in der Mitte gescheitelt war und an beiden Seiten straff heruntergezogen war wie bei vielen Modellen ihres Namensvetters. Pablo erinnerte sich, gelesen zu haben, was ich über den Traum geschrieben hatte, und als wir Lacan wiedersahen, fragte er ihn, was in der Psychoanalyse ein Ziegenstall bedeute. Lacan sagte, das sei ein Symbol für die Geburt eines Kindes.

Das Kind, ein Junge, kam ohne Komplikationen am 15. Mai 1947 zur Welt. Pablo wünschte, daß er seinen Vornamen bekomme, weil aber schon sein erster Sohn Paulo – in einer französischen Version – genannt worden war, schlug ich vor, einen anderen Namen zu suchen. Ich erinnerte mich, daß der Lehrer Watteaus Claude Gillot hieß und wie Pablo selbst viele Harlekins gemalt hatte. Und so nannten wir das Kind Claude.

VIERTER TEIL

Abgesehen davon, daß Pablos Atelierwohnung in der Rue des Grands-Augustins nicht für Kinder, und zwar noch nicht einmal für eines, eingerichtet war, gab es noch zwei andere Ursachen, weshalb es bald nach der Geburt Claudes anfing, dort ungemütlich zu werden. Sie hießen Inès und Sabartès.

Pablo hatte Inès und ihre ältere Schwester in Mougins kennengelernt, als er dort mit Paul Eluard und Nush einen Sommerurlaub verbrachte. Die Mädchen waren damals fünfzehn und siebzehn Jahre alt; Inès arbeitete als Jasminpflückerin für eine Parfümfabrik. Pablo nahm beide mit in seine Wohnung in der Rue La Boétie, Inès als Zimmermädchen, ihre Schwester als Köchin. Als der Krieg ausbrach, wollte er nicht für zwei junge Mädchen sorgen müssen und schickte sie nach Mougins zurück. Nicht lange danach begegnete Inès Gustave Sassier, einem jungen Burschen aus Paris, der an einem Fahrradrennen in dieser Gegend teilnahm. Gustave verliebte sich in Inès, heiratete sie und nahm sie mit nach Paris. Pablo mietete für sie im zweiten Stockwerk des Hauses in der Rue des Grands-Augustins eine kleine Wohnung mit drei Zimmern, die an derselben Wendeltreppe lag, die zu seinen Ateliers führte. Damit war für die Jungverheirateten gesorgt, und zugleich hatte er in ihnen so etwas wie Hausmeister für die Ateliers.

Fast niemand wußte, daß es Inès gab. Wenn Sabartès und Pablo nicht da waren, konnte es zwar vorkommen, daß ein Besucher bei Inès klingelte, doch das geschah selten. Wenn jemand den Flur vor Pablos Atelier mit all den Pflanzen und dem sonstigen Durcheinander sah, hätte er sich zwar denken können, daß jemand wie sie existieren mußte, denn es war nicht anzunehmen, daß Sabartès oder der Chauffeur Marcel die Pflanzen gossen oder den Krimskrams abstaubten. Ich allerdings stellte mir das so vor, als ich zum erstenmal dort war. Von Inès wußte ich lange Zeit nichts. Erst als ich dazu überging, Pablo am Nachmittag zu besuchen, lernte ich sie kennen, denn das war die Zeit, in der sie kam, um die Hausarbeit zu erledigen.

Inès war damals sehr hübsch: ein ovales Gesicht mit einer kleinen Nase, schwarzen Haaren und Augen und olivbrauner Haut. Ich konnte mir gut vorstellen, was Paul Eluard dazu gebracht hatte, ein Gedicht über Inès und ihre

Schwester – »zwei stolze Tore in den Mauern dieses Sommers« – zu schreiben. Einmal in jedem Jahr um die Weihnachtszeit ließ Pablo sie an einem Nachmittag für eine Porträtskizze Modell sitzen und schenkte sie ihr, so daß sie heute zwanzig oder mehr Porträts von Picasso besitzen muß. Von Malerei verstand sie zwar nichts, doch war sie sehr stolz darauf, daß ihr Pablo jeden Nachmittag, wenn sie kam, um sauberzumachen, seine Arbeit vom Tag vorher zeigte und sie fragte, was sie davon hielte. Natürlich gewöhnte sie es sich an, ihre Meinung zu sagen, und Pablo schien daran sehr interessiert. Verständlich, daß Inès auf ihre Vorzugsstellung stolz war. Sie kleidete sich überaus sorgfältig, achtete darauf, daß Staubwedel und Schürze gut zusammenpaßten, und wechselte diese Kombination täglich. Sie war das Zimmermädchen eines großen Malers, nicht eines x-beliebigen.

Im Frühjahr 1946 hatte Inès ein Kind bekommen, danach war es ihr eine Zeitlang nicht sehr gut gegangen. Als ich sie kennenlernte, sah sie einem Zimmermädchen aus der klassischen italienischen Komödie ähnlich: ein bißchen kokett, aber auch ziemlich schüchtern, wenigstens nach außen hin; gewöhnlich gab sie einsilbige Antworten und trippelte mit winzigen Schritten hin und her. Doch mit der Geburt ihres Kindes und seit ihrer Krankheit, verbunden mit der Tatsache, daß ich im Mai 1946 in die Rue des Grands-Augustins übersiedelte, änderten sich ihr Verhalten und ihr Wesen. Pablo hatte immer Frauen gehabt, doch keine Frauen, die bei ihm lebten. Inès erschien zum erstenmal auf der Bildfläche, nachdem er mit Olga gebrochen hatte. Marie-Thérèse Walter sah er zwar regelmäßig, aber bei ihr zu Hause. Und als Dora Maar in sein Leben trat, lebte sie in ihrer eigenen Wohnung in der Rue de Savoie, also ganz nahe, und kam selten in die Rue des Grands-Augustins.

Da sie die Frau war, die mit der Pflege von Pablos Atelier betraut war, dachte Inès – ganz unschuldig und vielleicht unterbewußt –, daß Pablo sozusagen ihr gehörte. Sie hatte das Gefühl, einen Platz in seinem Leben auszufüllen, den niemand genausogut einnehmen konnte; sie hielt sich für eine Art Priesterin. Doch mit der Geburt ihres Kindes und der ständigen Gegenwart einer anderen Frau änderte sich ihr Leben. Die Folge war, daß sie mich nicht besonders gern hatte. Ich fühlte zwar mit ihr und tat, was ich konnte, um sie zu beruhigen, doch das nützte nichts. Was immer ich unternahm, schien sie nur noch mehr gegen mich aufzubringen. Als Claude geboren war und sie sich gelegentlich um ihn kümmern sollte, klagte sie, sie sei müde und krank, und sah sich alsbald nicht in der Lage, auch nur die geringste Mühe für Claude auf sich zu nehmen. Wir hatten aber nicht Platz genug, um noch jemanden einzulogieren, und ebensowenig konnte sich Pablo mit dem Gedanken befreunden, ein neues Gesicht um sich zu haben. So wurde das Familienleben in der Rue des Grands-Augustins immer schwieriger.

Seit sie ihr Kind hatte, pflegte Inès bei der alljährlichen Porträtsitzung mit dem Baby auf dem Schoß zu posieren. Sie war dabei so ernst, daß man meinen konnte, sie sei die Jungfrau Maria mit dem Jesuskind. Zwei Lithographien Pablos zeigen sie in dieser Haltung.

Einmal, nachdem sie ihm gesessen hatte, kam Pablos Neffe Javier; wir beschlossen, auszugehen und in einem Restaurant zu essen. Doch Inès hatte wohl geplant, zur Feier des Tages das Essen zu Hause zu servieren. Als Pablo ihr sagte, daß wir fortgehen wollten, brach sie in Tränen aus. »So war es hier früher nicht«, schluchzte sie. »Jetzt ist alles anders. Früher habe ich gut für Monsieur gesorgt, doch das hat er alles vergessen.« Sie weinte gern und sehr gekonnt. Wie immer in solchen Situationen besänftigte Pablo sie und gab ihr in allem recht, doch da er zum Essen ausgehen wollte, aßen wir eben außerhalb. Inès freilich wurde mehr und mehr zu einem Problem.

Der andere Höfling, der über Claudes Ankunft verstimmt war, war Sabartès. Sabartès war Katalane und ein entfernter Vetter von Miró. Sie waren durch den Großvater von Sabartès verwandt. Dieser Großvater war Analphabet, hatte jedoch, wie mir Pablo erzählte, zuerst als Schrotthändler und danach in einem etwas angeseheneren Gewerbe ein Vermögen erworben. Er konnte weder lesen noch schreiben, ja nicht einmal viel weiter als bis drei zählen, und doch gelang es niemandem, ihn zu betrügen. Wenn er hundert Eisentöpfe bekommen sollte und nur neunundneunzig geliefert wurden, kam er dahinter, auch wenn er nicht so weit zählen konnte. Für Sabartès hatte er sich seit dessen früher Kindheit interessiert und sich entschlossen, ihn ausbilden zu lassen; er dachte nämlich, wenn Sabartès lesen, schreiben und vor allem rechnen lernen würde, könne er ihn ins Geschäft nehmen und müßte dann nicht länger Angst haben, von gerissenen Konkurrenten übers Ohr gehauen zu werden. So erledigte Sabartès seit seinem neunten Lebensjahr die gesamte Korrespondenz seines Großvaters. Bald darauf bekam er jedoch eine schwere Augenkrankheit, an der er fast erblindete. Das machte seiner Karriere bei seinem Großvater ein Ende.

1899 begegnete er Picasso, der auch in Barcelona lebte, da sein Vater seit 1895 Professor für Malerei an der Kunstakademie in Barcelona war. Dort herrschte damals eine Art von regionalem Enthusiasmus; eine rührige Gruppe bemühte sich, der katalanischen Sprache, die bis dahin nur mündlich überliefert war, zu literarischen Ehren zu verhelfen. Man brachte eine katalanische Grammatik heraus, und eine Reihe junger Schriftsteller begann auf katalanisch zu schreiben. Es war eine geistige Bewegung, die auch auf andere Gebiete übergriff. Sabartès war ihr Mitglied. Er trat als Dichter hervor, hatte aber ursprünglich den Ehrgeiz, Bildhauer zu werden. Doch daraus wurde nichts. Er sagte einmal zu mir: »Als ich die ägyptische Skulptur entdeckte, wußte ich: Das war es, was ich machen wollte. Doch ich konnte niemals hoffen, diese Vollendung zu erreichen. Also gab ich auf.«

Von Anfang an wurde er eine Art Sündenbock für Pablo, der mir gelegentlich, als er sich über Sabartès ärgerte, die folgende Geschichte erzählte:

Françoise Gilot (Lithographie von Picasso, 1949)

Jaime Sabartès in Mönchskutte *(Zeichnung von Picasso, 1938)*

Während der Hungerperiode, die ihrer Ankunft in Paris folgte, kratzten Pablo und Max Jacob einmal ihre letzten Sous zusammen und gaben sie Sabartès mit dem Auftrag, ein Ei und soviel als sonst noch möglich für das Geld einzukaufen. Sabartès lief von Geschäft zu Geschäft und brachte schließlich ein Stück Brot, zwei Würstchen und das Ei. Da er sehr schlecht sah, stolperte er beim Heraufsteigen; das Ei zerbrach und zerplatzte auf der Treppe. Er las die übrigen Mitbringsel auf und setzte seinen Weg fort.

Sie hatten vor, das Ei über einer Kerze zu kochen, weil sie kein anderes Feuer besaßen. Als Sabartès erzählte, was passiert war, geriet Pablo in Wut: »Du wirst nie zu etwas taugen. Wir geben dir unseren letzten Sou, und du bist nicht einmal fähig, ein ganzes Ei heimzubringen. Du wirst dein Leben lang ein Versager sein.«

Pablo griff nach einer Gabel und stach in eine der Würste. Die Wurst platzte. Er versuchte es mit der anderen. Das gleiche. Sabartès mit seinen schwachen Augen hatte Würste gekauft, die so alt und verdorben waren, daß sie wie Ballons zerknallten, sobald die Zinken der Gabel die Haut durchbohrten. Pablo und Max teilten sich daraufhin das Brot, das Sabartès besorgt hatte, und speisten ihn mit ihrer schlechten Laune ab.

Bald nach diesem Vorfall kehrte Sabartès nach Barcelona zurück und heiratete eine entfernte Cousine. Sie bekamen ein Kind und gingen dann nach Guatemala, wo Sabartès als Journalist arbeitete. Fünfundzwanzig Jahre später kam er wieder nach Spanien, von da an verwirrt sich der Faden etwas. Ich weiß nur, was mir Pablo über diese Periode aus Sabartès' Leben erzählte, und da Pablo manchmal eine sehr böse Zunge hat, erhielt ich nie einen klaren Bericht, was aus der Frau und dem Kind von Sabartès wurde. Bald nachdem er wieder in Spanien war, heiratete er jedenfalls erneut und landete mit seiner zweiten Frau, einer Jugendliebe, in Paris. Pablo lebte schon von Olga getrennt, so ließ er die beiden bei sich in der Rue la Boétie wohnen. Die Frau führte den Haushalt, und Sabartès begann seinen langwährenden Dienst als Pablos Sekretär, Manager, Laufbursche und nicht zuletzt als sein Sündenbock.

Sabartès besaß genau das Temperament, das er für Pablo brauchte; vor allem war er ihm so ergeben wie ein Trappist seinem Gott. Tag um Tag und Jahr um Jahr war er wechselnden Launen ausgesetzt, die Zielscheibe für Pablos Spott, das geduldige Opfer seiner Streiche. Er erledigte alle Laufereien, die Korrespondenz, die Organisation der Ausstellungen und bekam die Schuld für alles, was schiefging, zugeschoben. Da war zwar auch noch Marcel, doch der war schlau und verstand es, sich von vornherein gegen alle plötzlichen Gewitter abzusichern; zudem war er nur der Chauffeur und konnte schwerlich für etwas verantwortlich gemacht werden, woran er nicht wirklich beteiligt war. Also blieb Sabartès die Ehre, der offizielle Prügelknabe zu sein. Während seines ganzen Zusammenlebens mit Picasso traf er niemals eine eigene Entscheidung. Pablo erlaubte es ihm nicht. Anweisungen, die er erhielt, führte er nach besten

Kräften aus. Ging es gut, hörte er weiter nichts mehr. Ging es schief, erntete er allen Tadel.

Neben seiner Ergebenheit für Pablo galt sein einziges Interesse seiner Frau. Sein ganzes Leben war um diese beiden Gestalten aufgebaut. Ich sah Madame Sabartès ein- oder zweimal, aber nur, weil ich sie in ihrer winzigen Wohnung im XV. Arrondissement besuchte; andernfalls hätte ich sie nie zu Gesicht bekommen. In das Haus in der Rue des Grands-Augustins setzte sie in all den Jahren, als ich dort lebte, nie einen Fuß.

Sabartès war sehr umständlich und vorsichtig in allem, was er tat, und schnell beleidigt. Aber er war durch und durch uneigennützig. Er handelte gewiß niemals aus Egoismus oder Berechnung, und all seine Ergebenheit brachte ihm nur die bescheidenste Entlohnung ein. Während der elf Jahre, die ich ihn kannte, überstieg seine Bezahlung – wie die des Zimmermädchens Inès und des Chauffeurs Marcel – niemals fünfundachtzig Dollar im Monat, und lange Zeit war sie noch geringer. Er und seine Frau lebten in einer lauten, winzigen Wohnung unter dem Dach einer häßlichen Mietskaserne; sie war nicht viel größer als eine Mönchszelle. Man nahm den Fahrstuhl, so hoch er fuhr, und kletterte den Rest des Weges zu Fuß hinauf.

Sabartès erwies sich als eine seltsame Mischung aus Stolz und Selbstverleugnung. Die Leute gerieten beim Umgang mit ihm in Schwierigkeiten, weil sie entweder dachten, er sei ganz unwichtig, in welchem Fall er alles tat, um ihnen das Gegenteil zu beweisen, und ihnen jede Bitte abschlug, was immer sie auch wünschten; oder aber, weil sie ihre Bitten mit der Versicherung stützten, sie wüßten, daß er großen Einfluß auf Picasso habe, dann begegnete er ihnen mit einem kalten »Ich führe nur aus, was er mir befiehlt«. Kaum jemand fand Gnade vor seinen Augen. Claude, der sich als kleines Kind vor jedem fürchtete, der sonderbar aussah, konnte er nie leiden. Jedesmal wenn Sabartès versuchte, ihn auf den Arm zu nehmen oder mit ihm zu spielen, begann er zu brüllen. Sabartès verzieh ihm das nie. Jahre später fragte er mich, ob Claude immer noch einen so schlechten Charakter habe. »Ist er immer noch so abscheulich?« wollte er wissen. In Wahrheit war Claude nie zu jemandem »abscheulich«, doch er hatte sich als Kind vor Sabartès gefürchtet, und weil Sabartès nichts von Kindern verstand, nahm er das übel.

Sabartès hatte die spanische Gewohnheit, sich viel trauriger zu geben, als er tatsächlich war. Man kann beinahe sagen, daß die Spanier ein Volk von Trauernden sind: Seit der Zeit Philipps II. geht es ihnen unentwegt nach, daß man am Hof allgemein Schwarz trug. So wenig blaues Blut einer auch haben mag – sobald ein Spanier anfängt, sich halbwegs als Persönlichkeit zu fühlen, wird er sich – mindestens symbolisch – schwarz kleiden bis ans Ende seiner Tage. Und so werde ich in meinem Geist Sabartès immer vor mir sehen. Er liebte das Geheimnis. Auch wenn es keines gab. In seiner Vorstellung existierten stets Verschwörungen und Intrigen, und er forschte jeden aus, der in seine Nähe kam. Er sprach niemals in einfachen Worten wie andere Menschen. Nie nannte er Namen vor Außenstehenden – aus Furcht, ein Geheimnis preiszugeben. Natürlich gefiel Pablo das. In der ersten Zeit unseres Zusammenlebens schokkierte ich beide schrecklich mit meiner ungehemmten, freien Art zu sprechen. »Wie können Sie es wagen, so etwas offen auszusprechen? Jeder wird es verstehen«, flüsterte dann Sabartès, und Pablo sah mich mit durchbohrenden Blicken an. Als Brassaï einmal kam, fragte ich: »Aha, Sie sind gekommen, um alle Skulpturen zu fotografieren?« Sabartès flüsterte mir später zu: »Das geht niemanden etwas an, wie lange er hier ist und was er tut.« Ich sagte, ich hätte Brassaï schon lange gekannt, ehe ich hierhergekommen sei. »Dann sehen und fragen Sie ihn anderswo«, antwortete Sabartès.

Vor der Befreiung waren alle Deutschen für ihn Spione. Nach dem Krieg waren es die Engländer: Er war überzeugt, daß sie alle zum Secret Service gehörten. Als nach der Befreiung die G.I.'s kamen, um Pablo zu besuchen, und ich gelegentlich etwas für ihre Bequemlichkeit tat, meinte Sabartès: »Alle Amerikaner sind Flegel. Lassen Sie sie auf dem Boden schlafen und die Schwelle als Kopfkissen nehmen.« Eines Tages sah er einen G.I. mit ungewöhnlichen Schulterstücken. Er hielt ihn für ein Mitglied des Geheimdienstes und warnte Pablo, er solle in seiner Gegenwart nicht reden. »Er könnte etwas verstehen«, sagte er. Pablo lachte ihn aus. »Wenn die Amerikaner Flegel sind, weshalb sollen wir uns dann den Kopf darüber zerbrechen?«

Das alles war mir ein Rätsel. Ich fragte Pablo: »Was gibt es hier zu verstehen außer deiner Malerei?« Sabartès war sehr aufgeregt: »Das ist es ja! Es gibt Dinge in dieser Malerei, die Sie nicht verstehen. Die meisten Amerikaner vielleicht auch nicht. Doch dieser Mann da könnte es durchschauen, genau wie die Engländer. Sie wissen, der Intelligence Service sammelt alle möglichen Informationen über die Tätigkeit der Intellektuellen; bis heute wissen sie wahrscheinlich nicht, was sie damit anfangen sollen, doch wenn sie das je herausbekommen, werden Sie sehen, was sie damit anrichten.« Als ich die Augen nach oben verdrehte, fuhr er fort: »Sie glauben mir nicht? Wollen Sie den Beweis? Gehen Sie einmal zur Britischen Botschaft. Sehen Sie sich die Leute an, die dort arbeiten. Was denken Sie, was die alle tun?« Er nickte unheilverkündend.

Schließlich begriff ich den Geheimcode des Palasthüters. Man erwähnte nie einen Namen. Man bezog sich nie direkt auf ein Ereignis oder eine Situation, man sprach darüber nur in Anspielungen. Pablo und Sabartès schrieben einander fast täglich, um sich wertlose und uninteressante Informationen mitzuteilen, aber sie taten das in der denkbar kunstvollsten, dunkelsten, hintergründigsten Weise. Einen Außenseiter hätte es Tage, ja Wochen gekostet, eine dieser ihrer geheimnisvollen Notizen zu entschlüsseln. Sie bezogen sich etwa auf Monsieur Pellequer, einen für Pablo tätigen Bankier. Pablo schrieb dann z.B. (da Monsieur Pellequer ein Landhaus in Touraine hatte), der Mann im Turm (tour) des Schlosses habe eine Wunde in der Leistengegend (aine) und so weiter. Sie spielten mit Worten, nahmen sie auseinander, fügten sie zu andersartigen und verdächtig klingenden Neubildungen zusammen, wie die zerrissene Karte der Piraten, die wieder zusammengesetzt werden mußte, um die Lage des Schatzes anzugeben. Manchmal waren drei Seiten nötig, um ein einziges Wort zu umschreiben, das nicht beim richtigen Namen genannt werden sollte, damit der Brief ja nichts enthüllen konnte, falls er in die Hände von Inès oder Madame Sabartès geriet. Pablo gab sich solche Mühe, unverständlich zu sein, daß manchmal nicht einmal mehr Sabartès mitkam. Dann mußten sie oft noch zwei oder drei ergänzende Briefe austauschen, um das Geheimnis zu entwirren.

Natürlich spielte dabei ein Gefühl für theatralische Verwicklungen mit. Jedesmal wenn Sabartès Besucher in das Wartezimmer einließ, trug sein trauriges, bekümmertes Wesen bis zu einem gewissen Grad dazu bei, dem ganzen Vorgang erhöhte Bedeutung zu geben. Das gehörte zur Inszenierung. Und weil der Bau in der Rue des Grands-Augustins früher – wenigstens laut Pablo – zur spanischen Botschaft gehört hatte, glaube ich bestimmt, daß Pablo oder Sabartès jedesmal, wenn sie daran dachten, ihre Sicherheitsmaßnahmen verdoppelten. Im großen Empfangsraum hatte Pablo eigens einige Louis-XIII.-Stühle und einen großen spanischen Diwan aus derselben Zeit aufgestellt, der mit arg verschossenem karmesinrotem und gelbem Samt bezogen war; auf ihm lagen einige Gitarren, und alles war sehr darauf berechnet, dem Besucher das Gefühl zu geben, daß er sich in Spanien befand. Außerdem hingen dort Porträts, auf denen Pablo Sabartès als Dominikaner aus der Zeit Philipps II. oder als Büttel gemalt hatte. So spielte dieser trotz aller freiwilligen Selbstverleugnung seine Rolle als Innenminister bis zur letzten Konsequenz.

Anfangs verstand ich, weshalb Sabartès mich so widerwillig aufnahm. So wie er bei meinem ersten Besuch die Tür nur einen Spalt breit geöffnet hatte, schien er mich auch später jedesmal am liebsten aussperren zu wollen. Aber seit Pablo offen zeigte, welches Vernügen es ihm bereitete, mich zu sehen, hatte sich Sabartès zu fügen. Er verhielt sich mir gegenüber außerodentlich streng und zurückhaltend, aber nicht mehr als zu anderen auch, ja sogar freundlicher als zu vielen. Später, als er sah, daß ich immer häufiger kam, begann er nicht nur mir, sondern auch Pablo Unheil zu prophezeien: »Ihr werdet sehen«, warnte er. »Das wird schlecht ausgehen. Es ist Wahnsinn. Es wird euch an den Rand der Katastrophe bringen.«

Es wollte ihm einfach nicht in den Kopf, daß es in Pablos Leben noch eine Frau geben sollte. Er war der Ansicht, Pablo habe schon genug mit Olga, Marie-Thérèse Walter, ihrer Tochter und Dora Maar zu schaffen. Andererseits war Sabartès Marie-Thérèse sehr zugetan und konnte nichts mit Dora Maar anfangen, weshalb er nach seinen ersten negativen Reaktionen nicht mehr allzuviel gegen meine Anwesenheit hatte; er dachte gewiß, ich könne dabei helfen, Dora loszuwerden, und daß Pablo bis dahin wohl auch das Interesse an mir verlieren würde. Doch nachdem er mich drei Jahre lang ausgestanden hatte, mußte er feststellen, daß ich mich fest eingerichtet hatte und keineswegs verschwunden war.

Sabartès sah bald, daß ich seine Arbeitslast erleichterte, seit ich mit Pablo zusammenlebte, und meinen Aufgaben gewissenhaft genug nachging, um ihn zufriedenzustellen. Langsam fing er an, über meine Anwesenheit weniger pessimistisch zu denken, und schließlich fand er, die Sache sei gar nicht so übel. Er merkte, daß ich eine gewisse Beständigkeit in Pablos Leben brachte, und da er der Seismograph war, der alle von Pablo ausgehenden Stöße und Erschütterungen registrierte, konnte er von diesem neuen Gleichgewicht nur profitieren. Er ging sogar so weit zu sagen, es sei nett, einen so jungen Menschen um sich zu haben, Pablo sei dadurch unbeschwerter geworden.

Im ersten Jahr, das ich in der Rue des Grands-Augustins verbrachte, war Sabartès mir ein guter Freund geworden. Was unser Einvernehmen zerstörte, war die Geburt von Claude, denn nun war es vorbei mit seiner Illusion, daß ich für Pablo nur eine vorübergehende Liaison sei. Von 1947 an hielten sich Pablo und ich immer seltener in Paris auf, und wenn wir kamen, kamen wir alle zusammen wie eine Familie. Außerdem wurde sein Zeremoniell durch die Gegenwart eines lebhaften, übermütigen Kindes hoffnungslos untergraben. Wenn es gerade gelungen war, den Besuchern, die um Audienz bei Pablo baten, beizubringen, daß sie kaum eine Chance hätten, weil der Meister schwer arbeite und viel zu beschäftigt sei, um jemanden empfangen zu können, dann tapste Claude herein, begrüßte alle, kletterte einigen auf den Schoß und verkündete: »Mein Papa wird bald kommen. Gleich wenn er aus dem Bett und angezogen ist.« Alles brach in Gelächter aus, und Sabartès' Inszenierung war beim Teufel. Claude hatte aus einer griechischen Tragödie einen Film von René Clair gemacht.

Später verfiel Claude in die Gewohnheit, sich kurz vor elf, ehe die Pilger einzogen, in einem Winkel des großen Ateliers zu verstecken. Er wartete auf Mourlot, für den er eine bleibende Zuneigung entwickelt hatte; er nannte ihn »Colombe«. Da er wußte, daß sein Vater die Lithographie *Die Taube (la Colombe)* in Mourlots Werkstatt gemacht hatte, bildete er sich ein, daß das Mourlots Name sein müsse. Mourlot kam oft, wenn auch nicht täglich. Sowie er da war, schoß Claude aus seinem Versteck hervor, rief: »Wo ist Colombe, ich will zu Colombe!«, und lief geradewegs auf ihn zu: »Ah, da bist du, komm, gib mir einen Kuß! Mein Papa wird dich gleich empfangen. Er wird dich nicht hier herumsitzen und warten lassen wie die andern.« Von da an geriet Sabartès' Protokoll bedenklich ins Wanken. Er rief Inès und ließ Claude nach oben tragen, konnte aber den Schaden, den Claude angerichtet hatte, nicht ungeschehen machen. Hinzu kam, daß die Gegenwart eines Kindes offenkundig machte, daß es hier eine Frau geben mußte, und aus irgendwelchen Gründen hätte Sabartès diese Tatsache lieber verheimlicht.

Ein einziges Mal erlebte ich es, daß Sabartès drauf und dran war, etwas aus eigener Initiative zu tun, und dabei verbrannte er sich die Finger so heftig, daß ich zweifle, ob er jemals Lust bekam, es ein zweites Mal zu versuchen. Es war im Sommer nach Claudes Geburt. Der unschuldige Stein des Anstoßes war der New Yorker Bilderhändler Sam Kootz, aber die Geschichte begann eigentlich schon vor Claudes Geburt und ehe Kootz auf der Bildfläche erschien.

Lange hatte Pablo erfolglos versucht, Kahnweiler für eine Erhöhung des Standardpreises seiner Bilder – für Ankauf und Verkauf – zu gewinnen. Da immer noch viele amerikanische Sammler durch Pablos Mitgliedschaft in der Kommunistischen Partei abgeschreckt wurden, erklärte Kahnweiler, es sei schon schwer genug für ihn, Picassos zum alten Preis zu verkaufen, als daß er sich auch noch damit herumschlagen könne, den von Pablo vorgeschlagenen Preis durchzusetzen. Er weigerte sich, höher zu gehen. Nun war es nicht so sehr Gewinnsucht, die Pablo auf Kahnweiler hetzte, sondern eher Stolz: Er hatte kürzlich gehört, daß Bilder von Braque ihre Besitzer für höhere Summen gewechselt hatten, als sie Kahnweiler für Bilder von ihm verlangte, die nach Größe, Periode und derlei Kriterien vergleichbar waren. Pablo wollte sich damit nicht abfinden.

Natürlich, Braque malte weniger als Pablo, und allein schon deshalb lag eine gewisse Logik darin, wenn Bilder von Braque zu höherem Preis verkauft wurden. Doch jedesmal wenn Pablo von solchen Verkäufen hörte, gab es einen Aufruhr. Er ging auf Kahnweiler los, doch der rührte sich nicht. Und weil Pablo beschlossen hatte, nicht mehr zum alten Preis zu verkaufen, wurden überhaupt keine Bilder verkauft.

In den vorhergehenden Jahren hatte Louis Carré eine ganze Anzahl Bilder erworben und eine Galerie in New York eröffnet, doch sie schien im Augenblick nicht zu florieren. Die Folge war, daß er mit neueren Picassos übersättigt war und daher mindestens vorübergehend keinen Bedarf hatte. Und wenn schon Kahnweiler nicht willens war, Pablos Preise zu zahlen, dann Paul Rosenberg erst recht nicht.

So standen die Dinge, als Kootz zum ersten Male auftauchte. Er handelte mit Werken einiger avantgardistischer Amerikaner, darunter Gottlieb, Motherwell, Baziotes, und Gottlieb hatte ihn, wie er uns erzählte, auf den Gedanken gebracht, daß er seine Position stärken würde, wenn er neben seinen angestammten Malern auch Picassos anbiete. Er hatte genug Geld gemacht, um diesen Schritt wagen zu können. Kootz kam also als ein Außenseiter, doch als ein Außenseiter mit einem ganz besonderen Ankaufsmotiv – im Gegensatz zu anderen Händlern, mit denen Pablo Geschäfte zu machen pflegte, hatte er keine Picassos auf Lager, und er wollte ihn sozusagen als moralische Stütze für seine Amerikaner. Aus diesem zweifachen Grund konnte er es sich leisten, Pablos Preise zu bezahlen. Doch Pablo verkaufte ihm vorerst kein Stück. Er sagte ihm, er solle im Juni wiederkommen; in der Zwischenzeit wolle er sich überlegen, was er ihm geben werde.

Als Kootz wieder fort war, beschloß Pablo, ihn als Druckmittel gegen Kahnweiler zu benutzen. Er sagte zu ihm: »Jetzt habe ich einen guten Händler, der gern meine Preise bezahlt, im Gegensatz zu Ihnen.« Kahnweiler entgegnete: »Mir soll es recht sein. Vielleicht kann er sich's leisten – ich nicht.« Und er blieb unnachgiebig.

Immerhin vereinbarte Kahnweiler mit Pablo, daß er alle Lithographien bekäme, die dieser bei Mourlot machte. Bisher hatte Pablo von jedem Stein oder von den Zinkplatten immer nur wenige Probedrucke abgezogen. Aber nun setzte auf dem Kunstmarkt ein Boom für Druckgraphik ein, besonders in Amerika, und Kahnweiler verpflichtete sich, im Rahmen des Vertrages von jeder Lithographie Pablos eine Auflage von fünfzig Abzügen zu übernehmen. Das bedeutete eine Menge Drucke und eine Menge Geld.

Die Folge war, daß Pablo nicht mehr so sehr an den Verkauf von Bildern denken mußte. Kootz vergaß er überhaupt. Aber Kootz kam im Juni zurück, wie das Pablo vorgeschlagen hatte. Er erschien in der Rue des Grands-Augustins und sah einige Bilder, die ihm gefielen. Pablo erklärte ihm die neue Preisstruktur – soundsoviel pro Stück, je nach der Größe. Kootz war einverstanden und wollte den Handel gern auf der Stelle abschließen, doch Pablo hatte es nicht eilig. »Besuchen Sie uns etwas später in Südfrankreich, dann werden wir uns über Bilder unterhalten. Wir haben dort viel Zeit.«

Bald danach kamen Kootz und seine Frau nach Golfe-Juan. Kootz wollte Bilder kaufen, doch Pablo ging lieber baden. Ungefähr nach einer Woche sagte er: »Fahren Sie wieder nach Paris und besuchen Sie Sabartès in meinem Atelier. Er wird Ihnen einige Bilder zeigen, und Sie suchen sich aus, was Sie wollen.« Pablo schrieb an Sabartès und gab ihm Vollmacht, Kootz in das Atelier einzulassen, damit er sich die Bilder aussuchen könne.

Kootz fuhr hin und wählte ein ziemlich deformiertes Porträt Dora Maars von 1943, ein sehr schönes Stilleben mit einer Teekanne und Kirschen, das Pablo im Mai 1943 gemalt hatte, gerade als wir uns kennenlernten, ein weiteres Stilleben mit einem Glas und einer Zitrone, ein Bild aus der Folge der Brücken von Paris, ein kleines, sehr graphisch angelegtes Porträt der Tochter der Concierge in der Rue des Grands-Augustins und zwei Porträts von mir, eines davon im Stil von *La Femme-Fleur*, das jedoch im Gegensatz zu diesem Bild nur den Kopf zeigt.

Da Pablos Instruktionen nicht sehr präzise waren, fuhr Sabartès mit dem Ehepaar Kootz und den Bildern im Wagen nach Golfe-Juan zurück. Als sie vor dem Haus ausstiegen und Pablo sie mit den Bildern unter den Armen sah, nahm er sich Sabartès vor.

»Ich habe dir doch nicht aufgetragen, die Bilder herzubringen. Ich habe gesagt, sie können sich die Bilder ansehen und aussuchen, was sie wollen – sonst nichts. Das Geschäft ist noch nicht gemacht. Was hast du dir eigentlich dabei gedacht?« Das alles vor dem Ehepaar Kootz, das wir kaum kannten; und es ging weiter in diesem Stil: »Mein Gott, die Bilder da sind noch nicht einmal versichert. Stell dir vor, sie wären unterwegs gestohlen worden, oder du hättest einen Unfall gehabt und sie wären ruiniert!« Er tobte noch lange weiter und schrie Sabartès in einer gemeinen und demütigenden Weise an.

Pablo hatte gedacht, Kootz solle sich die Bilder ansehen und dann wieder nach Golfe-Juan kommen, um die finanziellen Einzelheiten zu besprechen. Da ich erlebt hatte, wie Pablo mit anderen Händlern umging, wußte ich, daß er am liebsten ein oder zwei Bilder bis zuletzt zurückhielt, um den Handel so schwierig wie möglich zu machen. Weil das Ehepaar Kootz mit den Bildern zurückkam, sah es so aus, als sei die Sache schon besiegelt. Aber Pablo machte sich nichts aus dieser Situation. Fürs erste weigerte er sich, die Bilder zu verkaufen, und behielt sie in Golfe-Juan.

Vor dem Ehepaar Kootz wollte ich nichts sagen, doch als wir nach ihrer Abfahrt mit Sabartès beim Essen saßen, hielt ich Pablo vor, daß er sich meiner Meinung nach schlecht benommen habe. Als Antwort erzählte er mir eine Geschichte.

»Max Jacob hat mich einmal gefragt, warum ich zu Leuten, die mich eigentlich nichts angehen, so nett bin und so hart zu meinen Freunden. Ich habe darauf gesagt, wie egal mir die ersteren sind. Weil ich mir aber sehr viel aus meinen Freunden mache, halte ich es für nötig, die Freundschaft ab und zu auf die Probe zu stellen, nur um zu prüfen, ob sie so stark ist, wie sie sein muß.«

Sabartès war nicht getröstet. Bald darauf brach er nach Paris auf. Ich glaube nicht, daß ihm jemals so mitgespielt wurde wie an diesem Tag.

Später verkaufte Pablo schließlich einige Bilder an Kootz und brüstete sich damit bei Kahnweiler. Das trieb Kahnweiler aus seiner Reserve. Er beschloß, wieder zu kaufen, und schloß – zu den neuen Preisen – einen Vertrag, in dem Pablo einwilligte, daß er an keinen anderen Händler als Kahnweiler verkaufen würde. Da er aber mittlerweile von Kootz sehr angetan war, entschied er von Zeit zu Zeit: »Ich möchte, daß Kootz dieses Bild bekommt.« Wenn Kootz dann kam, schickte ihn Pablo zu Kahnweiler, um sich das Bild zu holen, das er für ihn bestimmt hatte. Er machte ihm sogar einen besonderen Preis.

Gelegentlich gab Pablo Bilder sogar direkt an Kootz, um eine Gefälligkeit zu erwidern. Einmal beauftragte er Kootz, gerade bevor dieser im Juni nach Frankreich kam, ein weißes Oldsmobile-Kabriolett für ihn per Schiff zu verfrachten; er gab ihm dafür ein Bild und konnte zu Kahnweiler sagen: »Nun ja, ich habe es ihm gegeben, weil er mir ein Auto geschenkt hat.« Ich erinnere mich, daß der Wagen gegen ein großes Stilleben eingetauscht wurde: Es zeigt einen Tisch, auf dem ein Hahn mit durchschnittener Kehle liegt, daneben das Schlachtmesser und eine Schüssel voll Blut.

Es war im Sommer 1946; wir saßen in Gesellschaft am Strand von Golfe-Juan. Jemand schlug Pablo vor, sich in der Keramik zu versuchen, und erzählte von der Töpferei Madoura in Vallauris, die von einem Ehepaar Ramié betrieben wurde. Ich weiß nicht mehr, wer diese Idee hatte. Es war fast eine anonyme Anregung, die ganz nebenbei im Gespräch mit einigen Leuten aufkam, die nicht zu unseren engeren Freunden zählten.

Mehr aus Neugier fuhren wir an einem Nachmittag zu der Töpferwerkstatt hinüber, und Pablo verzierte zwei oder drei Teller aus gebranntem, aber noch unglasiertem Ton mit Zeichnungen von Fischen, Aalen und Seeigeln. Er gab sich keine besondere Mühe, weil er mit den Formen und dem Material, die man ihm an diesem Tag zum Bearbeiten gab, nicht viel anfangen konnte. So vertrieb er sich den Nachmittag mehr oder weniger mit Spielereien, bis wir aufbrachen. Alles geriet recht zufällig und nicht viel anders als die Zeichnungen, die er auf der Serviette im Restaurant machte und beim Weggehen zurückließ. Er dachte nicht mehr daran.

Im Sommer 1947 wohnten wir wieder im Hause von Monsieur Fort in Golfe-Juan, aber diesmal, mit einem Baby und einem Kindermädchen um sich, konnte Pablo noch weniger als im Jahr zuvor Ruhe zu einer kontinuierlichen Arbeit finden. Er ging für drei oder vier Tage ins Museum von Antibes, um dort an dem Triptychon *Odysseus und die Sirenen* zu arbeiten. Aber jetzt, da es voll von seinen Werken war und eine Art Picasso-Museum zu werden begann, konnte er dort nicht mehr so gut arbeiten; dieses Kapitel war abgeschlossen. Er besuchte alle Stierkämpfe in der näheren Umgebung, was bei ihm stets ein Zeichen innerer Unruhe war.

Im August besuchten uns Monsieur und Madame Ramié am Strand und luden Pablo ein, in die Töpferei zu kommen und sich anzusehen, was er im vorigen Jahr gemacht hatte. Wieder gingen wir mehr aus Neugier hin, und Pablo war nicht sehr beeindruckt von dem, was er sah. Aber er fühlte sich durch seine Untätigkeit so gelangweilt, daß er vor dem Weggehen zu den Ramiés sagte: »Wenn Sie mir einen Arbeiter geben, der mir das Technische abnimmt, werde ich wiederkommen und ernsthaft arbeiten.« Sie waren begeistert.

Die Ramiés waren um die Vierzig und von Lyon nach Vallauris gekommen. Sie hatten dort in einer Seidenfabrik gearbeitet, Madame Ramié als Designer, bis die Seidenindustrie im Krieg eingestellt werden mußte. Danach wurde das Leben in Lyon schwierig und die Ernährung kümmerlich, die Regierung Pétain riet der Stadtbevölkerung unter diesen Umständen, aufs Land zu gehen oder sich in kleinen Gewerbebetrieben und im Handwerk zu betätigen. Als die Ramiés nach Vallauris kamen und ihre Töpferei eröffneten, verwertete Madame Ramié bei der neuen Arbeit ihre Erfahrung als Designer, während Monsieur Ramié mit drei oder vier ortsansässigen Leuten in der Werkstatt arbeitete.

Ramié war ein stiller Mann, groß und leicht vornübergebeugt; seine Frau dünn, mittelgroß, mit kastanienbraunem Haar und braunen Augen. Er hielt sich im Hintergrund und gab sich damit zufrieden, daß sie sich um die Geschäfte kümmerte. Obgleich er keineswegs unfreundlich war, machte er offensichtlich nicht die geringste Anstrengung, Pablo zu beeinflussen oder ihm zu imponieren. Madame Ramié dagegen schien mir sehr tüchtig zu sein. Auf dem Heimweg fragte mich Pablo, was ich von den beiden halte. Ich sagte ihm, ich hätte überhaupt keine Meinung über Monsieur Ramié; er sei wohl ruhig und harmlos, aber seine Frau sei mir nicht besonders sympathisch.

Am folgenden Tag ging Pablo zu den Chemischen Werken L'Hospied in Golfe-Juan und informierte sich bei Monsieur Cox, dem Chefchemiker, gründlich über die Eigenschaften der Glasuren, die er verwenden wollte. Wieder in der Töpferei Madoura, stürzte er sich mit experimentellem Schwung auf die Arbeit in diesem Medium. Er entschloß sich, mit den Formen der Gefäße anzufangen, und machte sich daran, sie neu zu entwerfen. Dabei ging er von der Amphora als Grundform aus.

Jede Form, die in der Töpferei gedreht wird, ist zylindrisch. Man kann daraus eine Amphora mit konvexen und konkaven Formen bilden, aber sie ist immer symmetrisch und jeder Querschnitt kreisförmig. Um Formen zu gewinnen, die nicht kreisförmig sind, muß der zuerst gedrehte Zylinder schräg zu seiner Grundfläche geschnitten werden, oder man muß an den Seiten Kerben machen, die dann zusammengebogen werden.

Zuerst machte das der Töpfer, der Pablo zur Hand ging, aber Pablo war damit nicht zufrieden. Er sah, daß die komplizierten Formen, die er haben wollte, schwer zu erzielen waren, da der Töpfer nicht genau wußte, wie er sie proportionieren sollte, um Pablos Vorstellungen – die er nicht immer deutlich genug erklären konnte – zu entsprechen. Nachdem Pablo größere Erfahrungen gemacht hatte, beschloß er, die Einbuchtungen selbst zu machen. So nahmen die wunderbarsten Dinge unter seinen Händen Gestalt an. Die Amphoren, die der Töpfer für ihn vorbereitet hatte, ließ er über Nacht trocknen; der Ton war am nächsten Morgen noch gut knetbar und konnte beliebig modelliert werden, ohne zu brechen. Daraus formte Pablo kleine Frauenstatuetten, die so zierlich wie Tanagra-Figuren waren. Man sah kaum noch, daß das ursprünglich Wasserkrüge waren, denen er Arme angesetzt hatte, damit sie wie Frauen aussahen; er knetete die Amphoren völlig um und modellierte diese drei Millimeter starken Hohlformen, bis sie neugestaltet und in Skulpturen verwandelt waren. Er nutzte bei der Arbeit die äußersten Möglichkeiten des Materials aus, um dadurch zu neuen Lösungen zu kommen, dann bemalte und glasierte er eine Anzahl von Stücken. Einige befinden sich in Antibes. Manche gleichen chinesischen Figurinen.

Anfangs malte Pablo meist auf die frisch modellierten Stücke, bevor sie hart geworden waren; so konnte er sie gravieren und noch vor dem ersten Brennen bemalen – jedenfalls wenn er sie engobierte. Die Engobe ist ein Tonschlamm von anderer Farbe als der des Scherbens, auf den sie aufgetragen wird. Sie wird mit Wasser und Gummiarabicum verdünnt und sieht immer matt aus, kann aber mit einer transparenten oder farbigen Glasur bedeckt werden; doch ist die Palette beim Engobieren begrenzter als bei der Verwendung von Glasuren. Die Engobe wird in der Regel einen Tag, nachdem das Stück fertig geworden ist, aufgetragen, auf jeden Fall aber bevor der Ton trocken ist. Der endgültige Trockenprozeß vor dem Brennen dauert dann meistens noch drei bis vier Wochen.

Die Glasur dagegen kann nur auf bereits vorgebranntem Ton aufgetragen werden – auf Biskuit; sie ist zerstäubtes farbiges Glas, das zu einer Paste verarbeitet ist. Durch das Brennen wird sie wieder gläsern, daher braucht sie keine Überschicht.

Vor dem Brennen sehen die Farben anders aus als hinterher. Der rote Ton von Vallauris ist vor dem Brennen sehr dunkel; heller Ton, den die Ramiés von Provins kommen lassen mußten, ist von grauer Farbe – wie die Farbstoffe für die Bemalung, wenn man sie aufträgt. Man weiß dabei zwar in einem abstrakten Sinn, was man tut, hat aber zunächst keine optische Kontrolle dafür. Die Farbmischungen wurden nicht in der Töpferei hergestellt, aber Pablo wollte sich natürlich die Farben selbst mischen, und bei gemischten Farben hat man noch weniger Anhaltspunkte für das Ergebnis als bei reinen Farben. Er fragte übrigens auch Mr. Cox in der chemischen Fabrik, ob er ihm andere Farben herstellen könne als die allgemein gebräuchlichen. Nach einigen Experimenten hatte Pablo eine viel breitere Palette, als sie jemals zuvor verwendet wurde; manche dieser Farben bewährten sich sehr gut.

In den ersten zwei oder drei Monaten arbeitete Pablo täglich vom späten Vormittag bis zum Abend bei den Ramiés. In dieser ganzen Zeit modellierte er mit frischem Ton, ohne irgend etwas vom Ergebnis zu sehen. Nach vier Wochen konnten sie den ersten Schub in den Ofen geben, doch auch dann vermochte er noch nicht viel zu erkennen, denn die Farben erscheinen erst richtig, wenn die transparente Glasur aufgetragen worden ist. Dieser zweite Brand – für die Glasur – muß in einem elektrischen Ofen erfolgen, weil die Glasuren viel empfindlicher sind als der Ton. Wie ich glaube, hatten die Ramiés damals nur einen einzigen elektrischen Brennofen von ungefähr einem Quadratmeter, der nicht sehr viele Stücke aufnehmen konnte. So vergingen ungefähr sechs Wochen, bis Pablo zum erstenmal sehen konnte, was er anfangs gemacht hatte. Natürlich war er enttäuscht. »Ist das alles?« fragte er. »Das ist bei weitem nicht das, was ich mir erhofft habe.« Er fuhr mit seinen Experimenten fort, doch die Ergebnisse enttäuschten ihn noch fast ein halbes Jahr lang, bis er, fast wie ein Blinder arbeitend, der tastend seinen Weg sucht, in dem neuen Medium sich selbst fand.

Die traditionellen Holzfeuer-Brennöfen müssen gewissenhaft überwacht werden. Die Gegenstände werden bei kleinem Feuer zunächst allmählich erhitzt, da sie sich verformen oder springen können, wenn sie zu viel Feuchtigkeit auf einmal verlieren; dieses schwache Feuer bleibt ungefähr zwölf Stunden, dann folgt vierundzwanzig Stunden lang starkes Feuer. Der erfahrene Arbeiter kann die Temperatur an der Farbe der Flamme ablesen. Der Brennofen, der so groß wie ein mittleres Zimmer ist, wird mit den zum Brand vorbereiteten Stücken angefüllt, die sich auf übereinandergestellten Böden befinden. Dann wird die Tür mit großen, irdenen Hohlformen verstellt, die eine doppelte Wand bilden. Im Boden und in der Decke des Ofens befinden sich in regelmäßigen Abständen Öffnungen. Die Flamme, die von unten heraufkommt, wird durch die Bodenöffnungen angesogen, umlodert dabei die Keramiken, und der Rauch zieht durch die oberen Löcher ab.

Es ist schön, die Flamme zu beobachten. Ihre Bewegung gleicht dem Atmen eines Menschen. Um das Feuer zu nähren, werfen die Arbeiter durch eine kleine Öffnung am Boden meterlange Klötze. Wenn das Feuer stark wird, treibt der Luftzug die Flamme durch diese kleine Öffnung und saugt sie wieder zurück. Anfangs ist sie rot, dann wird sie orange und zuletzt, wenn sie ihre größte Hitze erreicht, weiß. Hat die Flamme ihre höchste Temperatur ungefähr vierundzwanzig Stunden gehalten, dann wird sparsamer geheizt, und die Temperatur geht allmählich zurück. Mit elektrischen Brennöfen, die viel kleiner sind, erfordert das Brennen weniger Zeit, doch auch sie müssen streng beaufsichtigt werden, oft die ganze Nacht hindurch.

Die Engobe zerfließt nicht während des Brennens, wohl aber die Glasur, weshalb man deren endgültige Struktur nicht genau vorhersehen kann. Jede der beiden Techniken hat ihre Vor- und Nachteile, folglich kombinierte Pablo sie, um jeder das Beste abzugewinnen und, soweit möglich, ihre Nachteile zu vermeiden. Wenn er eine ganze Form oder eine Platte mit Glasur überzog, stellte er fest, daß die Arbeit dadurch ein ziemlich unpersönliches Aussehen bekam und die Wirkung der Komposition beeinträchtigt wurde, so, als ob man eine schöne Zeichnung unter ein Stück Kunststoffolie legte. Er versuchte, mattere Glasuren zu erfinden, aber diese waren auch weniger transparent. Daraufhin versuchte er, die Glasur dünner aufzutragen, doch dann fehlte ihr etwas, und so beschloß er endlich, sie nur stellenweise, nicht gleichmäßig, aufzutragen. Seine Zeichnungen brachte er auf den Stücken so an, daß sie nicht die ganze Fläche bedeckten, dann begann er, sie so zu glasieren, daß sich an einzelnen Stellen ein zusätzliches Muster ergab – andere ließ er frei. Die Teile unter der Glasur wurden dadurch geschützt, gleichzeitig gaben sie ihr ein stärkeres Relief. Wenn die Teller zum zweiten Male gebrannt waren, kolorierte er die freigebliebenen Stellen mit schwarzen und erdigen Tönen und wachste die dadurch entstehenden matten Flächen. Keramiken, die so behandelt wurden, sind nicht abwaschbar, aber sie wirken viel reizvoller als die Gleichförmigkeit einer alles bedeckenden Glasur. Seitdem wurde dieses Verfahren von vielen nachgeahmt.

Eines Tages kam ich auf den Gedanken, die Keramiken mit Milch zu polieren. Pablo tauchte einen Lappen ein und verbrachte Stunden, ein paar seiner unglasierten Teller damit einzureiben, bis er endlich den gewünschten Effekt erzielte: Das Kasein der Milch ersetzte das Wachs.

Zeit und Geduld spielen bei der Töpferei eine so große Rolle, daß Pablo es schließlich müde wurde. Ihn hatte daran vor allem interessiert, die Möglichkeiten dieser Technik zu erweitern und hinzuzuerfinden, was er brauchte, um sich in ihr ausdrücken zu können. Hätte er hochqualifizierte Handwerker zu seiner Verfügung gehabt, dann wären ihm noch schönere Keramiken gelungen als alle, die wir kennen – doch er hatte sie leider nicht. Zudem war auch das Material, mit dem er arbeiten mußte, das Dekor, das er ihm gab, wirklich nicht wert.

Dieser Ton war schließlich derselbe, der für gewöhnliches, billiges Küchengeschirr gebraucht wurde. In China, in Japan und auch anderswo hatte Keramik immer als eine der hohen Künste gegolten. Doch um diese Art von Keramik herzustellen, braucht man edles Material. An dem Ton selbst war nichts auszusetzen, aber er hatte nicht die richtige Behandlung erfahren. Nicht nur in China, auch in Südfrankreich hätten ein oder zwei Generationen früher die Töpfer noch nicht einmal eine Kasserolle gemacht, ohne den Ton wenigstens drei Jahre lang – wie sie es nennen – »sumpfen« zu lassen, bevor sie ihn verarbeiteten. Das heißt, der Ton muß unter offenem Himmel liegen. Wenn der Regen fällt, schwemmt er die Unreinheiten auf den Grund, besonders die im Ton enthaltenen Kalksteinstücke. Das ist besonders wichtig, denn nach dem Brennen verändert er sein Volumen nicht mehr, der Kalkstein aber, der mitgebrannt wurde, treibt und kann die Keramik nach einigen Jahren zerstören. Die winzigen Kalksteinstückchen kann man nicht immer mit bloßem Auge sehen, und um sie zu entfernen, muß der Ton mindestens drei Jahre lang Wind und Wetter ausgesetzt sein. Zehn wären noch besser. Je länger man ihn auf diese Weise behandelt, desto feiner wird er.

Und nicht nur Porzellan ist ein feines Material, auch gewöhnliche Keramik kann es sein. Wenn sie richtig präpariert ist, braucht sie nicht vier Millimeter, sondern nur zwei Millimeter stark zu sein. Doch zu so dünnen Formen kann Ton nur verarbeitet werden, wenn er alle Unreinheiten verloren hat. Töpfer müssen den Ton kneten wie Bäcker ihr Brot, und auch dazu braucht es wieder Zeit und Geduld.

Ich bin gespannt, ob Sammler sich jemals in dem Ausmaß für Pablos Töpferei interessieren werden wie für seine Werke aus anderen Materialien. Malt er nämlich auf ein schlechtes Stück Leinwand, kann sie jederzeit rentoiliert, also hinterfangen werden. Selbst ein Fresko, das wegen Feuchtigkeit von einer Wand abzublättern beginnt, kann auf eine andere Fläche übertragen werden. Doch bei der Töpferei gibt es keine Möglichkeit, das Dekor von der Form, auf die es aufgetragen wurde, zu trennen. Viele Leute sagten mir, daß sie sich aus diesem Grund nicht zum Kauf entschließen konnten, obwohl sie die Formen mancher Keramiken bewundert hätten.

Wie dem auch sei, Vallauris hat seit dieser Zeit eine Blüte erlebt. Wegen der Tonlager war es schon vor der Römerzeit eine Töpferstadt gewesen. Hölzerne Galeeren, die von Golfe-Juan, dem Vallauris nächstgelegenen Hafen, ausliefen, versorgten das gesamte Mittelmeerbecken mit Kochgeschirr. Die Einheimischen behaupteten, daß in dem roten Ton ein wenig Gold enthalten sei, daher der Name der Stadt, der »Goldenes Tal« bedeutet. Doch keiner hat je auch nur eine Spur von dem Gold gesehen. Wahrscheinlich wurde der Begriff als Metapher gebraucht und bezog sich auf den blühenden Handel, der sich aus der Umwandlung des in Vallauris gefundenen Tons in Töpfereiwaren für den Alltagsgebrauch ergab. *La culinaire* nennt man dieses Terrakottageschirr, das früher in den meisten Küchen Frankreichs auf Herd und Tisch kam.

Während der deutschen Besatzung hatte Vallauris einen kurzen Aufschwung erlebt, weil der Mangel an Aluminium die Bevölkerung zwang, wieder die altherkömmlichen Kasserollen zu benutzen. Nach dem Krieg ging das Geschäft zurück. Hatte es in der Blütezeit hundert und mehr Töpferwerkstätten in der Stadt gegeben, so waren es nun noch etwa zwanzig, und auch von diesen blieben nur sehr wenige voll beschäftigt. Als Folge des technischen Fortschritts war das alte Gewerbe fast eingeschlafen.

Das war die Lage, als Picasso begann, in Vallauris zu arbeiten. Es gab einige Töpfer – nicht mehr als zehn vielleicht –, die sich dort kurz vorher in der Hoffnung niedergelassen hatten, eine künstlerische Wiederbelebung zuwege zu bringen. Weitere zehn der alten Garde, die kein anderes Handwerk kannten, kämpften weiter, indem sie die traditionellen Kochtöpfe produzierten. Als Pablo aber zwei Jahre lang in der Töpferei Madoura gearbeitet hatte, erwachte ein so großes Interesse an der Stadt und ihrer Industrie, daß Töpfer aus dem ganzen Land kamen, um hier Werkstätten zu eröffnen. Vallauris wurde zu einem der Hauptzentren der Töpferei in Frankreich. Das brachte eine Menge Veränderungen – nicht nur zum Guten – mit sich. Vor dem Aufschwung hatten alle Töpfer Holzbrennöfen benutzt, dadurch war ihre Farbenwahl begrenzt, und ihre Ware zeichnete sich durch Gediegenheit und Geschicklichkeit in der Verarbeitung aus. Wenn sie auch keine großen Meisterstücke schufen, so brachten sie doch wenigstens keine Greuel hervor. Die Masse der neuen Töpfer dagegen installierte elektrische Brennöfen, ließ weißen Ton von Provins kommen, statt weiterhin den roten von Vallauris zu benutzen, und begann die Scheußlichkeiten zu fabrizieren, mit denen heute die meisten Auslagen von Vallauris geschmückt sind. Pablos Anwesenheit brachte die Stadt zu Wohlstand, aber sein Beispiel wurde nicht verstanden. Heute ist Vallauris eine Hochburg des schlechten Geschmacks.

»Was mich am meisten ärgert«, sagte Pablo einmal, als wir nach einem Gang durch das Zentrum der Stadt nach *La Galloise* zurückkehrten, »ist nicht, daß so viele Menschen meine Keramiken nachzuahmen versuchen. Schlimmer ist, daß so viele von ihnen sich berufen fühlen, Frauenporträts draufzumalen, die dir ähnlich sehen. Es wäre schon genug, überall in der Stadt diese Greuel zu sehen, sie müßten nicht auch noch mit Porträts von dir geschmückt sein, die nicht stimmen.«

Pablo begeisterte sich so für die Töpferei, daß er noch Ende Oktober, also lange, nachdem er beschlossen hatte, damit aufzuhören, weiterarbeitete. Abgesehen von einer kurzen Reise nach Paris, verbrachten wir deshalb fast den ganzen Winter 1947/1948 in Südfrankreich. Während dieser Zeit war seine einzige Abwechslung die Arbeit an der Illustration zweier Bücher. Das erste war eine Ausgabe von zwanzig Gedichten Góngoras für einen Verleger in Monte Carlo. Der spanische Text, den Pablo mit der Hand schrieb, wurde von seinem Graveur, Roger Lacourière, auf Kupfer übertragen, danach verzierte er die Ränder mit kleinen Zeichnungen, dazu kamen noch zwanzig ganzseitige Radierungen. Die Technik, die er dabei anwendete, nennt man Reservage, und sie ist ungewöhnlich interessant, wie ich feststellte, als ich ihm bei der Arbeit an den Platten zusah, die Lacourière aus Paris geschickt hatte. Zunächst schmolz er einen Zuckerklumpen in ein wenig heißem Wasser, dann mischte er eine Tube Gouacheschwarz und zwei Tuben Gummigutt hinein.

»Du hast schon das übliche Radierungsverfahren kennengelernt«, sagte er, »und hast dabei gesehen, daß es eine ziemlich eintönige Prozedur ist. Du überziehst die Kupferplatte mit einer Lackschicht. Mit der Nadelspitze ritzt du an bestimmten Stellen, deiner Komposition entsprechend, Rillen in den Lack, dann tauchst du die Platte in Säure. Die Säure frißt sich überall dort, wo die Lackschicht eingeritzt ist, in die Kupferplatte. Die *Metamorphosen* des Ovid, die ich für Skira gemacht habe, sind so entstanden. Wenn du den Lack nach dem Ätzen entfernt hast, gibst du die Farbe auf die Platte und wischst sie wieder ab, doch etwas davon bleibt in den Furchen zurück, die die Säure gefressen hat. Wenn du dann von der Platte Abzüge machst, erhältst du einen seitenverkehrten Abdruck aller Stellen, an denen die Farbe haftenblieb. Die Zucker-Aquatinta (d. h. die Reservage) ist ein viel sensibleres Verfahren. Vor allem zeichnest du mit dem Pinsel direkt auf die Kupferplatte, was ein bedeutender Vorteil ist, denn du erzielst durch die größeren Möglichkeiten des Pinselstriches einen reicheren, bildhafteren Effekt. Dieser Prozeß gibt dir auch mehr Freiheit. Du kannst sogar deine Finger benutzen.« Als er beim Porträt des Dichters war, gebrauchte er nach dem Pinsel seinen Daumen, um es zu vollenden.

Auf einer der Platten ist eine Frau dargestellt, die einen schleierähnlichen Schal um den Hals trägt. Um diesen Effekt zu erzielen, nahm Pablo ein Stück Spitze, tränkte es mit seiner Mischung und preßte es direkt auf die Platte. Manchmal zerlief der Auftrag, er mußte ihn dann mit Alkohol und Kreide entfernen und diese Stelle danach mit etwas Zuckerwasser reinigen. Er arbeitete gleichzeitig an mehreren Platten, und wenn eine fertig war, legte er sie zum Trocknen beiseite.

»Das ist nur das erste Stadium«, erklärte er. »Wenn wir jetzt in Paris wären, würde ich, sobald die Zeichnung ganz trocken ist, sagen wir in ein paar Stunden, die Platten lackieren und nach dem Trocknen des Lacks in die Säure legen. Hier bin ich dafür nicht eingerichtet, deshalb überlasse ich das Lacourière. Wenn ich die Platten lackieren würde, könntest du beobachten, daß der Zucker das Haften des Lacks verhindert; dadurch bleiben alle Stellen frei, an denen sich Zucker befindet, und die Säure frißt sich dort in die Platte. Färbst du dann die Platte ein, dann kannst du damit genauso Abzüge herstellen wie bei jedem anderen Verfahren der Radierung. Das ist das zweite Stadium. Danach stelle ich manchmal fest, daß ich hier und da nicht die gewünschte Wirkung erzielt habe. In diesem Fall stäube ich Harzpulver auf, halte die Platte mit der Zange über eine Kerze und erhitze sie, bis die winzigen Harzkörnchen zu glänzen anfangen.

Du kannst das auch über einer kleinen Gasflamme oder auf einem elektrischen Heizofen machen«, fuhr er fort, »doch mit einer Kerze kannst du diesen Schmelzprozeß viel besser abgrenzen und abstufen. Tauchst du dann die Platte wieder ins Säurebad, so schützen all die kleinen, geschmolzenen Harzstückchen die Stellen unter ihnen, und die Säure frißt sich nur dort ein, wo kein Harz ist. Auf diese Weise kannst du gewisse Flächen stärker betonen und andere mehr zurückhalten, so wie du sie beim anderen Verfahren mit Lack vor der Säure schützt. Diese Technik erlaubt eine weit größere Skala von Tonabstufungen als die gewöhnliche Radierung, und so erzielte auch Goya in seinen *Desastres de la Guerra* diese herrlichen Schatten, die nie stumpf sind. Er ätzte sie tief, doch vorher trug er Harz auf. Deshalb hat ihr Schwarz eine körnige, gesprenkelte Struktur, es ist nie stumpf und eintönig, sondern schimmert von unzähligen, winzigen hellen Pünktchen. Deshalb spricht man von der ›Küchenkunst des Ätzers‹. Radieren macht viel Spaß, wenn du tief genug in diese Kunst eingedrungen bist. Du hast tausenderlei Möglichkeiten, deinen Ausdruck zu variieren. Zum Beispiel mußt du die Platte nicht in ein Säurebad eintauchen, du kannst die Säure auch mit dem Pinsel da auftragen, wo du sie brauchst, und so ihre Wirkung noch genauer abstufen.«

Inzwischen hatte er alle Platten in einen Transportbehälter gepackt. »Ich erwähnte vorhin meine Illustrationen zu den *Metamorphosen* von Ovid. Ich habe dir wohl noch nicht erzählt, wie das Buch entstand, oder?« Ich verneinte, und Pablo lachte. »Als Skira ein junger Bursche war, machte er seiner Mutter viel Kummer, weil er in der Schule nichts taugte. Als er zweiundzwanzig oder dreiundzwanzig war, sah es so aus, als würde nie etwas aus ihm, und seine Mutter, eine Witwe, wußte nicht, was sie mit ihm machen sollte. Er hatte es satt, ständig gefragt zu werden, was er denn mit seinem Leben anfangen wolle, und so sagte er eines Tages ganz munter zu ihr, er wolle Verleger werden. Sie

Picasso mit Sohn Claude

Françoise, Claude und Pablo am Strand von Golfe-Juan (1948)

war überrascht und fragte ihn, was er denn verlegen wolle. Um sie zu beruhigen, erklärte er: ›Ich werde ein Buch verlegen, das von Picasso illustriert ist.‹ Das schien einigen Eindruck auf seine Mutter zu machen, zumal es die erste Andeutung war, daß er überhaupt etwas arbeiten wolle. Um ihn nicht zu entmutigen, schlug sie vor, er solle zu mir gehen und mit mir sprechen. Er kam in die Rue La Boétie und stellte sich vor. Ich fragte ihn, was er wolle. ›Ich möchte ein Buch mit Ihnen verlegen.‹ ›Was für ein Buch?‹ fragte ich. So weit hatte er wohl noch nicht gedacht, und im Augenblick fiel ihm außer Picasso nur ein Name ein: ›Ein Buch über Napoleon.‹ ›Hören Sie‹, sagte ich, ›ich weiß Ihre guten Absichten zu schätzen, und ich bin Ihnen auch ziemlich wohlgesonnen. Aber ich werde nie ein Buch über Napoleon illustrieren, weil er eine Persönlichkeit ist, mit der ich überhaupt nichts anfangen kann. Ich könnte Ihnen entgegenkommen und irgendein Buch illustrieren, vorausgesetzt, daß Sie genug Geld haben, das Honorar zu bezahlen. Aber ein Buch über Napoleon – nie! Außerdem kommt es mir so vor, als hätten Sie keine Ahnung vom Büchermachen. Es wäre gut, wenn Sie sich vorher ein paar Kenntnisse über diese Dinge zulegen würden. Wenn Sie soweit sind, kommen Sie wieder zu mir.‹

Ich sah ihn lange nicht wieder und nahm an, daß ich ihn abgeschreckt hatte. Das nächste Mal hörte ich von ihm, als ich einen Sommer in Juan-les-Pins verbrachte. Eines Morgens, als ich das Haus verließ, um einen Spaziergang zu machen, kam eine alte Dame, die auf einer Bank an der anderen Straßenseite gesessen hatte, auf mich zu und stellte sich mir vor. Es war Skiras Mutter. ›Monsieur‹, sagte sie, ›mein Sohn hat sein Herz daran gehängt, Verleger zu werden, und er hat beschlossen, ein Buch herauszubringen, das von Ihnen illustriert ist. Sie müssen mitmachen!‹ Ich fragte sie, was er getan habe, seit ich ihn das letztemal gesehen hatte. ›Er hat überhaupt nichts getan. Er ist erst dreiundzwanzig.‹ Ich konnte über die Pläne ihres Sohnes unmöglich optimistisch denken und wies sie ab, doch sie gab nicht nach. Schließlich überwand sie meinen Widerstand. Allmählich tat mir diese naive alte Frau leid, die mir aufgelauert hatte, um mit mir über einen so lächerlichen Plan zu reden. Am Ende sagte ich, sie solle mir ihren Sohn schicken. Ich gab ihr noch die Warnung mit, den Namen Napoleon wolle ich nicht mehr von ihm hören. Er solle es mit einem klassischen Autor versuchen – vielleicht mit einem mythologischen Thema.

Als Skira das nächste Mal in der Rue La Boétie auftauchte, besaß er das Geld, um sein Unternehmen zu starten; mit den nötigsten Kenntnissen hatte er sich vertraut gemacht. Er sagte, er habe nun auch den passenden Text für mich – Ovids *Metamorphosen*. Da habe er wohl das Richtige gefunden, meinte ich. Und ich machte das Buch. Das war der Anfang des Skira-Verlags.«

Jedenfalls nach Pablos Version.

Gegen Ende des Jahres war Pablo mit der Arbeit am Góngora fertig, und wir kehrten nach Paris zurück, um einige Wochen dort zu verbringen. Eines Tages sagte er: »Matisse ist für ein paar Tage von Vence herübergekommen. Wir wollen ihn besuchen.« Als wir in seiner Wohnung auf dem Boulevard Montparnasse ankamen, fanden wir die Tür vom Korridor zur Wohnung halb offen, als sei Lydia, die Sekretärin von Matisse, ins obere Stockwerk gegangen, um schnell etwas zu holen. Wir traten ein.

Der erste Raum, eine Art Vestibül, war ziemlich dunkel. Als wir von dort in den Salon gingen, schoß Matisse hinter einem Wandvorhang hervor und rief: »Kuckuck!« Als er merkte, daß er es nicht mit Lydia zu tun hatte, sah er so verlegen aus, daß er mir leid tat. Anders freilich Pablo. Mit einem zufriedenen Lächeln musterte er Matisse von Kopf bis Fuß. »Ich wußte gar nicht, daß Sie mit Lydia Versteck spielen. Wir haben immer nur gehört, daß Lydia Sie Monsieur Matisse nennt.« Matisse versuchte ein schwaches Lachen. Pablo aber ließ nicht so ohne weiteres von ihm ab.

»Bei unserer letzten Begegnung in Südfrankreich waren Sie so begeistert davon, daß die Augenbrauen von Françoise wie Zirkumflexe aussehen, daß Sie wünschten, sie solle für Sie Modell sitzen«, sagte er. »Aber es sieht so aus, als wären Sie mit Lydia ganz zufrieden.« Es war wohl kaum der geeignete Augenblick, einen längeren Besuch zu machen, und so gingen wir nach einigen Minuten. Im Fahrstuhl sagte Pablo zu mir: »Es ist unglaublich, daß wir Matisse bei einer solchen Kinderei erwischt haben.«

Nach Pablos Erzählungen war Lydia 1932 oder 1933 zu Matisse gekommen. »Matisse brauchte niemand für den ganzen Tag. Doch sie meinte, sie könne sich ja beim Bleistiftspitzen nützlich machen. Er fand, das sei ein guter Vorschlag und sie könne bleiben – jedenfalls für einige Zeit. Aber zuletzt fand es Madame Matisse doch etwas ermüdend, das junge Mädchen täglich im Haus zu haben. Sie stellte ihn vor die Wahl: das Mädchen oder ich. Matisse überlegte es sich gründlich, und nach zwei Tagen sagte er zu seiner Frau: ›Ich habe beschlossen, sie zu behalten. Sie ist mir eine große Hilfe bei der Abfassung meiner Einkommensteuererklärung.‹ Nach etlichem Heulen und Zähneknirschen wurde Lydia als offizielle Sekretärin inthronisiert.« Pablo schüttelte den Kopf. »Da hast du einen richtigen Franzosen – immer *praktisch*!«

Es war damals zwei Jahre her, daß Tériade Pablo gebeten hatte, Pierre Reverdys Gedicht *Le Chant des Morts* zu illustrieren. Tériade wußte, daß die Bibliophilen im allgemeinen nicht viel von faksimilierten Autoren-Handschriften halten, doch Reverdys Schrift war so deutlich, daß sie beschlossen hatten, das Gedicht in dieser Form herauszubringen. Tériade unterbreitete Pablo diese Idee und fragte ihn, welche Illustrationsmöglichkeit ihm dafür geeignet schien. Pablo bat ihn, einige Proben von Reverdys Handschrift zu schicken, und als er ihre Besonderheiten sah, war ihm klar, daß er keinesfalls figürlich illustrieren konnte, weil die Handschrift zu kurvenreich und rhythmisch war. »Sie ist schon für sich beinahe eine Zeichnung«, sagte er und nahm sich vor, diese Zeichnung, nämlich Reverdys Manuskript, in einer angemessenen Weise zu verzieren: »Dadurch ergänzt die Illustration organisch das Manuskript, und das Buch wird einheitlicher.«

Einige Jahre vorher hatte ich mir die illuminierten Handschriften der Bibliothek der medizinischen Fakultät in Montpellier angesehen. Die ältesten stammen aus dem achten Jahrhundert; ihre großen, roten Initialen sind mit abstrakten, kunstvoll ausgeführten Ornamenten verziert. Als ich sie Pablo beschrieb und ihm vorschlug, sie als Anregung für die geplanten Illustrationen zu nehmen, machte er auf der Stelle einige Skizzen und drei Lithos, um diese Möglichkeit zu testen. Dabei war es dann geblieben.

Nun, zwei Jahre nach diesen ersten Experimenten, brachte Lucien Scheler, ein Antiquar in der Rue de Tournon, Pablo drei große illuminierte Manuskripte. Zwei davon waren Notenbücher aus dem fünfzehnten Jahrhundert, das dritte, ein Folioband wie die anderen, war noch viel älter. Der Text bestand aus der üblichen, schwarzen gotischen Schrift, aber die großen, roten Initialen waren als abstrakte Ornamente ausgebildet. Der arabische Einfluß war unverkennbar, sie erinnerten mich stark an einige der Handschriften, die ich in Montpellier gesehen hatte. Pablo war sehr angetan davon und kaufte die Handschriften. Fast sogleich nahm er die Arbeit am *Chant des Morts* wieder auf. Er beabsichtigte, die Ränder auf Reverdys Manuskript mit großen lithographierten Verzierungen zu schmücken.

Bald darauf kehrten wir nach Südfrankreich zurück, und Mourlot brachte uns die erforderliche Anzahl von Zinkplatten dorthin. Bei dieser Entfernung wäre es zwar viel einfacher gewesen, Umdruckpapier zu schicken. Da mit ihm jedoch nie gleichwertige Ergebnisse erzielt werden, hatte Pablo beschlossen, die Illustrationen auf Zink zu zeichnen; es wäre ja unmöglich gewesen, so viele Steine zu transportieren. Mourlot hatte auf jeder Platte die Fläche bezeichnet, die Reverdys Text einnahm, und so wußte Pablo genau, wieviel Platz ihm für die Ornamentik blieb. Da Pablo immer noch kein Atelier hatte, brachte Mourlot die Platten zu den Ramiés, und Pablo breitete sie in einem großen Raum im zweiten Stock, der zum Trocknen der Keramiken diente, auf dem Fußboden aus. Er malte mit lithographischer Tinte direkt auf das Zink, wozu er im ganzen zwei Wochen brauchte; auf vier Platten, die übrigblieben, zeichnete er einige Faune. Dann packte Mourlot alles zusammen und fuhr damit nach Paris zurück.

Als Reverdy ein paar Tage mit Tériade in Saint-Jean-Cap-Ferrat verbrachte, kam er eines Tages auch in die Töpferei; die Ramiés hatten einige Tontafeln für ihn hergerichtet, auf die er Gedichte schrieb. Nach seiner Abreise erzählte mir Pablo, daß Reverdy in gewisser Weise für Tériades Reichtum verantwortlich sei.

Tériade war Grieche wie Zervos, bei dem er angefangen hatte; er schrieb damals Kunstkritiken für die von Zervos verlegte Zeitschrift *Cahiers d'Art* und machte ein Buch über Léger. Weil Zervos ebenfalls Grieche war, kamen sie nicht gut miteinander aus, und Tériade war froh, daß er Zervos verlassen und zu Skira gehen konnte, als die surrealistische Zeitschrift *Minotaure* gegründet wurde. Er lernte dort alle Surrealisten kennen, erweiterte seine Verlagserfahrungen und trug viel zum Erfolg der Zeitschrift bei. Aber noch war er nicht sein eigener Herr.

Da lernte er kurz vor dem Krieg durch Coco Chanel, mit der er befreundet war, ein paar Amerikaner kennen, die eine anspruchsvoll aufgemachte Kunstzeitschrift gründen wollten. Sie suchten jemanden, der genug Geschmack besaß, um sie gut zu machen, und die nötigen Kontakte mit hervorragenden Dichtern, Schriftstellern, Malern und Bildhauern hatte. Reverdy schlug Tériade vor, der dadurch weit größere Handlungsfreiheit und finanzielle Mittel erlangte, als er je gehabt hatte. Das Ergebnis war schließlich die Zeitschrift *Verve*.

Tériade empfand große Dankbarkeit für Reverdy. Daß er *Le Chant des Morts* druckte, war ein Zeichen dafür; die finanzielle Seite interessierte ihn dabei kaum.

P ablo war gerade dabei, *Le Chant des Morts* zu beenden, als Miró nach Vallauris kam, um dort zwei Wochen zu verbringen. Er wollte Pablo sehen und die Arbeitsmöglichkeiten in der Töpferei Madoura erkunden. Gelegentlich arbeitete er dort, und wenn das der Fall war, aßen wir mit ihm zu Mittag oder zu Abend.

Ich habe stets beobachtet, daß Maler in ihren Mußestunden viel und gern debattieren. Doch Miró verhielt sich zu meiner Überraschung trotz seines engelhaften Lächelns und seines freundlichen Benehmens so reserviert, daß es fast unbegreiflich war. Er sagte nichts über sich selbst oder seine Pläne, und er äußerte keine entschiedene Meinung, worum auch immer es gerade ging. Pablo dagegen redete für zwei, und Miró schien ganz froh darüber zu sein. Sein Beitrag zur Konversation beschränkte sich auf eine Art mündlicher Interpunktion – »Ja?« »Oh?« »Wirklich?« »In der Tat?« –, in die sich Pablos Redefluß sanft ermutigt und ungehindert ergießen konnte. Nach zwei Wochen von Besuchen, Dejeuners und Diners wußte ich nicht mehr von Miró als am ersten Tag. Ich fragte Pablo, ob Miró immer so gewesen sei oder ob er meine, daß es für seine

Zurückhaltung besondere Gründe gebe. Ich wunderte mich darüber um so mehr, als Mirós Haltung nicht nur von Herzlichkeit, ja mehr noch von wärmster Freundschaft bestimmt zu sein schien.

Pablo lachte. »Und wenn du Miró zwei Jahre lang tagtäglich sehen würdest, könntest du nicht mehr über ihn herausbringen. Wie alle Katalanen ist er ein überaus vorsichtiger Mensch. Auf dem Höhepunkt der surrealistischen Bewegung fand man es herrlich, auf den Straßen, offen und vor den Augen aller Welt, Skandal zu machen und ein paar Tage wegen Störung der öffentlichen Ordnung eingesperrt zu werden. Man hielt es für eine besonders große Leistung, das bürgerliche Kollektiv mit Kot zu bewerfen; jeder zerbrach sich den Kopf, wie er auf möglichst ausgefallene Art und Weise gegen die Herrschaft der Bourgeoisie Opposition machen konnte. Einige von uns kamen auf die Idee, sich in aller Öffentlichkeit umstürzlerisch zu äußern. Robert Desnos zum Beispiel sollte einem Priester in der Métro zurufen ›Bonjour, Madame!‹, natürlich laut genug, daß man es möglichst weit hören konnte. Michel Leiris, dessen Vater, Onkel oder Vetter selber in der Polizeipräfektur war, bekam den Auftrag, Polizisten zu beleidigen, bis ihn einer festnahm. Erst trank er sich an, dann stieg er aufs Fahrrad und fuhr derart angeheitert herum, daß man ihn auf ein Revier brachte. Dort führte er sich so auf, daß man ihn verprügelte und achtundvierzig Stunden lang einsperrte. Da Leiris ein ziemlich zarter Bursche ist, bot er nach den zwei Tagen, als er wieder herauskam, zwar keinen schönen Anblick, aber immerhin war er ein großer Held. Sogar Eluard lief herum und schrie: ›Nieder mit der Armee! Nieder mit Frankreich!‹ Auch er wurde verdroschen und zur Abkühlung in die Zelle geschleppt. Kurz, jeder führte seinen Auftrag mit vorbildlichem Eifer aus. Auch von Miró wurde erwartet, daß er sich auf irgendeine Weise als Mitglied der Gruppe legitimierte. Und was machte er? Er deklamierte höflich: ›Nieder mit dem Mittelmeer!‹ Das Mittelmeer ist ein beachtlich großes, kaum begrenzbares Gebiet mit so vielen Ländern entlang seinen Küsten, daß niemand einen solchen Angriff ernst nehmen konnte, noch dazu, wenn er so höflich vorgebracht wurde. Folglich raffte sich niemand zur Gegenwehr auf. ›Nieder mit dem Mittelmeer‹ blieb die einzige Ausschreitung, die nicht bestraft wurde. Alle waren wütend auf Miró, als das Fazit gezogen wurde. ›Warum hast du so etwas gesagt? Das bedeutet doch nichts!‹

›O doch‹, verteidigte sich Miró. ›Das Mittelmeer war die Wiege unserer Kultur. Wenn ich sage: Nieder mit dem Mittelmeer!, dann meine ich damit: Nieder mit allem, was wir heute sind‹.«

Pablo hatte mir, als wir seine Tresore in der B.N.C.I. besichtigten, einige frühe Mirós gezeigt – das Selbstporträt, das jeder kennt, eine Fassung der *Ferme* (von der Hemingway eine andere besaß) und eine *Katalanische Bäuerin*. Ich sagte damals, daß ich besonders Mirós Werk zwischen 1932 und 1940 bewunderte, danach freilich, so schien mir, sei seine Inspiration versiegt. Selbst wenn man Miró liebe, könne man nicht behaupten, das sei die Malerei eines Sehers, wie etwa die Paul Klees.

Pablo lachte. »Du hast recht. Miró läuft jetzt schon zu lange in der Verkleidung eines kleinen Jungen hinter einem Reifen her.«

Kurz nach der Abreise Mirós kam ein Expreßbrief von Kahnweiler aus Paris. In diesem Brief lag ein Kabel aus New York.

Wir hatten bereits unglaubliche Geschichten von amerikanischen Kongreßmitgliedern vernommen, die gegen die moderne Kunst als ein Mittel politischer Zersetzung wetterten – genau im Stil der demagogischen Tiraden, wie sie Hitler in den dreißiger Jahren zu halten pflegte und die Russen heute, mit dem einzigen Unterschied, daß diese Amerikaner in der modernen Kunst so etwas wie eine kommunistische Verschwörung witterten, die Russen dagegen »bürgerliche Dekadenz«.

Das Zentrum des Widerstandes gegen dieses wahnwitzige Treiben einer subkulturellen Front war offenbar das Museum of Modern Art in New York, und das Kabel war ein Schrei aus dem kräftig schlagenden Herz dieser Bastion. Unterzeichnet war es von dem Maler Stuart Davis, dem Bildhauer Lipschitz und James Johnson Sweeney, dem damaligen Direktor für Malerei und Skulptur an diesem Museum. Es war via Kahnweiler an Pablo adressiert und lautete:
STARKE WELLE DER FEINDSCHAFT GEGEN FREIEN AUSDRUCK MALEREI SKULPTUR IN AMERIKANISCHER PRESSE UND MUSEEN STOP VERSTÄRKTER DRUCK BEGÜNSTIGT MITTELMÄSSIGE UND UTILITARISTEN STOP ZUR BEKRÄFTIGUNG DER RECHTE KÜNSTLER UND SCHRIFTSTELLERTREFFEN MUSEUM MODERN ART FÜNFTEN MAI STOP IHRE UNTERSTÜTZUNG WÜRDE VIEL BEDEUTEN KÖNNEN SIE ERKLÄRUNG KABELN DIE NOTWENDIGKEIT DER DULDUNG VON ERNEUERUNG IN KUNST BETONT AN SWEENEY 1775 BROADWAY

Es war ein Telegramm mit bezahlter Rückantwort. Ich übersetzte Pablo das Kabel, dann las ich ihm Kahnweilers Brief vor. Er hatte den Notruf gelesen, bevor er ihn weiterschickte, und fand, es sei Irrsinn. Er fragte, wen die wachsende Feindschaft gegen den freien Ausdruck in der Kunst interessiere, außerdem kümmere sich niemand um die Urheber. Aber vielleicht habe er unrecht, vielleicht sei Pablo der Auffassung, man müsse nachdrücklich Toleranz für die Erneuerung der Kunst fordern.

Pablo schüttelte den Kopf. »Kahnweiler hat recht. Kunst ist eine Art Aufruhr. Etwas, das einfach nicht frei sein darf. Kunst und Freiheit muß man wie das Feuer des Prometheus rauben, um sie gegen die bestehende Ordnung anzuwenden. Wenn Kunst einmal offiziell und für jeden greifbar ist, dann entsteht ein neuer Akademismus.« Er warf das Telegramm auf den Tisch. »Wie kann ich solche Utopien unterstützen? Wenn die Kunst jemals die Schlüssel zur Stadt empfängt, dann nur, weil sie so heruntergekommen und so impotent geworden ist, daß sie es nicht mehr wert ist, um sie zu kämpfen.«

Ich erinnerte ihn, daß Malherbe gesagt hatte, ein Dichter nütze dem Staat nicht mehr als ein Kegelspieler. »Natürlich«, meinte Pablo. »Warum sagte Platon, die Dichter sollten aus der Polis verjagt werden? Genau deshalb, weil jeder Dichter und jeder Künstler ein antipolitisches Wesen ist. Nicht, daß er so sein möchte; aber er kann nicht anders. Natürlich hat der Staat – von seinem Standpunkt aus – das Recht, ihn davonzujagen, und falls er ein wirklicher Künstler ist, weiß er auch, daß es für ihn keine Anerkennung geben kann, denn zugelassen, verstanden, genehmigt zu sein, würde für ihn bedeuten, daß seine Arbeit ein Gemeinplatz, also wertlos, geworden ist. Alles Neue, alles was der Mühe wert ist, geschaffen zu werden, kann nicht anerkannt werden, denn die Leute haben einfach nicht den Blick für die Zukunft. Also ist dieses Gerede von der Befreiung der Kultur absurd. Man kann Kultur in einem sehr allgemeinen Sinn verteidigen, wenn man damit das Erbe der Vergangenheit meint; doch das Recht auf freien Ausdruck ist etwas, das man sich nimmt, nicht etwas, das einem geschenkt wird; es ist kein Prinzip, von dem man sagen könnte, daß es vorhanden sein müsse. Das einzig Prinzipielle daran ist: Wenn dieses Recht existiert, so existiert es, um gegen die bestehende Ordnung gebraucht zu werden. Nur die Russen sind naiv genug zu glauben, daß sich ein Künstler der Gesellschaftsordnung anpassen könne. Was kann der Staat mit den echten Künstlern, mit den Sehern anfangen? Rimbaud in Rußland – unmöglich! Selbst Majakowskij beging Selbstmord. Es gibt einen absoluten Gegensatz zwischen dem Schöpfer und dem Staat. Und deshalb gibt es nur eine Taktik für den Staat – die Seher zu töten. Wenn der Geist der Gesellschaft über dem Geist des Individuums steht, muß das Individuum untergehen. Außerdem – es gäbe keinen Seher, wenn es keinen Staat gäbe, der ihn zu unterdrücken versucht. Nur in diesem Augenblick, unter diesem Druck, wird er einer. Der Mensch erreicht den Status des Künstlers nur, nachdem er die größtmögliche Anzahl von Barrieren überwunden hat. Daher sollte man die Künste *ent*mutigen, nicht *er*mutigen.

Was heute falsch ist an der modernen Kunst«, fuhr Pablo fort, »und wir könnten ebensogut sagen, was ihr Tod sein wird, ist die Tatsache, daß wir keine starke, mächtige akademische Kunst haben, gegen die zu kämpfen sich lohnt. Es muß eine Regel geben, selbst wenn es eine schlechte ist, denn die Macht der Kunst bestätigt sich in der Überwindung der Tabus. Beseitigung aller Hindernisse aber bedeutet nicht Freiheit, sondern Lizenzierung – eine fade Angelegenheit, die alles rückgratlos, formlos, sinnlos und nichtig macht.«

Pablo sah sich das bezahlte Antwortformular genau an. »Nun«, meinte er, »da haben sie ihre neunhundertachtunddreißig Francs vergeudet.«

Er warf es in den Papierkorb.

Im Herbst 1944, während der großen Picasso-Retrospektive im Musée d'Art Moderne in Paris, hatte Jean Cassou, der Chefkonservator dieser Sammlung, verschiedentlich mit dem Zaunpfahl gewinkt und an Pablos Großzügigkeit appelliert. Die französischen Museen besaßen fast keine Picassos, betonte Cassou, während das Museum of Modern Art in New York ein paar seiner Hauptwerke zeigen konnte, darunter *Guernica*. Die Bilder wurden 1939 zwar nur für eine kurze Ausstellung dorthin geschickt, befanden sich aber noch drüben. Pablo hielt ihm entgegen, er habe nach dem Kriegsausbruch gedacht, die Bilder seien in New York sicherer als in Paris, und seitdem habe er einfach keine Zeit gehabt, sich damit zu befassen.

Vor allem war er einfach nicht in Geberlaune. Und er pflegte überhaupt einen gegensätzlichen Standpunkt einzunehmen, wenn man ihn zu etwas überreden wollte. In dieser Stimmung gelang ihm sogar die Perversität, Cassou seine prokommunistische Haltung anzukreiden, obwohl er selbst eben der Kommunistischen Partei beigetreten war. Die Verhandlungen gediehen also nicht weiter.

Im Herbst 1946, als Pablo seine Arbeit im Musée d'Antibes beendete und abreisen wollte, hatten der Museumsdirektor Dor de la Souchère und Marie Cuttoli vor, eine Spendenaktion zu organisieren, um dieses Museum restaurieren und es in einen Zustand bringen zu können, der seiner neuen Schätze würdig war. Im Laufe der Vorbereitungen sagte man ihnen, es sei viel leichter, Geld zu bekommen, wenn Pablo dem Museum die Werke schenken würde, die er dort provisorisch zurückgelassen hatte.

Eines Abends im nächsten Sommer, als Pablo und ich mit den Cuttolis im Restaurant *Chez Marcel* in Golfe-Juan aßen, schilderte Monsieur Cuttoli die Situation. Er schlug Pablo vor, seine Werke dem Museum zu schenken. Doch unglücklicherweise ließ er es dabei nicht bewenden. »Im übrigen«, so meinte er, »leben Sie schon so lange hier, daß Sie um die französische Staatsbürgerschaft eingeben könnten. In diesem Fall könnten Sie auch Ihre Scheidung bekommen und Françoise heiraten. Schließlich haben Sie jetzt ein Kind.«

Pablo explodierte. »Ich lade Sie hier ein, und Sie wagen es, mir solche Dinge zu sagen! Natürlich habe ich diese Bilder im Museum gelassen; aber ist das ein Grund, von einer Stiftung zu reden? Wenn man schon so gern meine Bemerkung zitiert: ›Ich suche nicht, ich finde‹, werde ich Ihnen gleich eine neue geben: ›Ich gebe nicht, ich nehme!‹ Und was den Wechsel meiner Nationalität betrifft – ich repräsentiere Spanien im Exil. Ich bin sicher, daß Françoise eine Änderung ebensowenig akzeptiert wie ich. Ich glaube, sie begreift, daß sie und unser Sohn auf meiner Wertskala hinter dem republikanischen Spanien rangieren. Und Sie müßten nach allem verstehen, daß ich nicht die Absicht habe, mein Leben Gesetzen zu unterwerfen, die euch Bourgeois regieren.«

Uns blieb das Essen im Hals stecken. Keiner sagte ein Wort. Pablo starrte uns der Reihe nach an.

»Na! Warum eßt ihr nicht?« rief er. »Ist euch das Essen nicht gut genug? Mein Gott, wenn ich daran denke, welches Zeug ich manchmal bei Ihnen vorgesetzt bekomme. Aber ich esse es trotzdem, um der Freundschaft willen. Sie werden es genauso machen müssen. Sie sind meine Gäste.« Pablo war nun vollends außer sich, er stampfte mit den Füßen auf den Boden und rollte die Augen. Niemand antwortete. Er stand auf, nahm seinen Teller und schleuderte ihn ins Meer.

Marie Cuttoli, eine nahe Freundin von ihm, hatte solche Auftritte vielleicht schon früher erlebt, doch sicher nicht ihr Mann. Er war ein korsischer Rechtsanwalt, französischer Senator, Bürgermeister von Philippeville und dabei fast ein englischer Gentleman. Während Pablo Shorts und den üblichen Seemannssweater trug, hatte Monsieur Cuttoli trotz der drückenden Hitze und seiner Leibesfülle einen tadellos gestärkten weißen Anzug an. Marie mußte fürchten, daß ihrem Mann der Kragen, ja eine Ader platzen würde, wenn man Pablo nicht zur Vernunft brachte. Sie neigte sich zu ihm herüber und legte ihre Hand auf seinen Arm.

»Cher ami«, sagte sie besänftigend, »Sie dürfen sich nicht so aufregen. Wir alle sind Ihre Freunde, bedenken Sie das doch.« Sie beugte sich zu ihm nieder und gab ihm einen Kuß, da sie wußte, daß alles noch schlimmer werden konnte, wenn sie nicht schnell handelte. Deshalb ging auch ich zu ihm und küßte ihn. Pablo küßte mechanisch zurück und bemühte sich zu lächeln. Schon etwas ruhiger geworden, stand er auf und umarmte Monsieur Cuttoli, der dick und glatzköpfig dasaß, immer röter wurde und jeden Augenblick zu platzen schien. Pablos Kuß besänftigte ihn, und wir beendeten die Mahlzeit, ohne weiter von Schenkung oder Scheidung zu reden.

Marie freilich gab ihren Plan so leicht nicht auf. Sie war eng befreundet mit Georges Salles, dem Direktor der staatlichen Museen, der uns häufig besuchte.

Von Marie angestiftet, kam er eines Tages mit dem Vorschlag, Pablo solle sein »Geschenk« an das Musée d'Antibes offiziell bestätigen. Pablo blieb liebenswürdig, weigerte sich aber kategorisch. Auch als Dor de la Souchère noch einmal mit derselben Bitte kam, hatte er keinen Erfolg.

Schließlich fand Monsieur Cuttoli eine Lösung, die beiden Seiten gerecht wurde: Da Pablo seine Werke *in situ* gelassen habe und sogar noch eine bestimmte Anzahl von Zeichnungen und Keramiken, die später entstanden waren, hinzufügte, habe er »eindeutig seine Absicht manifestiert«, ein Geschenk zu machen. Pablo, stets ein guter Jesuit, fand diese Formulierung zweideutig genug und erteilte seine »mündliche« Zustimmung. Marie stiftete dem Musée d'Antibes zudem ihre sämtlichen Radierungen, Lithographien und Wandteppiche von Picasso, um gleichsam die Übereinkunft endgültig zu besiegeln.

Nach einer diskreten Anstandspause warf Georges Salles erneut die Frage auf – diesmal für das Musée d'Art Moderne: Es wäre unglücklich, daß Picasso in der neueren Abteilung so schwach vertreten sei; da die französischen Museen nur über einen winzigen Ankaufsetat verfügten, könne er aber kaum etwas dagegen tun. Er ging nicht so weit, direkt um etwas zu bitten, doch was er wollte, war deutlich herauszuhören. »Gegenüber dem Musée d'Antibes waren Sie wirklich großzügig«, schloß er seine Rede.

Pablo gab sich überrascht. »Großzügig? Ich habe dort nur ein paar Sachen gemalt, und ich habe ihnen erlaubt, sie auszustellen; das ist alles.«

»Das besagt nicht viel«, entgegnete Salles. »Die Bilder sind dort. Das allein zählt. Denken Sie, wie armselig wir in Paris dran sind. Wir haben das Porträt von Gustave Coquiot, nicht viel mehr. Es ist ein Jammer, aber wir haben einfach nicht die Mittel, dem abzuhelfen.«

Georges Salles war der Enkel des Ingenieurs Gustave Eiffel, der den berühmten Turm gebaut hatte, und trotz seiner Schimpfereien auf den *petit bourgeois* war Pablo für den Charme und die Qualitäten eines *grand bourgeois* im allgemeinen sehr empfänglich. Ich bemerkte, daß sein Widerstand allmählich erlahmte. Als er eines Tages in der Rue des Grands-Augustins beim Aufräumen war, sagte er: »Ich weiß nicht, was ich mit diesen großen Bildern tun soll. Es stehen zu viele davon hier herum. Sie stören im Atelier, und für den Tresor sind sie zu groß. Was soll ich damit tun?« Vor allem ärgerte er sich über ein großes Bild aus dem Jahre 1942, das auf einer großen Staffelei stand, es heißt *Serenade*. Auch in der Wohnung in der Rue la Boétie befand sich noch ein großes Bild, *L'Atelier de la Modiste* aus dem Jahre 1926, ein stark abstrahiertes Gemälde, sehr barock im Aufbau und stilistisch nahe am Ende der neokubistischen Periode.

Pablo hatte gerüchteweise gehört, daß seine Wohnung in der Rue la Boétie beschlagnahmt werden könnte, da sie nicht benutzt wurde, und er wußte nicht, wo er in diesem Fall das große Bild unterbringen sollte. Ich erinnerte ihn an den Besuch von Georges Salles und fragte ihn, weshalb er nicht wenigstens die beiden großen Bilder den staatlichen Museen geben wolle. Die Frage kam im richtigen Augenblick. Er dachte kurz darüber nach, dann meinte er: »Sicher, diese zwei könnte ich ihnen geben.« Dann überlegte er noch einmal. »Andererseits möchten sie vielleicht etwas kaufen. Aber so wichtige Bilder kann ich ihnen nicht verkaufen. Sie hätten niemals das Geld, sie zu bezahlen.«

Ich machte ihn darauf aufmerksam, daß Braque und Matisse in den ihnen gewidmeten Räumen gut vertreten sein würden und daß es schon deshalb ratsam sei, eine größere Auswahl von Bildern zu treffen, mit der die Entwicklung seines Werkes sichtbar werde. Ich erinnerte ihn auch daran, daß Braque die meisten seiner Bilder verschenkte und daß der Staat trotzdem neunzig Prozent der Einkünfte von den übrigen kassierte – warum sollte er also *seine* Bilder nicht gleich mit großer Geste herschenken?

»Nicht schlecht – du bekommst allmählich einen Geschäftssinn«, sagte er bewundernd. Dann wurde er mißtrauisch: »Warum liegt dir so viel daran, diese Bilder ins Museum zu geben?« Er habe, erwiderte ich, bei jenem Diner mit den Cuttolis ein so glänzendes Beispiel seines Patriotismus gegeben, daß ich ihm nun zeigen wolle, wie hoch ich mein Land einschätze.

Er überlegte sich alles noch einen Monat lang, dann entschloß er sich, dem Museum zehn Bilder zu geben; die beiden großen und dazu acht andere, die wir in seinem Tresor aussuchten: eine sitzende Figur in Grau und Weiß von 1937/38, die *Glasierte Kasserolle* von 1945, den 1943 entstandenen *Schaukelstuhl*, *Die Muse* von 1935, zwei Stilleben von 1936 und 1943, ein Porträt von Dora Maar in Blau aus dem Jahr 1944, dazu noch eines ihrer früheren, in sehr lebhaften Farben gehaltenen Porträts, das 1938 entstanden war.

Obwohl die Bilder für das Musée d'Art Moderne bestimmt waren, hatte sie Georges Salles zunächst in den Louvre bringen lassen, wo sich seine Büros befanden. Er schlug uns vor, an einem Dienstag – an diesem Tag ist der Louvre für die Öffentlichkeit geschlossen – zu kommen, da er ein amüsantes Experiment vorhabe: Er wollte Pablos Bilder in verschiedene Abteilungen des Museums schaffen lassen, um zu sehen, wie sie neben Hauptwerken anderer Kunstepochen wirkten. Er versprach: »Sie werden der erste lebende Maler sein, der sein Werk im Louvre hängen sieht.«

Am nächsten Dienstag stand Pablo für seine Verhältnisse sehr früh auf, und gegen elf Uhr waren wir im Louvre. Pablo schien ernster als sonst und sprach nur wenig, als uns Georges Salles in einen riesigen Lagerraum hinaufbegleitete, in dem Pablos Bilder abgestellt waren. Sonst befand sich dort fast nichts, außer einem großen Stück schmutziger, abgenutzter Leinwand, das den größten Teil des Fußbodens bedeckte.

Die Museumsdiener nahmen Pablos Bilder, abgesehen von den beiden größten, und wir liefen ihnen wie in einer Prozession nach – quer über die Leinwand auf dem Fußboden. Georges Salles schrie entsetzt: »Halt, Sie laufen ja über den Delacroix! Gehen Sie doch herunter, um Gottes willen!« Delacroix' riesiges Deckengemälde in der Apollon-Galerie des Louvre war feucht geworden, man hatte es zum Trocknen und Restaurieren abgenommen und in den Lagerraum gebracht. Es lag mit der Rückseite nach oben, so daß die Malerei nicht sichtbar war.

In den Ausstellungsräumen angekommen, fragte Georges Salles, neben welchen Bildern Pablo seine eigenen sehen wolle.

»Zuallererst neben dem Zurbarán«, antwortete Pablo. Wir standen vor der

Aufbahrung des hl. Bonaventura. Der tote Heilige, dessen Körper das Bild diagonal von unten links nach oben rechts durchschneidet, ist umgeben von Freunden, die ihm die letzte Ehre erweisen. Pablo war schon immer von diesem kühnen Aufbau fasziniert, ebenso von der Art, wie Zurbarán die Diagonale mit den anderen Schwerpunkten der Komposition ins Gleichgewicht gebracht hat.

Pablo beobachtete aufmerksam, wie die Museumsdiener drei oder vier seiner Bilder neben den Zurbarán hielten, aber er sagte nichts. Dann bat er, einige seiner Bilder neben dem *Tod des Sardanapal*, dem *Massaker von Chios* und den *Frauen von Algier* von Delacroix sehen zu dürfen. Er hatte oft mit mir darüber gesprochen, daß er eine freie Version der Frauen von Algier malen wolle; gewöhnlich gingen wir einmal im Monat in den Louvre, um darüber nachzudenken. Nach der Konfrontierung mit Delacroix ließen wir Pablos Bilder zu den Courbets bringen und zwischen *Das Atelier* und *Das Begräbnis in Ornans* stellen.

Anschließend fragte Georges Salles Pablo, ob er eins von seinen Bildern neben der Italienischen Schule sehen wolle. Pablo dachte einen Augenblick nach. »Ich hätte schon immer gern eines meiner kubistischen Bilder neben Ucellos *Schlacht von San Romano* gesehen. Da wir aber keines der kubistischen Bilder zur Hand haben, glaube ich, es ist genug für heute.« Er machte keine Bemerkungen mehr, bis wir gingen.

Wieder zu Hause, sagte er nur, wieviel es ihm bedeute, seine Bilder neben einem Zurbarán gesehen zu haben. Er schien mit dem Experiment zufrieden.

Ich fragte ihn noch, was er von Delacroix halte. Seine Augen verengten sich. »Der Schmierfink. Welch ein Maler!«

Wenn wir uns in Paris aufhielten, aßen wir oft in der Brasserie Lipp in St.-Germain-des-Prés. Pablo ging gern hin, um dort andere Künstler zu treffen und sich mit ihnen zu unterhalten. Der Bildhauer Alberto Giacometti war einer seiner Favoriten. Wann immer wir ihn bei Lipp trafen, sah man ihm an, daß er den ganzen Tag mit Ton gearbeitet hatte, und seine Kleidung und sein Haar schienen mit grauem Staub imprägniert.

»Du mußt Giacomettis Atelier sehen«, sagte Pablo eines Abends bei Lipp zu mir. »Wir werden ihn besuchen.« Als wir aufbrachen, fragte er Giacometti, zu welcher Zeit wir ihn am wenigsten bei der Arbeit stören würden. »Wenn ihr gegen ein Uhr mittags kommt, werdet ihr mich bestimmt antreffen«, sagte er. »Ich stehe nicht viel früher auf.«

Einige Tage danach, auf dem Weg zum Mittagessen, gingen wir in Giacomettis Atelier in der Rue Hippolyte-Maindron, einer reizenden kleinen Straße im Bezirk Alésia. Es ist ein ruhiges, bescheidenes Viertel mit vielen kleinen Bistros und Handwerkerläden; hier herrscht noch eine Atmosphäre der Zeitlosigkeit und Bonhomie, die in vielen Teilen von Paris verlorengegangen ist.

Um in Giacomettis Atelier zu kommen, gingen wir von der Straße in einen kleinen Hof mit dunkelgrün gestrichenen Holzbauten. Pablo zeigte mir die beiden Ateliers von Giacometti, die linker Hand lagen, und gegenüber ein weiteres Atelier, das Giacomettis Bruder Diego gehörte. Diego, ein sehr begabter Kunsthandwerker, widmet sich ausschließlich dem Werk seines Bruders, der oft noch spät in der Nacht an den Tonmodellen seiner Skulpturen arbeitet. Am nächsten Morgen möchte er am liebsten alles wieder zerstören, wenn er nicht ganz zufrieden damit ist. Deshalb pflegt Diego aufzustehen, sobald sein Bruder zu Bett geht, um die Gipsabgüsse und all die anderen technischen Arbeiten zu machen, die sein Bruder vernachlässigt; so treibt er das Werk voran und bewahrt es. Er ist der Mittler zwischen Giacometti und dem Bronzegießer.

Giacometti war schon lange bekannt und geschätzt, ehe er von seiner Kunst angemessen leben konnte. Bis dahin schaffte Diego für zwei und erledigte die Arbeit von einigen Gehilfen, die sich Giacometti nicht leisten konnte. Diego führte auch die Gebrauchsgegenstände aus, die sein Bruder entwarf, Füße für Tischlampen, Stehlampen, Türgriffe und Lüster, mit denen sie sich ihren Unterhalt verdienten. Als Giacometti anfing, fast ebensoviel zu malen wie zu modellieren, wurde Diego eines seiner Hauptmodelle – womit er eigentlich schon voll beschäftigt war, da Giacometti unermüdlich nach dem Leben skizzierte. Wenn er porträtiert, muß sein Modell dabei sein.

In seinem Atelier war ich verblüfft, wie sehr die Atmosphäre des Raums an seine Malerei erinnerte. Die hölzernen Wände waren über und über grau vom Lehm – sie schienen aus Lehm zu bestehen. Wir standen inmitten einer Welt, die gänzlich von Giacometti geschaffen war, einer Welt aus Ton, bevölkert mit seinen Statuen, die einen schlank und groß in die Höhe gezogen, die anderen so winzig, daß sie kaum zu sehen waren. Nirgends der geringste farbliche Akzent, der das alles bedeckende, eintönige Grau unterbrach. Als ich Giacometti so in seiner selbsterschaffenen Welt sah, wurde mir klar, daß auch er selbst unentrinnbar diesem Prozeß ausgeliefert war, durch den alles in seinem Atelier – Pinsel, Geräte, Terpentinfläschchen – diese Farbe angenommen hatte. Das Grau überzog sogar den kleinen, an das Atelier angrenzenden Raum, ja selbst noch den Diwan, der allmählich jede Farbe verlor.

Es mag ein Jahr nach diesem ersten Besuch gewesen sein, als eine reizende junge Schweizerin namens Annette zu uns kam, die Pablos Sekretärin werden wollte. Er machte aus ihrem Wunsch ein Wortspiel. »Um eine gute Sekretärin zu sein, müssen Sie die Geheimnisse der Leute bewahren können«, sagte er zu ihr. »Aber wer ist schon so töricht, seine Geheimnisse preiszugeben? Andererseits, wer keine Geheimnisse hat, braucht auch keine Sekretärin.« Er hatte keine Arbeit für sie und wollte ihr das auf diese Weise beibringen.

Nicht lange danach wurde sie Giacomettis Frau. Sie harmonierte überaus mit der Farbstimmung seines Ateliers. Ihr bleiches Gesicht wurde noch bleicher. Nur einen leichten Kontrast brachte sie in das Bild: ihre schwarzen Haare und Augen. Giacometti fand in Annette seinen zweiten Schatten. Sie wurde ein ebenso unermüdliches Modell wie Diego, fähig, die ganze Nacht zu arbeiten und sich tagsüber auszuschlafen.

Man kann an manchen Ehepaaren beobachten, daß die Partner nach einigen Jahren einander zu ähneln beginnen. Äußerlich sah Annette Giacometti überhaupt nicht ähnlich: Sie war schmal und blaß, mit regelmäßigen Zügen; er dagegen hatte ein mächtiges Haupt und ein tiefgefurchtes Gesicht, in dem etwas von der Kraft und der Würde eines Löwen lag. Ohne ihre Schmächtigkeit und Zartheit zu verlieren, nahm Annette mit der Zeit etwas Rauhes, Löwenhaftes in ihrem Gebaren an. Mehr und mehr glich sie sich dem Kanon an, den Giacometti in seinen Skulpturen entworfen hatte.

Giacometti versuchte herauszufinden, welche besonderen Akzente und Merkmale es ermöglichen, jemanden, den wir kennen, schon von fern zu identifizieren, sein Wesen aus dem Umriß zu erkennen.

»Ein Mann besitzt von weitem nicht mehr Individualität als eine Nadel, wenn man ihn nicht kennt«, sagte er. »Handelt es sich um einen Freund, so können wir ihn unterscheiden, er nimmt für uns eine Identität an. Warum? Es gibt ein Verhältnis zwischen der Masse und ihrem Volumen. Ist er hohläugig, sind die Schatten auf seinen Wangen länger. Hat er eine große, feste Nase, so fällt diese Stelle stärker auf, er ist keine anonyme Nadel mehr. Es ist also die Aufgabe des Bildhauers, aus dem Spiel mit diesen Höckern und Höhlen eine Identität zu schaffen, indem er Wesensmerkmale betont, jene Details also, die uns besagen, daß es sich um eine bestimmte Person handelt und nicht um irgendeine andere.«

Man könnte die Skulpturen Giacomettis ganz allgemein statisch nennen, denn ihre Arme hängen am Körper entlang herab und die Beine sind geschlossen, ohne im geringsten ein Gehen anzudeuten. Jedesmal aber, wenn ich sie in dem lehmgrauen Atelier sah, hatte ich, vielleicht wegen ihrer stark unterschiedlichen Dimensionen, den Eindruck, daß sie alle in Bewegung seien, so als ob sie auf mich zugingen oder sich von mir entfernten. Etwas später begann Giacometti, wie er uns sagte, mehr an das Schauspiel der Straße zu denken; er schuf Figuren, die auf einem Bronzesockel zwischen zwei anderen Bronzeplatten, die Häuser darstellen sollten, zu schreiten schienen. Man kann dabei nicht von angehaltener Bewegung sprechen, weil es sich tatsächlich um das Gegenteil handelt: Es ist beinahe so etwas wie Statik, die wegen ihrer geballten Richtungskraft im Begriff ist, in Dynamik überzugehen. Giacomettis außerordentliche Schärfe bei der Wiedergabe der Proportionen vermittelt ein Gefühl von Leben, von Bewegung. Dieser Eindruck, daß seine Menschen in Bewegung sind, entsteht nicht aus Gesten heraus, sondern aus der Konzeption seines

Ausdrucks. Eine seiner Skulpturen stellt eine Figur vollkommen statisch dar, doch auf einem Wagen mit Rädern. Es ist Bewegung und gleichzeitig das Gegenteil von Bewegung.

Wenn Giacometti in die Rue des Grands-Augustins kam, um Pablo zu besuchen, pflegten sie jede Skulptur, an der Pablo gerade arbeitete, bis ins kleinste Detail zu diskutieren. Eines Tages war Pablo ganz besonders stolz darauf, daß es ihm gelungen war, einer Figur, die er eben vollendet hatte, ein ganz und gar fremdartiges Element einzufügen: Es handelte sich um eine 1,60 Meter große Frauenstatue, als deren einen Unterarm er den Abguß einer Skulptur von den Osterinseln angefügt hatte. Giacometti betrachtete sie und sagte: »Nun, der Kopf ist gut, aber vielleicht solltest du das übrige nicht so lassen. Entspricht das wirklich deiner Vorstellung? Ich finde, es wäre viel wichtiger für das Werk, das Prinzip zu exemplifizieren, das hinter ihm steht, als von irgendeinem glücklichen Zufall zu profitieren. Besser du entledigst dich des glücklichen Zufalls und arbeitest so lange, bis sich das Werk in der Reinheit seiner Entstehungsbedingungen vollendet.«

Ich glaube, von allen Besuchern in der Rue des Grands-Augustins war er derjenige, mit dem Pablo am ehesten solche Probleme diskutieren wollte, weil Giacometti niemals von bloß ästhetischen Standpunkten ausging. Pablo äußerte einmal, Giacometti versuche das Wesentliche an seinem Werk zu klären, indem er vor sich selbst grundsätzliche Fragestellungen aufwerfe.

»Die meisten Bildhauer befassen sich nur mit Stilfragen«, meinte Pablo, »sie sehen nicht auf den Grund der Dinge.« Giacometti, das fühlte er, gelang es oft, ins Herz der Dinge vorzudringen, zu einem für die Bildhauerei entscheidenden Wesenselement, das seinem Werk die Geschlossenheit gab, die Pablo bewunderte.

»Wenn er diese Männer auf der Straße macht, die von einem Haus zum andern gehen, kannst du nicht umhin, darin ein Stück Wirklichkeit aus der Entfernung zu sehen«, sagte Pablo. »Skulptur ist für Giacometti das, was bleibt, wenn der Geist alle Details vergessen hat. Er schafft eine bestimmte Raumvorstellung, die zwar weit von meiner eigenen Auffassung entfernt ist, aber etwas ist, auf das – in dieser Weise – vor ihm niemand kam. Das ist wirklich neuer Geist in der Bildhauerei.«

Im Verlauf des Sommers 1947 bekam ich Gelegenheit, mir eine genauere Meinung über Olga, Pablos Frau, zu bilden. Zum erstenmal hatte ich sie im Juni 1946 gesehen, etwa einen Monat nachdem ich zu Pablo in die Rue des Grands-Augustins gezogen war, und kurz ehe wir Paris verließen, um nach Ménerbes zu fahren. Pablo und ich hatten eine Ausstellung von Dora Maars

Bildern in der Galerie Loeb besucht und gingen gerade die Rue de Seine hinunter, als eine kleine, rothaarige Frau mittleren Alters mit einem schmalen, verkniffenen Mund auf uns zukam. Es war Olga. Pablo stellte mich ihr vor. Als sie uns entgegenging, war mir aufgefallen, daß sie mit kleinen steifen Schritten ging, wie ein Zirkuspony. Ihr faltiges Gesicht war mit Sommersprossen übersät, und ihre hellen, grünlichgrauen Augen flogen überall hin, wenn sie sprach, sahen einen aber niemals direkt an. Alles, was sie sagte, wiederholte sie wie eine zersprungene Schallplatte, und wenn sie aufhörte, um Atem zu holen, stellte man fest, daß sie eigentlich gar nichts gesagt hatte. Als ich sie sah, war mein erster Eindruck, daß sie überaus neurotisch sein müsse.

Erst später wurde mir klar, daß sie wohl vor der Galerie auf Wache gestanden hatte, wütend bei dem Gedanken, daß Dora Maar, die sie noch immer für ihre Rivalin hielt, eine Ausstellung hatte und daß Pablo wahrscheinlich dort sei. Dabei hatte Pablo Olga schon vor mehr als zehn Jahren wegen Marie-Thérèse Walter und nicht wegen Dora Maar verlassen. Als sie sah, daß er mit jemand anderem als Dora Maar aus der Galerie kam, war sie vermutlich erleichtert, denn sie ließ sich auf eine kleine Plauderei mit uns ein, war recht freundlich und ähnelte kaum der Beschreibung, die Pablo mir gegeben hatte. Später, nachdem sie Gelegenheit gefunden hatte, Erkundigungen über mich einzuholen, und deshalb wußte, daß ausgerechnet ich die Nachfolgerin Dora Maars war, änderte sie ihre Taktik radikal. Den fanatischen Haß, den sie ganz ungerechterweise gegen Dora Maar gehegt hatte, übertrug sie nun auf mich.

Obwohl sie seit 1935 nicht mehr mit Pablo lebte, hatte sie es sich zur Gewohnheit gemacht, ihn durch ganz Frankreich zu verfolgen. Wenn er in Paris war, kam sie nach Paris. Wenn er nach Südfrankreich fuhr, folgte sie ihm dorthin und nahm stets ein Hotel in seiner Nähe. Wenn ich sie im Sommer 1946 nicht in Südfrankreich gesehen hatte, so wahrscheinlich deshalb, weil sie wohl noch nichts von meiner Rolle wußte. Doch seit Claude geboren war, informierte sie sich sehr genau über unser Zusammenleben. Von da an ließ sie uns nicht einen Augenblick in Ruhe.

Jetzt, im Sommer 1947, kam sie immer, wenn wir an den Strand gingen, und setzte sich ganz in unsere Nähe. Zuerst versuchte sie dann, mit Pablo zu sprechen. Er ignorierte sie oder drehte ihr sogar den Rücken zu. Dann wandte sie sich an ihren Sohn Paulo, der sich oft bei uns aufhielt: »Höre, Paulo, du siehst, ich bin hier und möchte mit deinem Vater sprechen. Ich muß mit ihm reden. Ich habe ihm etwas außerordentlich Wichtiges zu sagen. Ich weiß nicht, warum er immer noch so tut, als sei ich nicht da, aber ich bin da. Um Gottes willen, steh auf und sag deinem Vater, daß ich hier bin und mit ihm sprechen muß.« Paulo ignorierte sie. Dann kam sie näher an Pablo heran und sagte: »Ich muß mit dir über deinen Sohn sprechen.« Wenn sie keine Antwort erhielt, wandte sie sich aufs neue an Paulo und wiederholte: »Ich muß mit dir über deinen Vater reden. Es ist sehr dringend.« Oft war ihre Hotelrechnung nicht bezahlt, und sie drohte Pablo mit Schlägen, wenn er sich nicht auf der Stelle darum kümmere.

Sie fing an, uns überall nachzulaufen. Als sie eines Tages besonders ausfallend daherredete und Pablo am Arm packte, um seine Aufmerksamkeit zu erzwingen, wandte er sich um und schlug ihr ins Gesicht. Sie begann zu schreien. Er konnte sie nur zum Schweigen bringen, indem er sagte: »Wenn du so weitermachst, gehe ich zur Polizei.« Daraufhin war sie still und trat ein paar Meter zurück, folgte uns aber auch weiterhin. Ich fand ihr Benehmen unerträglich, aber ich glaube, daß ich sie nicht wirklich haßte. Sie war ein unglückliches Geschöpf, unfähig, mit der Situation fertig zu werden, in der sie sich befand. Ich habe nie einen einsameren Menschen gesehen als sie. Jeder mied sie. Die Menschen hatten Angst, stehenzubleiben und mit ihr zu sprechen, weil sie wußten, auf was sie sich damit einließen.

Im ersten Jahr unternahm Olga keinen direkten Angriff auf mich. Sie beschränkte sich darauf, uns überallhin zu folgen und Pablo mit allen Übeln zu drohen, die ihr in den Sinn kamen. Täglich schrieb sie ihm Briefe, meist auf spanisch, weil sie dachte, das verstehe ich nicht, doch ihr Spanisch war ziemlich primitiv und daher leicht zu entziffern: »Du bist nicht mehr, was du warst. Auch dein Sohn kommt nicht voran, und er wird immer schlimmer. Genau wie du.« Solange wir in Paris lebten, verschonte sie uns einigermaßen mit ihren Aufmerksamkeiten, abgesehen von den täglichen Drohungen per Post. Wenn wir jedoch in Südfrankreich waren, verbrachten wir die meiste Zeit im Freien und konnten keinen Fuß auf die Straße setzen, ohne daß sie sich uns an die Fersen heftete.

Im Dezember 1947 kamen wir nach Paris zurück. Als wir im Februar wieder nach Südfrankreich fuhren, ließ ich die Kinderschwester in Paris, und wann immer ich mit Claude in seinem Kinderwagen unterwegs war, folgte mir Olga. Meine Großmutter war auch gekommen und wohnte drei oder vier Häuser von Monsieur Forts Haus; manchmal begleitete sie mich, wenn ich Claude spazierenfuhr. Olga war nie weit hinter uns, rief ihre Drohungen und beschuldigte mich, ihr den Mann gestohlen zu haben. Ich antwortete ihr nie, weil ich spürte, das würde sie noch wütender machen. Meine Großmutter, die nicht gut hörte, fragte gelegentlich: »Ich verstehe nicht, warum diese Frau uns immer folgt.« Da sie aber ohnehin nicht glücklich über die Situation war, in der ich mich befand, konnte ich ihr nicht gut erklären, daß es sich um Pablos Frau handelte.

Die Wochen gingen dahin, doch Olgas Wut blieb unvermindert.

Wenn ich mit Claude aus war und sie mich einmal nicht verfolgt hatte, pflegte sie vor Monsieur Forts Haus zu warten, bis ich zurückkam. Während ich meine Schlüssel hervorsuchte und die Tür aufschloß, wobei ich Claude auf dem Arm tragen mußte, stellte sie sich hinter mich und fing an, mich zu kneifen, zu kratzen und zu zerren. Zuletzt zwängte sie sich vor mir ins Haus und schrie: »Das ist mein Haus. Mein Mann lebt hier!« und stieß mich zurück, so daß ich nicht eintreten konnte. Selbst wenn ich gewollt hätte – mit einem kleinen Kind auf dem Arm konnte ich nicht gut mit ihr kämpfen.

Monsieur Fort, der alte Drucker, in dessen Haus wir wohnten, war damals fast fünfundachtzig Jahre alt, seine Frau etwa fünfzig. Sie war nie besonders freundlich zu mir, und eines Tages, als sie wieder diese Szene vor der Tür hörte, kam sie ans Fenster und rief Olga zu: »Ich erinnere mich an Sie, Sie sind Picassos Frau, nicht wahr? Wir haben uns vor Jahren kennengelernt, als mein Mann Drucker bei Vollard war.«

Olga, entzückt von diesem Glücksfall, sagte: »Natürlich. Ich werde hereinkommen und Tee bei Ihnen trinken.« Von da an kam Olga täglich, um Madame Fort zu besuchen. Sie pflegte sich ans Fenster zu setzen, und wenn jemand zu Pablo wollte, rief sie hinaus: »Nein, mein Mann ist nicht da. Er ist heute nachmittag ausgegangen. Und ich bin wieder hier und lebe bei ihm, wie Sie sehen.«

Ich hielt Pablo vor, das könne nicht so weitergehen, wir müßten sofort ein anderes Haus suchen. Ihn berührte das alles nur wenig, weil er jeden Nachmittag nach Vallauris ging, um Keramiken zu machen, und ich war diejenige, der es überlassen blieb, mit Olga fertig zu werden. Jedesmal, wenn ich ihr in der Halle oder auf der Treppe begegnete, schlug sie mich. Ich brachte es nicht übers Herz, mit ihr zu kämpfen, doch ich hatte auch nicht die Absicht, all das noch länger mitzumachen. So sagte ich zu Pablo, wir sollten uns irgendwo für kurze Zeit provisorisch einquartieren und dann in Ruhe nach einer geeigneten Wohnung umsehen. Er bat die Ramiés, etwas für uns zu suchen.

Inzwischen waren die Cuttolis in Cap d'Antibes eingetroffen, und ich fragte Monsieur Cuttoli, ob er als Senator nichts gegen Olga unternehmen könne. Ich dachte, wenn er ihr mit dem Briefkopf des Senats in amtlichem Stil schriebe, würde sie das vielleicht einschüchtern, auch wenn der Brief nicht von Amts wegen kam. Cuttoli schickte daraufhin den Polizeikommissar des Bezirks zu ihr, der ihr sagte, wenn sie so weitermache, käme sie in eine sehr unangenehme Situation. Das machte sie vorsichtiger. Doch immerhin hatte sie es nun schon zwei Monate lang so getrieben, und obwohl sie danach nicht mehr ins Haus kam, hatte ich endgültig genug von Madame Fort. Es war jedoch klar, daß Pablo nichts unternehmen würde, bis man ihn dazu zwang, und so hämmerte ich ihm Tag für Tag meine Unzufriedenheit ein. Endlich, im Mai, berichtete er, daß die Ramiés von einem Haus in Vallauris erzählt hätten, das wir kaufen und sofort bewohnen könnten, es hieß *La Galloise*. Wir gingen hin, um es anzusehen. Es war eine ziemlich häßliche kleine Villa, für die fast nichts sprach, doch um nicht länger bei den Forts bleiben zu müssen, hätte ich sogar noch etwas Schlechteres in Kauf genommen. Binnen einer Woche hatten wir die Räume gestrichen und zwei Betten hereingeschafft, dazu noch zwei ungestrichene Tische, zwei rohe Stühle und vier Hocker. Wir konnten einziehen.

Am Morgen des Umzugstages war Pablo schlechter Laune. »Ich weiß nicht warum ich das alles mitmachen soll«, knurrte er. »Wenn ich jedesmal umgezogen wäre, sobald sich zwei Frauen um mich gestritten haben, wäre mir nicht viel Zeit für andere Dinge geblieben.« Ich entgegnete, daß ich nicht das geringste Interesse hätte, mich mit irgend jemandem um ihn zu streiten.

»Das solltest du vielleicht«, meinte er. »Im allgemeinen finde ich das amüsant. Ich erinnere mich, wie eines Tages, als ich im großen Atelier in der Rue des Grands-Augustins *Guernica* malte, Dora Maar bei mir war. Marie-Thérèse kam herein. Als sie Dora sah, wurde sie wütend: ›Ich habe ein Kind von diesem Mann. Es ist mein Recht, hier bei ihm zu sein. Sie können sofort gehen.‹ Dora erwiderte: ›Ich habe das gleiche Recht, hier zu sein, wie Sie. Ich habe ihm kein Kind geboren, aber ich sehe nicht ein, was das für ein Unterschied sein soll.‹ Ich fuhr fort zu malen, und sie fuhren fort zu argumentieren. Schließlich wandte sich Marie-Thérèse an mich und sagte: ›Entscheide dich. Welche von uns beiden soll gehen?‹ Es war eine schwere Entscheidung. Ich hatte sie beide gern, aus verschiedenen Gründen: Marie-Thérèse, weil sie liebreizend und sanft war und alles tat, was ich wollte, und Dora, weil sie intelligent war. Ich entschied mich dafür, mich nicht zu entscheiden. Ich war zufrieden mit den Dingen, wie sie waren, deshalb sagte ich, sie sollten das unter sich ausmachen. Daraus wurde dann ein Ringkampf. Das ist eine meiner erlesensten Erinnerungen.« Nach seinem Lachen zu schließen, stimmte das auch. Ich freilich sah nichts Komisches darin. Schließlich wurde er wieder nüchtern, und wir kamen auf die Frage unseres Umzugs zurück.

»Also höre«, sagte Pablo, »ich möchte durch diesen Umzug nicht gestört werden. Er unterbricht meine Arbeit. Es mag hier bei den Forts unerfreulich für dich sein, doch mich stört das überhaupt nicht. Wenn wir also umziehen müssen, dann deinetwegen, und es ist deine Pflicht, dafür zu sorgen, daß ich darunter nicht zu leiden habe. Du kannst dir Marcel und Paulo als Helfer holen, aber ich möchte, daß bis heute abend alles in Ordnung ist. Morgen werde ich meine Sachen durchsehen, und wenn ich feststelle, daß du auch nur einen Fetzen Papier verloren hast, bekommst du etwas zu hören. Also, du hast diesen Tag. Nun mach.«

Marcel, Paulo und ich pendelten den ganzen Tag über zwischen dem Haus der Forts und dem neuen hin und her. *La Galloise* liegt oben in einem Garten von ungefähr 8000 Quadratmetern, der sich einen Hang hinanzieht; man kann das Haus nur über eine lange Treppe erreichen. Als wir uns vielleicht vierzigmal schwerbeladen hinauf- und heruntergeschleppt hatten, kam es uns allmählich so vor, als seien das die Stufen nach Golgatha. Am Abend waren wir dem Zusammenbruch nahe.

Obwohl wir von da an in Vallauris lebten, waren wir oft in Golfe-Juan. Nach einiger Zeit begann Olga, uns wieder auf der Straße zu verfolgen, nun aber von weitem, ohne uns anzusprechen. Bald kam sie wieder zum Strand. Eines Tages, als ich dort saß und mich rückwärts auf meine Arme stützte, tauchte Olga hinter mir auf und trat mit ihren hohen Absätzen auf meinen Händen herum. Pablo sah, was sie tat, und brüllte vor Lachen. Jedesmal, wenn ich meine Hände hinter mir in den Sand legte, lief Olga darüber. Endlich, als es mir zu viel wurde, packte ich Olgas Fuß und verdrehte ihn; sie fiel flach auf ihr Gesicht in den Sand. Es war das einzige Mal, daß ich je versuchte, ihr mit gleicher Münze heimzuzahlen, und das hatte wohl gewirkt: Seit diesem Tag habe ich sie nicht mehr aus der Nähe gesehen.

Im neuen Haus besserte sich indessen meine Stimmung nicht sofort. Auf einem der Fotos aus jener Zeit, auf dem wir am Strand sitzen, mache ich ein langes Gesicht mit brütendem, fast schmollendem Ausdruck. Eines Tages fragte mich Pablo, was mit mir los sei. »Ich habe den ganzen Ärger des Umzugs durchgemacht«, sagte er, »und nichts hat sich geändert.«

Das sei wahr, sagte ich, doch die Probleme des Umzugs seien nichts im Vergleich zu dem schwierigen Versuch, die Last seiner weitreichenden Vergangenheit abzuschütteln, die ich allmählich wie einen Mühlstein um meinen Hals empfände.

»Ich weiß, was du brauchst«, sagte er. »Das beste Rezept für eine unzufriedene Frau ist, ein Kind zu bekommen.« Ich zeigte mich von dieser Argumentation nicht sonderlich beeindruckt.

»Darin steckt mehr Logik, als du denkst«, sagte er. »Ein Kind zu haben, bringt neue Probleme, und diese nehmen den alten ihre Schärfe.« Zuerst kam mir diese Bemerkung nur zynisch vor, doch als ich darüber nachdachte, begann sie mir einzuleuchten, doch keineswegs mit seiner Begründung.

Ich war daheim das einzige Kind gewesen, und das hatte mir ganz und gar nicht zugesagt. Ich wünschte mir für meinen Sohn einen Bruder oder eine Schwester. Also erhob ich keine Einwände gegen Pablos Allheilmittel. Und wenn ich über unser Zusammenleben nachdachte, stellte ich fest, daß die einzige Zeit, in der ich ihn unentwegt bei guter Laune gesehen hatte – abgesehen von der Periode zwischen 1943 und 1946, bevor ich mit ihm zu leben begann –, die Zeit war, als ich Claude trug. Nur damals war er heiter, entspannt, glücklich und ohne Sorgen. Es war eine schöne Zeit, und ich hoffte, in unser beider Interesse, auf eine Wiederholung dieses Zustandes.

Ich konnte nicht zehn Kinder bekommen, nur um ihn immer so zu erleben, das wußte ich. Doch ich konnte es wenigstens noch einmal versuchen, und das tat ich.

FÜNFTER TEIL

Etwa drei Monate nach unserem Einzug in *La Galloise* wurden wir zum erstenmal getrennt. Der russische Schriftsteller Ilja Ehrenburg schrieb an Pablo und bat ihn, an einem Friedenskongreß teilzunehmen, der in Breslau in Polen stattfinden solle, und wenig später besuchte ihn aus diesem Grund eine Abordnung der polnischen Botschaft in Paris. Wegen der Ost-West-Spannungen und Pablos speziellen Paßproblemen mußte die Reise im Flugzeug erfolgen. Obwohl Pablo spanischer Bürger war, hatte er bei der Franco-Regierung nie einen Paß angefordert. Man hätte ihm sicher einen gegeben, wenn er darum gebeten hätte, doch damit hätte er das Franco-Regime anerkannt, und so weit wollte er auf keinen Fall gehen. Für Reisen in Frankreich genügte seine *carte de séjour*, die Aufenthaltserlaubnis als »privilegierter Einwohner«, doch eine Auslandsreise war komplizierter. Die Polen zeigten sich durchaus bereit, ihm auch ohne Paß ein Visum auszustellen, allerdings mußte die Reise direkt von Paris nach Warschau in einem ihrer Flugzeuge unternommen werden.

Pablo haßte Reisen in jeder Form und hatte große Angst vor dem Fliegen. Er hatte nie zuvor ein Flugzeug bestiegen, doch nach seiner Gewohnheit stimmte er zu, weil er dachte, sie würden sich damit zufriedengeben und später nicht mehr daran denken – genau wie er.

Das schien auch alles gutzugehen, bis die polnische Botschaft drei Tage vor dem geplanten Abreisetermin eine Frau nach Golfe-Juan schickte. Sie war morgens, mittags und abends hinter ihm her, bis er aus purer Verzweiflung begann, die Abreise vorzubereiten.

»Wenn ich nicht fahre, werde ich sie nie wieder los«, sagte er. Er ließ sich von Marcel nach Paris bringen und nahm von dort das Flugzeug, zusammen mit Paul Eluard. Eluard hatte Herzbeschwerden, und die Reise war für beide anstrengend. Um die Aufregungen zu mildern, nahm Pablo Marcel mit, der nichts zu fahren hatte, sondern als eine Art Maskottchen diente. Sein Familienname war Boudin, was »Schweinswurst« bedeutet, und Marcel war genau der entsprechende Typ.

Pablo hatte zwar keine Ahnung, auf was er sich da einließ, doch mit Marcel nahm er ein wenig französischen Boden mit sich, so fühlte er sich nicht völlig entwurzelt. Ursprünglich wollten sie nicht länger als drei oder vier Tage bleiben, doch es gefiel ihnen so gut, daß sie sich drei Wochen lang aufhielten, wozu nach ihrer Rückkehr aus Warschau noch eine Woche in Paris kam.

Als Pablo wieder in Vallauris eintraf, war ich bitterböse auf ihn. Es war nicht nur das erste Mal, daß wir getrennt waren, ich war auch im ersten Monat meiner Schwangerschaft, und obwohl er versprochen hatte, mir täglich zu schreiben, hatte ich in der ganzen Zeit keinen einzigen Brief bekommen. Ich erhielt zwar täglich ein Telegramm, doch die Botschaften klangen recht seltsam. Sie waren nie mit »Pablo«, sondern immer mit »Picasso« unterzeichnet, außerdem war mein Name jedesmal anders geschrieben: Einmal stand da »Gillot«, dann »Gilot«, und schließlich »Gillo«. Nur eines blieb sich dabei immer gleich: Alle endeten mit der Grußformel »Bons baisers«, ein Ausdruck, der häufig von Hausmeistern, Straßenkehrern und ähnlichen Leuten gebraucht wird. Er stammte sicher nicht aus Pablos Repertoire, noch weniger aus dem Eluards. Blieb also nur Marcel. Ich begriff rasch, daß Pablo nicht nur keine Zeit zum Schreiben fand, sondern obendrein Marcel den Auftrag gegeben hatte, die beruhigenden täglichen Telegramme aufzusetzen und abzuschicken. Bei seiner Rückkehr war ich in keiner heiteren Stimmung.

Als er in *La Galloise* ankam, stand ich auf der Terrasse. Mit strahlendem Lächeln stieg er die lange Treppe hinauf.

»Nun«, sagte er, immer noch grinsend, »freust du dich, daß ich da bin?« Ich gab ihm eine Ohrfeige.

»Das ist für die ›Bons baisers‹«, sagte ich und erklärte, falls er noch einmal für drei Tage verreisen und nach drei Wochen wiederkommen würde, ohne einen einzigen Brief geschrieben zu haben, würde ich nicht da sein, um ihn zu begrüßen. Ich rannte in Claudes Zimmer und schloß mich ein.

Am nächsten Morgen hämmerte Pablo so lange gegen die Tür, bis ich öffnete. Als ich herauskam, erkundigte er sich sehr besorgt nach Claude. Er hatte mir eine Jacke aus Polen mitgebracht; sie war aus braunem Leder, mit Bauernstickerei in Rot, Blau und Gelb geschmückt und mit schwarzer Schafwolle gefüttert. Eine ähnliche mit weißem Wollfutter brachte er Claude mit. Mit keiner Silbe erwähnten wir die Szene vom vergangenen Abend. Doch wenn Pablo in Zukunft verreiste, machte er es sich zur Pflicht, mir wenigstens einmal täglich zu schreiben.

Die Ohrfeige hatte zweifellos eine heilsame Wirkung. Pablo tischte sehr oft seine Version auf, daß es nur zwei Arten von Frauen gebe: Göttinnen und Fußabstreifer. Ich erkannte, daß ich wenigstens in diesem Augenblick eine Göttin war.

Zu den erfreulichsten Erlebnissen, die Pablo in Warschau gehabt hatte, gehörte die Begegnung mit den fünf oder sechs Architekten, die beauftragt waren, die Stadt wieder aufzubauen. Sie erläuterten ihm ihre Pläne und Methoden. Baumaterial war rar. Was ihn besonders beeindruckte, war die Tatsache, daß man nichts ungenutzt ließ: Der gesamte Trümmerschutt wurde gesammelt, zerkleinert und mit Zement und Kies vermischt, um das Material herzustellen, aus dem das neue Warschau erbaut wurde. Und wie Zement, wenn er mit Steinen vermengt wird, an Festigkeit gewinnt, so verwuchsen hier das Alte und das Neue zu einem Ganzen.

Der Kongreß selbst vereinte Menschen aus aller Welt, und die Atmosphäre war, wie Pablo berichtete, herzlich und freundlich.

»Nur eine Veranstaltung, ein gemeinsames Essen der Delegationen, war eine Katastrophe«, berichtete er. »Die Polen waren von jeher aufgeschlossen und unabhängig, keinem von ihnen fiel es ein, meine Malerei aus politischen Gründen zu kritisieren. Am Ende des Diners, als die Toasts ausgebracht wurden, stand einer von der russischen Delegation auf und sagte, er sei glücklich darüber, daß ich zum Kongreß gekommen sei, aber trotzdem sage er es frei heraus, daß es ein Jammer sei, daß ich immer noch in einer so dekadenten Manier male und damit die üble bürgerliche Kultur des Westens repräsentiere. Er sprach sogar von meinem ›impressionistisch-surrealistischen Stil‹. Kaum saß er wieder, da stand ich auf und erklärte, daß ich mich von einem Parteischreiberling nicht in dieser Weise angreifen lasse und auf jeden Fall sein Versuch, mich ›impressionistisch-surrealistisch‹ zu nennen, nicht stichhaltig sei. Wenn er mich schon beleidigen wolle, solle er wenigstens die Terminologie richtig anwenden und in mir einen der Erfinder des Kubismus verdammen. Ich sei in Deutschland von den Nazis und in Frankreich während der Besetzung als ein jüdisch-marxistischer Maler verunglimpft worden, und ich fügte hinzu, daß diese Redensarten, wie immer sie lauten mögen, stets in schlechten Augenblicken der Geschichte auftauchten und jedesmal von Leuten ausgingen, die man nicht sehr achte.

Daraufhin regten sich alle ringsum auf und protestierten nach den verschiedensten Richtungen. Die Polen versuchten, die Sowjets zu beruhigen, indem sie einräumten, daß vielleicht einiges an meiner Malerei dekadent sei, aber sie könnten keinesfalls zugeben, daß man ihre Gäste beleidige.«

Nach der Rückkehr aus Polen ging Pablo wieder an seine Arbeit in der Töpferei Ramié, doch er war jetzt nicht mehr glücklich damit. Er hatte genug von der Keramik. Auf dem Gebiet der Lithographie hatte er außerordentliche Leistungen vollbracht, das gesamte lithographische Verfahren erneuert und technische Möglichkeiten entdeckt, auf die niemand vor ihm gekommen war. Das Resultat waren Arbeiten von einzigartigem Rang. Selbst die Skulpturen, die er aus den unterschiedlichsten Materialien geschaffen hatte, besaßen, waren sie einmal in Bronze gegossen, eine Kraft und Gültigkeit, die ihn befriedigen konnte. Doch in der Keramik, das fühlte er, erreichte er niemals das, was er anstrebte.

»Ich mache einen Gegenstand«, sagte er, »aber nicht immer einen Kunstgegenstand. Ich habe den Eindruck, daß das Material als solches das Gewicht der schöpferischen Kraft, das ich ihm aufbürde, nicht tragen kann. Es ist, als hätte ich auf billiges Einwickelpapier gezeichnet, und mir wird plötzlich bewußt, daß die ganze Arbeit verloren ist, weil dieses Papier an der Luft vergilbt.« Er machte zwar später aus den verschiedensten Gründen wieder Keramiken, doch im Augenblick hörte er damit auf.

Es war Oktober geworden, als wir nach Paris zurückkehrten. Pablo stellte bei Kahnweiler eine Folge von Zeichnungen aus, die im Sommer des Vorjahrs während unseres Aufenthalts bei Monsieur Fort entstanden waren; in der Thematik standen sie denjenigen nahe, die sich heute im Musée d'Antibes befinden. Am Jahresende veranstaltete er seine erste Keramikausstellung im *Maison de la Pensée Française*. Für die Kunstwelt war sie nahezu eine Sensation, denn nun wurde zum erstenmal dieser neue Aspekt seines Schaffens sichtbar. Es handelte sich um eine außergewöhnlich schöne und einfallsreiche Serie, die aus der ersten Zeit der Entdeckungen stammte, aus der Zeit der Amphoren in Frauengestalt und der kombinierten Formen, die er im ersten Aufbranden der Inspiration schuf. In der Folgezeit wurde seine Keramik vergleichsweise anekdotischer, und oft zeigte sie bestenfalls die Beherrschung einer Technik, die er so lange erprobt hatte, bis sie ihm vertraut war.

Der Aufbau der Ausstellung war bis zur letzten Minute ein Chaos. Die Lastwagen, mit denen die Arbeiten aus Vallauris geholt wurden, kamen mit großer Verspätung in Paris an; auch die Vitrinen waren nicht rechtzeitig fertig. Alles konnte erst kurz vor der Vernissage eingerichtet werden.

Für die Ausstellung hatten wir nur solche Stücke gewählt, die uns künstlerisch und technisch vollkommen erschienen. Als wir sie im *Maison de la Pensée Française* sahen, waren wir selber von ihrer Wirkung überrascht. Die wenigen, die diesen Schwung der Imagination begriffen, waren begeistert von dem, was sie sahen, doch das übrige Publikum reagierte nur schwach. Es war eben nicht das, was man von Picasso erwartete.

»Sie erwarten nur Schock und Terror«, sagte Pablo ironisch und verzog das Gesicht. »Wenn das Ungeheuer lächelt, sind sie enttäuscht.«

Nach der Ausstellung hielt sich Pablo wieder ans Malen, der Winter sah ihn sehr beschäftigt. Oft arbeitete er bei Mourlot; er zeichnete auf den Stein und war überhaupt in bester Stimmung. Und weil er grundsätzlich keine mageren oder schlanken Frauen ausstehen konnte, ich aber damals zum zweitenmal begann, fülliger zu werden, fand auch ich wieder mehr Gnade vor seinen Augen. Es war eine glückliche und idyllische Zeit. Pablo war sehr aufmerksam zu mir und meistens sehr friedlich.

Damals entstand eine Folge von Lithographien, die mich darstellen, die *Por-*

träts mit der polnischen Jacke und eine Anzahl von Porträts in Öl. Keines davon ist naturalistisch, und einige scheinen den ornamentalen Rhythmus weiterzuführen, den er bei der Illustration von Reverdys *Chant des Morts* entwickelt hatte: langgezogene, verästelte, in Kreisbögen endende Zeichen. Auf den gemalten Bildnissen scheint das Gesicht eine Art Collage in Schwarz und Weiß zu sein, in einer graphischen Manier, die dem Stil des Ganzen widerspricht: breit ausgespannte kühne Farben, durchschnitten von starken Grenz- und Kraftlinien, die ohne die üblichen Mittel der Konturierung Ausdruck schaffen.

Eines Tages, als Pablo auf einem dieser Porträts an meinen Brüsten malte, sagte er zu mir: »Wenn man sich mit dem Vollen befaßt, also mit dem Gegenstand als einer positiven Form, schrumpft der Raum ringsum fast zu nichts zusammen. Befaßt man sich dagegen in erster Linie mit dem Raum, der den Gegenstand umgibt, so ist das Objekt auf fast nichts reduziert. Was ist wichtiger – das Äußere oder das Innere einer Form? Wenn du Cézannes Äpfel betrachtest, siehst du, daß er nicht wirklich Äpfel als solche gemalt hat. Er hat vielmehr das Gewicht des Raumes auf der Oberfläche einer runden Form herrlich dargestellt. Die Form selbst ist auf dem Bild nur ein leerer Umfang, auf den sich der Druck des umgebenden Raums so auswirkt, daß die Erscheinung eines Apfels entsteht, obwohl er in Wirklichkeit nicht existiert. Was also zählt, ist das rhythmische Aufprallen des Raums auf die Form.«

Dies hatte Pablo im Sinn, als er an der ersten Fassung eines großen Bildes arbeitete, das er *La Cuisine, Die Küche,* nannte. Als Modell diente die Küche in der Rue des Grands-Augustins, in der wir manchmal unser Abendbrot aßen. Diese Küche war weiß gestrichen, und neben dem üblichen Mobiliar befanden sich dort noch einige Käfige mit Vögeln; von diesen abgesehen, waren die einzigen Farbakzente drei spanische Teller an der Wand. Der Raum war also im wesentlichen ein leerer, weißer Würfel, den einzig die Vögel und die drei Teller belebten.

Eines Abends sagte Pablo: »Daraus werde ich ein Bild machen – das heißt, aus nichts.« Und genau das tat er. Er legte ein Netz von Konstruktionslinien an, die den Raum bestimmten, und einige Kreislinien, die wie Zielscheiben aussahen – die spanischen Teller. Im Hintergrund erschienen undeutlich die Eule und die Turteltauben.

Als er soweit war, besah er sein Werk. »Jetzt sehe ich zwei Möglichkeiten für dieses Bild. Ich möchte ein anderes, das ganz genauso ist, damit ich davon ausgehen kann. Du machst also jetzt eine Kopie, und damit werde ich dann weiterarbeiten. Bis morgen möchte ich sie haben.« Als ich murrte, weil er mich so hetzte, meinte er: »Gut, mach nur eine Kohlezeichnung. Schwarz-weiß ist alles einfacher.« Ich setzte ihm auseinander, daß das Bild viel zu groß sei, als daß ich es kopieren könnte, aber er ließ sich nicht davon abbringen. »Wie du das machst, ist deine Sache. Übertrage es mit einem Quadratnetz oder wie du willst, mir ist das gleich. Aber ich möchte nicht, daß die Kopie einen Millimeter vom Original abweicht. Und ich möchte sie morgen abend haben.«

Ich wußte, daß ich es in keinem Fall bis zum nächsten Abend schaffen konnte, wenn ich allein an die Arbeit ging – das Bild war mehr als 2,40 Meter lang und fast 1,80 hoch. Also telefonierte ich am nächsten Morgen mit Pablos Neffen Javier Vilato, auch ein Maler, und bat ihn, mir zu helfen. Wir arbeiteten vom Mittag bis acht Uhr abends. Dann holten wir Pablo. Er warf einen Blick auf das Bild, wich zurück und begann zu brüllen.

»Ich sagte dir doch, du sollst es genau wie das andere machen«, schrie er. »Oben in der rechten Ecke stimmt es aber nicht.« Ich war überzeugt, daß wir eine perfekte Arbeit geleistet hatten. Wenn es nicht ganz übereinstimme, so verteidigte ich mich, dann wahrscheinlich deshalb, weil der Keilrahmen nicht ganz im rechten Winkel sei. Pablo grinste. »Das ist eine echte Françoise-Antwort. Du machst einen Fehler in deiner Zeichnung und versuchst dann, es auf den Keilrahmen zu schieben. Lächerlich. Los, miß ihn nach.«

Wir maßen nach, und tatsächlich waren die Seiten nicht ganz parallel; es handelte sich um drei Zentimeter in der rechten oberen Ecke. Pablo stürzte ans Telefon, rief den Händler an, der die meisten seiner Leinwände lieferte, und schrie mit ihm weiter. Am nächsten Morgen kam einer seiner Angestellten, nahm die Leinwand vom Keilrahmen, der sich geworfen hatte, und spannte sie auf einen neuen, wobei er die drei Zentimeter wegnahm.

Pablo gab mir öfter den Auftrag, solche Zustandskopien zu machen – gewöhnlich deshalb, weil er, wie im Fall des Küchenbildes, einer Bildidee konsequent bis zum Ende nachging, hinterher aber immer von den Möglichkeiten gepackt war, die sich ergeben hätten, wenn er sich am »Kreuzweg« für eine andere Richtung entschieden hätte. Und um nicht alles noch einmal bis zu diesem Kreuzweg malen zu müssen, ließ er mich, sobald das Bild in diesem Entscheidungsstadium war, eine genaue Kopie herstellen. Manchmal skizzierte ich mit Kreide und mit dem Pinsel flüchtig die Konstruktionslinien und deutete die Farbgebung an, um die Ausgangsbasis zu fixieren, aus der er die Variante entwickeln konnte. Das gab ihm die Möglichkeit, schneller zum Kern zu kommen und um so länger daran zu arbeiten.

In diesem Winter machte ich noch drei oder vier andere Kopien für ihn. Meistens waren es Porträts von mir, die linear und in kräftigen Farben angelegt waren. Meine Mitarbeit war für Pablo ein praktischer Beweis für die Wahrheit eines seiner Lieblingssprüche: »Wenn ich eines meiner Bilder nach New York telegrafiere, müßte jeder Anstreicher fähig sein, es genau auszuführen. Ein Bild ist ein Zeichen – lesbar wie ein Schild, das eine Einbahnstraße anzeigt.«

Die letzten Monate vor der Geburt unseres zweiten Kindes waren für mich in vieler Hinsicht weniger beschwerlich als die vor Claudes Geburt. Während ich Claude trug, ängstigte ich mich bei dem Gedanken, ein Kind zu haben, und ich war schrecklich verstört. Doch nun sah ich die Dinge ganz anders, und während ich bei Claude erst in letzter Minute einen Arzt aufgesucht hatte, ließ ich mich diesmal schon von Anfang an behandeln. Außerdem hatte ich während meiner ersten Schwangerschaft fast niemanden aus Pablos Umgebung gut gekannt, doch in der Zwischenzeit hatte ich einige Freunde gewonnen, und so war mir nun leichter ums Herz. Körperlich freilich fühlte ich mich diesmal schwächer. Pablo und ich gingen gewöhnlich sehr spät zu Bett, und da ich den ganzen Winter über malte und frühmorgens mit Claude aufstehen mußte, war ich sehr erschöpft. Selbst der Schlaf brachte mir nicht mehr die nötige Entspannung. Und Claude war nun fast zwei Jahre alt, er hielt es nicht mehr in seinem Wagen aus. Manchmal führte ich ihn am Laufgurt, aber er sträubte sich dagegen. Deshalb trug ich ihn meistens auf dem Arm, und das war wohl nicht das Richtige. Etwa zwei Monate, bevor das zweite Kind erwartet wurde, zeigte sich der Arzt über meinen Gesundheitszustand besorgt. Als ich mich einen Monat später erneut untersuchen ließ, meinte er, ich solle in drei Tagen wiederkommen. Diesmal sagte er, ich solle nach Hause gehen, meine Sachen richten und sofort in die Klinik kommen.

Es war der 19. April 1949, der Eröffnungstag des Friedenskongresses in der Salle Pleyel, und Pablo war als eines der Aushängeschilder äußerst beschäftigt. Ich erhob deshalb schwachen Protest und fragte den Arzt, ob das wirklich sein müsse. Er blieb dabei und sagte: »Ich werde Ihnen Injektionen geben, damit alles gut vorübergeht.« Ich wandte ein, das passe mir jetzt gar nicht, und Pablo habe eine Menge zu tun. »Das interessiert mich nicht«, entgegnete er. »So ist das immer. Also wollen wir mit Reden keine Zeit verschwenden.«

Ich ging nach Hause und erzählte Pablo, was der Arzt gesagt hatte. Als ich ihn fragte, ob mich Marcel zur Klinik fahren könne, wurde er ärgerlich.

»Ich brauche Marcel heute. Du weißt genau, daß ich zum Friedenskongreß muß. Außerdem muß ich Paul Robeson mitnehmen.« Ich antwortete, daß ich sehr wohl wüßte, wie unbequem das für ihn sei, doch für mich sei es auch nicht anders. »Schön«, meinte er, »wenn du ein Auto brauchst, mußt du eine andere Lösung finden. Warum rufst du nicht die Ambulanz?«

Marcel, der gerade dabei war, seine Zeitung zu lesen, sah auf. »Können wir sie nicht auf dem Weg zum Kongreß an der Klinik vorbeibringen?« fragte er Pablo. Sie diskutierten das mit der Gründlichkeit, die einer Staatsaktion angemessen gewesen wäre. Schließlich zuckte Pablo die Achseln: »Du fährst zuerst mich hin, und dann kommst du zurück, um sie zu holen. Ich möchte nicht zu spät kommen.« Drei Tage vorher hatte er an meiner Stelle Wehenschmerzen empfunden, und nun schienen alle Sorgen einzig dem Kongreß zu gelten.

Als ich in der Klinik ankam, war es fast fünf Uhr. Der Arzt wartete schon seit drei Stunden auf mich. Gegen acht kam das Kind, ein Mädchen, zur Welt. Pablo hatte wiederholt aus der Salle Pleyel angerufen, um sich nach meinem Zustand zu erkundigen; der Kongreß beschäftigte ihn nicht länger, er war nun wieder der unruhige Vater. In ganz Paris klebte seine berühmte Taube an den Plakatsäulen, um die Eröffnung des Friedenskongresses anzuzeigen, und als er hörte, daß er eine Tochter habe, beschloß er, sie Paloma zu nennen.

Unverzüglich raste er in die Klinik, um rasch einen Blick auf seine neue Taube zu werfen. Er fand sie »reizend«, »schön«, »wunderbar« und was sonst noch an Worten im Repertoire glücklicher Väter steht. Seine Nervosität von vorhin reute ihn jetzt sehr.

Am nächsten Morgen hörte ich draußen auf dem Flur Leute debattieren. Ich befürchtete, es könnten Journalisten sein, die sich Einlaß verschaffen wollten, und rief die Direktion an. Man hatte sie heraufgelassen, weil sie vorgaben, Besucher zu sein. Genau vor meinem Zimmer hatte sie eine Schwester abfangen können, die mir später erzählte, sie wollten ein Bild von Paloma machen und hätten ihr hunderttausend Francs geboten, falls sie das Kind herausbrächte. Als sie sich weigerte, waren sie drauf und dran, ins Zimmer einzudringen. In diesem Augenblick kam ein Aufseher und schickte sie fort.

Seit Monaten hatte ich Pablo bedrängt, er solle sich einen neuen Anzug machen lassen, doch es fiel ihm ebenso schwer, etwas Neues zu kaufen, wie etwas Altes wegzuwerfen. Er gab sich mit zwei alten Anzügen zufrieden, die bis zum äußersten abgetragen waren. Am Tag von Palomas Geburt trug er den ältesten. Der Stoff war so dünn, daß die Hose einen längeren Riß am Knie bekam, als Pablo in den Wagen stieg, um sich von Marcel in die Klinik fahren zu lassen.

Während er noch auf mein Bett zuging, bemerkte ich, daß er seinen Trenchcoat auf eine merkwürdig linkische Weise vor sich hielt. Als er sich setzte, entdeckte ich, daß sein Knie ins Freie sah. Ich meinte, das sei nun wohl der gegebene Anlaß, einen neuen Anzug zu kaufen.

»Oh, das braucht seine Zeit«, sagte er. »Er muß maßgeschneidert werden.« Ich sagte, daß ein Anzug von der Stange immer noch besser sei als der, den er anhabe. Endlich kapitulierte er und bestellte bei seinem Schneider einen Anzug, den er etwa einen Monat später erhielt. Doch in der Woche meines Klinikaufenthaltes erschien er täglich in derselben Aufmachung wie am ersten Abend. Stets mußte er seinen Trenchcoat überziehen, obwohl wir gerade eine Hitzewelle hatten.

Beim Kauf von Hemden oder Schuhen gab es keine Probleme, doch einen Anzug zu finden, war für ihn mit vielen Schwierigkeiten verbunden. Er hat breite Schultern und eine große Brustweite, wie sie den Proportionen eines viel größeren Mannes entsprechen, aber eine schmale Taille: So konnte er nie einen fertigen Anzug finden, der ihm paßte. Entweder konnte man zwei Männer seiner Größe in die Hose stecken, die zu einer Jacke gehörte, die ihm paßte, oder es schienen Arme und Hals aus der Jacke herauszuplatzen, wenn ihm die Hose saß.

Er fürchtete sich vor dem Anprobieren; es war wirklich zu peinlich. »Das bringt mich ganz und gar durcheinander«, erklärte er mir. Jedesmal, wenn ich versuchte, ihn zum Schneider zu bringen, knirschte er mit den Zähnen beim Gedanken an die Anprobe, und er bestellte deshalb immer gleich drei oder vier Anzüge auf einmal, damit er nicht so bald wiederkommen mußte. Sobald sie abgeliefert waren, schloß er sie zusammen mit seinen alten, abgetragenen Anzügen in einen Schrank, damit auch die neuen möglichst schon von Motten zerfressen waren, bis er dazu kam, sie zu tragen. Da ich die alten nicht wegwerfen durfte, waren die neuen schon im voraus zum Untergang verurteilt, und nach einem halben Jahr fing alles wieder von vorn an.

Als ich zu Pablo kam, hatte ich weder Kleider noch das Geld, mir welche zu kaufen, und alle möglichen Gründe, Pablo nicht um Geld zu bitten. Während Claude unterwegs war, mußte ich mir aber doch eine alte graue Flanellhose ausleihen, die Pablo lange nicht mehr getragen hatte. Noch Jahre später warf er mir das vor – als eines der verwerflichsten Dinge, die ich je getan hatte.

Seufzend und von Mal zu Mal schmerzerfüllter klagte er: »Du hättest nichts weiter tun müssen, als hinzugehen und dir etwas für deine Taille zu kaufen, anstatt die einzige Hose zu nehmen, die mir wirklich paßt. Jetzt werde ich sie nie mehr tragen können, weil du sie ganz und gar ausgeweitet hast.«

In Wirklichkeit hatte ich sie nicht ein bißchen ausgeweitet, sie war mir sogar dann noch zu weit, als ich in die Klinik kam. Ich muß allerdings zugeben, daß sie so abgetragen war, daß man sie nicht mehr gut anziehen konnte, aber das war sie schon, als ich sie mir nahm.

Schließlich ging es mir auf die Nerven, daß überall alte Kleider herumlagen. Nach Palomas Geburt gab es keinen Platz mehr, um überhaupt noch irgend etwas unterzubringen, da wir in Paris neben den Ateliers nur zwei Zimmer hatten. Ich beschloß daher, einige der alten Anzüge wegzuwerfen. Da Pablo es ablehnte, sich von irgend etwas, was ihm gehörte, zu trennen, wußte ich, daß es sinnlos war, das in Paris zu versuchen. Ich hatte einmal einen Anzug in den Mülleimer geworfen, aber Inès, das Zimmermädchen, holte ihn wieder heraus, brachte ihn Pablo und sagte unschuldsvoll: »Sehen Sie, was Madame weggeworfen hat! Ein Versehen, ja?« Pablo war danach noch wochenlang wütend auf mich.

Also packte ich alle alten Kleider ein und nahm sie mit, als wir das nächste Mal nach Vallauris fuhren. Doch kaum hatte ich dort etwas weggeworfen, da fand es der Gärtner und nahm es mit nach Hause. Eines Tages erschien er mit dem Anzug zur Arbeit. Es war fast, als tauche ein Leichnam, den man säuberlich beseitigt und versenkt hatte, wieder an der Wasseroberfläche auf. Ich sagte zu ihm, Pablo würde es nicht gern sehen, wenn er diesen alten Anzug trüge; er liebe das nicht. Es sei schon verbrecherisch genug gewesen, ihn wegzuwerfen – wenn nun auch noch jemand anderer damit herumlaufe, sei das zu viel für ihn.

»Aber er ist noch gut, Madame«, protestierte der Gärtner. Es ginge einfach nicht, sagte ich ihm. Um ihn zu beschwichtigen, schenkte ich ihm einige meiner alten Pullover, denn er hatte ungefähr meine Größe. Eines Nachmittags, als er ruhig im Garten arbeitete, trug er einen besonders ausgefallenen, den ich ihm gegeben hatte. Von weitem, noch dazu von hinten, hätte man glauben können, das sei ich. Pablo, der die Treppe heraufkam, sah den Gärtner und fast gleichzeitig mich, wie ich aus dem Haus kam. Er begann zu fluchen.

»Das ist unglaublich! Ich hoffe, daß du eines Tages genauso krumm daherkommen wirst wie er. Das wird dich lehren, deine Kleider jedem beliebigen zu schenken!«

Als es das nächste Mal passierte, kam es fast zum Bruch zwischen uns. Ich hatte unklugerweise dem Gärtner eine alte Jacke Pablos aus imitiertem Wildleder gegeben, die versehentlich in das Paket mit meinen Pullovern geraten war. Als Pablo aus seinem Atelier kam und den Gärtner mit seiner alten Jacke sah, geriet er in Raserei.

»Das geht zu weit«, schrie er. »Diesmal werde ich es sein, der in diesen häßlichen alten Mann verwandelt wird.« (Der Gärtner war zwanzig Jahre jünger als er.) »Das ist schrecklich, ungeheuerlich! Mir das anzutun! Wenn du so weitermachst, gehe ich auf der Stelle fort.«

Es gab eine heftige Auseinandersetzung, bis er sich beruhigte. Schließlich war ich gezwungen, seine abgetragenen, mottenzerfressenen Kleider zu verbrennen. Ich fühlte mich fast wie Landru oder Monsieur Verdoux beim Verbrennen der Leichen seiner Frauen. Hinterher stocherte ich in der Asche herum, um alle Knöpfe aufzulesen, die vielleicht übriggeblieben waren und mich verraten konnten.

Einmal gewann er in Vallauris eine Ziege in einer Lotterie. Man hatte uns gesagt, es sei eine weibliche Ziege, doch es stellte sich heraus, daß es ein Ziegenbock war; er dokumentierte seine Anwesenheit auf verschiedene Arten, die alle gleich unerwünscht waren. Vor allem: er stank. Er wanderte durch alle Zimmer des Hauses, weil Pablo – der oft mehr um seine zoologische als um seine menschliche Familie besorgt schien – mir gesagte hatte: »Wenn ich schon eine kleine Ziege habe, möchte ich, daß sie überall umherlaufen kann. Ich liebe sie wie eines meiner Kinder.« War er in besonders schlechter Laune, dann sagte er: »Ich liebe sie mehr als dich.« Einmal ging er so weit zu sagen:

»Ich liebe nur meine kleine Ziege, weil sie die einzige ist, die immer liebenswert ist.«

Die nackte Tatsache war, daß diese liebenswerte kleine Ziege ein gräßlicher Ziegenbock war, der stank, wie es nur ein Ziegenbock kann, durchs ganze Haus trottete und überall Erinnerungen auf seiner Fährte hinterließ. Überdies entwickelte er eine Abneigung gegen Claude, der damals etwa drei Jahre alt war. Wie ein kleiner Stier griff er ihn von hinten mit den Hörnern an und streckte ihn zu Boden.

Nach zwei Monaten hatte ich genug. Zufällig kamen ein paar Zigeuner zu unserem Haus; sie machten sich anheischig, den Garten nach Schlangen und anderen gefährlichen Tieren zu durchstöbern. Ich sagte ihnen, ich hätte eine gefährliche Ziege, die ich gern loswerden wollte, ob sie die mitnehmen wollten.

Sie waren hingerissen. Die Ziege wanderte mit ihnen dahin, und von diesem Augenblick an verspürte ich ein Gefühl des Friedens, wie ich es seit langem nicht mehr gekannt hatte.

Mittags, als Pablo aus der Töpferei nach Hause kam, war seine erste Frage: »Wo ist meine kleine weiße Ziege, die ich so sehr liebe?« Ich entgegnete: »Ich habe deine kleine weiße Ziege, die du so sehr liebst, einer Zigeunerbande mitgegeben, die vorbeikam.«

»Du bist das gemeinste aller menschlichen Wesen«, schrie er. »Ich habe noch nie eine Frau wie dich erlebt.« Er wandte sich an Marcel: »Hast *du* jemals eine solche Frau erlebt? Hast du je ein Lebewesen gesehen, das so entmenscht ist? Stell dir vor! Sie gibt meinen Herzensschatz ein paar dreckigen Zigeunern! Ich bin sicher, sie haben mein Glück mit sich fortgenommen.« Er war niedergeschmettert.

Dank Pablo war mir ein Gebiet erschlossen worden, von dem ich bis dahin nur eine ganz schwache Ahnung hatte, und zwar seit einem Aufenthalt in England. Dort hatten mich Freunde gelehrt, wenn man Salz auf dem Tisch verschüttet, müsse man etwas davon mit der rechten Hand auflesen und über die linke Schulter werfen – sonst habe man Unglück. Bei Pablo konnte ich vom ersten Tag an mein Wissen vervollständigen.

Wenn ich seinen Hut auf das Bett warf, wie ich es oft tat, bedeutete das nicht einfach, daß sein Hut nicht am richtigen Platz war; es bedeutete, daß jemand in diesem Hause sterben würde, bevor das Jahr zu Ende ging. Eines Tages, im Verlauf eines kleinen Scherzes, den wir miteinander trieben, einer Art Sketch, öffnete ich im Zimmer einen Schirm. Wir mußten, den dritten Finger jeder Hand über den Zeigefinger gekreuzt, im Zimmer umhergehen, dabei die Arme schwingen und »Lagarto! Lagarto!« rufen, um das Unglück schnell zu verjagen, bevor es einen von uns erwischen konnte. Ich durfte auch das Brot nie

Oben: *Paloma*
Unten: *Pablo Picasso und Jean Cocteau (links) beim Stierkampf*

Frühstück in La Galloise *mit Pablos Boxerhund Yan (1951)*

anders als mit der runden Seite nach oben auf den Tisch legen, wenn uns nicht ein Verhängnis überkommen sollte.

Zu diesen typisch spanischen Formen des Aberglaubens kamen noch sämtliche russischen – und der Himmel weiß, wie viele es dort gibt –, die Pablo von Olga angenommen hatte. Jedesmal, wenn wir zu einem Ausflug aufbrachen, wie kurz er auch sein mochte, hatten wir eine russische Sitte zu befolgen, nach der sich alle Familienmitglieder in dem Raum niedersetzen müssen, von dem aus der Aufbruch erfolgen soll, und mindestens zwei Minuten lang kein Wort sprechen dürfen. Danach konnten wir unseren Ausflug in der absoluten Gewißheit antreten, daß uns nichts Schlimmes widerfahren würde.

Wir machten dabei alle mit denkbar ernster Miene mit. Wenn eines der Kinder lachte oder sprach, bevor die Zeit abgelaufen war, mußten wir von vorn anfangen; andernfalls hätte Pablo sich geweigert, das Haus zu verlassen. Er pflegte lachend zu sagen: »Oh, ich tue das nur des Spaßes halber. Ich weiß, es hat nichts zu bedeuten, *aber schließlich . . .*«

Grundsätzlich ist Pablo Atheist. Von Zeit zu Zeit erhielt ich einen Brief von meiner Mutter oder meiner Großmutter, in dem es hieß, daß sie für mich beteten. Pablo bemerkte dann immer: »Aber sie sollten auch für mich beten. Es ist nicht nett, mich auszulassen.« Ich fragte ihn, weshalb es ihm nicht gleich sei, ob sie für ihn beteten oder nicht, wenn er ohnehin nicht gläubig sei.

»Oh, es macht mir eben schon etwas aus. Ich möchte, daß sie für mich beten. Menschen dieser Art glauben an etwas, und ihre Gebete richten sicher etwas aus. Es gibt also keinen Grund, weshalb ich davon nicht auch einen Nutzen haben sollte.«

Es gibt einen primitiven Glauben, daß eine Person durch den Besitz eines Fingernagels oder einer Haarlocke Macht über jemand gewinnen kann, von dem sie stammen; deshalb dürfen diese niemals in die Hände anderer Menschen fallen. Andererseits, wenn sie verbrannt werden, um dieser Gefahr zu entgehen, könnte der Betreffende selbst sterben. Das sicherste wäre demnach, diese Abfälle in kleinen Säckchen mit sich zu tragen, bis ein verborgener Platz gefunden ist, an dem man sich ihrer mit völliger Sicherheit entledigen kann.

Nun hatte Pablo schon immer eine große Abneigung dagegen, sich die Haare schneiden zu lassen. Er pflegte monatelang mit viel zu langen Haaren herumzulaufen, ohne sich entschließen zu können, einen Friseursalon zu betreten.

Sobald dann jemand dieses Thema berührte, gab es ein Drama. Ich bin sicher, daß sich dabei der alte Gedanke vom Haar als einem Symbol männlicher Kraft mit seinen anderen Ängsten vereinte. Der Bart bereitete keine Schwierigkeiten: Er rasierte sich täglich, und das Problem, die Haare zu beseitigen, löste sich dabei von selbst. Doch je länger die Kopfhaare wuchsen, desto mehr ängstigte ihn das Dilemma, vor dem er sich befand. Gewöhnlich ließ er am Ende mich seine Haare schneiden; manchmal, im stillen Kämmerlein, schnitt er sie sich auch selbst – mit sehr unterschiedlichem Erfolg.

In Vallauris machte er einmal die Bekanntschaft eines spanischen Friseurs namens Arias, und er fand, daß er sich diesem Mann anvertrauen könne. Von da an ließ er immer, wenn ein Haarschnitt nicht länger aufgeschoben werden konnte, Arias nach *La Galloise* kommen. Nie habe ich erfahren, was mit dem abgeschnittenen Haar geschah; ich weiß es bis zum heutigen Tage nicht. Es verschwand einfach. Arias wurde, wenigstens vorübergehend, Pablos anderes Ich; vor seinem Landsmann verlor er alle Furcht.

Trotz allen Veränderungen und den Umzügen nach *La Californie* in Cannes und nach *Notre-Dame-de-la-Vie* in Maugins, kommt Arias – einer der wenigen Überlebenden einer verstrichenen Zeit – seitdem auf Pablos Anruf zu ihm ins Haus, um ihm diesen Dienst zu erweisen.

Ich stieß noch auf andere fetischistische Neigungen, denen Pablo systematisch folgte. Selbst heute läßt Pablo, wenn meine Kinder die Ferien bei ihrem Vater verbringen, Claude niemals abreisen, ohne mindestens ein Kleidungsstück aus seinem Gepäck an sich zu nehmen. Das erste, was sein Vater behielt, war ein neuer Tiroler Hut. Und danach noch eine ganze Reihe von anderen Hüten.

Man könnte nun einfach behaupten, Pablo liebe eben Hüte. Doch er gab später Claude andere zum Tausch. Ein andermal war es ein hellblauer Popeline-Regenmantel, sehr hübsch für einen Jungen, weniger für einen alten Mann. Doch Pablo bestand darauf, ihn zu behalten. Jedesmal, wenn Claude aus Südfrankreich zurückkam, stellte ich fest, daß sein Vater seinen Pyjama und sehr oft eine oder zwei Krawatten genommen hatte.

Ich war schließlich überzeugt, daß Pablo hoffte, auf diese Weise gehe etwas von Claudes Jugend auf ihn selbst über. Es ist eine symbolische Handlung, sich das Wesen eines anderen Menschen anzueignen.

Ich glaube, daß Pablo hoffte, auf diese Weise sein eigenes Leben verlängern zu können.

Bevor wir in *La Galloise* einzogen, hatte das Haus zwei sehr alten Damen gehört, die seit Jahren die Wohnung über der Garage am Eingang des Anwesens an eine ältere Frau, Madame Boissière, vermietet hatten. Madame Boissière war mindestens fünfundsiebzig Jahre alt und gab – obwohl sie sich Kunstmalerin nannte – jungen Mädchen aus Vallauris Tanzunterricht; sie drehten sich mit langen Gewändern à la Isadora Duncan im Garten hinter der Garage.

Sie selbst war winzig klein und hatte die blauesten Augen, die ich je gesehen habe; ihr krauses, graues Haar hing in Löckchen um ihr Gesicht herum. Gekleidet war sie im Stil von 1925, sie trug breitrandige, malerische Hüte,

Hosen, die nach unten weiter wurden, und eine lange, mit blindgewordenen Goldlaméborten besetzte Jacke. Alles war sehr stattlich und sehr schmutzig.

Am ersten Tag, als Pablo und ich vorsprachen, um *La Galloise* zu besichtigen, saß Madame Boissière in ihrem verblichenen Staat auf dem Balkon und beobachtete die Straße. Sie grüßte uns überschwenglich. Natürlich hatte sie gehört, wer den Besitz kaufen wollte, und sagte: »Ich bin so glücklich, daß Künstler dieses Haus kaufen werden. Ich bin auch Künstlerin, wissen Sie.« Mich stießen ihre Erscheinung und ihr theatralisches Gehabe ein wenig ab, doch sie war sehr herzlich und versicherte uns unentwegt, wie entzückt sie sei, daß wir hier wohnen wollten.

Nach unserem Einzug bemerkte ich, daß Madame Boissière nur sehr schlecht gehen konnte. Ich bot ihr an, ihr eine Wohnung in der Stadt zu suchen, damit sie es leichter habe und nicht mehr die engen, kurvigen Straßen erklimmen müsse, die von der Stadt herauf zu den Hügeln führten, wo *La Galloise* lag. Das wäre auch uns angenehmer gewesen, denn dann hätten wir Marcel, den Chauffeur, über der Garage einquartieren können, statt in einem Hotel in Golfe-Juan. Doch Madame Boissière wollte davon nichts wissen. »Ich lebe hier und möchte hier sterben«, sagte sie jedesmal, wenn ich das Thema zur Sprache brachte.

Einmal nahm ich sie im Wagen mit, um ihr eine sehr behagliche geräumige Wohnung mit Aussicht auf den Marktplatz in Vallauris zu zeigen, die ich für sie gefunden hatte, doch sie war nicht im geringsten daran interessiert. »Sie werden mich niemals dort herausbekommen«, sagte sie. »Ich habe vor, dort zu sterben.«

Ich sah ein, daß es keinen Zweck hatte, es weiterhin zu versuchen, und ließ das Thema fallen. Aber seit diesem Tag begann sie Pablo zu hassen. Sie klebte Zettel an die Garage, die verkündeten: »Hier wohnt Madame Boissière, *nicht* Monsieur Picasso. Außerdem ist Monsieur Picasso ein schrecklicher Maler«, und ähnliches. Unsere Freunde hatten ihre Freude daran. Wer uns auch besuchte, wurde von Madame Boissière mit einer Tirade empfangen. Sobald sie sah, daß jemand die Zettel las, kam sie auf den Balkon heraus und rief: »Monsieur Picasso ist ein sehr schlechter Maler. Verschwenden Sie Ihre Zeit nicht mit ihm!«

Ihre eigene Malerei war von symbolisch-religiöser Art und möglicherweise von Maurice Denis beeinflußt. Sie war überzeugt, daß Pablo der Antichrist selbst war. Jedesmal, wenn sie an ihm vorüberging, machte sie kabbalistische Zeichen, um den bösen Geist zu beschwören. Das entzückte Pablo. Sie tat uns beiden leid, deshalb ließen wir ihr das Vergnügen, in der Annahme, daß sie früher oder später, wie sie es offenbar wünschte, dort sterben würde.

Jahre später fuhr ich von Paris mit einigen Freunden herunter, um die Weihnachtsferien in *La Galloise* zu verbringen. Wir kamen am Tag vor Weihnachten um die Mittagszeit an. Als wir in die Garage einfuhren, hörte ich Geräusche, die von oben kamen. Madame Boissière war damals ungefähr fünfundachtzig und lebte immer noch allein in ihrem Schmutz und Durcheinander; ich hatte einmal versucht, ihr die Wohnung reinigen und streichen zu lassen, doch sie erlaubte niemandem hereinzukommen.

Erst dachte ich, sie wolle Pablo beschimpfen, weil sie diese Gewohnheit nie aufgegeben hatte, doch als wir lauschten, wurde uns klar, daß es ein Stöhnen war. Sie hielt einen bösartigen Hund, einen riesigen Bastard, und ich hatte nicht die geringste Lust, ins Haus zu gehen und mich von ihm beißen zu lassen, deshalb ging ich über die Straße, um den Gärtner zu holen. Wir kletterten auf den Balkon und sahen hinein. Der Hund bellte und kratzte am großen Erkerfenster. Hinter ihm sahen wir Madame Boissière auf dem Boden liegen. Wir kletterten wieder herunter und gingen zu unserem Haus hinauf, um das Krankenhaus von Antibes wegen einer Ambulanz anzurufen. Da ich vor dem Hund warnte, sagten sie, ich müsse dafür sorgen, daß er unschädlich sei, sonst würden die Männer nicht hineingehen. Also fuhr ich zum Tierarzt nach Cannes. Er gab mir doppelt so viel Pillen, als nötig gewesen wären, um den Hund zu betäuben. Ich kaufte etwas Hackfleisch, mischte sie hinein und fuhr zurück nach *La Galloise*. Dort schloß ich die Gartentür der Wohnung auf und warf dem Hund das Fleisch vor. Tatsächlich schlief er alsbald ein.

Madame Boissière war glücklicher, mich zu sehen, als ich – und zweifellos auch sie – es jemals für möglich gehalten hätte. Sie sei am Morgen gestürzt, als sie aus dem Bett aufstand, und habe sich den Oberschenkel gebrochen. Doch nun, da ich hier sei, könne sie glücklich in meinen Armen sterben, sagte sie. Ich mußte ihr versprechen, dafür zu sorgen, daß der Hund ein gutes Heim erhielt und nicht umgebracht würde. Nachdem die Ambulanz mit ihr abgefahren war, rief ich den Tierschutzverein und ließ den immer noch friedlich schlafenden Hund abholen.

Madame Boissière starb etwa drei Wochen später im Krankenhaus. Ich bezahlte einige Wochen lang Unterhalt für den Hund, bis man ein Heim für ihn fand, von dem ich das Gefühl hatte, Madame Boissière wäre zufrieden damit gewesen, und beruhigte mein Gewissen wegen des schlechten Dienstes, den ich aller Voraussicht nach dem neuen Besitzer damit erwies, in dem Gedanken, daß ich wenigstens Madame Boissières letzte Bitte respektiert hatte.

Nach dem Einzug in *La Galloise* versuchte ich, nicht mehr so viel an Pablos andere Frauen und ihre gegenwärtige Seelenlage zu denken, doch das war nicht immer leicht. Ich spreche nicht von Dora Maar, von der gelegentlich Berichte kamen; sie schien sich im ganzen sehr zurückzuhalten. Auch Olga war von der Bildfläche verschwunden, obzwar ihre

Beschimpfungen weiterhin regelmäßig im Briefkasten landeten. Marie-Thérèse war eine ebenso unermüdliche Briefschreiberin, doch ihre Briefe waren natürlich von anderer Art als die Olgas. Pablo fand sie erfreulich, ich nicht.

In ihren Ferien kamen Marie-Thérèse und Maya nach Juan-les-Pins, das weniger als fünfzehn Kilometer von *La Galloise* entfernt liegt, und so schienen sie, trotz ihrer theoretischen und historischen Distanz, immer noch an unserem Leben teilzunehmen. Pablo sprach oft über meine Vorgängerinnen, so daß ich im Sommer 1949 die Rolle von Marie-Thérèse viel besser verstand als im Mai 1946, als unser gemeinsames Leben begann.

Er erzählte mir, er habe Marie-Thérèse eines Tages auf der Straße in der Nähe der Galerie Lafayette getroffen, als sie siebzehn Jahre alt war. Sie wurde für ihn der leuchtende Traum von Jugend, der immer im Hintergrund, doch immer greifbar, sein Werk nährte. Sie war nur am Sport interessiert und drang in keiner Weise in sein gesellschaftliches und geistiges Leben ein.

Wenn Pablo in Gesellschaft ging, dann mit Olga, wenn er jedoch gelangweilt und erschöpft war, stärkte er sich bei Marie-Thérèse. Oft, wenn er mit Olga und seinen Freunden in Boisgeloup war, stellte er sich Marie-Thérèse beim Baden in der Seine, nahe Paris, vor. Kehrte er dann am nächsten Tag nach Paris zurück, um sie zu sehen, so hörte er vielleicht, daß sie mit dem Rad nach Gisors gefahren sei, nur um in seiner Nähe zu sein. Sie beherrschte sein Leben, sie war poetisch unerreichbar und doch immer bequem verfügbar, wenn er unter ihrer Abwesenheit zu leiden begann.

Sie war keine aufdringliche Realität, sie war eine Spiegelung des Kosmos. Wenn ein Tag schön war, erinnerte ihn der klare blaue Himmel an ihre Augen. Der Flug eines Vogels verkörperte für ihn die Freiheit ihrer Beziehung. Und im Laufe einer Periode von acht oder neun Jahren ging diese stolze Vorstellung in viele seiner Gemälde, Zeichnungen, Skulpturen und Radierungen ein. Auf ihrem ausersehenen Körper gelangte das Licht zur Vollendung.

Marie-Thérèse war sehr wichtig für ihn, solange er mit Olga lebte; sie war sein Traum, während eine andere die Wirklichkeit war. Er liebte sie beständig, weil er nicht wirklich von ihr Besitz ergriffen hatte: Sie lebte anderswo und war die Zuflucht aus einer Realität, die er als unerfreulich empfand. Doch als er schließlich Olga fortgeschickt hatte, um von dem Bild, nach dem er so unaufhörliches Verlangen hatte, endgültig Besitz zu ergreifen, vertauschte die Realität plötzlich ihre Seiten. Was Phantasie und Traum gewesen war, wurde Wirklichkeit, Abwesenheit wurde Gegenwart, eine doppelte Gegenwart, weil Marie-Thérèse ein Kind erwartete. Dann wurde nach Pablos Logik aus Marie-Thérèse an Stelle Olgas diejenige, der er entfliehen mußte. Da kam Dora Maar, um Pablo zu fotografieren, und Marie-Thérèse sah sich in Olgas Lage.

Pablo sagte immer, daß er eine große Zuneigung für Marie-Thérèse empfunden und sich nicht so viel aus Dora Maar gemacht habe. Aber sie war eine sehr intelligente Frau.

»Es war gar nicht so, daß ich so besonders von Dora angezogen war«, sagte er. »Ich hatte nur das Gefühl, daß hier endlich jemand war, mit dem ich mich unterhalten konnte.«

Dora Maar wollte anscheinend eine Rolle in Pablos Denken spielen, und für diese Rolle sah sie keine ernstzunehmende Rivalin in Marie-Thérèse, die Pablo nie in den Kreis seiner Freunde mitnahm. Er erzählte mir, daß er immer zusammen mit Marie-Thérèse und Maya in die Ferien ging, nicht mit Dora Maar. Doch Dora pflegte früher oder später in derselben Gegend aufzutauchen, weil sie wußte, daß Pablo es so wünschte, und dann hatte Pablo das Beste von beiden Welten. Er verbrachte mehr Zeit in Doras Gesellschaft, weil das für ihn amüsanter war, doch er hatte immer Marie-Thérèse, zu der er zurückkehren konnte, wenn seine Stimmung umschlug.

Das endlose Drama, das er durch dieses Hin- und Herwechseln zwischen Marie-Thérèse und Dora auslöste, beunruhigte Pablo überhaupt nicht. Im Gegenteil, es war für ihn eine Quelle schöpferischer Anregung. Die beiden Frauen waren in Wesen und Temperament extreme Gegensätze. Marie-Thérèse war eine liebe, sanfte Frau, sehr weiblich und von großer Schönheit, ganz Freude, Licht und Friede. Dora war von Natur nervös, unruhig und verquält. Marie-Thérèse hatte keine Probleme; bei ihr konnte Pablo seine intellektuelle Existenz vergessen und seinen Instinkten folgen. Mit Dora führte er ein Leben im Geist.

Dieser Gegensatz tritt in vielen Bildern und Zeichnungen dieser Periode zutage: Eine Frau beobachtet den Schlaf einer anderen; zwei Frauen sehr unterschiedlichen Typs betrachten sich, und so weiter. Sein bestes Werk aus jenen Jahren ist eine Folge von Variationen über zwei Bildnisse: eines sehr friedlich, das andere sehr dramatisch. Marie-Thérèse und Dora waren als bildnerische Elemente fast untrennbar. Wenn auch Marie-Thérèse vor Dora in Pablos Werk einging, bedurfte diese Phase seiner Malerei, die zwischen Glück und Unglück zu schwanken scheint, beider Frauen, um vollständig zu sein.

In *Guernica* zum Beispiel ist die Frau, deren Kopf aus dem Fenster ragt und deren Hand eine Lampe hält, deutlich Marie-Thérèse. Ein anderer Teil des Bildes und der Skizzen, die ihm vorausgingen, wird vom Gesicht einer weinenden Frau beherrscht. Und Pablo erzählte mir oft, daß Dora Maar für ihn wesentlich »die weinende Frau« sei.

Pablo wußte, daß es sowohl für Dora wie für Marie-Thérèse viel bedeutete, von ihm gemalt zu werden. Sie waren sich beide der Tatsache bewußt, daß sie, indem sie ein wesentlicher Bestandteil seiner Malerei wurden, sich ihre eigene Unsterblichkeit sicherten. Dieses Gefühl intensivierte die Rivalität zwischen ihnen, brachte aber gleichzeitig jede von ihnen dazu, gewisse Aspekte der Situation zu übersehen, die sie sonst mehr bekümmert hätten.

Wenn Marie-Thérèse und Maya nach Südfrankreich kamen, besuchte Pablo sie regelmäßig zweimal wöchentlich. Im Sommer 1949 fragte ich ihn, weshalb er sie, wenn sie schon in Juan-les-Pins wären, nicht zu uns ins Haus kommen ließe. Es war nicht Naivität, die mich diesen Vorschlag machen ließ. Ich hielt es für besser, wenn Maya ihre Halbgeschwister Claude und Paloma kennengelernt hätte. Weil sie ihren Vater nur an zwei Tagen in der Woche sah und Pablo nie mit ihr und ihrer Mutter ausging, war Maya in der Vorstellung aufgewachsen, sein Werk halte ihn gefangen. Aber jetzt, im Alter von dreizehn Jahren, brauchte sie nur eine Nummer von *Match* oder eine beliebige Zeitung aufschlagen, um ihren Vater zu sehen, wie er sich mit seiner neuen Familie im Sand von Golfe-Juan wälzte. Ich hatte auch das Gefühl, daß Pablo Marie-Thérèse zu verstehen gegeben hatte, er könne sie nicht öfter sehen, weil ich es nicht erlaubte.

Mein Vorschlag gefiel Pablo zunächst nicht, aber drei Wochen später stimmte er ihm zu. Als er die beiden schließlich nach *La Galloise* brachte, wurde mir klar, daß ich tatsächlich als Sündenbock gedient hatte. Doch als Marie-Thérèse sah, daß ich froh war, wenn sie von Zeit zu Zeit mit Maya kam, entspannte sich unser Verhältnis. Pablo schien das mürrisch zu stimmen, aber er fand sich damit ab.

Marie-Thérèse sah faszinierend aus. Ich begriff, daß sie von allen Frauen Pablos bildnerische Phantasie am stärksten angeregt hatte. Ihr fesselndes Gesicht, ihr reines, griechisches Profil erscheint in der ganzen Folge der Porträts von blonden Frauen, die Pablo zwischen 1927 und 1935 malte. Sie hatte nichts von der Zerbrechlichkeit eines Mannequins, sondern etwas Athletisches und jene lebhafte Farbe blühender Gesundheit, die man oft bei schwedischen Frauen sieht. Ihre Gestalt war von statuarischer Schönheit und von einer Reinheit der Linie, die mir außerordentlich vollkommen schienen.

In der Fülle der Anregungen, die die Natur einem Künstler bietet, gibt es Formen, die seinem ästhetischen Empfinden nahekommen und ihm als Sprungbrett der Imagination dienen. Marie-Thérèse hatte Pablo viel zu bieten, denn ihre physische Schönheit forderte ihn heraus, anerkannt und zum Ausdruck gebracht zu werden. Sie war ein herrliches Modell. Pablo arbeitete nur selten mit einem Modell, doch ihr bloßer Anblick, der Natur ausstrahlte, sprach ihn in einer besonderen Weise an. Ob sie intelligent war oder nicht, konnte nur eine sekundäre Erwägung für den Künstler sein, der von ihrer Gestalt und ihren Maßen inspiriert war.

Maya, ihre Tochter, ist blond, sie hat türkisblaue Augen wie ihre Mutter und einen Körperbau wie ihr Vater, dem sie überaus ähnlich sieht. Ihr Gesicht ähnelt Pablo besonders, obwohl sie sehr hübsch ist. Sie war damals bereits gut entwickelt und kräftig wie ihre Mutter, doch ihre Handgelenke waren sehr schmal und ihre Hände sehr feminin wie die Pablos.

Bei ihrem ersten Besuch in *La Galloise*, als Pablo mit den Kindern hinausgegangen war, um Maya eine große Schildkröte zu zeigen, die in unserem Garten lebte, sagte Marie-Thérèse kühl, aber nicht unfreundlich zu mir: »Bilden Sie sich nicht ein, daß Sie auf die Dauer meinen Platz einnehmen können.« Ich entgegnete, das hätte ich nie gewollt: Man könne nur einen Platz einnehmen, der leer ist.

All die Geschichten und Erinnerungen um Olga, Marie-Thérèse und Dora Maar, auch ihre dauernde Gegenwart hinter den Kulissen unseres Lebens, brachten mich allmählich zu der Überzeugung, daß sie der Ausdruck eines Blaubart-Komplexes waren, der ihn wünschen ließ, diese Frauen, die er gesammelt hatte, in seinem kleinen privaten Museum auszustellen. Er schnitt ihnen die Köpfe nicht ganz ab. Er zog es vor, daß das Leben weiterging. Diese Frauen, die sein Leben irgendwann einmal geteilt hatten, sollten immer noch schwache Piepser der Lust und des Schmerzes von sich geben und ein paar Bewegungen machen, wie zerbrochene Puppen, genug, um zu beweisen, daß noch ein Hauch von Leben in ihnen war, das an einem Faden hing, dessen anderes Ende er in der Hand hielt. Von Zeit zu Zeit gaben sie den Ereignissen einen heiteren, dramatischen oder tragischen Schein, und das war Wasser auf seine Mühle.

Ich hatte erlebt, wie Pablo sich weigerte, irgend etwas wegzuwerfen, und sei es eine alte Streichholzschachtel, die ihren Zweck erfüllt hatte. Allmählich kam ich zu der Erkenntnis, daß diese Haltung auch seinen Umgang mit menschlichen Wesen bestimmte. Wenn er auch nichts mehr für diese oder jene empfand, so konnte er doch nicht den Gedanken ertragen, daß irgendeine dieser Frauen je wieder ein eigenes Leben haben sollte. Also mußte er jeder von ihnen einen Platz in seinem Lebenskreis bewahren, wobei er ihnen so wenig wie möglich von seinem Selbst abtrat.

Als ich darüber nachdachte, sah ich, daß sich in Pablos Leben die Dinge wie in einem Stierkampf abspielten. Er war der Toreador und schwang die *muleta*, das rote Tuch. Für einen Bilderhändler war die *muleta* ein anderer Bilderhändler, für eine Frau eine andere Frau. Und wer immer den Stier zu spielen hatte, stieß die Hörner in das rote Tuch, anstatt den wirklichen Gegner zu durchbohren: Pablo. Daher hatte er unter allen Umständen sein Schwert frei, um den anderen dort zu treffen, wo es schmerzte, wenn der rechte Augenblick gekommen war. Ich wurde zuletzt mißtrauisch gegenüber seiner Taktik, und jedesmal, wenn ich ein rotes Tuch um mich flattern sah, warf ich einen Blick zur Seite. Dort fand ich immer Pablo.

Für Pablo hatte ein vollkommener Sonntag gemäß einer spanischen Regel so auszusehen: »Messe am Morgen, Stierkampf am Nachmittag, Hurenhaus am Abend.« Es machte ihm nicht viel aus, ersteres und letzteres vom Programm zu streichen, doch der Stierkampf blieb eine der Hauptfreuden seines Lebens, und wir gingen oft nach Nîmes oder Arles, um eine Corrida zu besuchen. Unsere Plätze mußten wir jedesmal eine Woche im voraus reservieren lassen, gewöhnlich besorgte das ein Freund Pablos, Castel in Nîmes, der Spanien und alles Spanische leidenschaftlich liebte.

Schon lange vor der ersten Corrida der Saison, die um die Osterzeit stattfindet, war Pablo bester Laune, wenn er an die zu erwartenden Freuden dachte. Dieser Zustand dauerte stets an, bis wir die Eintrittskarten durch Castel in Nîmes bestellen mußten. Dann kam Paulo morgens von Golfe-Juan herauf, um seine Rolle in dem unvermeidlichen Ritual zu übernehmen. Weil er seinem Vater nicht allein gegenübertreten wollte, ließ er gewöhnlich mir den Vortritt.

Pablo saß im Bett, umgeben von Papieren, der Post und seinem Boxer Yan. »Also, Papa, es ist Zeit, daß wir die Karten für die Corrida bestellen. Wie viele von uns werden hingehen?« fragte Paulo. »Ach, natürlich«, sagte dann Pablo. »Ihr wollt mich zum Märtyrer machen. Ihr wollt, daß ich zu den Stierkämpfen gehe. Nun, ihr werdet mich nicht zum Märtyrer machen. Nicht mehr. Wir werden nicht gehen.«

»Nein, wir wollen dich nicht zum Märtyrer machen«, antwortete Paulo. »Uns ist es gleich, ob du gehst oder nicht. Aber wenn du gehen willst, müssen wir heute noch Karten bestellen. Wir können sie ja auf jeden Fall heute bestellen, und wenn du willst, können wir sie später wieder abbestellen, falls wir nicht gehen. Aber wie viele soll ich bestellen? Werden Freunde mitgehen?« Pablo warf die Arme in die Luft und verstreute seine Post über den ganzen Fußboden. »Ach so, jetzt muß ich auch noch Freunde mitnehmen!«

»Nein, Papa, ich meine nicht, daß du Freunde mitnehmen mußt! Wenn wir aber keine Karten für Freunde bestellen und später doch welche mitnehmen, bekommen wir keine Plätze mehr.« So ging das den ganzen Morgen. Schließlich, wenn man sich über die Karten einig war – mit einer sorgfältig errechneten Zahl von Reserven für auserwählte Freunde – und Castel die Bestellung am Telefon entgegengenommen hatte, pflegte Pablo den ersten Menschen, der ihm auf der Straße in den Weg lief, seinen Friseur Arias, einen der Arbeiter aus der Töpferei oder jemand beliebigen, der ihn überhaupt nichts anging, einzuladen, mit uns zu kommen. Wenn er dann nach Hause kam und darüber nachdachte, war er wütend auf uns, weil wir ihn die Einladung ausrichten »ließen«.

Der nächste Tag war dann ebenso turbulent. Wir telefonierten nach Nîmes, änderten die Bestellung, nahmen vorsichtshalber zwei oder drei Karten mehr und gingen dann unseres Wegs – stoisch, mit gesenktem Kopf, auf alle Eventualitäten gefaßt. Denn von diesem Tage an war Pablo schrecklicher Laune und klagte uns ohne Unterlaß an, wir hätten ihn gezwungen, zum Stierkampf zu gehen. Natürlich wäre er noch schlechterer Laune gewesen, wenn wir es gewagt hätten, keine Plätze zu bestellen; er hätte dann behauptet, wir versuchten, ihn am Besuch des Stierkampfs zu hindern. Während der restlichen Zeit telefonierten wir zweimal täglich nach Nîmes: einmal um die Karten abzubestellen, einmal um sie wieder neu zu bestellen oder zusätzliche Karten anzufordern oder einige davon wieder abzubestellen. In diesen Tagen war Pablo nicht zur Arbeit fähig. Es war schrecklich.

Am Morgen der Corrida weigerte sich Pablo, das Bett zu verlassen – eine

Nervenprobe, die Paulo und ich regelmäßig durchzustehen hatten. Wir gingen ins Schlafzimmer, um alle brauchbaren Gründe aufzuzählen, weshalb er an einer Sache teilzunehmen habe, die in Wirklichkeit eine Fiesta für ihn war. Wir gingen dabei nicht den Weg des geringsten Widerstands. Wir sagten ihm, es sei nicht zuletzt ein unvergleichliches Schauspiel, sehr wichtig für seine Arbeit, und welches Vergnügen er uns damit bereite. Paulo gefielen die Stierkämpfe auch, aber ich ging nur Pablo zuliebe mit. Ästhetisch genommen ist ein Stierkampf sehr eindrucksvoll, doch ich stand dabei jedesmal schreckliche Qualen aus, und ich mußte nicht viele sehen, um genug davon zu haben. Außerdem bekam ich damals im Auto oft Herzbeschwerden, denn mein Gesundheitszustand war seit Palomas Geburt nicht gut. Man kann also kaum sagen, daß ich eine Leidenschaft für Stierkämpfe hatte und Pablo mitschleppte, um sie sehen zu können.

Schließlich stand Pablo langsam auf, um uns den Gefallen zu tun, und wir fuhren mit erheblicher Verspätung ab, so daß Marcel wie ein Verrückter rasen mußte. Bis Nîmes sind es etwa fünfundzwanzig Kilometer, nicht viel weniger als bis Arles; wir mußten aber noch früh genug ankommen, damit Pablo vor dem Essen die Stiere im *toril* besichtigen, die nervösen Matadore in ihren Zimmern begrüßen und, was für ihn stets das Wichtigste war, mit dem *mayoral de la ganaderia*, dem Züchter, den Charakter jedes einzelnen Stiers besprechen konnte.

Der *mayoral* begleitet immer seine Stiere. Er hält sich an der *barrera* auf, gleich hinter den Matadoren, so daß er alles, was sich während der Corrida ereignet, genau verfolgen und beurteilen kann, wie sich seine Stiere in das Unvermeidliche fügen. Man nennt einen Stier »zahm« *(manso)*, wenn er den Kampf verweigert, anstatt anzugreifen, die Erde scharrt und sich rückwärts davonbewegt. Früher ließ man dann Hunde auf ihn los, doch heute nimmt man den Stier einfach aus dem Kampf. Das gilt als ein schwerer Schlag für den Züchter. Doch wenn der Stier »erhaben« gekämpft hat, wie das die *aficionados* nennen, erweist man ihm die Ehre der Arena – im Tod. Für den Züchter bedeutet das, daß er es verstanden hat, die Erbeigenschaften, die ein großer Kampfstier braucht, in vollkommener Weise zu vereinen.

Mit der Besichtigung der Stiere, der Begrüßung der Matadore und dem Fachsimpeln mit dem *mayoral* hatte Pablo jedenfalls einen bewegten Vormittag vor sich. Das alles sind typische spanische Riten, ohne die ein Stierkampf kein Stierkampf ist; wir mußten deshalb zeitig vor Mittag ankommen, sonst war ihm der ganze Tag verdorben. Daher versuchten wir stets, früh genug aufzubrechen, doch weil uns das nie gelang, mußten wir rasen und kamen doch erst in letzter Minute an. Und dann gab es noch einen anderen Ritus: eine riesige *paella*-Mahlzeit bei Castel, an der wir mit allen herbeigeeilten Freunden teilzunehmen hatten – Michel Leiris und Georges Bataille, Pablos Neffen Javier und Fin Vilato, und ein halbes Dutzend andere. Jetzt war Pablo in strahlender Laune. Zuletzt sahen wir uns die Stierkämpfe an, und alles war herrlich.

Einmal besuchten wir einen Stierkampf in Arles, und zwar nicht nur, um die üblichen drei Matadore ihre sechs Stiere töten zu sehen, sondern auch, um Conchita Cintrón zu erleben, eine Chilenin, die damals etwa achtzehn oder zwanzig Jahre alt war, eine *rejoreadora*, die zwei Stiere vom Pferd aus bekämpfte. Wenn der Matador zu Pferde ist, gibt es keine *picas* oder *banderillas*; diese ersten Phasen der Corrida werden durch die Manöver ersetzt, die der Matador auf seinem Pferd vollzieht.

Versucht der Stier, das Pferd anzugreifen, so weicht der Matador zurück und schleudert in seinen Rücken mannshohe hölzerne Lanzen mit einer langen Stahlspitze; man nennt sie *rejones*. Wenn er geschickt genug ist, tötet er den Stier. Wenn nicht, steigt er nach zehn oder fünfzehn Minuten vom Pferd, nimmt ein Schwert und eine rote *muleta* und kämpft in der üblichen Weise weiter. So geschah es an diesem Tag bei Conchita Cintrón: Sie stieg vom Pferd und tötete die Stiere mit ihrem Schwert, und sie machte ihre Sache gut. Sie war etwa von meiner Größe und hatte braunes Haar und grüne Augen. Wir hatten sie vor der Corrida getroffen, weil wir, wie üblich, die Matadore besucht hatten.

Nach der Corrida saßen einige von uns in einem kleinen Café – Pablo und ich, Javier, Castel und der *mayoral*, der die acht Stiere von Spanien nach Arles gebracht hatte. Der *mayoral* trug seine Berufskleidung – enge Hosen, Stiefel, eine Art Lederschurz, eine kurze andalusische Jacke und den andalusischen Hut. Ich trug die hüftlange polnische Jacke, die mir Pablo von der Reise zum Friedenskongreß in Polen mitgebracht hatte. Eine Gruppe von Leuten kam zu mir herüber und bat mich um Autogramme. Ich fand das seltsam. Auf Pablo deutend, sagte ich, er sei derjenige, der die Autogramme gebe. Sie beharrten, und Pablo riet mir: »Diskutiere nicht. Wenn sie dein Autogramm wollen, gib es ihnen.« Als jeder eines hatte, waren sie zufrieden und gingen weiter. Aber gleich darauf kam eine andere Gruppe, und alles wiederholte sich. Diesmal war auch Pablo überrascht und fragte die Leute, weshalb sie mein Autogramm haben wollten. Darauf antwortete einer der Männer mit wissender Miene: »Ob Sie es zugeben oder nicht, und wenn Sie auch mit einem anderen Namen zeichnen: Wir wissen, daß Sie Conchita Cintrón sind.« Pablo war hocherfreut, daß ich mit einer Stierkämpferin verwechselt wurde, und erzählte diese Geschichte überall herum.

Anläßlich dieser Corrida waren auch Marie-Laure de Noailles und der Maler Domínguez nach Arles gekommen. Pablo achtete einen Stierkampf mindestens ebenso heilig wie ein Katholik die Messe, ja vielleicht noch mehr; wir saßen in der ersten Reihe im Schatten, so daß wir die bestmögliche Sicht hatten, und wahrten, wie immer, das religiöse Schweigen, das Pablo uns auferlegt hatte.

Als er Domínguez mit Marie-Laure hereinkommen und genau hinter uns

Platz nehmen sah, begann er zu fluchen. Domínguez schwankte angeheitert, zudem schleppten sie Weinflaschen, Würste und einen riesigen Brotlaib mit sich. Pablo kochte innerlich. Er raunte mir zu: »Du weißt, ich mag keine Ablenkungen während einer Corrida. Es sah aus, als würde es zur Abwechslung einmal ein anständiges Programm, und nun werden sie alles verderben, die beiden da hinter uns. Es ist ekelhaft. Und ich kann gar nichts sagen. Was ist das für ein Leben! Man verdirbt mir alles! Keine Freude ohne bitteren Beigeschmack!«

Tatsächlich übertraf Domínguez an diesem Nachmittag sich selbst und alle anderen im Schreien, Beifallsrufen und Zischen, noch dazu in den unpassendsten Augenblicken. Als der Matador die Ovationen der Menge entgegennehmen sollte, warf Domínguez inmitten der *olés* den Brotlaib in die Arena, hinterher die Wurst und schließlich die Weinflaschen, die inzwischen geleert waren. Doch er tat es mit solchem Feuer, daß sich auch Pablo nicht mehr durch dieses Sakrileg aufregen ließ.

Domínguez litt an Akromegalie. Sein Schädel schwoll an und drückte auf sein Gehirn; das machte ihn halb verrückt und trieb ihn schließlich zum Selbstmord. Er hatte den riesigen Kopf eines Nachtmahrs und sah aus, als sei er einem Bild von Goya entsprungen. Marie-Laure, deren Haar in langen Wellen zu beiden Seiten eines Mittelscheitels herabfiel, glich der Königin Marie-Louise; sie trug ein sehr goyeskes schwarzes Spitzenkleid mit mehreren Schichten von Rüschen und spanischen Pompons. Da sie in diesem Sommer etwas zugenommen hatte, blieb zwischen ihrem Mieder und dem Rock ein Zwischenraum, durch den man ein reichliches Stück Marie-Laure sehen konnte. Das machte Pablo Spaß, und er fand nun trotz seines anfänglichen Mißtrauens, daß die Anwesenheit der beiden die Freuden des Nachmittags doch vermehrt habe.

Paulo bereitete seinem Vater von Zeit zu Zeit einigen Kummer, doch ich hatte stets das Gefühl, daß er eine größere Zuneigung für Pablo hegte als viele andere, die sorgfältiger darauf achteten, ihm zu gefallen. Mein erster Eindruck von Paulo ging auf eine große Fotografie zurück, die in jenem großen Raum in der Rue des Grands-Augustins hing, in dem Sabartès arbeitete: Mir gefiel darauf sein offener, direkter Blick, der ihn in einem anderen Licht erscheinen ließ als die fatalen Situationen, in die er manchmal geriet, und die Wut, mit der Pablo gewöhnlich darauf reagierte. Immer, wenn ich Pablo nach ihm fragte, war er aufgebracht über ihn: Er sei faul, ohne Ehrgeiz und könne keine geregelte Arbeit durchhalten – Vorwürfe, wie man sie oft von bürgerlichen Eltern über ihre Söhne hört, wenn diese als Twens nicht in feste

Geleise geraten. Pablo hielt dann meistens bittere Schmähreden auf Olga, Paulos Mutter, um mir verständlich zu machen, daß sein Sohn unter solchen Voraussetzungen natürlich nichts werden könne.

Bald, nachdem ich zu Pablo übergesiedelt war, im Juni 1946, kam Paulo, der in der Schweiz wohnte, nach Paris und erschien im Atelier. Er war mehr als 1,80 Meter groß, hatte rotes Haar, sah nicht spanischer aus als ich und zeigte ein liebenswürdiges, natürliches Wesen, das zu dem Eindruck paßte, den ich durch die Fotografie erhalten hatte. Pablo machte uns bekannt und sagte ihm, daß ich nun bei ihm lebe. Paulo schien erfreut, unterhielt sich freundlich mit mir und schloß sich dann mit Pablo ein, um persönliche Dinge mit ihm zu besprechen. Er verschwand so schnell, wie er gekommen war, und fuhr auf seinem Motorrad zurück in die Schweiz.

Als wir Ménerbes einige Wochen später verließen, um Marie Cuttoli zu besuchen, tauchten Paulo und das Motorrad wieder auf. Er beschloß, uns nach Cap d'Antibes zu begleiten. Auf der Fahrt dorthin stand er uns als ein Mittelding zwischen Eskorte und Alleinunterhalter zu Diensten. Auf einem guten Teil des Weges herrschte fast kein Verkehr, und jedesmal, wenn die Straße vor uns sichtlich frei war, pendelte er in Schlangenlinien hin und her und gab eine Vorstellung als Kunstfahrer, manchmal weit vor uns, dann wieder dicht hinter uns. Mir schien, er wollte uns nicht nur eine Probe seiner Geschicklichkeit auf dem Motorrad liefern, sondern auf seine Weise die überschwengliche Zuneigung zu seinem Vater und einige Sympathie für mich demonstrieren. Pablo sah das freilich nicht unter diesem Aspekt, und als wir Cap d'Antibes erreichten, war er über seinen waghalsigen Sohn ziemlich verärgert.

Paulo war oft in Golfe-Juan, und da Pablo und ich nun länger in Südfrankreich weilten, war er häufig bei uns. Er ließ seinen Vater sehr ausgiebig am Prozeß des Heranwachsens – manchmal wirklich ein sehr umständlicher Prozeß – teilnehmen. Doch aus seinem Verhalten gegenüber Pablo war deutlich zu spüren, daß es nicht von egoistischen Absichten, sondern von echter und spontaner Zuneigung bestimmt war.

Paulos Spontaneität machte sich freilich auch auf andere Weise bemerkbar. Mit einem seiner Freunde brachte er eines Abends, nachdem sie die Runde durch die Bars von Juan-les-Pins gemacht hatten, ein paar Mädchen, wie man sie nur in Nachtbars auftreiben kann, in das *Hotel du Golfe*, das auch unter dem Namen *Chez Marcel* bekannt ist. Im Französischen nennt man diese Art von Mädchen »leicht«, aber diese beiden waren so leicht, daß Paulo und sein Freund etwa um zwei Uhr morgens, nachdem sie alle anderen Möglichkeiten erschöpft hatten, es für eine Kleinigkeit hielten, sie zum Fenster hinauszuwerfen. Sie brachten es jedenfalls fertig, die Mädchen fast zu Tode zu erschrecken. Das Hotel lag genau gegenüber der Polizeiwache, und die Mädchen riefen und schrien so sehr, daß der ganze Spaß mit einer Vernehmung durch den Polizeikommissar endete, einen Mann namens Isnard.

Isnard hatte Pablo ins Herz geschlossen und besuchte uns oft. Er hatte die Gewohnheit, morgens bei uns vorbeizukommen, wenn Pablo gerade aufstand, um zu erzählen, was in der vergangenen Nacht passiert war. Auch wenn sich Paulo einmal nicht schlecht benommen hatte, bekamen wir laufend Berichte von allem, was sich an der Riviera ereignete, aufgetischt.

So erfuhren wir zum Beispiel alle Einzelheiten über den Diebstahl der Juwelen der Begum, wer sie genommen hatte und ob sie zurückgegeben würden oder nicht. Wir wußten oft schon vor den Zeitungen über die neuesten Skandale Bescheid, und was die Polizei zu unternehmen gedachte. Isnard liebte es auch, uns allen Klatsch aufzutischen, und Pablo liebte den Klatsch nicht nur, er betete ihn geradezu an. Wenn wir ihn für den ganzen Tag bei guter Laune halten wollten, hatten wir lediglich dafür zu sorgen, daß uns Kommissar Isnard morgens besuchte, um von den letzten Einbruchdiebstählen entlang der Küste zu erzählen. Natürlich waren seine Besuche nicht ganz so unterhaltsam, wenn er über Paulos neueste Untaten zu berichten hatte. Davon erholte sich Pablo gewöhnlich nicht vor dem Abend.

An jenem Morgen also kam Isnard mit bekümmerter Miene. Traurig sagte er: »Ich fange nicht gern davon an, aber wissen Sie schon, was heute nacht passiert ist? Ihr Sohn! Wie hat er sich wieder benommen! Man nennt das öffentliche Ruhestörung! Ich habe noch nie so etwas erlebt. Es ist nur gut, daß es sich um Ihren Sohn handelt und wir das berücksichtigen können. Andererseits – Sie müssen dem irgendwie ein Ende machen. Es ist ausgeschlossen, daß es so weitergeht. Stellen Sie sich vor! Frauen zum Fenster hinauswerfen wollen!«

Pablo richtete sich mit finsterer Miene im Bett auf, und Isnard ließ im Bewußtsein, ein aufmerksames Auditorium zu haben, seine Geschichte vom Stapel. Als echter Sohn Marseilles liebte er es, alles reichlich auszuschmücken. Als er fertig war, glich Pablo einer Gewitterwolke.

»Suche Paulo und bring ihn her«, sagte er zu mir.

Ich ging, um Paulo zu suchen. Erst gegen elf Uhr erschien er auf der Bildfläche, und es war unverkennbar, daß er einen ziemlichen Kater hatte. Ich erzählte ihm vom Besuch Isnards.

»Ich gehe da nicht allein hinein«, erklärte er. »Geh du voraus!«

Da Paulo einen Kopf größer war als ich, konnte ich ihn schlecht verbergen, selbst wenn er sich hinter mir verkrochen hätte. Pablo brüllte ihn an. »Du nutzlose Kreatur! Du hast dich heute nacht wie das letzte vom letzten benommen!«

Er hatte bereits seine Schuhe in der Hand und warf sie nach uns, dann folgten die Bücher vom Nachttisch und alles, was er sonst noch erwischen konnte. Eines der Bücher prallte an meinem Kopf ab. Ich protestierte, ich hätte nichts mit der Sache zu tun.

»Versuch nicht, dich aus der Affäre zu ziehen!« schrie Pablo. »Er ist mein Sohn. Du bist meine Frau. Also ist er auch dein Sohn. Es läuft jedenfalls darauf hinaus. Außerdem bist du diejenige, die jetzt hier ist. Ich kann nicht hinauslaufen und seine Mutter suchen. Du mußt dafür einstehen und deinen Teil der Verantwortung auf dich nehmen.«

Paulo und ich brachen über dieser Logik in Gelächter aus, doch das machte Pablo noch wütender. Er sah sich um, ob er noch etwas zum Werfen fände, doch die Munition war ihm ausgegangen, also begann er wieder zu brüllen.

»Guter Gott! Ich begreife nicht, wie du dich so aufführen kannst. Das ist ja unglaublich. Zu versuchen, eine Frau zum Fenster hinauszuwerfen! Total verrückt! Ich habe so etwas noch nicht gehört!«

Mit engelhafter Unschuldsmiene sagte Paulo: »Aber Papa, das wundert mich. Ich dachte immer, du hättest mehr Phantasie. Von allen müßtest du so etwas doch am besten verstehen. Hast du denn nie den Marquis de Sade gelesen?«

Pablo explodierte. »Du bist ganz der Sohn einer Weißrussin. Du bist gemein. Du bist nichts als ein bourgeoiser Anarchist. Und obendrein wirfst du dein Geld hinaus. Alles, was du fertigbringst, sind Schulden über Schulden. Wozu taugst du überhaupt?«

»Ich bin sicher, daß Ali Khan seinen Vater mehr Geld kostet als ich dich«, entgegnete Paulo lammfromm.

Pablo hämmerte auf seinen Kissen herum. »Das ist die Höhe. Jetzt vergleicht er mich noch mit Aga Khan. Du hast die Frechheit, mich in einem Atemzug mit diesem widerwärtigen alten Buddha zu nennen.«

Ich konnte das Lachen nicht verbeißen und wurde wegen meiner Unverschämtheit aus dem Zimmer gejagt. Für den Rest des Tages sprach Pablo kein Wort mit uns. Er verließ nicht einmal das Bett.

Nicht lange danach erklärte Paulo, der es leid war, von seinem Vater immer nur zu hören, er tauge nichts, daß es wenigstens etwas gäbe, was er wirklich könne: Motorradfahren. Er beteiligte sich an einem Motorradrennen, das von Monte Carlo aus über die Kurven der Grande Corniche verlief, und konnte sich mitten unter professionellen Rennfahrern als Zweitbester placieren. Pablo war sehr beeindruckt. Und er hatte solche Angst, daß Paulo ums Leben kommen könnte, wenn er es noch einmal versuchte, daß er ihm nie wieder den Vorwurf machte, er sei ein Taugenichts.

Ich glaube, Paulo hätte eine Menge tun können, wenn seine Mutter ihn besser dazu angehalten hätte. Es fehlte ihm weder an Intelligenz noch an Witz.

Eines Morgens traf Philippe de Rothschild in *La Galloise* ein. Da er den *Mann mit dem Schaf* kannte – die Skulptur, die heute auf dem Marktplatz von Vallauris steht –, bat er Pablo, ihm ein Schaf zu modellieren, das in Bronze gegossen und als Emblem für sein Wachstum Mouton-Rothschild am Eingangstor seiner Weingärten bei Bordeaux aufgestellt werden sollte.

»Was ich möchte«, sagte Philippe de Rothschild, »ist ein Schaf, das ein Grasbüschel im Maul hält.«

»Ah, ich verstehe«, sagte Pablo. »Das ist ein sehr verständlicher Wunsch. Aber glauben Sie, ich möchte mich darauf spezialisieren, weil ich eine Ziege und ein Schaf gemacht habe? Wenn Sie mich bitten würden, einen Bacchus zu machen, der ein Grasbüschel im Mund hat, würde ich sagen, gehen Sie zu Michelangelo, er ist Ihr Mann! Doch ein Schaf mit einem Maul voll Gras – so etwas habe ich noch nie gehört. Ich denke nicht daran. Und ich kenne auch niemanden, der dazu bereit wäre.«

Rothschild war etwas verlegen, und um die peinliche Situation zu überspielen, wandte er sich an mich: »Oh! Madame, es ist wunderbar, wie jung Sie aussehen.« Ich fragte ihn, weshalb, und er erläuterte: »Nun, man hat mir gesagt, Sie seien gelähmt.« Ich verstand, daß er mich mit Olga verwechselte, die gerade mit einer partiellen Lähmung in einem Krankenhaus in Cannes lag. Nicht zufrieden mit seinem Fauxpas, fuhr er fort: »Es ist kaum zu glauben, daß Sie einen so großen Sohn haben.« Dabei wies er auf Paulo. Der brach in Gelächter aus, dann sagte er zu Rothschild: »Wissen Sie, ich bin ein bißchen vorzeitig dahergekommen. Nur ein wenig. Genau gesagt« – er deutete auf mich – »ich bin vor ihr geboren.« Rothschild begriff, daß er die größte Taktlosigkeit seines Lebens begangen hatte.

Paulo dagegen rollte seine Hosenbeine bis zu den Knien hoch, ging in die Hocke und begann, im Zimmer herumzulaufen, mit den Händen zu wedeln und »Ma-ma, Ma-ma« zu rufen. Claude, der damals etwa drei Jahre alt war, war davon so begeistert, daß er hinter ihm herlief und ebenfalls »Ma-ma« rief.

Philippe de Rothschild mußte sich verabschieden, ohne sein Schaf bekommen zu haben.

Nicole Védrès hatte in Heidelberg Philosophie studiert, ihren Doktor gemacht und war, nachdem sie mehrere Romane geschrieben hatte, zum Film gegangen. Sie hatte beachtlichen Erfolg mit einem Streifen unter dem Titel *Paris 1900*, den sie aus Ausschnitten alter Filme zu einem Panorama der Epoche von 1900–1914 zusammengestellt hatte. Er war ziemlich geistreich, das Drehbuch war hervorragend, und die Musik, die Guy Bernard, einer unserer Freunde, komponiert hatte, gab genau die richtige Untermalung.

Pablo sah sich den Film an und fand ihn sehr gut. Eines Tages kam Nicole nach Vallauris und erzählte uns, sie wolle wieder einen Film drehen, diesmal aber keinen historischen, sondern ein Thema der Zukunft. Dazu wollte sie eine Anzahl prominenter zeitgenössischer Gestalten aufnehmen, deren Bedeutung voraussichtlich auch von der Nachwelt anerkannt würde; diese Persönlichkeiten sollten sich über die Möglichkeiten der Zukunft äußern.

Françoise Gilot und Picasso in La Galloise *(1951)*

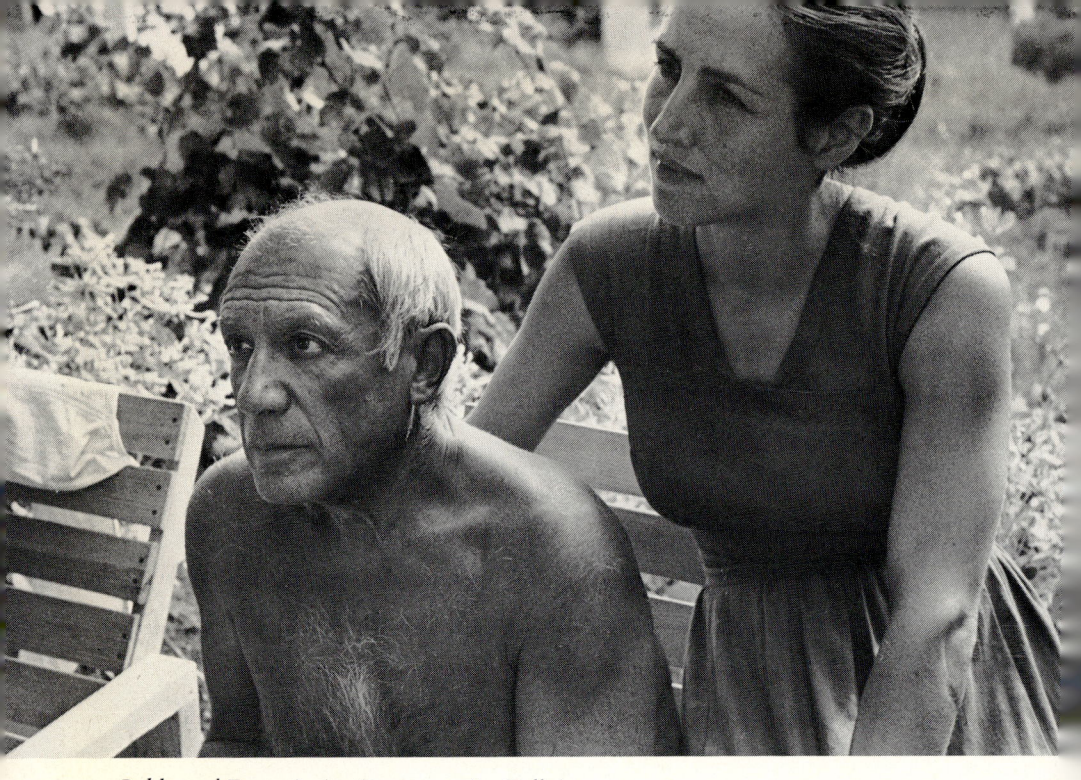

Pablo und Françoise im Garten von La Galloise

Pablo, Françoise und Claude in Antibes (1951)

Unter anderen hatte sie Joliot-Curie als Vertreter der Kernphysik vorgesehen, Jean Rostand für Biologie, Sartre für Philosophie und André Gide für Literatur. Für die Malerei wünschte sie Picasso.

Sie war lange Zeit mit Gide befreundet gewesen. Picasso und Gide waren sich nicht nur stets aus dem Weg gegangen, sie nährten auch eine gewisse gegenseitige Antipathie: Pablo warf Gide völligen Mangel an Verständnis für die Malerei vor, weil Gide, dessen Urteil von seinen Freunden beeinflußt war, sich für Maler wie Jacques-Émile Blanche entschied; Gide seinerseits behauptete dagegen, daß es Pablo völlig an Verständnis und Interesse für »geistige Werte« fehle.

Obwohl er also Gide ablehnte, willigte Pablo ein, in dem Film mitzuwirken. Gide war damals über achtzig und Pablo achtundsechzig, und wenn auch jeder von beiden wußte, daß der andere in dem Film mitwirkte, so erwartete doch keiner, daß Nicole Védrès sie miteinander konfrontieren würde. Doch genau das geschah, und die beiden Achilles kamen aus ihren Zelten heraus und trafen sich auf einem Boden, der neutral sein sollte und doch alles andere als neutral war: im Musée d'Antibes. Es gibt eine Szene in dem Film, in der Gide Pablo über seine dort ausgestellten Keramiken befragt, worauf Pablo ihm die Geheimnisse der Töpferkunst erklärt. Das Szenarium war nicht besonders aufregend. Was historisch daran war, das war die Begegnung selbst und die Tatsache, daß sich jeder von beiden dazu bereit erklärt hatte.

Gides Gesicht hatte die erstarrte Dramatik einer chinesischen Theatermaske; Leben war nur in den Augen, die noch immer strahlend leuchteten. Einmal aßen wir mit ihm am Hafen von Antibes. Er hatte Pierre Herbart mitgebracht, der gerade dabei war, Material für seine Studie über Gide zu sammeln, die bald danach im Druck erschien, und einen anderen jungen Mann, der dunkelhaarig und sehr schön war. Während des Essens sagte Gide zu Pablo: »Wir beide haben ein abgeklärtes Alter erreicht.« Und er ergänzte, in Richtung auf den jungen Mann und mich nickend: »Wir haben auch unsere bezaubernden arkadischen Hirten.«

Natürlich wies Pablo diese ästhetische Interpretation des Lebens zurück. »Es gibt absolut keine Abgeklärtheit für mich«, widersprach er, »und außerdem sehe ich hier keine bezaubernden Gesichter.«

Ein andermal besuchte Gide uns zu Hause. Gide und ich verstanden uns gut, und das half, Pablos Abneigung zu mildern. Als wir die Treppe vom Haus zur Straße hinuntergingen, wandte sich Gide an Pablo und sagte: »Françoise hat etwas, das mir gefällt. Sie ist die Art Mensch, die immer Gewissensbisse hat, aber niemals bereuen wird.« Pablo sagte: »Ich habe keine Ahnung, was das heißen soll. Ich glaube, daß Françoise keine Reue kennt und daß sie sich noch weniger aus Gewissensbissen macht.« Darauf Gide: »Ich sehe deutlich, daß es eine Dimension ihres inneren Lebens gibt, die Ihnen gänzlich entgangen ist.« Das war das Ende ihrer Freundschaft, denn Pablo konnte niemals zugeben, daß

Gide etwas an mir entdeckt hatte, das er selbst nicht erkannt hatte. Sie sahen sich nie wieder.

Für den Film mußte ich Pablo abholen, wenn er das Musée d'Antibes verließ, und das Drehbuch verlangte noch andere konventionelle Banalitäten. Solche Szenen mußten ein dutzendmal und mehr gedreht werden, weil wir dabei jedesmal vor Lachen brüllten. Gewöhnlich blieben wir entweder den ganzen Tag zusammen, oder wir gingen jeder seiner Wege, doch niemals lief ich zur Tür des Museums, um ihn abzuholen, wie die kleinen Hausfrauen, die ihren Mann am Fabriktor oder vor dem Büro nach einem langen Tagewerk erwarten.

Eine andere Szene zeigte Pablo bei der Arbeit in der Töpferei. Es war trotz vieler Wiederholungen fast unmöglich, diese Szene zu drehen, weil mindestens fünfzehn Leute da waren, die an diesem Tag nichts anderes zu tun hatten und zuschauen wollten. Jacques Prévert brachte uns alle zum Lachen, indem er sich einige von Pablos Tellern vors Gesicht hielt, als trüge er eine Maske. Dann brannten andauernd die Sicherungen durch, und es gab kein Licht mehr. Das war für alle herrlich, nur nicht für die Techniker.

Eine Szene spielte am Strand, und der Regisseur bestand darauf, daß wir mit unseren üblichen Strandspielchen so ungezwungen wie möglich posierten. Alle Leute am Strand sahen uns zu, einschließlich des gesamten Filmpersonals und unserer sämtlichen Freunde, die herbeigeeilt waren, so daß unsere Natürlichkeit reichlich gezwungen wirkte. Wir hüpften ins Wasser und wieder heraus, und Pablo zeichnete in den Sand, als ob wir allein auf einer einsamen Insel wären, obwohl der Strand nie voller gewesen war als an diesem Tag. Es war schlimm genug, diesen Unsinn mitzumachen; ihn auch noch von einem Kinoplatz aus nachzuerleben, brachte ich nicht fertig. So kam es, daß ich den Film nie gesehen habe.

Bis zum Sommer 1949 gab sich Pablo damit zufrieden, an zwei oder drei Nachmittagen in der Woche bei den Ramiés zu arbeiten, doch nun hatte er ganz plötzlich genug davon und begann, sich nach einem Platz umzusehen, wo er malen konnte. Wir suchten deshalb ein größeres Haus, fanden aber nichts Passendes zu einem Preis, den Pablo nicht für übertrieben hielt. Dann kam er auf die Idee, eine ehemalige Parfümfabrik in der Rue du Fournas zu nehmen, die L-förmig gebaut war und gutes Nordlicht hatte. Über dem großen Erdgeschoßraum lagen einige kleine Räume, die sich zum Wohnen geeignet hätten, wären sie nicht in einem so heruntergekommenen Zustand gewesen. Pablo machte den rechten Flügel zu seinem Bildhauer-Atelier; im linken malte er. Die Keramiken wurden oben in den kleinen Zimmern aufbewahrt. Wir brauchten etwa zwei Monate, um alles in Ordnung zu bringen, und im Oktober konnte Pablo anfangen, dort zu arbeiten. Gewöhnlich ging er nach dem Mittagessen dorthin und malte bis zum späten Abend.

Das Haus war ziemlich primitiv gebaut. Es gab keine Zentralheizung, und wir mußten in jedem Zimmer einen riesigen Ofen installieren. Das Bildhauer-Atelier war hochgewölbt und ungefähr 10 Meter zu 7,50 Meter groß. Die Rohre des Ofens, den wir dort aufstellten, liefen quer durch den ganzen Raum. Und weil das Ziegeldach alles andere als dicht war, entwich die Wärme nach oben, so daß das Feuer den ganzen Morgen geschürt werden mußte. Dazu kamen noch die Öfen in den Malerateliers, und alle mußten um acht Uhr morgens angeheizt werden, sonst war es bis zum Nachmittag, wenn Pablo dort arbeitete, nicht warm genug.

Er hatte sehr höflich festgestellt, daß das Haus nur dann warm genug würde, daß er stundenlang dort arbeiten könne, wenn ich selbst Feuer machte. Also radelte ich, nachdem ich morgens die Heizung in *La Galloise* mit viel Geduld wieder zum Leben erweckt hatte, zum Atelier hinunter und schürte dort die Öfen an. Natürlich mußte ich vorher aus jedem die Asche vom Vortag entfernen, bevor ich von neuem Feuer machen konnte, und so war von Anfang November bis Ende April für meine Morgengymnastik gesorgt.

Mir hätte diese Arbeit selbst im Winter nichts ausgemacht, doch ich bekam nicht viel mehr als fünf oder sechs Stunden Schlaf. Pablo schlief regelmäßig bis zum Mittag, aber ich mußte den Haushalt und seinen Tag organisieren. Die Feuerung in *La Galloise* in Gang zu bringen und die Öfen im Atelier anzuzünden, war ja nur das Vorspiel. Ich sah die Post durch und sortierte aus, was sofort erledigt werden mußte. Da Pablo nie einen Brief beantwortete, hatte ich mich auch um seine Korrespondenz zu kümmern. Und außerdem mußte ich, da es dort kein Telefon gab, zur Töpferei hinübergehen, um nach dem Rechten zu sehen. Und bevor all das geschehen konnte, mußten die Kinder angezogen, gewaschen und, als sie älter waren, hergerichtet werden, um von Marcel in den Hort gefahren zu werden.

Überdies gaben die Kinder Pablo die Möglichkeit, meinen Schlaf noch mehr zu verkürzen. Seit Claude geboren war, sprach Pablo von ihm mit einer Freudschen Fehlleistung, die sehr amüsant war. Immer wenn er *l'enfant*, das Kind, sagen wollte, sagte er *l'argent*, das Geld. In der Rue des Grands-Augustins schlief Claude im Zimmer neben dem unseren. Wir gingen etwa um ein oder zwei Uhr morgens zu Bett, wenn Pablo mit seiner Arbeit fertig war. Eines Morgens, etwa um drei Uhr, setzte sich Pablo plötzlich im Bett auf und sagte: »Das Geld ist tot. Ich höre es nicht mehr atmen.« Ich hatte keine Ahnung, wovon er sprach. Als ich sah, daß er wach war und nicht etwa träumte, fragte ich ihn, was er meine.

»Du weißt sehr gut, was ich meine. Ich meine das Kind«, sagte er. Ich sagte, das sei die seltsamste Verwechslung, die ich je gehört habe.

»Du weißt nicht, wovon du sprichst«, sagte er. »Es ist das Natürlichste von der Welt. Das sagte sogar Freud. Schließlich ist das Kind der Besitz seiner Mutter. Geld ist eine andere Form von Besitz. Du verstehst nur nichts von solchen Dingen.«

Ich wandte ein, ich könne die Atemgeräusche sehr deutlich aus dem anderen Zimmer hören.

»Das ist der Wind«, sagte er. »Mein Geld ist tot. Geh du nachsehen.« Ich ging hinüber. Claude schlief friedlich. Wieder im Schlafzimmer, konnte ich Pablo berichten, daß das Kind nicht tot war. Das geschah etwa zweimal wöchentlich. Oft wachte Claude auf, wenn ich nach ihm sah, und das bedeutete, daß ich ihn etwa eine halbe Stunde lang beruhigen mußte, bis er wieder einschlief. Natürlich wurde er, weil man so oft nach ihm sah, immer anspruchsvoller. Später, als wir meist in Vallauris lebten, wo Claude weiter entfernt von uns schlief, mußte ich fast jede Nacht das gleiche tun, denn Pablo begann etwa um drei Uhr nachts, sich zu sorgen, ob Claude nicht unter seinem Kissen erstickt sei. Manchmal war er nach meiner ersten Inspektion zufrieden. Ein andermal begann er nach zehn Minuten von neuem. Und in manchen Nächten, je nach dem Grad seiner Angst, mußte ich ein halbes dutzendmal aufstehen. Im Sommer, wenn er viel Bewegung am Strand hatte, kam es seltener vor, doch im Winter, wenn diese fehlte, wurde das seine Lieblingszerstreuung. Nachdem Paloma geboren war, begann er das gleiche von neuem, so ernsthaft und eindringlich, als ob wir das noch nie erlebt hätten. Und er war sehr gründlich: Zwischen allen Zimmern mußten die Türen offengelassen werden, damit er alles hören konnte. Da es in dieser Gegend im Winter ziemlich windig ist, schliefen wir in zugigen Schlafzimmern und waren dauernd erkältet.

Auch tagsüber dauerten seine Ängste an. Oft, wenn er nach Hause kam, sagte er: »Wo ist das Geld?« Manchmal antwortete ich darauf: »Im Koffer«, weil Pablo immer einen alten roten Lederkoffer von Hermès mit sich trug, in dem er fünf oder sechs Millionen Francs verwahrte, damit er »den Preis für ein Päckchen Zigaretten« bei sich habe, wie er es nannte. Doch wenn ich angenommen hatte, daß er sich auf eines der Kinder bezog, sagte er oft: »Nein, ich meine das Geld im Koffer. Ich möchte es zählen.«

Er hatte nie einen wirklichen Grund, das Geld zu zählen, denn der Koffer war stets verschlossen, Pablo besaß den einzigen Schlüssel und trug ihn immer bei sich. »Du wirst es zählen«, sagte er, »und ich werde dir helfen.« Er schüttete dann das ganze Geld aus, das auf der Bank zu je zehn Scheinen gebündelt worden war, und legte es in kleinen Häufchen aufeinander. Er zählte ein Bündel, und es konnte vorkommen, daß er bis elf kam. Er reichte es mir, und ich zählte zehn. Er versuchte es noch einmal, und diesmal kamen neun heraus. Das machte ihn sehr mißtrauisch, also mußten wir wieder sämtliche Bündel kontrollieren. Er hatte sehr die Art bewundert, wie Chaplin in *Monsieur Verdoux* Geld gezählt hatte, und er versuchte, es genauso schnell zu machen. Die Folge war, daß er sich immer wieder verzählte und wir immer wieder von vorn anfangen mußten. Manchmal verbrachten wir eine Stunde mit diesem Ritual. Schließlich, wenn Pablo das Spiel mit den Scheinen satt hatte, gab er es auf und sagte, er sei es zufrieden, ob die Rechnung nun aufgehe oder nicht.

Bei all meinen Pflichten gelang es mir zwischendurch, Zeit für meine eigene Malerei zu finden. Seit ich in die Rue des Grands-Augustins gezogen war, hatte ich etwa drei Jahre lang nicht mehr gemalt, sondern nur noch gezeichnet. Ich hatte geglaubt, ich könne neben Pablo nicht mehr malen, ohne seinen Einfluß zu reflektieren, daß es mir aber möglich sei, meinen eigenen Stil weiter zu entwickeln, wenn ich mich auf das Zeichnen beschränkte, da ich dabei leichter merken würde, ob und wie ich von Pablos Werk beeinflußt würde, weil ich das Ganze besser überblicken konnte. 1948 begann ich Gouachen zu machen, und erst 1949 malte ich wieder in Öl.

In Vallauris wäre es mir nicht möglich gewesen, in einem von Pablos Ateliers zu arbeiten, obwohl dort genügend Platz war. Zu Hause war ich zwar häufig Unterbrechungen ausgesetzt, doch ich konnte wenigstens auf die Kinder aufpassen. Paloma machte mir selten zu schaffen. Sie war ein ideales Kind, schlief fast den ganzen Tag, aß alles, was ihr vorgesetzt wurde, und benahm sich musterhaft.

»Sie wird eine vollkommene Frau werden«, fand Pablo, »passiv und demütig. So müssen Mädchen sein. Sie darf nicht aufwachen, ehe sie einundzwanzig ist.« Er verbrachte viele Stunden damit, sie schlafend zu skizzieren und zu malen. Wenn sie wach war, konnten wir ihren endlosen Plappereien mit Claude zuhören. Für uns dagegen schien sie ein kleines Kind bleiben zu wollen; sie brachte uns Blumen und präsentierte sie uns, lange nachdem sie schon normal mit Claude sprach, in einer gestammelten Kindersprache. Sie war nie rebellisch, aber sie gehorchte auch nie. Claude dagegen redete für zwei und widersprach ständig. Nach einer ausgedehnten Diskussion mit ihm sagte Pablo: »Du bist ganz der Sohn der Frau, die ›Nein‹ sagt. Da gibt es keinen Zweifel.«

Es muß für die Kinder oft einsam gewesen sein: Sie sahen ihren Vater fast nie, und ihre Mutter verbarrikadierte sich hinter der Tür ihres Ateliers, sooft sie ein paar Stunden für sich erübrigen konnte. Einmal, als ich an einem Bild arbeitete, das mir große Schwierigkeiten machte, hörte ich ein leises, schüchternes Klopfen an der Tür.

»Ja«, rief ich und arbeitete weiter.

Ich hörte Claudes Stimme, leise, von der anderen Seite der Tür. »Mama, ich liebe dich.«

Ich wäre gern hinausgegangen, doch ich konnte den Pinsel nicht weglegen, nicht in diesem Augenblick. »Ich habe dich auch gern, mein Liebling«, sagte ich und blieb an meiner Arbeit.

Einige Minuten vergingen. Dann hörte ich ihn wieder.

»Mama, ich mag deine Bilder.«

»Danke schön, Liebling«, sagte ich. »Du bist ein Engel.«

Nach einer weiteren Minute sagte er noch einmal: »Mama, was du machst, ist sehr schön. Es ist Phantasie darin, aber es ist nicht phantastisch.«

Mir stockte die Hand, doch ich sagte nichts. Er muß mein Zögern gespürt haben. Er sagte jetzt lauter: »Deine Bilder sind besser als die von Papa.«

Ich ging zur Tür und ließ ihn herein.

SECHSTER TEIL

Von allen Künstlern, mit denen Pablo während der Jahre verkehrte, die ich mit ihm verbrachte, bedeutete ihm keiner so viel wie Matisse. Im Februar 1946 – Pablo besuchte mich bei Monsieur Fort in Golfe-Juan –, als wir zum erstenmal gemeinsam zu Matisse gingen, lebte er in der Villa *Le Rêve* in Vence. Von Cimiez in den Bergen oberhalb Nizzas war er nach Vence gezogen, um sich von zwei sehr schweren Operationen zu erholen, denen er sich im Frühjahr 1941 in Lyon hatte unterziehen müssen. Die Pflegerin, die ihn in Cimiez betreut hatte, wollte Nonne werden. Das war ihr Herzenswunsch. Sie war jung und hübsch, und sie hatte für all die Zeichnungen mit denen er Tériades Ausgabe der *Liebesbriefe einer portugiesischen Nonne* geschmückt hatte, Modell gesessen.

Seiner Villa gegenüber lag ein Dominikanerkloster. Seine ehemalige Pflegerin – jetzt Schwester Jacques – trat später dort als Novizin ein und besuchte ihn oft. Bei einem ihrer Besuche brachte sie ihm einen eigenen Entwurf für ein Glasfenster mit. Es sollte eine neue Kapelle schmücken, die der Orden bauen wollte. Ihre Diskussionen und andere Gespräche des Meisters mit Bruder Raysséguier, ebenfalls einem Dominikaner, und mit Pater Couturier, dem bedeutendsten Experten für moderne Kunst in kirchlichen Kreisen, führten schließlich dazu, daß Matisse zur treibenden Kraft beim Bau und der Ausschmückung der Dominikanerkapelle in Vence wurde.

Dreiviertel des Tages sah sich Matisse ans Bett gefesselt, aber das konnte seine Begeisterung für dieses Projekt nicht dämpfen. Er hatte an der Zimmerdecke über seinem Bett Papier befestigt, und da er nicht viel schlief, zeichnete er in den Nächten darauf mit einem Stück Kohle, das er am Ende eines langen Bambusstockes befestigt hatte. So skizzierte er das Porträt von St. Dominikus und andere Teile der Dekoration. Später fuhr er dann in seinem Rollstuhl umher und übertrug seine Zeichnungen auf große, mit halbmatter Glasur überzogene Keramikplatten, auf die er in Schwarz zeichnen konnte.

Seine Idee war, daß es im Innern der Kapelle keine Farbe geben solle, außer der, die mit dem Licht durch die farbigen Glasfenster einfiel. Er legte die Entwürfe für das Glasfenster in der Manier der *papiers découpés* an, mit denen er sich in seinen letzten Jahren viel beschäftigt hatte. Dazu ließ er Lydia als Hintergrund große Papierbogen in verschiedenen Farbtönen bemalen und sie an genau bezeichneten Stellen an die Wand heften. Dann zeigte er ihr mit seinem Stock, wo die ausgeschnittenen andersfarbigen Stücke, aus denen er seine Komposition aufbaute, befestigt werden sollten.

Er schuf drei Serien von Entwürfen. Die erste war extrem geometrisch und sehr wirkungsvoll in ihrer Art, doch er beschloß, sie nicht zu verwenden, weil sie nicht die Wirkung hatte, die er sich wünschte. Die nächste erinnerte stark an Laubwerk von der Tropeninsel Tahiti, sehr ähnlich der, für die er sich dann endgültig entschied, aber in anderen Proportionen. Die Farbskala, mit der er arbeitete, enthielt Ultramarin, ein tiefes Gelb und Grün. Alle Elemente sollten etwa die gleichen Dimensionen haben, damit das einfallende Licht durch sie gleichmäßig verteilt wurde. Deshalb verlangte er etwas, das es nie vorher gegeben hatte: Das Glas sollte an der Außenseite mattiert werden – wenn es nämlich nicht mattiert sei, habe zum Beispiel das Blau wesentlich weniger Leuchtkraft als das Gelb, stehe also nicht auf der gleichen Stufe. Sei das Glas aber mattiert, werde die Leuchtkraft durchweg gleichmäßig sein. Als jedoch später die Fenster eingesetzt waren, ließen sie ein gleichmäßiges rosaviolettes Licht ein. Und wenn sich dieses Licht auf den vierzig halbmatten Keramikplatten brach, die aber in Wirklichkeit ziemlich glänzend waren, rief es einen violetten Widerschein hervor, der keine besonders günstige Wirkung ergab, jedenfalls gewiß nicht die von ihm beabsichtigte.

Pablo hielt das Experiment für mißlungen. »Wenn Matisse geahnt hätte, daß das Licht im Inneren der Kapelle diesen rosavioletten Schimmer haben würde«, sagte er nach einem unserer Besuche in der Kapelle, »hätte er bestimmt an den Wänden andere Farben verwandt, um diesem Effekt entgegenzuwirken. Wenn die Kapelle weiß und schwarz sein soll, dürfte es keine andere Farbe geben – vielleicht höchstens einen Fleck in Rot oder einer anderen reinen Farbe –, aber nicht dieses Rosaviolett. Dadurch sieht der Raum aus wie ein Badezimmer.«

Eines Nachmittags besuchten wir Matisse, als er gerade an seinen Plänen für das Glasfenster, die Meßgewänder und die übrigen Ornamente zur Ausschmückung der Kapelle arbeitete. Pater Couturier, den Matisse in Verbindung mit seiner Arbeit häufig sah, war an diesem Tage bei ihm. Er war kein Fremder für mich. In dem Dominikanerlyzeum, das ich in meiner Jugend besucht hatte, zählte man mich zu den Anführerinnen der rebellischen Geister, und oft wurde ich zu komplizierten theologischen Gesprächen mit allen möglichen Priestern geholt, die, wie man hoffte, imstande waren, meine aufsässigen Fragen irgendwie zu beantworten. Es fiel mir immer sehr schwer, gewisse Begriffe zu akzeptieren, die man dort als Tatsache voraussetzte, etwa den Gedanken, es gäbe kein Heil außerhalb der Kirche. Bei einer dieser Gelegenheiten hatte ich Pater Couturier kennengelernt.

Als wir einige Zeit vorher bei Matisse waren, hatte Pablo zu ihm gesagt: »Du bist verrückt, eine Kapelle für diese Leute zu bauen. Glaubst du an das Zeug oder nicht? Wenn nicht, warum tust du dann etwas für eine Idee, an die du nicht glaubst?« Matisse erzählte das jetzt Pater Couturier, und dieser erwiderte: »Sie können über Picasso sagen, was Sie wollen, aber er malt mit seinem Blut.« Offensichtlich sollte diese Bemerkung Pablo schmeicheln, aber er war nicht in der Stimmung, sich von einer Phrase verführen zu lassen, wie schmeichelhaft sie auch sein mochte, und er wiederholte, was er bei unseren früheren Besuchen zu Matisse gesagt hatte: »Warum machst du das? Ich würde es anerkennen, wenn du an das glaubtest, was sie darstellen, aber wenn du das nicht tust, dann hast du meiner Ansicht nach nicht das moralische Recht dazu.«

»Für mich«, entgegnete Matisse, »ist dies vor allem ein Kunstwerk. Ich versetze mich lediglich in die geistigen Bedingungen des Themas. Ich weiß nicht, ob ich an Gott glaube oder nicht. Wahrscheinlich bin ich eher eine Art Buddhist. Aber das Wesentliche ist, sich selbst in einen Geisteszustand zu versetzen, der dem des Gebetes nahekommt.«

Pater Couturier war fest entschlossen, aus diesen Worten soviel geistlichen Vorteil zu ziehen, wie er konnte, mochte an ihnen auch noch so sehr der Geruch des Buddhismus haften. Er wandte sich an mich und sagte: »Aber Sie wissen sehr gut, nicht wahr, daß wir uns allen Ideen offenhalten. Wir verlangen nicht, daß sich jedermann uns anpasse. Wir sind viel mehr daran interessiert, uns selbst allen geistigen Möglichkeiten zu öffnen.« Und als Beweis für diese intellektuelle Weitherzigkeit erinnerte er mich an unsere Gespräche, als ich noch das Lyzeum besuchte.

Ich lächelte und sagte, ich erinnere mich sehr gut daran. Wenn aber die Dominikaner heute so aufgeschlossen seien, dann nur deshalb, weil sie sich relativ machtlos fühlten. »Mit all dem Charme, der Ihnen zur Verfügung steht, würden Sie alles tun – selbst ins Theater und ins Kino gehen – nur, um nach den paar armen Seelen zu fischen, die Sie noch finden können. Sie sind bereit, jede Konzession zu machen«, sagte ich. »Doch wenn Sie die Macht hätten, was würden Sie dann tun? In Spanien waren es die Dominikaner, die an der Spitze der Inquisition standen. Ihre Waffen wandeln sich je nach Ihrer Stärke oder Schwäche.«

Pablo rieb sich die Hände, erfreut darüber, mich zur Abwechslung einmal mit der Angriffslust reagieren zu sehen, deren Mangel er mir häufig vorwarf. Ich stellte oft fest, daß er mir in solchen Situationen völlig freie Hand ließ, und immer, wenn ich mich der Lage gewachsen zeigte, freute er sich wie der stolze Besitzer eines Pferdes, das soeben einen gelungenen Dressurakt vorgeführt hatte.

Matisse jedenfalls – mochte er nun Buddhist oder Christ sein – strahlte eine Heiterkeit aus, die mich sehr bewegte. Ich sagte ihm das einmal. Er antwortete: »Ich habe nicht erwartet, daß ich mich von meiner zweiten Operation noch einmal erholen würde, aber weil das geschehen ist, betrachte ich nun mein Leben als gestundete Zeit. Jeder Tag, der heraufdämmert, ist ein Geschenk für mich, und so nehme ich ihn hin. Ich bin dankbar für ihn, und ich versuche nicht, über ihn hinauszusehen. Ich vergesse vollkommen mein körperliches Leiden und all das Unerquickliche, das meine gegenwärtige Verfassung mit sich bringt, und ich denke nur an die Freude, die Sonne wieder aufgehen zu sehen und fähig zu sein, ein wenig zu arbeiten, selbst unter so schwierigen Bedingungen.«

Vor der Operation war Matisse seinem Temperament und seinen Gewohnheiten nach ein recht bürgerlicher Mensch gewesen, wie Pablo mir erzählte. Er habe Matisse nie besonders leiden mögen, als sie noch jünger waren, und es sei ihm damals unmöglich gewesen, lange mit ihm zusammen zu sein. Doch von der Zeit an, da wir in Südfrankreich lebten, sahen sie einander immer häufiger. Pablo hatte fast so etwas wie Ehrfurcht vor Matisse, dessen Wesen ein inneres Gleichgewicht, eine Ruhe spiegelte, die selbst einem Menschen wie Pablo Frieden gab. Ich glaube auch, daß Matisse jede Neigung zur Rivalität in sich ausgelöscht hatte, und diese Überlegenheit erlaubte es Pablo, sich ihm freundschaftlich zu verbinden. Sein gänzlicher Mangel an Egoismus war zweifellos das fördernde Element in ihren Beziehungen.

Matisse konnte sich den Luxus leisten, mit Pablo befreundet zu sein. Mochte dieser auch seine sarkastischen Bemerkungen machen und gelegentlich seine schlechte Laune zeigen, es war für Matisse wichtiger, ihn zu sehen, als auf seine Gegenwart zu verzichten.

Seine Haltung Pablo gegenüber hatte beinahe etwas Väterliches, und auch das war gut, denn in jeder freundschaftlichen Verbindung pflegte Pablo der Nehmende, die anderen die Gebenden zu sein. Bei ihren Begegnungen war Pablo der aktive, Matisse der passive Partner. Mit der Agilität eines Tänzers versuchte Pablo stets, Matisse zu bezaubern, und doch war es immer Matisse, der ihn am Ende besiegte.

»Wir müssen sooft wie möglich miteinander sprechen«, sagte er einmal zu Pablo, »denn wenn einer von uns beiden stirbt, dann gibt es gewisse Dinge, die der andere nie mehr mit irgend jemandem besprechen kann.«

Als Matisse später wieder in seinem Appartement im Hotel Regina in Cimiez wohnte, pflegten wir ihn etwa alle vierzehn Tage zu besuchen. Sehr oft brachte Pablo ihm seine letzten Bilder oder Zeichnungen mit, und manchmal brachte auch ich Bilder und Zeichnungen von mir. Matisse ließ uns dann von Lydia die Sachen zeigen, die er gerade gemacht hatte, oder wenn er an *papiers découpés* gearbeitet hatte, fanden wir sie an die Wände geheftet.

Eines Tages hatte Matisse gerade das rosaviolette Seidengewand eines chinesischen Mandarins gekauft. Es war sehr lang, mit dem Pelz eines mongolischen Wüstentigers besetzt und so steif, daß es von selbst stehen konnte; Matisse hatte es vor einem blaßvioletten arabischen Wandbehang aufgestellt. Oben war das Gewand mit einem hohen weißen Kragen eingefaßt, der sich zu beiden Seiten aufbauschte. »Ich werde mein neues Modell darin stehen lassen«, sagte Matisse, »doch zuerst würde ich gern sehen, wie Françoise damit aussieht.«

Pablo gefiel das nicht, aber Matisse bestand darauf. Also probierte ich das chinesische Gewand an. Es reichte mir genau bis über den Kopf, und ich versank tief in seiner dreieckigen Form. Matisse sagte: »Oh, daraus könnte ich etwas sehr Gutes machen.«

»Wenn du das tust«, sagte Pablo, »mußt du mir das Bild geben und ihr das Kleid.« Matisse begann den Rückzug. »Nun, das Kleid steht Françoise zwar sehr gut, aber ist ganz und gar nicht das Richtige für deine Malerei.«

»Das macht nichts«, sagte Pablo.

»Nein«, entgegnete Matisse, »ich habe etwas, das viel besser zu dir paßt. Es ist aus Neuguinea – eine lebensgroße menschliche Figur, etwas ganz Primitives. Die ist das Richtige für dich.« Lydia ging hinaus, um sie zu holen. Sie war aus baumwüchsigem Farn geformt, in gewalttätigem Blau, Gelb und Rot gestreift und sah barbarisch aus, konnte aber nicht alt sein, obwohl sie ziemlich beschädigt schien; ihre Beine waren mit Schnüren befestigt. Eigentlich bestand sie nur aus roh aneinandergefügten Teilen, gekrönt von einem gefiederten Kopf. Die Figur war viel weniger reizvoll als manches, was ich an Kunst aus Neuguinea gesehen hatte. Pablo betrachtete sie prüfend und sagte, es sei kein Platz im Auto, um sie zu transportieren. Er versprach Matisse, er werde sie ein anderes Mal holen lassen.

Matisse willigte ein. »Doch bevor ihr geht, möchte ich euch meine Platane zeigen«, sagte er. Ich war neugierig, wie es ihm gelungen war, eine Platane in sein Hotelappartement zu bringen. In dem Augenblick betrat ein riesiges Mädchen, das etwa zwanzig Jahre alt sein mochte und sicher eins achtzig groß war, das Zimmer.

»Das ist meine Platane«, sagte Matisse strahlend.

Nachdem wir gegangen waren, sagte Pablo: »Hast du Lydias Nase gesehen? Irgend etwas ist da los, darauf kannst du dich verlassen. Aber findest du es nicht etwas übertrieben, wie er sich mit Frauen aufführt, in seinem Alter? Er sollte etwas zurückhaltender sein.« Ich sagte zu ihm, ich sei erstaunt, daß er anderen gegenüber so puritanisch sei, während er sich selbst erlaube, was er wolle. Und überhaupt sähe ich kein Unrecht darin, daß ein Mann, der so alt und so krank sei wie Matisse, Freude und Wärme empfinde, wenn er seine Augen und seine Gedanken wohlgefällig den Kurven eines Mädchenkörpers folgen lassen könne.

»Ich hasse das ästhetische Spiel des Auges und der Gedanken«, sagte Pablo, »das Spiel dieser Kenner, dieser Mandarine, die die Schönheit ›goutieren‹. Was ist Schönheit überhaupt? So etwas gibt es gar nicht. Ich ›goutiere‹ nie etwas, genausowenig, wie ich etwas gern habe. Ich liebe oder ich hasse. Wenn ich eine Frau liebe, dann sprengt das alles auseinander, besonders meine Malerei. Alle Welt kritisiert mich, weil ich den Mut habe, mein Leben in aller Offenheit zu leben, vielleicht mit mehr Zerstörung darin als bei den meisten anderen, sicher aber auch mit mehr Sauberkeit und Wahrheit.

Noch mehr ärgert es mich, daß jeder denkt, ich sei ohne Kultur, nur weil ich ungehemmt bin und nach meiner Fasson lebe. Als ich mich vor vierzig Jahren für Negerkunst interessierte und die Bilder meiner *période nègre* malte, tat ich das, weil ich mich damals gegen das auflehnte, was man in den Museen als Schönheit bezeichnete. Damals war für die meisten Leute eine Negermaske nichts weiter als ein ethnographisches Objekt. Derain drängte mich, zum erstenmal ins Trocadéro-Museum zu gehen, und der Geruch von Dumpfheit und Fäulnis schnürte mir die Kehle zu. Es deprimierte mich so sehr, daß ich am liebsten schnell wieder hinausgegangen wäre. Aber ich blieb und sah mir alles an. Die Menschen schufen diese Masken und die anderen Gegenstände zu geheiligten Zwecken, zu magischen Zwecken, als eine Art Vermittler zwischen ihnen selbst und den unbekannten bösen Mächten, die sie umgaben, um ihre Furcht und ihren Schrecken zu überwinden, indem sie ihnen Form und Gestalt verliehen. In diesem Augenblick erkannte ich, daß dies und nichts anderes der Sinn der Malerei ist. Malerei ist kein ästhetisches Unterfangen, sie ist eine Form der Magie, dazu bestimmt, Mittler zwischen jener fremden feindlichen Welt und uns zu sein. Sie ist ein Weg, die Macht an uns zu reißen, indem wir unseren Schrecken wie auch unseren Sehnsüchten Gestalt geben. Als ich zu dieser Erkenntnis kam, wußte ich, daß ich meinen Weg gefunden hatte.

Aber schon bald fingen die Leute an, diese kultischen Gegenstände mit den Augen von Ästheten zu betrachten, und heute, wo jeder sagt, es gäbe nichts Schöneres, interessieren sie mich nicht mehr. Wenn sie nichts mehr sind als ein beliebiges ästhetisches Objekt unter vielen anderen, dann ist mir heute Chinesisches lieber. Übrigens«, fuhr er fort, »das Ding aus Neuguinea macht mir Angst. Ich glaube, Matisse auch, und deshalb will er es unbedingt loswerden. Er glaubt wohl, ich könne die Dämonen besser austreiben als er.«

Kurz nach diesem Besuch ging Pablo wieder nach Paris und blieb dort eine Zeitlang. Während der ganzen Zeit seiner Abwesenheit ließ Matisse nicht locker. Er rief in der Werkstatt der Ramiés an, da er nicht wußte, daß Pablo nach Paris gefahren war, und ließ ihm mitteilen, die Figur sei immer noch da und warte auf ihn. Dann schrieb er Pablo zweimal und erinnerte ihn daran, daß sein Geschenk noch nicht abgeholt sei. Er hatte offenbar sein Herz daran gehängt, daß es in Pablos Besitz übergehe. »Es ist nicht etwas, das man gleichgültig hinnehmen kann«, schrieb er. »Und es ist auch nichts Trauriges.«

Aber Pablo war immer noch verstimmt darüber, daß Matisse glaubte, die Figur passe besser zu seinem Temperament als etwas Chinesisches. Ihm gefiel nicht, daß Matisse offenbar glaubte, er sei der intelligente Maler, Pablo dagegen nur eine triebhafte Kreatur. Schließlich ließ Matisse die Figur nach Vallauris schicken. Als Pablo sie hatte, war er doch recht glücklich darüber, und wir machten extra einen Ausflug nach Cimiez, damit er sich bei Matisse bedanken konnte.

Pablo besaß mindestens acht Bilder von Matisse, von denen er vielleicht drei gekauft hatte. Die anderen hatte er gegen einige seiner eigenen Gemälde eingetauscht. Eines dieser Bilder war ein charakteristisches Matisse-Stilleben mit weißen Tulpen und einem Teller mit Austern auf einem ziegelroten Tisch vor einem schwarzen Hintergrund mit kleinen weißen Karos. Aus derselben Periode hatte er das Bild einer sitzenden Frau in einem braunen Sessel gewählt. Die Frau ist malvenfarbig, der Hintergrund grün. Diese beiden Bilder waren höchst wirkungsvoll in ihren Farbharmonien und sehr frei und spontan in der Komposition.

Matisse erzählte uns, daß er manchmal abends das, was er während des Tages gemalt habe, mit Watte und Terpentin wegwische, wenn es ihm nicht ganz gefalle. Er pflege dann das Bild am nächsten Morgen neu zu beginnen, ganz von vorn, jedesmal wieder mit vollkommen spontanem Ansatz: »Wenn ich ein Gefühl für etwas habe, ändert sich dieses Gefühl nicht. Es steht im Mittelpunkt meiner Vorstellung von dem, was ich malen möchte, und ich versuche, es auf alle mögliche Art auszudrücken, bis ich schließlich den Ausdruck gefunden habe, der mich völlig befriedigt.« Im selben Geiste hatte er auch zahlreiche Skizzen für die Illustration der *Liebesbriefe einer portugiesischen Nonne* gemacht. Von seinem Modell, der späteren Sœur Jacques, gibt es etwa achtzig Zeichnungen, auf denen er mit allen formalen Möglichkeiten ihres Gesichts experimentiert; auf einer von ihnen betonte er die Quadratform, während auf einer anderen alle Rundungen stark hervorgehoben wurden. Auf einer nächsten standen kleine Augen sehr eng beieinander. Eine Zeichnung war streng linear aufgefaßt, eine andere sehr weich mit Zeichenkohle modelliert. Und doch bildeten diese achtzig Blätter, die alle sehr verschieden voneinander waren, eine vollkommene Einheit. Der Kunstverstand hatte sie alle aus ein und demselben Gefühl heraus geschaffen. Wie Matisse sagte: »Wenn ich einen Feigenbaum betrachte, hat jedes Blatt eine andere Zeichnung. Jedes bewegt sich auf seine eigene Weise im Raum. Aber bei aller Verschiedenheit sagt jedes von ihnen: Feigenbaum!«

Aus Pablos Werk hatte Matisse einen Kopf von Dora Maar und ein Stilleben aus dem Jahre 1943 mit einem Krug und einem Glas gewählt. Das Stilleben war sehr nüchtern, und die karge, in düsteren Harmonien gehaltene Farbskala unterstrich seine Methode, die Objekte in der Komposition zu konstruieren. Der Kopf Dora Maars war auf sehr charakteristische Weise gleichzeitig im Profil und en face dargestellt, in einem durch Blau und Ocker verstärkten Zusammenklang von Schwarz-Grau-Weiß. Jeder hatte das ausgewählt, was für den anderen typisch war.

Im Winter 1951 zeigte Pablo Matisse ein Bild, das er gerade gemalt hatte: ein roter Baum in einer sehr traurigen Landschaft, die stark an Cranach erinnerte, überwölbt von einem grauen Himmel. Auch hier war die Skala schwarz-grau-weiß, mit etwas Ocker und einer Spur Grün. Es war eine strenge, klar umrissene Komposition. Das Bild gefiel Matisse außerordentlich. Es wurde von einem Tausch gesprochen, doch er kam nicht mehr zustande, denn Matisse war bereits sehr krank und oft sehr müde. Pablo wollte das Bild sowieso nicht gern hergeben. Er sagte: »Ab und zu malt man ein Bild, mit dem man eine Tür geöffnet zu haben scheint, und es wird zum Sprungbrett für andere Bilder. Gewöhnlich trennt man sich nicht gern von solchen Bildern.« Und es war für ihn eines dieser Bilder.

Eines Tages, als wir Matisse besuchten, zeigte er uns ein paar Kataloge, die er von seinem Sohn Pierre bekommen hatte. Pierre war Kunsthändler in New York. Die Kataloge enthielten Reproduktionen von Bildern Jackson Pollocks und anderer Maler, die zu dessen Richtung gehörten.

»Ich glaube, ich bin unfähig, diese Art Malerei zu beurteilen«, sagte Matisse, nachdem wir die Kataloge durchgesehen hatten, »weil man einfach immer unfähig ist, das gerecht zu beurteilen, was auf das eigene Werk folgt. Man kann beurteilen, was vorher war und was gleichzeitig geleistet wird. Und selbst unter denen, die später kommen, verstehe ich einen Maler ein wenig, wenn er mich nicht völlig vergessen hat, auch wenn er über mich hinausgeht. Aber sobald er den Punkt erreicht hat, an dem er sich überhaupt nicht mehr auf das bezieht, was für mich Malerei ist, kann ich ihn nicht mehr verstehen. Ich kann ihn noch nicht einmal beurteilen. Es geht einfach über meinen Horizont.

Als ich jung war, liebte ich Renoirs Malerei sehr. Gegen Ende des Ersten Weltkrieges war ich in Südfrankreich. Renoir lebte noch, war aber schon sehr alt. Ich bewunderte ihn immer noch und beschloß, ihn in *Les Collettes*, seinem Haus in Cagnes, zu besuchen. Er empfing mich sehr freundlich, und deshalb brachte ich ihm nach einigen weiteren Besuchen ein paar meiner Bilder, um seine Meinung darüber zu hören. Er betrachtete sie ziemlich mißbilligend. Schließlich meinte er: ›Nun, um die Wahrheit zu sagen: Mir gefällt nicht, was Sie malen. Das hat verschiedene Gründe. Ich würde am liebsten sagen, daß Sie eigentlich kein guter Maler sind, oder sogar, daß Sie ein sehr schlechter Maler sind. Aber etwas hält mich zurück, Ihnen das zu sagen. Wenn Sie ein wenig Schwarz auftragen, dann bleibt es wirklich auf der Leinwand. Während meines ganzen Lebens habe ich gesagt, man könne kein Schwarz mehr verwenden, ohne ein Loch in die Leinwand zu machen. Schwarz sei keine Farbe. Aber Sie drücken sich in der Farbensprache aus. Und doch tragen Sie Schwarz auf, und es bleibt haften. Deshalb glaube ich, daß Sie eben trotz allem doch ein Maler sind, obwohl ich überhaupt nicht mag, was Sie malen, und ich Ihnen am liebsten sagen würde, Sie seien ein schlechter Maler.‹«

Matisse lächelte. »Seht ihr, es ist sehr schwierig, die nachfolgende Generation zu verstehen und richtig einzuschätzen. Nach und nach schafft man sich, wenn man durchs Leben geht, nicht nur eine eigene Sprache, sondern zugleich eine ästhetische Doktrin. Das heißt, man stellt nicht nur für sich selbst die Werte auf, die man schafft, sondern man erhebt sie gleichzeitig, wenigstens bis zu einem gewissen Grade, zu absoluten Maßstäben. Und so wird es um so schwerer, eine Malerei zu verstehen, deren Ausgangspunkt jenseits der eigenen Endstation liegt. Sie beruht auf vollkommen anderen Grundlagen. Wenn wir auf dem Schauplatz erscheinen, hält uns die vorwärts rollende Woge der Malerei für einen Augenblick gefangen, verschlingt uns, und wir fügen der Kette vielleicht ein kleines Glied hinzu. Dann geht die Woge über uns hinweg, und wir stehen plötzlich außerhalb und begreifen sie nicht mehr.«

Pablo entgegnete mit sarkastischer Miene: »Ach so, und dann tun wir so, als seien wir Buddhisten – wenigstens einige von uns.« Er schüttelte den Kopf. »Ich stimme durchaus nicht mit dir überein«, sagte er. »Und es ist mir auch ganz gleich, ob ich fähig bin, zu beurteilen, was nach mir kommt. Ich bin gegen das ganze Zeug. Was diese neuen Maler betrifft, so glaube ich, es ist einfach ein Fehler, sich selbst vollständig aufzugeben und sich in der Gebärde zu verlieren. Sich ganz der reinen malerischen Aktion zu opfern – da ist etwas drin, was mir ungeheuer mißfällt. Das heißt durchaus nicht, daß ich für eine rationale Auffassung der Malerei bin. Ich habe zum Beispiel nichts mit einem Maler wie Poussin gemeinsam, aber auf jeden Fall ist das Unbewußte so stark in uns, daß es sich auf die eine oder andere Weise ausdrücken muß. Es sind die Wurzeln, durch die sich alles mitteilt, von einem Wesen zum anderen, was zur unterirdischen Schicht des Menschlichen gehört. Was wir auch tun, es drückt sich aus, auch gegen unseren Willen. Weshalb sollten wir uns ihm also freiwillig ausliefern?

Während der surrealistischen Periode übte sich jeder im automatischen Schreiben. Das war ein Scherz, zumindest teilweise. Man kann ja gar nicht vollständig automatisch handeln, wenn man sich das ausdrücklich vorgenommen hat. Es gibt immer einen Moment, in dem man die Dinge ein ganz klein wenig ›arrangiert‹. Selbst die automatischen Texte der Surrealisten wurden zuweilen korrigiert. Und weil es so etwas wie einen totalen Automatismus nicht gibt, weshalb soll man dann nicht offen zugeben, daß man von der verborgenen Schicht des Unterbewußten zwar nach Kräften Gebrauch macht, sie aber ständig unter Kontrolle hält? Das bedeutet nicht, daß ich einem rationalen Denken Vorschub leiste, das von Deduktion zu Deduktion fortschreitet, von einem Prinzip zu seinen unausweichlichen Konsequenzen. Mein eigenes Denken, während ich ein Bild male, ist oft ein fortgesetztes *non sequitur*, eine Reihe von Sprüngen von einem Berggipfel zum anderen. Man könnte es als somnambules Denken bezeichnen. Das bedeutet jedoch nicht, daß es nicht auch eine Art von gelenktem Traum sein könnte, aber das ist vom totalen Automatismus ja genauso weit entfernt wie vom rationalen Denken.

Was immer auch der Ursprung des Triebes sein mag, der mich zum Schaffen zwingt, ich will ihm eine Form geben, die einen gewissen Bezug hat zur sichtbaren Welt, und sei es auch nur, um mit dieser Welt Krieg zu führen. Sonst ist Malerei nicht mehr als irgendein Glückstopf, in den jedermann greifen und sich herausziehen kann, was er selbst hineingeworfen hat. Ich möchte, daß meine Bilder sich selbst verteidigen können, um jedem Angreifer zu widerstehen, als richteten sich Rasierklingen über jeder Fläche auf, daß niemand sie berühren kann, ohne sich in die Finger zu schneiden. Ein Gemälde ist kein Marktkorb und keine Damenhandtasche voll mit Kämmen, Haarnadeln, Lippenstiften, alten Liebesbriefen und den Garagenschlüsseln. Valéry pflegte zu sagen: ›Ich schreibe das halbe Gedicht. Der Leser schreibt die andere Hälfte.‹ Das trifft vielleicht für ihn zu, aber ich wehre mich dagegen, daß es drei oder vier oder tausend Möglichkeiten geben soll, *mein* Bild zu interpretieren. Ich möchte, daß es nur eine einzige gibt, und in dieser einzigen muß es bis zu einem gewissen Grade möglich sein, die Natur, selbst die verzerrte Natur, zu erkennen, die schließlich nichts anderes ist als eine Art Kampf zwischen meinem inneren Sein und der äußeren Welt, wie sie für die meisten Menschen existiert. Wie ich oft gesagt habe, ich versuche nicht, die Natur auszudrücken. Ich versuche eher, gleich den Chinesen, wie die Natur zu arbeiten. Und ich will, daß diese innere Spannung – mein schöpferischer Dynamismus – sich dem Betrachter als vergewaltigte traditionelle Malerei darbietet.«

Als wir von einem unserer Besuche bei Matisse zurückkamen, sagte Pablo lachend: »Matisse hat so gute Lungen.« Ich fragte ihn, was er damit meine.

»Ich meine die Art, wie er die Farbe anwendet«, antwortete er. »Wenn du in Matisses Werk drei Töne findest, die nahe beieinanderliegen – sagen wir ein Grün, ein Violett und ein Türkis –, dann beschwört ihre Verbindung eine andere Farbe herauf, die man *die* Farbe nennen könnte. Das nennt man die Sprache der Farben. Du hast gehört, daß Matisse gesagt hat: ›Man muß jeder Farbe ihre Zone lassen, in der sie sich ausbreiten kann.‹ In diesem Punkt stimme ich völlig mit ihm überein. Das heißt, Farbe ist etwas, was über sich selbst hinausweist. Wenn du eine Farbe auf das Innere, sagen wir, irgendeiner gekrümmten schwarzen Linie beschränkst, vernichtest du sie, wenigstens vom Standpunkt der Farbensprache aus, weil du ihr die Ausdehnungsmöglichkeit nimmst. Es ist nicht notwendig, daß eine Farbe in einer bestimmten Form auftreten muß. Das ist nicht einmal wünschenswert. Was aber wichtig ist für sie, das ist die Möglichkeit, sich auszudehnen. Wenn sie einen Punkt erreicht, der nur ein wenig jenseits ihrer Grenzen liegt, dann wird diese Expansionskraft wirksam, und es entsteht eine Art neutraler Zone, in die auch die benachbarte Farbe eintreten muß, wenn sie das Ende ihrer Ausdehnung erreicht hat. In diesem Augenblick kannst du sagen, daß die Farbe atmet. So malt Matisse, und deshalb habe ich gesagt, ›Matisse hat so gute Lungen.‹

Im allgemeinen male ich mein eigenes Werk nicht in dieser Sprache. Ich male in der Sprache der Konstruktion und überdies in einer ziemlich traditionellen Manier, der Manier von Malern wie Tintoretto oder El Greco, die ganz in *camaieu*, in klar voneinander abgegrenzten Farbflächen, malten und die dann, wenn ihr Bild soweit fertig war, transparente Glasuren in Rot oder Blau auftrugen, um es leuchtender und wirkungsvoller zu machen. Die Tatsache, daß sich auf einem meiner Bilder ein gewisser roter Fleck befindet, ist nicht das Wesentliche des Bildes. Das Bild wurde unabhängig davon gemalt. Du könntest das Rot wegnehmen, und es wäre immer noch das Bild da. Aber bei Matisse ist es undenkbar, daß man einen Fleck Rot – und sei er auch noch so klein – unterdrückt, ohne daß das Bild sofort in sich zusammenstürzt.«

Ich fragte Pablo, wie er einen von mir verehrten Koloristen einstufen würde: Bonnard.

»Rede mir nicht von Bonnard«, sagte er. »Was der macht, das ist keine Malerei. Er kommt nie über seine eigene Sensibilität hinaus. Er weiß nicht, was er will. Wenn Bonnard einen Himmel malt, dann malt er ihn vielleicht zuerst in Blau, mehr oder weniger so, wie er aussieht. Dann schaut er etwas länger hin und entdeckt ein wenig Violett darin, also fügt er ein oder zwei Pinselstriche Violett hinzu, nur zur Sicherheit. Dann findet er, daß der Himmel möglicherweise auch ein klein bißchen rosa ist. Warum also nicht auch ein wenig Rosa dazutun? Das Ergebnis ist ein Potpourri der Unentschiedenheit.

Wenn er lange genug hinsieht, kommt er so weit, noch etwas Gelb hinzuzunehmen, anstatt sich endlich zu entscheiden, wie der Himmel denn nun wirklich aussehen sollte. So kann man nicht malen. Malerei ist keine Frage der Sensibilität. Bei ihr geht es darum, die Macht an sich zu reißen, die Macht zu übernehmen von der Natur und nicht von ihr zu erwarten, daß sie dir Auskunft und gute Ratschläge erteilt. Deshalb mag ich Matisse. Matisse ist immer fähig, eine klar durchdachte Entscheidung über die Wahl seiner Farben zu treffen. Ob er sich nah an die Natur hält oder weit von ihr entfernt, immer ist er fähig, eine Fläche ganz mit einer einzigen Farbe zu füllen, und zwar nur deshalb, weil sie zu den übrigen Farben des Bildes paßt, nicht aber deshalb, weil er einen mehr oder weniger stark entwickelten Sinn für die Realität hätte. Wenn Matisse der Ansicht ist, der Himmel müsse rot sein, dann nimmt er ein richtiges Kadmiumrot und nichts anderes, und das ist dann auch ganz in Ordnung, weil er die Verfremdung der übrigen Farben des Bildes diesem Kadmiumrot anpassen wird. Er wird alle anderen Bildelemente in eine genügend kräftige Farbskala transponieren, und am Ende wird das Zusammenklingen all dieser Farbtöne die Intensität des Kadmiumrots plausibel machen. So ist es also die gesamte

Farbskala der Komposition, die diese Extravaganz erlaubt. Van Gogh war der erste, der uns dieses Spannungsfeld erschlossen hat. ›Ich baue ein Gelb auf‹, schrieb er einmal.

Du siehst zum Beispiel ein Weizenfeld; du kannst eigentlich nicht sagen, daß es ganz richtig kadmiumgelb ist. Hat ein Maler es sich aber in den Kopf gesetzt, seine Farben willkürlich zu bestimmen, und benutzt er eine Farbe, die sich nicht auf der Palette der Natur, sondern außerhalb dieser Palette findet, dann wird er auch für alle übrigen Teile des Bildes Farben und Zusammenklänge benutzen, die sich aus der Zwangsjacke der Natur befreit haben. Und gerade das macht ihn interessant. Und daß Bonnard das nicht tut, das nehme ich ihm übel. Ich möchte nicht von ihm emotional angerührt werden.

Bonnard ist in Wirklichkeit ja gar kein moderner Maler: Er unterwirft sich der Natur, er geht nicht über sie hinaus. In Matisses Werk ist der Tatbestand der überwundenen Natur sichtbar erfüllt. Bonnard ist nichts weiter als ein Neoimpressionist unter anderen Neoimpressionisten; er ist ein *décadent*. Er steht am Ende einer Entwicklung, nicht am Anfang einer neuen. Daß er möglicherweise ein wenig mehr Sensibilität besitzt als mancher andere Maler, das ist in meinen Augen nur ein weiterer Makel. Diese Extradosis an Sensibilität läßt ihn Gefallen finden an Dingen, an denen man einfach nicht Gefallen finden darf.

Noch etwas nimmt mich gegen Bonnard ein: wie er nämlich die gesamte Bildoberfläche als zusammenhängendes Farbfeld füllt, mit einer Art von kaum wahrnehmbarem Gezitter, Pinselstrich für Pinselstrich, Zentimeter für Zentimeter, aber vollständig ohne jeden Kontrast. Niemals wird von ihm Schwarz gegen Weiß, Quadrat gegen Kreis, Spitze gegen Kurve gesetzt. Es ist eine äußerst durchinstrumentierte Oberfläche, so aufgebaut, daß sie wie ein organisches Ganzes wirkt, aber nicht ein einziges Mal stört uns der laute Beckenschlag kräftiger Kontraste auf.«

In seiner Volière hielt sich Matisse in Gesellschaft vieler exotischer Vögel vier große Mailänder Tauben. Ihre Füße waren nicht, wie bei den meisten Tauben, nackt, sondern die Federn wuchsen die Beine hinunter und bedeckten die Füße. Es sah aus, als ob sie weiße Gamaschen trügen. Eines Tages sagte er zu Pablo: »Ich müßte dir eigentlich die Tauben schenken, weil du schon einmal ganz ähnliche gemalt hast.« Wir nahmen sie mit nach Vallauris. Eine von ihnen erlebte eine ruhmreiche künstlerische und politische Karriere. Anfang 1949 machte Pablo eine Lithographie von ihr, die einen glänzenden technischen Erfolg hatte. In der Lithographie kann man ein absolutes Schwarz sehr leicht erzielen; verdünnt man die lithographische Tinte jedoch mit Wasser, um ein Hellgrau zu bekommen, dann bewirkt das in der Tinte enthaltene Wachs, daß der lithographische Stein die Farbe nicht ganz gleichmäßig in sich aufnimmt. So entsteht, was man im Französischen *peau de crapaud* nennt, weil die Fläche gesprenkelt ist wie die Haut einer Kröte. Doch in dieser Lithographie war Pablo eine graue Farbe gelungen, die den Eindruck außergewöhnlicher Transparenz erweckte, mit Nuancen, die eine erstaunliche Leistung waren.

Etwa einen Monat später kam der Dichter und Romancier Louis Aragon, der als eine Art intellektuelles Aushängeschild für die Kommunistische Partei Frankreichs diente, in das Atelier in der Rue des Grands-Augustins und erinnerte Pablo an den Entwurf zu einem Plakat für den von den Kommunisten arrangierten Weltfriedenskongreß, der demnächst in der Salle Pleyel stattfinden sollte. Pablo hatte ihm diese Skizze versprochen. Aragon sah sich eine Mappe mit den jüngsten Lithographien durch, und als er die Taube sah, fand er, sie sehe wie eine Friedenstaube aus und sei als Symbol des Kongresses sehr gut geeignet. Pablo willigte ein, und gegen Ende des Tages erschien das Plakat mit der »Friedenstaube« bereits an den Mauern von Paris. In seinen zahllosen Drucken und Nachdrucken, zuerst als Originallithographie, später als Reproduktion, ging das Plakat für die Sache – oder zumindest im Namen – des Friedens um die Welt.

Nachdem Aragon an jenem Tag die Friedenstaube »entdeckt« hatte, sah er regelmäßig die jüngsten Lithographien Pablos durch, und er stieß auf eine Folge von Porträts von mir, auf denen ich die Jacke trug, die Pablo mir aus Polen mitgebracht hatte. Die Porträts waren sehr stilisiert, mit kleinen Köpfen. Die ersten waren Versuche in Farblithographie, doch sie waren nicht sehr gut ausgefallen, weil die Passer nicht exakt gemacht worden waren. Pablo hatte ein paar Proben abgezogen, die ihn nicht befriedigt hatten, und so hatte er die fünf Originalplatten – jede für eine andere Farbe – überarbeitet und aus ihnen fünf verschiedene Kompositionen gemacht. Von jeder nahm er sich mehrere Abzüge. Später entwarf er, weil die Platten so oft überarbeitet worden waren und darunter allzu sehr gelitten hatten, noch eine neue, ganz spontane Komposition. Als Aragon sie sah, sagte er: »Diese müssen Sie mir geben. Sie ist vollkommen gelungen.« Pablo war offensichtlich im Begriff einzuwilligen, da war Aragon so ungeschickt hinzuzufügen: »Ich mag sie besonders, weil Sie hier einmal Françoise so bezaubernd zeigen, wie sie wirklich ist.« Darauf sah Pablo sehr böse aus und sagte: »Für mich gibt es keinen Unterschied zwischen einer bezaubernden Frau und einem Frosch.«

»Dann tun Sie mir sehr leid«, entgegnete Aragon, »aber wenn Sie wirklich den Unterschied nicht kennen, haben Sie sehr viel Glück in Ihrem Leben gehabt, denn bis jetzt habe ich Sie immer nur mit recht hübschen Frauen – mit wahrhaft klassischen Typen – gesehen und nie mit kleinen froschähnlichen Ungeheuern.«

Pablo fing an zu lachen und sagte: »Sie reden wie Braque. Er sagte einmal zu mir: ›In der Liebe gehst du immer noch mit der Tradition.‹« Da lachten wir alle, und Aragon sagte: »Weil Sie lachen, können Sie nicht mehr böse sein, warum geben Sie mir also das Litho nicht?«

»Nein«, sagte Pablo. »Sie sind unverschämt gewesen. Sie bekommen das Litho nicht. Sie müssen sich mit dem Mittagessen zufriedengeben.«

Aragon besuchte Pablo oft. Ihre Freundschaft war eine bissige, aggressive, in der Gewitter, Perioden des Schmollens und der Versöhnung einander ablösten. Ich glaube, sie mochten einander und verachteten einander gleichzeitig doch ein wenig. Ich weiß, daß Pablo sich von der Freundschaft mit Aragon nie ganz befriedigt fühlte.

»Ich kann keine Freunde haben, die nicht fähig sind, mit mir ins Bett zu gehen«, sagte er. »Nicht, daß ich es von den Frauen verlange oder von den Männern wünsche – doch es sollte wenigstens dieses Gefühl der Wärme und Intimität dasein, das man hat, wenn man mit jemandem schläft.«

Wenn Aragon allein kam, ging es etwas besser, denn seine Frau, Elsa Triolet, und Pablo kamen überhaupt nicht miteinander aus. Elsa war oft sarkastisch und spöttisch, und obwohl Pablo sich gern über Leute lustig machte, mochte er es gar nicht, wenn die Leute sich über ihn lustig machten.

Als ich Aragon zum erstenmal in Pablos Atelier traf, war ich sehr von seiner äußeren Erscheinung eingenommen. Er sah aus wie ein Höfling aus dem achtzehnten Jahrhundert. Man erwartete fast, ihn in Seide gekleidet, mit Kniehosen und einem Degen an der Seite zu sehen. Doch selbst ohne diese Zutaten übte er fast die gleiche Wirkung aus. Mit seinen klaren blauen Augen, der blassen Haut und dem fast weißen Haar sah er sehr jugendlich und schön aus. Immer, wenn er kam, war er in einem solchen Zustand der Erregung, daß er sich nicht wie andere Menschen hinsetzen und sprechen konnte, er mußte von einem Ende des Zimmers zum anderen wandern und im Gehen schnell und unaufhörlich reden.

Es war ein beunruhigendes Schauspiel, fast als ob man den Bällen beim Davis-Cup folgte, erst links, dann rechts, dann links, dann rechts. Wenn zufällig ein Spiegel an einem Ende war, sah er, bevor er sich umwandte, hinein und ordnete sich sorgfältig mit der linken Hand das Haar. Alles, was er erzählte, wie intelligent es auch sein mochte, schien von sekundärer Bedeutung gegenüber der Faszination, die seine ständige Bewegung ausübte, wie wenn eine Schlange einen Vogel hypnotisiert. Das Ergebnis seines Marathonlaufes war, daß man schließlich allem zustimmte, was er gesagt hatte.

Der einzige gemeinsame Nenner zwischen Elsa und Aragon waren ihre blauen Augen – sehr blau, mit winziger Pupille, wie ein kleiner schwarzer Punkt. Er war groß, sie klein, doch wohlproportioniert, mit bemerkenswerten Beinen. Auch hatte sie fast noch mehr Charme als er. Man konnte nicht sagen, daß sie wirklich schön war, doch vermochte man sich dem Zauber, den sie ausstrahlte, nicht zu entziehen. Ich konnte gut verstehen, welchen Einfluß sie als junges Mädchen in Rußland auf den Dichter Majakowskij ausgeübt hatte – der einmal mit Lili Brick, ihrer älteren Schwester, verheiratet gewesen war – und später, in Berlin, auf die Maler und Dichter dort. Als ich sie kennenlernte, war sie fünfzig und immer noch faszinierend.

Pablo war stets fasziniert von der beständigen Liebe zwischen Elsa und Aragon. Besonders auf Aragons Seite schien es völlige Hingabe zu sein, fast eine Art religiösen Kults, dessen herrschende Göttin diese einzigartige Frau war.

Pablo sprach manchmal darüber mit Aragon, wenn dieser ohne Elsa gekommen war. »Wie können Sie immer nur dieselbe Frau lieben?« fragte er ihn einmal. »Schließlich verändert sie sich wie alle Menschen und wird alt.«

»Das ist es ja gerade«, sagte Aragon. »Ich liebe alle diese kleinen Veränderungen. Sie erquicken mich. Ich liebe auch den Herbst einer Frau.«

»Nun, nun«, meinte Pablo. »Ich wette, Sie lieben auch Spitzenpantöffelchen und Seidenstrümpfe. Sind Sie dekadent!«

Aragon lachte. »Und Sie? Sie sind eigentlich ein ewiger Jüngling. Ich sollte gar nicht mit Ihnen über solche Dinge reden. Sie sind noch nicht reif genug, um sie zu verstehen.«

Nachdem Aragon an diesem Tag gegangen war, sah Pablo fast wehmütig aus und sagte zu mir: »Er ist glücklich, daß er sich auf eine Person zu konzentrieren vermag. Ich fürchte, ich fände das eintönig. Es wäre gut für eine Zeitlang, doch dann würde es ziemlich langweilig . . .« Er hielt inne. »Nein«, fuhr er fort, »das stimmt nicht. Ich bin genauso einzigartig wie er, und ich möchte, daß auch mein Leben beispielhaft ist.« Dann richtete er sich ein wenig straffer auf und sagte: »Und mein Leben *ist* beispielhaft.«

Ich mußte lächeln. »Wie recht du hast«, entgegnete ich, vielleicht ein wenig zu betont.

Pablo zog sich auf den Turm seiner verleumdeten Tugend zurück: »Was erwartest du«, sagte er, »wenn ich von Sarkasmus und kritischer Analyse umgeben bin, anstatt von Vertrauen und Hingabe, die man mir entgegenbringen sollte? Es ist nicht leicht, sich mit solcher Unterstützung oben auf dem Gipfel zu halten.«

Ich brach in Gelächter aus. Schließlich stimmte Pablo ein. »Na ja«, sagte er, »was macht das schon? Das Leben ist sowieso nur ein schlechter Roman.«

Pablo fühlte sich nie ganz wohl in Gegenwart Aragons. Er und Aragon versuchten stets, einander eins auszuwischen. Ihre Beziehung war gewürzt und gepfeffert, durchsetzt mit kleinen Koketterien, Spiegelfechtereien, Schmeicheleien, Hyperbeln und Paradoxen.

Eines Tages trat Aragon mit den Worten ein: »Ich habe einen großen Schriftsteller entdeckt, Maurice Barrès.« Barrès war ein fanatischer Nationalist und sehr akademisch gewesen, keiner von ihnen hielt auch nur das geringste von ihm. Ein andermal war es Henri Bataille, ein Schreiber populärer Melodramen. Oder er sagte: »Ich habe eine glänzende Studie über die zwei großen Helden Frankreichs geschrieben – Jeanne d'Arc und Maurice Chevalier«, nur in der Absicht, Pablo zu reizen.

Aragon war ein sehr begabter Erzähler, ob er nun aus seiner Kindheit berichtete oder von seinen Erinnerungen an die Résistance sprach. In der Widerstandsbewegung hatte er die gefährliche Aufgabe übernommen, die geheime Druckerei mit Manuskripten zu beliefern. Wenn er allerdings seine eigenen Gedichte vorlas, konnte man nur mit den Zähnen knirschen, denn seine Art zu lesen war überaus unnatürlich. Solange er in Prosa sprach, schlug er seine Zuhörer in Bann.

Aragon war, wie mir klar wurde, ein Politiker im Sinne Talleyrands, eine komplizierte Persönlichkeit, die ihre eigenen Komplikationen in den Kompliziertheiten der Politik auslebte. Pablo sagte oft: »Aragon ist ein Heiliger, aber möglicherweise kein Held.« Er haßte es, wenn ich ihn mit Malraux verglich, aber sie haben tatsächlich etwas Gemeinsames. Aragon jedoch ist mehr Grandseigneur als Malraux.

Eines Tages, nachdem uns Aragon besucht hatte, sagte Pablo lachend: »Alle proletarischen Parteien wie die Kommunisten brauchen ›Prinzen‹«, und es war ganz offensichtlich, daß Aragon ein Prinz war. Hätte er die Kirche statt der Kommunistischen Partei gewählt, hätte man ihn sich als Kardinal vorstellen können. Doch seine Natur, in der der Dichter und Schriftsteller sich mit dem Schauspieler vermischte, war verwirrend, weil er an der Oberfläche in erster Linie Schauspieler war und in diesem Sinne ein vollkommener Hochstapler; doch zuinnerst war er tief und echt er selbst. Er war eine äußerst widersprüchliche Persönlichkeit, und er litt ungeheuer darunter. Aragon hatte alles Recht, sich selbst für einen Grandseigneur der Literatur zu halten, und nahm stets dieses Recht für sich in Anspruch: Bei Premieren oder überall dort, wo *tout-Paris* zusammenkam, verlangte er den ihm gebührenden Platz; er war so empfindlich in Fragen des Ranges und des Protokolls wie nur irgendein Herzog am Hof Ludwigs XIV. Und alledem lag ein ständiges Mißtrauen gegenüber anderen zugrunde, eine Furcht und eine tiefe Trauer, die wohl in einem unstillbaren Bedürfnis wurzelten, sich selbst zu vervielfältigen, sich tausend Gesichter zu geben.

Ich glaube, Pablo hatte recht, wenn er sagte, Aragon sei ein Heiliger, weil für einen solchen Mann die Zugehörigkeit zur Kommunistischen Partei die größte Entsagung bedeutet, deren er fähig war. So wie er einerseits auf sozialem und literarischem Gebiet imstande war, alle Rücksichten zu fordern, die ihm seiner Meinung nach zustanden, lag andererseits in seiner Loyalität gegenüber der Partei eine Art von Masochismus, die ihn mehr Kommunist sein ließ als alle anderen Kommunisten. Die Folge war, daß er mehr als einmal zum Opfer der ästhetischen Fehlurteile der Partei wurde.

Eines der absurdesten Beispiele dafür ereignete sich kurz nach dem Tode

Stalins. Eines Morgens erhielt ich in Vallauris ein Telegramm Aragons mit der Bitte, ihn anzurufen; er wollte, daß Pablo ein Porträt Stalins zeichne. Es war sehr dringend, denn Aragons Zeitung, *Les Lettres Françaises,* erschien wöchentlich, und das Porträt mußte am nächsten Tag fertig sein, wenn es rechtzeitig in der ersten Ausgabe erscheinen sollte. Ich rief Aragon an und sagte ihm, das sei unmöglich. Pablo war gerade in sein Atelier gegangen, und ich wollte ihn nicht stören mit der Nachricht, daß er im Laufe des Nachmittags ein Porträt von Stalin zeichnen müsse, wozu er sicher keine Lust hatte. Unter diesen Bedingungen könne die Zeichnung nicht gut werden, erklärte ich, und was wolle er, Aragon, dann tun?

»Das macht nichts«, meinte Aragon. »Soll er ein Porträt von Stalin zeichnen, wie er will, wir werden es schon veröffentlichen. Es ist ein dringender Fall. Besser, es irgendwie hinzudrehen, als überhaupt kein Porträt zu haben.« Ich ging zu Pablo ins Atelier und erklärte ihm die Situation. Pablos Reaktion war genau die, die ich vorausgesehen hatte.

»Wie kannst du erwarten, daß ich ein Porträt von Stalin mache?« fragte er gereizt. »Erstens habe ich ihn nie gesehen und erinnere mich überhaupt nicht daran, wie er aussieht. Ich weiß nur noch, daß er eine Uniform mit Knöpfen vorn herunter trägt, eine Militärmütze und einen großen Schnurrbart.« Ich hatte mich bereits im Atelier umgesehen und in einer alten Zeitung eine Fotografie entdeckt, die Stalin im Alter von etwa vierzig Jahren zeigte. Ich reichte sie Pablo. »Na schön«, sagte er, »weil es Aragon ist und weil er es braucht, will ich es versuchen.« Sehr resigniert machte er sich an die Arbeit und versuchte, ein Porträt von Stalin zu zeichnen. Doch als es fertig war, sah es aus wie mein Vater. Pablo hatte auch ihn nie gesehen, aber je mehr er versuchte, es Stalin ähnlich zu machen, desto mehr glich es meinem Vater. Wir lachten, bis Pablo den Schluckauf bekam.

»Vielleicht wird es Stalin ähnlicher sehen, wenn ich versuche, ein Porträt deines Vaters zu zeichnen«, sagte er. Wir studierten das Foto noch einmal, dann die Zeichnungen, die er gemacht hatte, und schließlich gelang ihm ein Porträt, das halbwegs Stalin im Alter von vierzig Jahren darstellte.

»Was meinst du dazu?« fragte er mich. Ich sagte, meiner Meinung nach sei es in ihrer Art eine interessante Zeichnung, die Stalin ein wenig ähnele. Weil keiner von uns ihn je gesehen hatte, konnten wir auch nicht sagen, daß sie ihm nicht ähnlich sei. »Also meinst du, ich sollte es abschicken?« fragte Pablo. Ich sagte, ja, Aragon verstehe sein Metier. Wenn er es nicht für brauchbar halte, werde er es schon nicht veröffentlichen. Ich schickte das Porträt ab und vergaß die ganze Sache. Zwei oder drei Tage später, als wir gegen Mittag das Haus verließen, um ins Atelier zu gehen, stießen wir auf eine Gruppe von Journalisten, die am Eingang von *La Galloise* standen. Einer von ihnen fragte Pablo: »Stimmt es, daß Sie sich mit dem Porträt Stalins über ihn lustig machen wollten?« Wir wußten nicht, wovon er sprach. Er erklärte, daß um diese Frage innerhalb der Kommunistischen Partei eine große Kontroverse entbrannt sei und daß die Partei Pablo getadelt habe, weil er das Porträt gezeichnet, und Aragon, weil er es veröffentlicht habe.

Pablo nahm das mit philosophischer Gelassenheit auf. »Ich glaube, es war das Recht der Partei, mich zu tadeln«, sagte er, »aber das Ganze ist zweifellos ein Mißverständnis, denn ich hatte keine böse Absicht. Wenn meine Zeichnung jemanden schockiert oder gekränkt hat, ist das etwas anderes. Das ist eine ästhetische Frage, die nicht vom politischen Standpunkt aus beurteilt werden kann.« Er zuckte die Achseln. »In der Partei ist es wie in jeder großen Familie: Es gibt immer einen verdammten Narren, der Ärger verursacht, aber man muß mit ihm fertig werden.«

Später erzählte uns Aragon, er habe am nächsten Morgen das Paket geöffnet und die Zeichnung sehr interessant gefunden, genau wie ich. Doch die massiven Proteste aus dem orthodox-realistischen Lager zwangen ihn, die Spalten von *Les Lettres Françaises* denjenigen Lesern zu öffnen, die meinten, die Zeichnung sehe Stalin nicht ähnlich genug. Das war absurd, denn wenn das, was sie wünschten, größte Ähnlichkeit war, dann hätte man ja nur eine Fotografie zu veröffentlichen brauchen. Da sie aber einen Maler um eine Zeichnung gebeten hatten, hätten sie die Interpretation eines Malers auch akzeptieren müssen.

Der Tadel der Partei wurde veröffentlicht, aber nach ein paar Tagen, als die ganze Welt darüber lachte, merkten die Parteifunktionäre, daß sie sich lächerlich gemacht hatten. Laurent Casanova, der im Ausland gewesen war, kehrte aus diesem Grund nach Frankreich zurück und besuchte uns, und alles beruhigte sich. Pablo sagte niemals, es sei falsch gewesen, die Zeichnung zu machen; das war undenkbar. Alles, was er sagte, war: »Ich habe eine Zeichnung gemacht. Meine Zeichnung war gut oder weniger gut. Vielleicht war sie schlecht. Das ist eine Angelegenheit, die nur mich etwas angeht. Meine Absicht war einfach: das zu tun, worum man mich gebeten hat.«

Zwei Wochen später waren wir in Paris, und unter Casanovas Einfluß modifizierte die Partei ihren ursprünglichen Standpunkt, indem sie sagte, die Zeichnung sei in der besten Absicht ausgeführt worden. Der einzige, der öffentlich Abbitte leisten mußte, war Aragon, der völlig unschuldig war. Am Ende entschuldigten sich Thorez und verschiedene andere Parteifunktionäre bei Pablo, doch niemand entschuldigte sich bei Aragon. Nicht genug, sie zwangen ihn, eine Selbstkritik zu publizieren. Und das ist in der Tat das Schicksal Aragons: ein Heiliger, der getreulich der Parteilinie folgt, bis zur Grenze des Märtyrertums.

Auch wir wurden gelegentlich zu Märtyrern gemacht, wenn die Kommunisten zu uns zum Essen kamen. Jeder einzelne von ihnen aß genug für vier. Selbst der alte Marcel Cachin, der Älteste der Parteihierarchie, verdrückte, dürr, wie er war, alle Sorten von Horsd'œuvres, Fisch, Steak, Salat, Käse, ein köstliches Dessert und Kaffee und spülte alles mit Mengen von gutem Wein hinunter. Pablo und ich aßen wenig und hielten uns nie lange bei einer Mahlzeit auf, deshalb waren diese Gelage und die dazugehörige Konversation immer eine Nervenprobe für uns.

»Was diese Leute für einen Appetit haben«, sagte Pablo nach einem ihrer Besuche zu mir. »Ich glaube, das kommt davon, daß sie Materialisten sind. Aber sie schweben wegen ihrer Arterien bestimmt in größerer Gefahr als wegen der Ungerechtigkeiten des kapitalistischen Systems.«

Maurice Thorez, der Parteichef, war unendlich langweilig: Er wußte nie, was er sagen sollte. Das einzige zivilisierte Mitglied des Politbüros war Casanova. Im Laufe des Winters 1949 kam er uns oft besuchen. Einmal arrangierte Pablo für uns ein Essen im *Colombe d'Or*, einem sehr eleganten und teuren Lokal in St. Paul-de-Vence, nur um zu sehen, ob Casanova protestieren werde. Während wir aßen, wurden wir von einem Fotografen von *Match* aufgenommen. Darauf sagte Casanova, er meine, wir sollten uns nicht noch einmal in eine solche Situation begeben. »Es ist schlechte Propaganda für die Kommunisten«, fand er.

Das ärgerte Pablo. »Sie stehen doch wohl über solchen Dingen«, sagte er. »Sie sind doch schließlich kein Pfadfinder.«

»Sie verstehen nicht, wie die Gehirne der Leute arbeiten«, entgegnete Casanova. »Ich meine nicht nur unsere Leute, sondern die Öffentlichkeit ganz allgemein. Als Thorez Minister war, hatte er einen Wagen zu seiner Verfügung. Er wurde in allen Zeitungen kritisiert, weil er kein Fahrrad benutzte, und bei anderer Gelegenheit, daß er Champagner trinke statt einfachen Rotwein.«

Sicherlich wurde Casanova, nachdem die Fotografie erschienen war, von einigen Parteipuritanern auf die Finger geklopft.

Die meisten der Schriftsteller und Maler, die Paris verlassen und die Kriegsjahre in Amerika verbracht hatten, kehrten nach der Befreiung, sobald sie konnten, zurück. Chagall war einer der letzten, die wiederkamen. Bella, seine Frau, war 1944 in New York gestorben. Einige Zeit später lernte er eine junge Engländerin namens Virginia kennen und hatte einen Sohn mit ihr, der ein paar Monate nach Claude geboren war. Chagall schrieb Pablo aus Amerika, daß er in einigen Monaten wieder in Europa sein werde. Er freue sich, ihn zu sehen. Dem Brief war ein Bild seines Sohnes beigefügt. Pablo war recht gerührt, wie ich mich erinnere, denn er hängte die Fotografie in unserem Schlafzimmer auf.

Eines Tages erschien Tériade wegen der Illustrationen seiner Ausgabe von Reverdys *Chant des Morts*. Pablo erwähnte Chagalls Brief. »Ich werde mich freuen, ihn zu sehen«, sagte Pablo. »Es ist inzwischen viel Zeit vergangen.«

Tériade erzählte, daß Chagalls Tochter Ida im Augenblick bei ihm zu Besuch sei und Pablo sehr gern treffen möchte. Also gingen wir eine Woche später mit Michel und Zette Leiris zum Abendessen in Tériades Wohnung in St. Jean-Cap-Ferrat, und dort trafen wir Ida, die ein üppiges russisches Essen für uns zubereitet hatte. Sie wußte, daß Pablos Frau Olga Russin war, und hatte offenbar angenommen, er habe Geschmack an russischem Essen. Sie verschwendete ihren ganzen Charme an Pablo und versicherte ihm, wieviel sein Werk ihr bedeute. Das war natürlich Musik für seine Ohren. Sie hatte eine recht gute Figur, mit allerhand Rundungen, und sie neigte sich ständig bewundernd über ihn. Am Ende fraß Pablo ihr aus der Hand und erzählte ihr, wie sehr er Chagall zugetan sei. So vollendete Ida, was ihr Vater begonnen hatte: Sie erreichte, daß Pablo sich wünschte, Chagall zu sehen, bevor er überhaupt zurückgekehrt war. Einige Monate später traf Chagall in Südfrankreich ein. Er hatte nichts Eiligeres zu tun, als zu verkünden, daß er bei den Ramiés Keramiken machen wolle, und er kam herüber, bereit, an die Arbeit zu gehen. Das war zu viel für Pablo. Seine Zuneigung zu Chagall war nicht so stark, daß er so etwas hätte ertragen können, und daraus machte er auch kein Hehl. Schließlich kam Chagall nicht mehr. Es gab keinen Streit, Pablo war lediglich nach Chagalls Ankunft weit weniger begeistert als vorher. Doch nach außen hin blieben sie gute Freunde.

Etwa ein Jahr später lud uns Tériade wieder zum Essen ein. Diesmal waren Chagall und Virginia dort. Virginia hatte ein sehr hübsches Gesicht, war aber außerordentlich mager und so groß, daß sie Chagall und Pablo und alle anderen überragte. Ich merkte, daß Pablo über ihre Magerkeit entsetzt war. Außerdem war sie, glaube ich, auch noch Theosophin, und ihre Grundsätze verboten ihr den Genuß von Fleisch und von drei Vierteln des übrigen Essens auf dem Tisch. Ihre etwa zehnjährige Tochter war auch mit von der Partie und befolgte die gleichen Diätregeln. Pablo fand das so abstoßend, daß er selbst kaum einen Bissen herunterbekam. Auch ich hatte im Augenblick für Pablo die äußerste Grenze der Magerkeit erreicht. Umgeben von mageren Frauen war er schlechter Laune und beschloß, davon guten Gebrauch zu machen. Er begann bei Chagall mit scharfem Sarkasmus: »Mein lieber Freund«, sagte er, »ich verstehe nicht, daß Sie als loyaler, ja sogar leidenschaftlicher Russe nie mehr einen Fuß in Ihr Heimatland setzen. Sie gehen sonst überall hin. Selbst nach Amerika. Doch nun, da Sie wieder zurückgekehrt und schon so weit gekommen sind, warum gehen Sie nicht ein wenig weiter, um zu sehen, wie Ihre Heimat sich in all den Jahren entwickelt hat?«

Chagall war während der Revolution und zu Anfang des neuen Regimes Kommissar der Schönen Künste in Witebsk gewesen. Das ging später schief, und er kehrte nach Paris zurück. Nach dieser Erfahrung hatte er nie mehr den geringsten Wunsch, sein eigenes Land oder irgendein anderes zu betreten, in dem ein kommunistisches Regime existierte.

Chagall schenkte Pablo ein strahlendes Lächeln und sagte: »Mein lieber

Pablo, nach Ihnen. Aber Sie müssen zuerst gehen. Nach allem, was ich höre, sind Sie persönlich zwar sehr beliebt in Rußland, aber nicht Ihre Malerei. Doch wenn Sie einmal dorthin gehen und es eine Weile versuchen, vielleicht könnte ich Ihnen dann folgen. Ich weiß nicht, aber wir werden ja sehen, wie Sie zurechtkommen.«

Da wurde Pablo plötzlich bösartig und sagte: »Für Sie ist das wohl eine Frage des Geschäfts. Dort kann man kein Geld machen.« Das beendete augenblicklich die Freundschaft. Das Lächeln auf den Gesichtern blieb zwar breit und strahlend, aber die Anspielungen wurden immer deutlicher, und als wir aufbrachen, lagen zwei Leichen unter dem Tisch. Von dem Tage an sahen Pablo und Chagall einander nie wieder. Als ich Chagall unlängst traf, hatte er dieses Mittagessen immer noch nicht verschmerzt. »Eine blutige Angelegenheit«, nannte er es.

Nicht lange nach diesem Besuch bei Tériade verließ Virginia Chagall. Kurz darauf trafen wir Chagalls Tochter Ida bei einem Ballettabend. Sie war tief entrüstet über Virginias Weggang. »Papa ist so unglücklich«, sagte sie. Pablo begann zu lachen. »Lachen Sie nicht«, sagte Ida. »Es könnte Ihnen auch so gehen.« Pablo lachte noch lauter. »Das ist das Lächerlichste, was ich je gehört habe«, sagte er.

Aber trotz seiner persönlichen Differenzen mit Chagall hatte Pablo nach wie vor große Achtung vor ihm als Maler. Einmal, als wir über Chagall sprachen, sagte Pablo: »Wenn Matisse stirbt, wird Chagall der einzige Maler sein, der noch weiß, was Farbe ist. Ich bin nicht gerade versessen auf seine Hähne und Esel und fliegenden Geiger und die ganze übrige Folklore, aber seine Bilder sind wirklich gemalt, nicht nur einfach zusammengeschmiert. Ein paar der letzten Bilder, die er in Vence gemalt hat, haben mich davon überzeugt, daß es seit Renoir niemanden mehr mit einem solchen Gefühl für Licht gegeben hat wie Chagall.«

Viel später sagte Chagall mir seine Meinung über Pablo: »Was für ein Genie, dieser Picasso! Es ist ein Jammer, daß er nicht malt.«

Viel weniger begeisterte sich Pablo für das Werk von Fernand Léger, obwohl man hätte annehmen können, daß sie als ehemalige Kubisten mehr gemeinsam hätten. Von 1951 an verbrachte Léger regelmäßig Winter und Frühling in Südfrankreich, weil einer seiner Schüler ein Keramikatelier in Biot eingerichtet hatte. Sein Einfall war, mit »Léger« signierte Keramikplatten herauszugeben, außerdem noch einige größere Stücke als Basreliefs, die zu großen polychromen Wanddekorationen zusammengefügt werden konnten.

Pablo hätte sich nie die Mühe gemacht, Léger zu besuchen. Selbst in Paris hatten sie fast keinen Kontakt miteinander, wenn sie nicht gelegentlich durch Zufail in der Galerie Leiris zusammentrafen, um eine neue Ausstellung anzusehen oder mit Kahnweiler zu plaudern. Pablo waren Légers frühe Werke, die kräftiger konstruierten Bilder seiner kubistischen Periode, lieber als das, was er bis etwa 1930 geschaffen hatte. Was Léger aber seit 1930 gemalt hatte, gefiel ihm noch viel weniger. Léger betrachtete sich selbst stets als einen der »Musketiere« des Kubismus. Diese Meinung teilte Pablo keineswegs, und, wie er mir sagte, auch Braque und Juan Gris nicht. Die drei Musketiere des Kubismus waren *sie*, und Léger war ihrer Meinung nach eben nur Léger. Sie waren die authentischen Maler der heroischen Periode. Sie gehörten zum Montmartre. Pablo und Juan Gris lebten und arbeiteten im *Bateau Lavoir*, und Braque hatte sein Atelier ganz in der Nähe, am Boulevard de Clichy. Wenn es damals einen vierten Musketier gegeben hätte, wäre es eher Derain gewesen, der damals sehr eng mit Braque befreundet war.

Léger kam erst später dazu, Max Jacob brachte ihn vom Montparnasse herüber. Max litt an Schlaflosigkeit und verbrachte oft seine Nächte, indem er Paris von einem zum anderen Ende durchwanderte; oft hatte er nicht das Geld für die Métro. Damals wohnte Léger in *La Ruche*, einem baufälligen Bienenkorb mit lauter Ateliers in der Nähe des Vaugirard-Schlachthauses. Im Jahre 1912, als Pablo nach Montparnasse zog, lernten sie einander etwas näher kennen. Doch jedesmal, wenn Pablo und ich in der Galerie Leiris Légers Bilder sahen, fand er, sie stünden ein wenig außerhalb der Bereiche wirklich großer Malerei.

»Für mich ist da nicht genug vorhanden«, sagte er. »Seine Malerei ist offen und frei, doch sie geht nicht über das hinaus, was sie dir beim ersten Blick zeigt. Die Harmonie zweier Farben in einem Bild von Matisse oder Braque nimmt einen unendlichen Raum voller Nuancen ein. Léger trägt seine Farben in der erforderlichen Menge auf, und sie alle haben den gleichen Grad der Ausstrahlung. Vielleicht ist daran gar nichts falsch, aber du kannst eine ganze Stunde lang vor einem seiner Bilder stehen, und nichts geschieht mehr nach dem Schock, den du in den ersten zwei Minuten empfunden hast. In Matisses Werk schaffen die Vibrationen, die durch das Zusammenspiel eines ganz bestimmten Violetts und eines ganz bestimmten Grüns verursacht werden, eine dritte Farbe. Das ist Malerei. Wenn Matisse eine Linie auf ein Stück weißes Papier zeichnet, dann bleibt das nicht einfach eine Linie, sie wird noch zu etwas mehr. Es ist immer so etwas wie die Metamorphose jedes einzelnen Teils, die das Ganze schafft. Wenn Léger eine Linie zeichnet, bleibt sie eben nur *das*: eine Linie auf weißem Papier.«

Es gibt eine alte Geschichte über Braque. Als er mit seiner Frau durch Italien fuhr, pflegte er in jeder Stadt, in die sie kamen, zum Museum zu fahren, dort anzuhalten und zu seiner Frau zu sagen: »Marcelle, geh hinein, sieh dich um und erzähl mir, was gut da drinnen ist.« Er wollte nicht selbst hineingehen, weil er Angst hatte, sich das Auge durch den Anblick »alter« Malerei zu verderben. Doch Braque war ein sehr gebildeter Mann, und die Pointe der Geschichte wirft nur Licht auf eine ganz bestimmte Haltung.

Mit Léger war es nicht ganz dasselbe. Eines Tages kam Kahnweiler nach Südfrankreich, um uns zu besuchen; er sagte mit einer Stimme, aus der man immer noch das Entsetzen heraushörte: »Wissen Sie, was passiert ist?« Pablo wußte es natürlich nicht. Darauf Kahnweiler: »Sie wissen, ich habe die Caravaggio-Ausstellung in Mailand gesehen.«

»Oh, Caravaggio«, meinte Pablo. »Ganz schlechtes Zeug. Ich kann es überhaupt nicht leiden. Es ist völlig dekadent und –« Kahnweiler unterbrach ihn: »Ja, ich weiß, daß Sie das denken, doch darum geht es jetzt gar nicht. Ich bin nicht verpflichtet, Ihre Ansicht zu teilen, und ich tue es auch nicht. Aber jedenfalls können Sie sich doch etwas unter Caravaggios Malerei vorstellen.«

»Natürlich kann ich das«, sagte Pablo. »Wenn ich es nicht könnte, würde ich nicht darüber reden.«

»Aber Sie können sich nicht vorstellen, was ich jetzt gerade in Paris erlebt habe«, sagte Kahnweiler.

»Natürlich kann ich das nicht«, sagte Pablo. »Warum erzählen Sie es mir nicht endlich, anstatt so viel Zeit zu vergeuden?«

»Nun«, sagte Kahnweiler, »als ich von Mailand nach Paris zurückkam, tauchte eines Tages Léger in der Galerie auf und fragte mich, wo ich gewesen sei. Ich sagte ihm, in Mailand. Er fragte mich, was ich dort gewollt habe. Ich sagte, ich hätte mir die Caravaggio-Ausstellung ansehen wollen. ›Oh‹, sagte Léger, ›und wie war sie?‹ Ich sagte ihm, ich fände sie sehr gut. Léger dachte einen Augenblick nach und sagte dann: ›Sagen Sie, Kahnweiler, kommt Caravaggio eigentlich vor oder nach Velasquez?‹«

Natürlich war Pablo über diese Geschichte entzückt. Es stimmte ihn sogar sehr wohlwollend, daß ihm Léger in solchem Licht gezeigt wurde. »Nun«, sagte er, »Léger behauptete immer: ›Malerei ist wie ein Glas roter Tischwein‹, und Sie wissen so gut wie ich, daß nicht alle Maler *le gros rouge* trinken. Und glücklicherweise malen sie ihre Bilder auch mit etwas anderem.

Leonardo kam der Wahrheit schon näher, wenn er sagte, Malerei sei etwas, das sich im Kopf abspiele, aber er hatte es doch nur halb erfaßt. Cézanne kam der Sache näher als jeder andere. Er sagte: ›Malerei ist etwas, was man mit den Testikeln macht.‹ Ich würde sagen, die richtige Antwort ist Leonardo *plus* Cézanne. Auf jeden Fall, *le gros rouge* genügt nicht.«

Madame Léger, so russisch und so unverfälscht, wie man sich nur vorstellen kann, hätte allzu gern ihren »großen Mann« – »Missié Léger«, wie sie ihn nannte – mit dem anderen großen Mann, Picasso, zusammengebracht. Weil sie wußte, daß Pablo oft Matisse und Braque traf und von Zeit zu Zeit auch Chagall, sah sie nicht ein, weshalb er nicht auch mit Léger zusammenkommen sollte; und zwar nicht in der Galerie, sondern zu Hause. Sie kam nach *La Gal-*

loise, um mich zu besuchen. In ihrem pittoresken Französisch setzte sie mir ihre Meinung auseinander und sagte schließlich: »Ich hoffe, Sie verstehen. Es ist absolut notwendig, daß zwei große Männer zusammenkommen.«

Ich erzählte Pablo nichts davon, weil ich wußte, daß es ihn nur ärgern würde. Ich hatte gar nicht mehr daran gedacht, als zwei oder drei Monate später Madame Léger wieder in *La Galloise* aufkreuzte. Von Wohlwollen überfließend, reichte sie mir ein Paket. »Sie, kleine Körper, nicht sehr entwickelt, doch ich mache für Sie hübsche Pullover mit herrlichem Muster von Missié Léger. Sie tragen sie, sehr hübsch, im Namen des Friedens.«

Sie wickelte ihr Päckchen auf und nahm erst einen, dann einen zweiten schweren schwarzen Pullover heraus. Jeder war über der Brust mit einer aufgeplusterten weißen Taube – einer Taube à la Léger – verziert, mit Schlaglichtern in allen möglichen Farben. Ich dankte ihr und bat sie schließlich herein.

Die Pullover waren wunderbar gestrickt, aber die Tauben – nun, sie waren wirklich nicht »Missié Légers« starke Seite. Ich sah mich bereits damit in Vallauris herumlaufen, wo man mich für einen Radrennfahrer, den Manager eines Preisboxers oder für einen Zirkusausrufer halten würde.

Sie war kaum gegangen, als Pablo aus dem Atelier zurückkam. Ich zeigte ihm die Pullover. Er fing an zu lachen. »Die mußt du einfach tragen«, sagte er. »*C'est trop beau!*« Also trug ich sie von Zeit zu Zeit und einmal wenigstens auch in Gegenwart Madame Légers, die vor Stolz strahlte, als sie mich sah.

Das ermutigte sie in ihren Planungen für ein Gipfeltreffen der großen Männer, und schließlich machte sie mit mir aus, daß »Missié Léger« Pablo besuchen solle. Die Légers kamen an einem Maitag morgens spät in Pablos Atelier in der Rue du Fournas. Es war ein sehr warmer Tag mit einem klarblauen Himmel, der nur getrübt war vom Rauch aus den Holzfeuern der Töpfereien. Léger sah zum Himmel auf und sagte: »Ich vermisse wirklich meine Normandie. Dieser ewige blaue Himmel ist so ermüdend. Es gibt keine einzige richtige Wolke da oben. Wenn man Wolken haben will, muß man Rauch hinaufschikken. Und es gibt noch nicht einmal Kühe hier.«

»Wir sind hier in einem Mittelmeerland«, sagte Pablo. »Wir haben keine Kühe, nur Stiere.«

»Ich kann Ihnen gar nicht sagen, wie ich meine normannischen Kühe vermisse«, sagte Léger. »Kühe sind so viel besser als Stiere. Außerdem geben sie Milch.«

»Ah, ja«, bemerkte Pablo, »doch ein Stier gibt Blut.« Ich sah, er war an diesem Tag nicht in der Stimmung, seine Bilder zu zeigen, doch die Légers machten keine Anstalten zum Aufbruch. Schließlich gingen wir ins Haus, Pablo zeigte ihnen seine Ateliers und brachte ein paar Bilder heraus, die sie sich ansehen durften. Nadia – Madame Léger – theoretisierte wie alle Sowjetanhänger mit Vorliebe über den »neuen Realismus«, über den Kampf der abstrakten gegen die figurative Kunst, über das Problem, inwieweit die Malerei abbilden dürfe usw. »Die Malerei muß auf irgendeine Weise zum Realismus zurückkehren«, behauptete sie. »Das ist absolut notwendig. Das ist der Weg der Zukunft. Ich habe das Recht, das zu sagen, denn ich war Schülerin von Malewitsch.« Sie wandte sich an mich und sagte, als ob ich eine Hottentottin sei: »Malewitsch, kleines weißes Quadrat in großem weißem Quadrat.«

Pablo und ich bemühten uns nach besten Kräften, keine Miene zu verziehen. Pablo konnte der Versuchung nicht widerstehen, einzuwerfen: »Aber das ist ja ganz unwahrscheinlich, daß Sie eine Schülerin von Malewitsch gewesen sein können. Wie alt waren Sie damals?«

Madame überlegte sich einen Augenblick gründlich die Konsequenzen, und dann, als sie merkte, daß sie sich hinsichtlich ihres Alters selbst in die Enge getrieben hatte, erwiderte sie: »Ich war ein Wunderkind. Schülerin von Malewitsch, zwölf Jahre alt.«

Im Umgang mit den Kunsthändlern spielte Pablo ein schlaues psychologisches Spiel. Sein Grundsatz war: »Die beste Kalkulation ist überhaupt keine Kalkulation.«

»Wenn man einmal ein bestimmtes Maß an Anerkennung gefunden hat«, erklärte er mir, »dann setzen die anderen gewöhnlich voraus, daß alles, was man tut, seinen guten Grund hat. Also wäre es wirklich töricht, seine Schritte allzu genau im voraus zu planen. Man ist besser dran, wenn man seiner Laune folgt. Es ist erstaunlich, wie leicht ich Paul Rosenberg aus der Fassung bringen konnte. Ich brauchte nur einmal verärgert und angewidert zu sein und zu sagen: ›O nein, mein Freund, ich verkaufe Ihnen nichts. Das kommt im Augenblick gar nicht in Frage.‹ Rosenberg brachte dann die nächsten Stunden damit hin, sich den Kopf zu zerbrechen, warum ich nichts verkaufen wollte. Hielt ich die Bilder für einen anderen Kunsthändler zurück, der mir Angebote gemacht hatte? Ich arbeitete und schlief wie immer, und Rosenberg verbrachte seine Zeit mit Nachdenken. Nach zwei Tagen kam er wieder, vergrämt und mit zerrütteten Nerven, und sagte: ›Lieber Freund, Sie werden mich doch nicht zurückweisen, wenn ich Ihnen soundsoviel für diese Bilder biete‹, und er nannte eine wesentlich höhere Zahl, ›anstatt des Preises, den ich Ihnen gewöhnlich gezahlt habe, nicht wahr?‹«

Pablo war sehr beeindruckt von der Verkaufsmethode Ambroise Vollards. Kam zum Beispiel ein Ehepaar in Vollards Laden, um sich einige Cézannes anzusehen, zeigte Vollard ihnen drei Bilder und tat dann so, als sei er in seinem Sessel eingeschlafen. So konnte er hören, wie das Ehepaar über die Bilder sprach, welches von ihnen sie bevorzugten usw., ohne daß sie es merkten. Bis dahin hatte niemand etwas über den Preis gesagt. Schließlich rührte sich Vollard in seinem Sessel und fragte sie, welches Bild ihnen am besten gefalle. »Es ist so schwer zu entscheiden«, sagten sie dann meistens, »wir werden morgen wiederkommen.« Am nächsten Tag kamen sie wieder und sagten: »Wir sind gekommen, um uns für ein Bild zu entscheiden, doch zunächst wollen wir einige andere sehen.« Vollard brachte dann drei andere und machte wieder sein Nickerchen im Lehnstuhl. Nach demselben kleinen Spiel baten sie, die ersten drei Bilder noch einmal sehen zu dürfen. Dann sagte Vollard, er könne sie nicht finden oder sie seien verkauft worden oder vielleicht sogar, er könne sich überhaupt nicht an drei andere erinnern, er sei alt und müde, und sie möchten es ihm verzeihen. Mit jedem Tag, der so verstrich, wurden die Bilder weniger und weniger interessant. Endlich kam das Ehepaar zu dem Schluß, es sei besser, nur schnell irgend etwas zu kaufen, bevor alles noch schlimmer wurde. Und wenn sie über Preise auch noch nicht gesprochen hatten, stellten sie doch am Ende fest, daß sie mehr Geld ausgegeben hatten, als sie durften, für etwas, das weniger interessant war als alles, was sie am ersten Tage gesehen hatten. Pablo hielt das für den Gipfel der Weisheit und baute seine eigenen Manöver stets auf Vollards Taktik auf.

»Ich kalkuliere niemals«, erklärte er mir. »Daher kalkulieren die anderen, die sich damit abquälen, viel weniger genau als ich.« In einem paradoxen Sinne hatte er recht, aber die ganze Wahrheit war viel komplizierter. Er kalkulierte nicht so, daß er etwa am nächsten Morgen einen Kunsthändler erwartete und sich am Abend vorher sagte: »Ich werde ihm dieses oder jenes Bild zu diesem oder jenem Preis verkaufen.« Er beschäftigte sich mit der Psychologie dieser Begegnung und wog ab, was sie ihm an Amüsement oder an Langeweile bringen konnte. Daher war der Kunsthändler immer im Nachteil, denn er wußte nicht, wie er Pablo beikommen konnte, ob Pablo etwas Bestimmtes wollte oder nicht. Pablo hatte sich das nämlich selbst noch nicht überlegt. Pablo malte sich vorher lediglich aus, wie die Unterredung im großen und ganzen verlaufen würde.

Manchmal mußte ich mit ihm kleine Szenen proben, in denen wir den Ablauf des nächsten Tages vorwegnahmen, wenn Rosenberg oder Kahnweiler oder, noch etwas vor ihrem Termin, Louis Carré kamen.

Manchmal spielte Pablo seine eigene Rolle, und ich übernahm den Part des Kunsthändlers, oder ich war Pablo und Pablo der Kunsthändler. Jede Frage und jede Antwort, auch wenn sie stets leicht ins Burleske und oft bis in den Bereich der Farce hinein verzerrt wurden, waren doch gedacht als Probe für die Verhandlung, die am nächsten Tag stattfinden sollte. Jeder von uns mußte die psychologische Anlage des Charakters, den er spielte, berücksichtigen, selbst wenn im Scherz die Tatsachen reichlich übertrieben wurden.

Spielte Pablo sich selbst, dann stellte er die pointiertesten und peinlichsten Fragen an den Kunsthändler. Wenn ich eine Antwort gab, die nicht typisch für den Händler war, korrigierte Pablo mich, und ich mußte nach einer anderen

Erwiderung suchen. Am nächsten Tag nahm ich dann als neutraler Beobachter an dem »echten« Treffen teil. Manchmal zwinkerte mir Pablo zu, wenn der Kunsthändler eine Antwort gegeben hatte, die genau der meinen vom vorhergehenden Abend entsprach. Diese kleinen Spiele hatten ihren praktischen Wert, doch eigentlich wurden sie vor allem des Spaßes halber aufgeführt. Gewöhnlich mußten sie mit Pablos Triumph enden. Er hatte das letzte Wort, weil er mehr Geist, mehr Phantasie, mehr Waffen aller Art besaß als sein Gegner.

Doch es gab Ausnahmen. Die einzigen, deren Sieg über ihn er vorauszusehen vermochte, waren diejenigen, die ihn derart langweilten, daß er aus lauter Langeweile nachgab. Kahnweiler war ein Meister dieser Taktik. Pablo pflegte zu sagen: »Oh, dieser Kahnweiler. Er ist schrecklich. Er ist mein Freund, und ich kann ihn sehr gut leiden, aber du wirst sehen, er wird mich herumkriegen, weil er mich Tag und Nacht langweilen wird. Ich sage ›nein‹, und er langweilt mich einen weiteren Tag. Ich sage noch einmal ›nein‹, und er langweilt mich einen dritten Tag. Dann sage ich zu mir selbst: ›Wann wird er endlich gehen? Ich kann es nicht ertragen, daß er mich noch einen vierten Tag langweilt.‹ Und er zieht dann eine so schreckliche Trauermiene und sieht selber so gelangweilt aus, daß ich nur sage: ›Ich kann es nicht ertragen. Ich muß ihn loswerden.‹ Und schließlich, weil ich weiß, was er will, werde ich ihm einige Bilder geben, nur damit er fortgeht.«

Wenn Kahnweiler in Paris Bilder haben wollte, pflegte er zu kommen und zu gehen und wiederzukommen, bis er sie bekam, doch wenn wir in Südfrankreich waren, ging es viel ernster zu, weil er dann unsere Türschwelle belagerte, bis er sich durchgesetzt hatte. Pablo pflegte zu sagen: »Natürlich, er ist ein Freund. Ich kann nicht zu unfreundlich zu ihm sein. Doch selbst wenn ich die beleidigendsten Dinge zu ihm sagte, würde er nicht weggehen.« Manchmal sagte Pablo schreckliche Dinge, in der Hoffnung, daß Kahnweiler wütend wurde und heftig reagierte, doch das tat Kahnweiler nicht, weil er wußte, daß die Beharrlichkeit seine Stärke war.

Pablo konnte recht beharrlich sein, wenn er wollte, also hatte Kahnweiler nur dann Siegeschancen, wenn es ihm gelang, noch beharrlicher zu sein als Pablo. Er gestattete Pablo, die absurdesten Dinge zu ihm zu sagen, wie: »Sie haben sich stets einen Dreck aus mir gemacht«, oder: »Wenn ich daran denke, wie Sie mich früher, als ich noch Anfänger war, in der schamlosesten Weise ausgenutzt haben.« Er antwortete dann nur: »Nein, nein«, aber sehr ruhig, ohne allzusehr zu protestieren, weil Pablo ihm dann wahrscheinlich noch wütender entgegnet hätte.

Manchmal bezichtigte Pablo ihn unausgesetzt der schändlichsten Handlungen, obwohl Kahnweiler natürlich ein sehr höflicher und ehrenwerter Mann war. Kahnweiler sagte dann nur: »Nein, nein, das stimmt nicht«, aber nie zu heftig. Er wußte genau, daß er sich auf diesem Niveau nicht mit Pablo einlassen durfte, weil Pablo dort unbestrittener Meister war. Also kam er stets gewappnet mit dem Willen, jeder Prüfung standzuhalten – fest entschlossen, nicht eher zu weichen, bis er die Bilder hatte, die er haben wollte.

Weil Kahnweiler ein hochintelligenter Mann war, diskutierte Pablo oft mit ihm über Philosophie und Literatur. Aber was Kahnweiler auch antwortete, er ließ Pablo stets den Überlegenen sein, denn für ihn zählte nur eins allein, nämlich daß er seine Bilder bekam. Wenn die Lage gespannt wurde, pflegte er einzuschlafen oder er tat so, weil er Pablo nicht durch ein Anzeichen seiner Überlegenheit ärgern wollte. Wenn er gewollt hätte, wäre es leicht für ihn gewesen, Pablo in diesen Gesprächen intellektuell zu schlagen, doch er wußte, daß Pablo ihm dann niemals die Bilder gegeben, sondern zu ihm gesagt hätte: »Nun ja, mein Freund, Sie haben in unserer kleinen Diskussion gesiegt. Sie erwarten doch wohl nicht, daß Sie auch noch in unseren Geschäftsverhandlungen den Sieg davontragen. Sie dürfen also ruhig die Bilder vergessen.«

Gelegentlich fragte Pablo Kahnweiler: »Haben Sie sich entschlossen, der Kommunistischen Partei beizutreten? Sie wissen, daß ich mich sehr darüber freuen würde.« Die Frage hatte einen doppelten Haken, und das wußte Kahnweiler. Hätte er ja gesagt, wäre Pablo unglücklich gewesen, weil er gewußt hätte, daß Kahnweiler so etwas nicht aus aufrichtigem Herzen tun konnte. Hätte er aber nein gesagt, wäre Pablo ebenfalls unglücklich gewesen, weil sein alter Freund ihn im Stich ließ. Weil Kahnweiler nicht seine Bilder verlieren wollte, mühte er sich gewöhnlich sehr um eine Antwort, die weder ja noch nein bedeuten sollte. Einmal antwortete er jedoch recht geistreich. Er sagte: »Nein, mein lieber Freund, ich glaube nicht, daß ich mich der Kommunistischen Partei anschließen werde, denn seit dem Tode Stalins und der Entdeckung aller seiner Verbrechen ...«

»Ah«, erwiderte Pablo, »ich sehe, worauf Sie hinauswollen. Da haben Sie eine gute Ausrede, nicht wahr? Sie werden erklären, daß Sie entsetzt sind über Stalin, und damit haben Sie einen wunderbaren Ausweg gefunden.«

»Ganz und gar nicht«, sagte Kahnweiler, »ich habe nur etwas erkannt, was ich vorher nicht begriffen hatte, nämlich, daß Stalin ein Pessimist war.«

»Was meinen Sie damit?« fragte Pablo mißtrauisch.

»Nur das«, fuhr Kahnweiler fort. »Ein Pessimist. Ich nehme an, er hat das wohl in seinen Jugendjahren im Seminar aufgelesen, als er Theologie studierte. Er entwickelte anscheinend eine Art von manichäischem Dualismus. Er muß zu der Erkenntnis gekommen sein, daß das Böse in der menschlichen Natur so tief verwurzelt ist, daß er es nur ausrotten konnte, wenn er das menschliche Leben selbst auslöschte. Also bin ich, nachdem ich mich mit dieser Frage sehr gründlich beschäftigt habe, zu dem Schluß gekommen, daß hier zu viel Widersprüche sind. Einerseits predigt der Marxismus von den grenzenlosen Möglichkeiten des menschlichen Fortschritts; mit anderen Worten: eine Lehre, die auf Optimismus basiert. Stalin hingegen lieferte uns den Beweis dafür, daß er diese Lehre für falsch hielt. Er hatte bessere Gelegenheit als irgendein anderer Mensch, festzustellen, ob dieser Optimismus angebracht war oder nicht, und seine Antwort war ein nachdrückliches Nein, indem er jeden in seiner Reichweite umbrachte, weil er die menschliche Natur offenbar für so schlecht hielt, daß es für ihn keine andere Möglichkeit gab, die Dinge zu regeln. Wie können Sie also unter diesen Bedingungen erwarten, daß ein intelligenter Mensch Kommunist wird?«

Pablo bewunderte, glaube ich, die Intelligenz dieser Antwort, aber er fühlte sich verpflichtet zu sagen, daß Kahnweiler sich mit »typisch bourgeoiser Sophistik« herausgewunden habe. Etwas später antwortete Kahnweiler auf die gleiche Frage: »Sie würden es doch nicht gern sehen, wenn ich in meiner Galerie Maler unter Vertrag hätte, die nichts anderes sind als kleine Parteischmierer, nicht wahr? Aber dazu wäre ich wahrscheinlich gezwungen, wenn ich mich der Partei anschlösse.«

Pablo fragte ihn niemals wieder – jedenfalls habe ich dergleichen nicht wieder gehört.

Kahnweiler hatte sich die ersten Zeichnungen angesehen, die ich gemacht hatte, seit ich 1946 zu Pablo gezogen war, und er nahm damals mit einigem Interesse zur Kenntnis, was er die »Strenge« meiner Bemühungen nannte. Er sagte mir, daß er in meiner Arbeit eine Geisteshaltung sehe, die derjenigen von Juan Gris nahe verwandt sei. Von da an warf er von Zeit zu Zeit einen Blick auf meine Arbeiten, wenn er uns in Südfrankreich oder in Paris besuchte. Im Frühling 1949 kam er nach Vallauris, um Pablo zu besuchen und einige Bilder von ihm zu kaufen. Er quartierte sich in einem nahe gelegenen Hotel ein und war bei uns zum Mittag- und Abendessen und den größten Teil jeden Tages, bis die ganze Sache ausgekämpft war. Er blieb bei Pablo, wenn Pablo danach zumute war, ihn in seinem Atelier zu dulden, und bei mir, wenn Pablo schlechter Laune war und ihn nicht sehen wollte. Eines Nachmittags, als er auf Pablo wartete, bat er mich, ihm zu zeigen, was ich im vergangenen Winter gearbeitet hatte. Er sah sich alles an, was ich ihm vorlegte, und es schien ihm zu gefallen. Als er fertig war, versprach er, er wolle mir einen Vertrag geben. Er wollte alles nehmen, was ich in jenem Winter gemacht hatte, und sich verpflichten, von da an zweimal jährlich alle Arbeiten aus den vorhergehenden sechs Monaten zu kaufen. Aber ich dürfe an niemand anderen verkaufen. Ich freute mich sehr, war jedoch ganz erstaunt, weil ich nie gedacht hatte, daß er mir einen Vertrag anbieten würde. Ich sagte ihm, ich wolle es mit Pablo besprechen, und wenn Pablo zustimme, werde ich annehmen. Abends erzählte ich es Pablo, und er war ebenso überrascht wie ich. Er sagte mir, früher habe er Kahnweiler einmal gebeten, Dora Maar unter Vertrag zu nehmen, aber Kahnweiler habe abgelehnt. Deshalb habe er nie daran gedacht, ihm vorzuschlagen, er solle mich nehmen. Doch weil Kahnweiler es selbst vorgeschlagen hatte, war Pablo einverstanden, und ich sagte ja zu Kahnweilers Angebot.

Er kaufte meine Bilder auf der Basis von achtzehnhundert alten Francs pro Einheit (eine Einheit betrug etwas mehr als zwanzig Quadratzentimeter); die Zeichnungen jede zu achtzehnhundert Francs, die farbigen zu zweitausendfünfhundert. Er verkaufte sie gewöhnlich, wie die der anderen Maler seiner Galerie, zu dem dreifachen Preis, den er dafür bezahlt hatte. Zum Beispiel kaufte er ein Bild in der Größenordnung von zwanzig Einheiten, also im Format von etwa sechzig Zentimeter zu fünfundsechzig Zentimeter, für sechsunddreißigtausend Francs, d.h. damals etwa vierhundert DM, und erhielt dafür hunderttausend Francs oder eintausendzweihundert DM. Als wir über Kahnweiler sprachen, schnitt André Beaudin einmal eine Grimasse und sagte: »Die Galerie Leiris ist ein Tempel der Kunst und für einen Maler einer der besten Orte, um Hungers zu sterben.«

Kunsthändler aus dem Ausland, die Picassos haben wollten, mußten eine bestimmte Anzahl von Bildern anderer Maler der Galerie dazunehmen – von Masson, Beaudin und anderen und in Zukunft auch von mir. Auf diese Weise hielt Kahnweiler die Produktion aller seiner Maler ständig in Fluß – mit dem Rhythmus und der Regelmäßigkeit eines Fließbandes.

Wie sich herausstellte, hatte er recht guten Erfolg mit meinen Arbeiten, und zwei Jahre später verdoppelte er die Summe, die er mir zahlte. Von Malern, die nicht sehr viel produzierten, kaufte er alles auf der Basis von soundso viel pro Einheit. Denjenigen, die produktiver waren, nahm er sämtliche Arbeiten ab und zahlte ihnen ein Fixum von monatlich soundso viel. Damals machte ich zwar eine Menge Zeichnungen, aber kaum mehr als fünfundzwanzig Ölbilder im Jahr, also ging er kein großes Risiko ein, wenn er mich für meine gesamte Produktion unter Vertrag nahm.

Im Herbst 1951 hatte ich eine Ausstellung meiner Zeichnungen in der Galerie La Hune in Paris, im folgenden Frühjahr eine Gesamtausstellung bei Kahnweiler. Am Abend vor der Vernissage bei Kahnweiler gingen Pablo und ich in die Galerie, die damals in der Rue d'Astorg lag, um das Hängen der Bilder zu beaufsichtigen. Pablo war guter Laune. Außer Kahnweiler und den Leiris waren noch einige Maler da, die zur Galerie gehörten, wie Masson und Beaudin, Marie-Laure de Noailles und einige andere Freunde. Als wir gingen, sagte Pablo: »Ich habe keinen Grund, morgen hinzugehen. Erstens habe ich es gesehen, und außerdem wird es die Aufmerksamkeit von dir ablenken, wenn ich dort bin. Die Leute werden kommen und mich um meine Meinung über alles mögliche fragen; es wird also besser sein, wenn du allein gehst.« Aber am nächsten Tag konnte er sich doch nicht richtig entschließen. Er zögerte die Entscheidung immer wieder hinaus. Die Vernissage sollte um vier Uhr beginnen. Er hatte es immer gehaßt, ins Kino zu gehen, doch nun sagte er: »Du kannst nicht so früh in die Galerie kommen. Vor sechs Uhr sowieso nicht. Wir werden ins Kino gehen.« Er ging mit mir in Lévins *Pandora*. Die Stierkampfszenen darin machten ihm so viel Spaß, daß er endlich fähig war, sich zu entschließen. Um fünf Uhr dreißig fuhr er mich zur Galerie und setzte mich dort ab. Einige meiner Freunde sagten, es sei nicht sehr nett von ihm gewesen, am Tag meiner Vernissage wegzubleiben, doch ich fand das im Gegenteil sehr taktvoll von ihm.

Wenn irgend etwas Pablo von seiner Arbeit ablenkte, geschah es zuweilen, daß er schwer verständliche Dichtungen schrieb, Manuskripte voller Korrekturen und Randbemerkungen, in denen manchmal die Worte verschiedenfarbig unterstrichen waren. Sie gehorchten nicht nur einer linearen Melodie, sie ergänzten einander harmonisch wie die Akkorde einer Orchesterpartitur.

Diese Sturzflut von Worten war schwer zu entschlüsseln. Manchmal gelang es mir indessen, das eine oder das andere dieser Werke auf eine Art vorzutragen, die Pablo gefiel. Besonders schwierig war es, die richtigen Zäsuren zum Atemholen zu erwischen, denn es gab in diesen Texten keinerlei Zeichensetzung. Oft, nachdem ich ihm vorgelesen hatte, bat mich Pablo, ihm die Notizen, die ich über meine eigene Arbeit aufgezeichnet hatte, zu zeigen. Auf diesem Umweg kehrten wir dann wieder zu unseren Gesprächen über die Malerei zurück. Die Beschäftigung damit schien bei ihm im wesentlichen mit dem Wort verbunden; es war eine Art von bewußtem Streben nach artikuliertem Ausdruck. Sosehr er auch den Gedanken verabscheute, daß der Künstler eine »Botschaft« zu überbringen habe – »Bin ich ein Postbeamter?« pflegte er ironisch zu fragen –, so sehr war ihm dennoch daran gelegen, daß das Kunstwerk nach Mitteln suche, die eine »Kommunikation« ermöglichten. Er ging sogar so weit, daß er die Überwindung der Historienmalerei bedauerte.

Dieses Heimweh überraschte mich und war mir fremd, denn ich glaubte, daß aus der Malerei vor allem die Anekdote und die Rhetorik verbannt werden müßten. Ich zitierte den Satz von Maurice Denis: »Ehe es ein Schlachtroß ist, ist ein Bild vor allen Dingen eine Oberfläche, bedeckt mit Formen und Farben, die in einem bestimmten Rhythmus angeordnet sind.« Ich fragte ihn, ob heutzutage ein kubistisches Stilleben nicht genauso viel Bedeutung habe wie zum Beispiel Rembrandts *Nachtwache*.

»Präzisieren wir zunächst einen Punkt«, sagte Pablo. »Ein x-beliebiger Teil der Natur kann als Material für die Malerei ausgewählt werden. Für Soutine war ein totes Huhn schlechthin ein geeignetes Sujet. Für mich ist es das nicht, bis auf den dramatischen Augenblick, in welchem dem Hahn gerade der Hals durchschnitten worden ist und die blutgefüllte Schale und das Opfermesser noch durch ihr Vorhandensein die Intensität *dieses bestimmten Augenblicks* bestätigen.

Dieses äußerste Geschehen kann in meine Malerei eingehen. Sonst handelt es sich nur um ein unwesentliches Vorkommnis, eine Erscheinung des Zufalls. Es ist zwar auch ein Augenblick der Wirklichkeit, aber ein besonderer Augenblick. Malerei ist Poesie, nicht eine nach Belieben abgeschnittene Scheibe Leben, die man erstarren läßt und auf zwei Dimensionen reduziert.

Wenn du die Geschichte der Malerei verfolgst, wirst du höchstens zwanzig große Themen entdecken. Eins davon ist Christi Geburt. Sie beherrscht während eines bestimmten Zeitabschnitts einen großen Teil der abendländischen Malerei. Innerhalb verschiedener Zivilisationen und Religionen wiederholen sich immer wieder Themen, die einen auf gemeinsamer menschlicher Erfahrung beruhenden biologischen Aspekt darstellen und im Rahmen der herrschenden Ideologie der Zeit und des Ortes behandeln. Ein Thema ist, wie du siehst, etwas Universelles. Es verkörpert notwendigerweise eine wichtige Phase der menschlichen Entwicklung. Geburt, Leiden, Tod: Das sind große Themen. Ob du nun aber von einem Auto überfahren, von einem Zug zermalmt oder durch einen Dolchstich getötet wirst, das sind nur unwesentliche Tatsachen. Der Tod als Thema ist etwas ganz anderes, etwas, das auf einem Stilleben durch das sinnfälligste Symbol, einen Totenschädel etwa, genauso gut sichtbar gemacht werden kann wie auf irgendeinem riesigen Gemälde, auf dem das Blut in Strömen fließt.

Der Unterschied ist manchmal sehr fein. Wenn Goya im *Tres de Mayo* den Verurteilten darstellt, wie er in einer Geste letzten, äußersten Protestes die Arme auseinanderwirft, einer Geste, deren qualvoll zerrissenes Linienwerk in vollstem Licht zerbirst und mit der absichtsvollen, streng ausgerichteten Einheit der in Schatten getauchten Soldatengruppe kontrastiert, dann versetzt er uns wahrhaft in die ›Zeit des Todes‹. Alle dargestellten Elemente sind sorgfältig ausgewählt und abgestuft, ausgehend von jener gewaltigen viereckigen Laterne, die im Mittelpunkt des Bildes auf der Erde steht wie ein Leuchtturm der Ewigkeit.

Im Gegensatz dazu ist es Manet in der *Erschießung Maximilians*, einem recht schwachen Bild, nicht gelungen, die Akzente einer angemessenen Bildsprache sichtbar zu machen. Das ist nicht die ›Zeit des Todes‹, da handelt es sich lediglich um einen toten Augenblick; das ist Historie ohne Malerei, aber nicht ›Historienmalerei‹.

Auf jedes Thema kommen Tausende von Sujets, vielleicht noch mehr.

Das Sujet ist eine der gültigen Phasen innerhalb eines Themas, das übrige ist nur Anekdote. Und für jedes neue Sujet gibt es einen neuen Maler.

Der Maler, der die Malerei in ihrer Geschichte einen Schritt vorwärts bringt, ist derjenige, der ein neues Sujet entdeckt hat.

Zu Beginn des neunzehnten Jahrhunderts war der Klassizismus in Mode. Um seine römischen Modelle in den Griff zu bekommen, entwarf und malte David im Atelier feierliche und statische Kompositionen. Dann kam eines Tages jemand, der ausrief: ›Ich will keine Engel malen, weil ich noch keinen gesehen habe!‹ Das war Courbet. Er stellte lieber zwei am Seineufer liegende junge Mädchen dar. Er führte seine Modelle ins Freie und malte sie. Auf diese Weise entdeckte er ein neues Sujet, das diejenigen, die nach ihm kamen, ›Realismus‹ nannten. Indem er seine Modelle in die Natur stellte, hat Courbet ein Blatt der Geschichte umgewendet und die Malerei in jene neue Richtung gewiesen, der sie Jahre hindurch gefolgt ist. Etwas später beschäftigten sich die Impressionisten damit, wie eine Strohmiete zu jeder Stunde des Tages aussah, denn das wechselnde Licht unterwarf den Gegenstand unablässiger Veränderung. Im Flimmern dieser unzähligen Lichtflecken verlor sich das Sujet. Diesen Weg verließen die Kubisten und begaben sich an eine Analyse der Beziehungen, die zwischen einer Flasche, einer Pfeife, einem Päckchen Tabak und allen anderen Gegenständen auf einem Tisch bestehen. Im Zwang zur Zurückhaltung und Strenge, der diesen Kompositionen eigen ist, nahm das Universum wieder Form und Leben an. Ein neuer Stil war geboren. Es war wieder möglich geworden, sich großen Themen zuzuwenden.«

»Du sprichst von Themen«, antwortete ich, »aber einem einzigen *Guernica*, das du malst, stehen wenigstens tausend deiner Bilder gegenüber, die weder Thema noch Sujet haben, die ganz einfach *Malerei* sind, wie die ganze Reihe der im Sessel sitzenden Frauen.«

»Ja natürlich«, sagte Pablo, »du verstehst nicht, daß ich diese Frauen nicht einfach da so hingesetzt habe, wie irgendein Modell, das sich langweilt. Sie hocken auf den Leimruten dieser Sessel wie Vögel im Käfig. Ich habe sie eingekerkert in dieser Bewegungsarmut, in der Wiederholung dieses Motivs, weil ich das Pulsieren des Fleisches und des Blutes durch die Zeiten hindurch zu erfassen versuche. Und ich möchte etwas ganz deutlich machen: die Qual des Fleisches, das selbst in der Stunde seines Triumphes, in der Stunde der Schönheit, geängstigt wird von Zeichen, die das Vergehen der Zeit ankündigen. Wie jeder Maler bin ich vor allem ein Maler der Frauen. Für mich ist die Frau in ihrem eigensten Wesen ein Werkzeug des Leidens.«

»Ich hatte gedacht, die Frau sei ein Werkzeug der Vervielfältigung, nicht aber des Schöpferischen«, warf ich nicht ohne Ironie ein.

»Ich habe nie gesagt«, gab Pablo zurück, »daß eine Frau nicht schöpferisch sein könne. Im Gegenteil, sie sollte uns eigentlich ein neues Bild des Mannes schenken.«

Ich antwortete ihm, daß ich vielleicht wirklich eines Tages Männerporträts malen werde.

Als wir noch in Golfe-Juan in Monsieur Forts Haus lebten, hatte ich eine Kinderpflegerin für Claude, die ich von Paris mitgebracht hatte, und eine Frau aus dem Ort, namens Marcelle, zum Kochen. Marcelle fand es nach den dort gültigen Maßstäben demütigend, die Kinderpflegerin zu bedienen, die mit uns am Tisch aß. Ich hatte viel Ärger mit den beiden, und eines Tages kam ich heim und sah, wie sie einander durch das Haus jagten, die Pflegerin mit einer Bratpfanne bewaffnet, die Köchin mit einem schweren Metalldeckel und einer langstieligen zweizinkigen Gabel. Als ich versuchte, die beiden Furien zu trennen, bekam ich beides über den Kopf, die Bratpfanne und den Deckel.

Darauf beschloß ich, mich selbst um Claude zu kümmern. Ich schickte die Pflegerin nach Paris zurück, bevor Blut vergossen wurde. Doch sobald die Pflegerin gegangen war, wollte Marcelle sich von niemandem mehr eine Einmischung gefallen lassen: Sie wollte sich um Claude kümmern, der Küche vorstehen und niemanden, am wenigsten mich, in ihre Arbeit hereinreden lassen. Also ließ ich es. Morgens war ich mit Pablos Arbeit beschäftigt, nachmittags mit meiner eigenen, und ich überließ Marcelle weitgehend sich selbst. Nach einiger Zeit vernahm ich jedoch beunruhigende Gerüchte, die in Golfe-Juan zirkulierten. Pablos Sohn Paulo verbrachte, wenn er nicht auf seinem Motorrad durch die Gegend raste, einen großen Teil seiner Zeit in den Cafés und Bars des Ortes. Immer, wenn er in einem seiner üblichen Schlupfwinkel auftauchte, erzählte er mir, riefen der Barmann oder die Kellnerin: »Da kommt Claudes Bruder!« Weil Claude damals ein kleiner Junge war, berührte es mich ebenso seltsam wie Paulo, daß ein erwachsener junger Mann, der in der ganzen Stadt wegen seiner verschiedenen »Heldentaten« berühmt war, als »Claudes Bruder« angesprochen wurde. Ich forschte nach, und es stellte sich heraus, daß Marcelle, anstatt mit Claude zum Strand zu gehen, die meisten ihrer Nachmittage in dem einen oder anderen der Bistros verbrachte. Weil sie Claude sonst nirgends lassen konnte, setzte sie ihn gewöhnlich auf die Bar neben ihr Glas, wurde mir berichtet.

Sie hatte Claude sehr gern, erzählte ihm Geschichten, brachte ihn zum Lachen und arbeitete gewöhnlich ziemlich schwer. Doch abgesehen von der schlechten Luft, die Claude einatmete, und der fragwürdigen Atmosphäre, die er damit zugleich in sich aufnahm, fürchtete ich, daß Marcelle, wenn sie nach einem solchen Nachmittag nach Hause wankte, eines Tages in ein fahrendes Auto lief und beide überfahren würden. Von da an ließ ich sie zu Hause und ging nachmittags selbst mit Claude spazieren.

Der Umzug nach *La Galloise* gab mir eine gute Entschuldigung, sie loszuwerden. Dort engagierte ich ein Ehepaar, das im Haus gegenüber wohnte, den Mann als Gärtner, die Frau als Köchin und allgemeines Faktotum: Monsieur und Madame Michel. Madame Michel war ein großer Fortschritt gegenüber Marcelle. Sie widmete sich ihrem Beruf und erledigte die schwere Arbeit zu unserer Zufriedenheit. Es wäre mir lieber gewesen, jemanden zu haben, der ausschließlich Claude beaufsichtigte, doch Pablo sagte, er könne kein anderes fremdes Gesicht im Haus ertragen, und als ich es Madame Michel gegenüber erwähnte, sagte sie, wenn noch jemand ins Haus komme, werde sie sofort gehen. Ich ließ also die Angelegenheit fallen.

Madame Michel war ein Muster französischer Sparsamkeit. Ich besaß Leinentücher für Claudes Bett, doch sie legte sie niemals auf. Sie schnitt Rechtecke aus abgenutzten Laken und Tischtüchern und benutzte sie statt dessen. Wenn ich ihr sagte, sie solle die Laken benutzen, die ich zu diesem Zweck gekauft habe, erwiderte sie, das sei Verschwendung, und zitierte ein ortsübliches Sprichwort etwa des Inhalts, daß Grafen und Barone mit einem Minimum an Aufwand und Bettfedern großgezogen würden.

Claude hatte eine Menge Spielanzüge, die ich oft wechselte – zwei- oder dreimal am Tag, wenn nötig –, so daß er meistens frisch und sauber aussah. Als ich Madame Michel nahelegte, diese Gewohnheit auch anzunehmen, sah sie mich ernst an und zitierte ihren Spruch von den Grafen und Baronen. Sie steckte Claude in einen tristen, klösterlich aussehenden, karierten Spielanzug. Jedesmal, wenn Pablo ihn sah, sagte er: »Ah, da ist ja der Waisenknabe.« Sonntags wenigstens hätte ich ihn gern in Weiß gesehen, aber von wegen. Grafen und Barone ...

Eines Tages teilte Madame Michel mir mit, sie könne an diesem Mittag nicht das Essen servieren, sie müsse früh weggehen, um »Gras zu machen« für die Kaninchen, was in der dortigen Terminologie heißen sollte, daß sie etwas Gras schneiden wollte. Ich regte an, daß die Karnickel vielleicht zu einer anderen Zeit fressen könnten, aber dieser Meinung war sie durchaus nicht. Das geschah so oft und dauerte so lange, daß ich dachte, die Michels müßten mindestens zweihundert Kaninchen halten. Später stellte ich fest, daß es nur fünf oder sechs waren.

Es dauerte nicht lange, da war es ihr überhaupt nicht mehr möglich, das Mittagessen zu servieren, und das aus viel seltsameren Gründen, als um »Gras zu machen«. Es war zu Anfang des Winters, da kam sie eines Abends um etwa sechs Uhr mit tragischer Miene zu mir und sagte: »Madame, ich muß jetzt gehen. Im Fournas-Viertel ist eine Agonie.« Das war ihre Art, mir mitzuteilen, daß jemand in Vallauris im Sterben lag. Ich sagte, das sei ja sehr traurig, aber weshalb denn sie gehen müsse?

»So ist das nun einmal, Madame«, antwortete sie. »In dieser Gegend stirbt niemand ohne mich.«

Ich hatte keine Ahnung, was sie meinte, doch ich fing an zu lachen, weil mir diese Bemerkung allzu komisch vorkam, was immer sie auch bedeuten mochte. Sie sah mich strafend an. Ich hörte auf zu lachen und fragte sie, weshalb denn niemand ohne sie sterben könne. Sie sei doch schließlich nicht der Stadtpfarrer.

»Madame weiß nicht, worüber sie spricht«, sagte sie. Sie hatte wenig Respekt vor Pablo und mir, und sie redete gewöhnlich mit mir, als sei ich ihre ungeratene Tochter. Ich sagte ihr, sie habe ganz recht, ich wisse sicher nicht, worüber ich spreche, und es wäre mir lieb, wenn sie es mir erklären würde, damit ich es endlich wisse.

»Nun, Madame«, sagte sie, »ich bin eine Klagefrau, und zwar die beste Klagefrau von Vallauris.« Alte Legenden aus Korsika kamen mir in den Sinn, und mir fiel plötzlich ein, daß die meisten Einheimischen italienischer Abstammung waren. »Man stirbt nicht einfach wie ein Hund«, sprach sie weiter. »Selbst wenn man sehr arm ist, mietet man drei Klagefrauen, die einem sterben helfen.« Ich sagte ihr, sie könne »zu ihren Agonien gehen«, doch unter der Bedingung, daß sie mir erzähle, was dort vorgehe, denn das interessiere mich sehr. Ich mußte sie nicht lange bitten.

»Nun«, sagte sie, »wenn wir gerufen werden, ist das erste, was wir tun, daß wir eine gute Mahlzeit zu uns nehmen. Klagefrauen arbeiten schwer, und das kann man nicht mit leerem Magen tun. Dann setzen wir uns ans Bett. Die Hauptsache ist, den Todeskampf hinzuziehen. Ehe wir wieder fortgehen, müssen wir der armen Seele alles Wichtige ins Gedächtnis zurückgerufen haben, das ihr während ihres ganzen Lebens widerfahren ist. Ich könnte zum Beispiel sagen: ›Erinnerst du dich, Ernest, an den Tag deiner Erstkommunion, als die kleine Mimi hinter dir stand und dich an den Haaren zog?‹ Ich bin mit ihm aufgewachsen, wissen Sie, und erinnere mich an diese Dinge. ›Ja, ja, ich erinnere mich‹, schluchzt er, und wir drei Klagefrauen stöhnen und jammern mit ihm. Dann ist die nächste Klagefrau an der Reihe: ›Erinnerst du dich an den Tag, an dem du zum Militärdienst mußtest, und wie du dich fühltest, als du dich von deiner Familie verabschiedetest?‹ Wenn er ja sagt, dann ist die dritte an der Reihe, doch wenn er nein sagt, versuchen wir es wieder und wieder und fügen mehr und mehr Kleinigkeiten hinzu, bis er sich schließlich erinnert. Manchmal sind es wirklich traurige Erinnerungen, wie: ›Erinnerst du dich, Julie, wie du dein kleines dreijähriges Mädchen durch die Bräune verloren hast?‹ Wenn Julie sich das Herz aus dem Leibe weint, stimmen wir ein wie ein Chor. Wenn es eine glückliche Erinnerung ist, lachen wir alle. Und so geht es weiter durch das ganze Leben eines Sterbenden.«

Ich wandte ein, das komme mir doch ziemlich grausam vor, jemanden, der sowieso schon leide, noch durch eine solche Prüfung gehen zu lassen.

»Ganz im Gegenteil«, sagte Madame Michel. »Wenn er wirklich alles zurückrufen kann, was ihm auf Erden widerfahren ist, Frohes und Trauriges, dann kann er sein neues Leben auf der anderen Seite glücklich und frei beginnen. Aber das ist nicht so leicht, wie Sie denken. Deshalb bin ich ja auch die beste Klagefrau in der ganzen Gegend, weil ich gewöhnlich alles aus den Sterbenden herauslocken kann, bevor sie gehen. Manchmal müssen wir schnell arbeiten. Ein andermal, wenn wir können, brauchen wir längere Zeit und bleiben zwei oder drei Tage bei dem Sterbenden. Aber die Hauptsache ist, daß alles glatt herauskommt. Wenn der Arme dann sein Ende nahen fühlt, antwortet er nicht mehr, er dreht sein Gesicht zur Wand.« Madame Michel trat näher an mich heran und senkte die Stimme. »Das ist wichtiger als die Letzte Ölung«, flüsterte sie. »Dann essen wir wieder und gehen nach Hause. Das übrige besorgt der Leichenbestatter.«

Mir blieb nichts anderes übrig, als Madame Michel ihrer Berufung folgen zu lassen. Glücklicherweise starben in Vallauris die Leute nicht wie die Fliegen. Eines Abends, nach einer ruhigen Periode, mußte sie plötzlich fort, um für jemanden, dem es sehr schlecht ging, drüben im Fournas-Viertel zu weinen. Pablo hatte das Atelier dort erst kürzlich gekauft, und es war noch nicht ganz hergerichtet. Weil man in dem Gebäude vorher Parfümessenzen destilliert hatte, lagen Rohre darin, die die Abfallprodukte in die Abwässerkanäle leiteten. In der Mitte des vorderen Hofes gab es einen Schacht mit einem verdeckten Einstiegloch, das in diesen unterirdischen Bereich führte. Als Madame Michel das Haus verließ, sagte sie mir, sie wolle an Pablos Atelier vorbeigehen, um nicht am Haus einer sehr armen italienischen Familie vorüber zu müssen, die im Viertel schlicht als »die Calabreser« bekannt waren. Die meisten Italiener, die sich in Vallauris niedergelassen hatten, stammten aus Piemont, doch eine spätere Welle kam aus einer viel ärmeren Gegend, aus Calabrien. Die Piemontesen blickten auf die Calabresen herab, denen sie nachsagten, sie äßen Katzen und hätten den bösen Blick. Wenn man an der Hausfront eines Calabresen vorbeigehen mußte, versäumte man nie, die üblichen Zeichen zu machen, um den bösen Blick zu bannen. Wenn es aber einen Weg gab, das Haus zu meiden, dann benutzte man ihn.

»Wenn ich wie Ihre Leute wäre, die deutlich sprechen« – Leute aus dem Norden – »wäre das nicht nötig«, sagte sie zu mir, »aber ich muß vorsichtig sein.«

Am nächsten Morgen zur Frühstückszeit war sie noch immer nicht zurück. Ich machte mir keine Gedanken darüber, weil ich mich inzwischen an Agonien gewöhnt hatte, die endlos waren. Ihr Mann, der Gärtner, verschwendete auch keinen Gedanken daran. Nach dem Frühstück ging ich wie gewöhnlich ins Atelier, um die Öfen für Pablo anzuzünden. Als ich durch den Hof ging, glaubte ich, Seufzer zu hören, die aus dem Boden unter meinen Füßen kamen. Ich hab' mir einfach zu viel von Madame Michels Geschichten angehört, dachte ich bei mir. Im Innern des Ateliers klangen die Seufzer noch lauter. Ich lief wieder hinaus in den Hof, sah mich um und bemerkte, daß der Deckel über dem Abwässerkanal nicht auf seiner Stelle lag. Ich lief hin und sah hinab. Drinnen saß, in vier Meter Tiefe an die Wand gelehnt, Madame Michel und konnte nicht heraus. Ich holte eine Leiter, und als sie mühsam herausgeklettert war, steif von der Kälte und den Prellungen von ihrem Sturz, doch glücklicherweise ohne Knochenbrüche, erklärte sie, daß sie sich nach einem langen Abend des Klagens müde und zerstreut im Dunkeln verlaufen und sich ohne Vorwarnung plötzlich in diesem bodenlosen Loch befunden habe. Nach diesem Ereignis hatte sich ihre Begeisterung für Agonien merklich gelegt.

Eines Abends, als sie das Geschirr abwusch, erklärte ich ihr, daß wir Nordländer, die so deutlich sprechen, uns nichts aus Agonien machen, daß wir uns nicht um diese Dinge kümmern, soweit sie nicht jemanden in unserer eigenen Familie betreffen, und daß dieses Schwelgen in Todeskämpfen ihr auf die Dauer nicht gut bekommen werde. Und da ich gerade in Predigerstimmung war, sagte ich ihr auch, daß sie besser noch etwas anderes einschränke, nämlich das Lesen ihres Lieblingsmagazins *Détective*, eines blutrünstigen Käseblattes voller Revolverpistolen, dem sie restlos verfallen war. Sie sah mich entrüstet an: »Madame, das ist das einzige, was wahr ist. Was Sie in den anderen Zeitungen lesen, daran mag vielleicht ein wenig Wahrheit sein, aber das meiste sind Lügen. Wenn aber jemand ein Gewehr zieht und jemand anderen tötet, dann gibt es keine zwei Möglichkeiten: Es ist einfach wahr.«

Détective war so »wahr« für Madame Michel, daß es jede andere Zeitung in den Schatten stellte. Sie wußte zum Beispiel, daß sie für einen Mann arbeitete, über den ständig in allen Zeitungen und Zeitschriften geschrieben wurde. Aber in *Détective* wurde er nie erwähnt, und das hielt sie für sehr seltsam. Mit seiner Bedeutung konnte es wirklich nicht weit her sein. Und sie hatte auch andere Vorbehalte uns gegenüber.

»Ich verstehe nicht, weshalb Madame und Monsieur sich nicht wie eine Dame und ein Herr anziehen«, bemerkte sie einmal. Ich fragte sie, wie man sich denn ihrer Meinung nach kleiden müsse. »Nun«, sagte sie, »ich weiß, daß Sie genug Geld haben, um sich wie die Leute in Paris zu kleiden, das tun Sie aber nicht.« Ich erklärte ihr, weil wir die meiste Zeit malten, sei es viel bequemer, Bluejeans und Pullover zu tragen, als die phantastischen Kleider »wie die Leute in Paris«. Sie gab brummend zu, daß sie das zwar verstehe. Doch offenbar machte es sie unglücklich. Sie habe eine Nichte, sagte sie, die zweites Stubenmädchen in Aga Khans Villa sei, und dort seien die Leute ordentlich gekleidet.

Etwa zwei Wochen später erschien sie eines Tages mit sehr zufriedener Miene. Jemand sei in die Villa *Les Mimosas* unten in der Straße eingezogen, der sei wie ein Herr gekleidet, berichtete sie. »Ich würde gern bei ihm arbeiten«, fügte sie hinzu. Ich sagte, ich hätte nichts dagegen. Sie blieb aber trotzdem, und von Zeit zu Zeit zeigte sie mir den Herrn, wenn er über die Straße ging. Er sah tatsächlich von Kopf bis Fuß nach Savile Row aus.

Ein paar Wochen danach kam eines Morgens unser Freund, der Polizeikommissar, um Pablo mit seiner Wochenration an Klatsch zu versorgen. Er schwebte im siebenten Himmel. »Soeben haben wir Pierrot le Fou Nr. 2 festgenommen.« Das war ein Marseiller Gangster, der im Augenblick Frankreichs Volksfeind Nr. 1 war. »Seit Monaten versuchen wir schon, ihn zu fassen«, sagte er. »Und stellen Sie sich vor, er wohnte gerade hier vor Ihrer Nase, in *Les Mimosas*, das er vor einigen Monaten durch einen Strohmann gekauft hat, um es als Schlupfwinkel zu benutzen. Jeder hielt ihn für einen reichen Geschäftsmann aus Paris. Er war auch so angezogen.«

Madame Michel nahm es sehr schwer. Und weil sie mir ständig ihre südfranzösischen Sprichwörter unter die Nase rieb, fand ich es jetzt an der Zeit, sie ein neues zu lehren: »Es ist nicht der Rock, der den Menschen macht«, ermahnte ich sie. Sie fand das überhaupt nicht komisch.

Das war nicht das einzige, was ihr mißfiel. Pablo wäre es lieb gewesen, wenn ich, wenigstens bei warmem Wetter, nackt in Haus und Garten umhergegangen wäre. Denn da ich so oft am Strand war und den üblichen Bikini trug, war ich sehr braun. Nur: wenn ich den Bikini ablegte, hatte ich an einigen Stellen weiße Flecken, und das fand Pablo unschön. Er meinte, der Schaden sei bald behoben, wenn ich zu Hause in der Sonne ohne Bikini herumlaufe. »Außerdem«, sagte er, »wie kannst du erwarten, daß ich nackte Frauen auf meine Bilder bringe, wenn ich nie welche sehe?« Gelegentlich, meinte ich, sehe er sie wohl doch. »Na ja, aber wenn ich sie sehe, dann liegen sie, und wenn ich einen gehenden oder stehenden Akt malen will, dann nützt mir das gar nichts. Außerdem ist es wichtig für mich, dich außerhalb des Hauses, in der Natur, nackt zu sehen.« Ich verstand sehr gut, daß er das gern wollte, aber es war wegen Monsieur und Madame Michel schwer durchführbar. Madame Michel war prüde, und wenn ich gewagt hätte, nackt herumzulaufen, während sie im Haus war, hätte sie mir zum Ende der Woche gekündigt, hätte dann das Gesicht mit ihrer Schürze bedeckt und wäre schreiend aus dem Haus gerannt. Also war so etwas während der Stunden, die sie bei uns arbeitete, nicht möglich. Und aus einem anderen Grunde war es ebenso undurchführbar, wenn Monsieur Michel im Garten arbeitete. Wenn ich je versuchte, ein Sonnenbad am Rande des Schwimmbeckens zu nehmen, ein großes Badetuch neben mir für den Notfall, dann war das immer genau der Zeitpunkt, den sich Monsieur Michel aussuchte, um mich zu fragen, welche Blumen er pflanzen solle – obwohl er nie welche pflanzte und ohnehin alles tat, ohne irgend jemanden um Rat zu fragen. Aber gerade zu diesen Zeiten war er nicht fähig, irgend etwas ohne häufige und langwierige Beratungen zu unternehmen. Und obwohl ich mich immer mit dem Badetuch bedeckte, wenn er kam, sah er angeekelt und entrüstet aus, als ob der bloße Gedanke an unsere niedrigen Gewohnheiten fast mehr sei, als er ertragen könne. Merkwürdigerweise war es fast unmöglich, ihn loszuwerden. Manchmal hielt er mir eine kleine Predigt. »Madame kann hier nicht so liegenbleiben. Wenn nun der Briefträger kommt?« Ich erklärte ihm, der Briefträger sei längst dagewesen und wieder gegangen. Ja, aber es könne doch ein unerwartetes Telegramm kommen ... »Und wenn der Botenjunge Madame so sähe, was würden die Leute in Vallauris sagen?« Solange er im Garten war, gab es kein Fleckchen, wo er mich nicht aufspürte. Also war die einzige Zeit, in der ich sonnenbaden konnte, ohne einen der Michels zu schockieren, der Mittag, wenn Madame Michel »Gras für die Kaninchen machte« und Monsieur Michel sein Mittagsschläfchen hielt. Das erfüllte auch Pablos Herzenswunsch, denn im Frühling und Sommer war es gewöhnlich so warm, daß wir draußen essen konnten. Weil er nicht wollte, daß jemand anderes mich in diesem Kostüm sah, aßen wir auf der Terrasse, die vor den Blicken der Nachbarn geschützt war. So gab es theoretisch, zumal wenn die Michels nicht da waren, keinen besonderen Grund für mich, Kleider zu tragen. Zuweilen aber brachte mich das in Verlegenheit.

Eines Nachmittags hatte ich gerade geduscht und ging in das angrenzende Zimmer, als ich ein Geräusch hörte. Ich dachte, es seien die Kinder, die vom Strand zurückkamen. Plötzlich stand ich dem Matador Dominguín gegenüber. Ich wußte nicht, was ich tun sollte. Sollte ich bleiben und ihn begrüßen, wie es Pflicht einer höflichen Gastgeberin ist, oder sollte ich mich umdrehen und nach einer Decke rennen, so würdelos das auch aussehen mochte? Da fiel mir ein, daß keines von beiden richtig war. Er hatte mich bereits von vorn gesehen, also war es zu spät, etwas dagegen zu tun, aber es war nicht nötig, ihm auch noch den Rücken zu zeigen. Darum ging ich in aller Ruhe rückwärts zur Tür hinaus, schloß sie und kehrte, nachdem ich mich angezogen hatte, ins Zimmer zurück. Er wartete immer noch. Ich fühlte mich mit meinen Kleidern fast ebenso verlegen wie ohne sie. Er entschuldigte sich, daß er nicht an die Eingangstür geklopft habe, und erklärte, daß er außen ums Haus herumgegangen sei, weil er gehofft habe, Pablo zu finden. Er habe die offene Tür gesehen, die auf die Terrasse führte, sei eingetreten, *et puis voilà.* Ich begleitete ihn in Pablos Atelier in der Rue du Fournas.

Später, als ich Pablo erzählte, wie Dominguín und ich einander gegenübergestanden hatten, lachte er. »Du warst nicht im geringsten gefährdet«, meinte er. »Schließlich bist du kein Stier.«

Pablo und ich waren, glaube ich, an dem Tage mit Paul Eluard zusammen, als er Dominique zum ersten Male sah, die anderthalb Jahre später seine Frau werden sollte. Wir waren einige Tage vorher nach Paris gekommen, kurz vor Pablos erster Keramikausstellung im *Maison de la Pensée Française.* Madame Ramié war bei uns, und sie wollte ein kleines Keramikgeschäft in der Rue de l'Arcade aufsuchen. Paul, Pablo und ich begleiteten sie. Die Frau, die uns bediente, war Dominique.

Einige Monate später fuhr Paul nach Mexiko, um dort Vorlesungen zu halten und einige emigrierte spanische Schriftsteller zu besuchen, darunter Antonio Machado, der damals in Mexiko lebte.

Dort begegnete er in einem der literarischen Zirkel Dominique zum zweiten Male. Sie verbrachte ihre Ferien in Mexiko. Sie reisten dann zusammen durch das Land und kehrten einen oder zwei Monate später gemeinsam nach Frankreich zurück. Von alledem wußten wir damals nichts.

Im Februar 1950, in Vallauris, erhielten wir eines Morgens einen Brief von Paul, in dem er uns mitteilte, er werde uns in einigen Tagen »mit seinem Chauffeur« besuchen. Pablo und ich wußten, daß er vorher nie einen Wagen gefahren hatte, weil seine Hände stark zitterten. Das war die Folge einer Krankheit, die er mit sechzehn Jahren gehabt hatte. Und wir wußten auch, daß sein sehr mageres Einkommen ihm nicht den Luxus eines Chauffeurs gestattete. Wir dachten, es sei wohl ein Scherz. Nach ein paar Tagen rief Paul die Ramiés an, um zu sagen, daß er angekommen sei und uns zum Essen ins *Chez Marcel* in Golfe-Juan einlade.

Als wir dort ankamen, wartete er schon auf uns – mit seinem Chauffeur, der ihn von Paris heruntergefahren hatte. Der »Chauffeur« war Dominique. Wir erkannten sie wieder von unserem Besuch in dem Keramikladen in der Rue de l'Arcade, und dann erzählten die beiden uns von ihrer zweiten Begegnung in Mexiko und berichteten über alles, was seitdem geschehen war. Sie fuhren bald nach Paris zurück, doch im Juni kamen sie wieder nach Südfrankreich, um zu heiraten, und sie baten uns, zur Hochzeit nach Saint-Tropez zu kommen. Wir sollten Trauzeugen sein.

Im Juni findet in Saint-Tropez ein Fest statt, *La Bravade*. Die Einheimischen laufen umher und schießen mit uralten Gewehren, die man *tromblons* nennt und die an der Mündung in eine Art Trichter auslaufen, wie alte Hörner. Sie laden sie mit Pulver und machen schrecklichen Lärm damit. Die Hochzeit fand unmittelbar nach der *Bravade* im Rathaus statt. Die Nerven des Bürgermeisters müssen durch die Festlichkeiten sehr zerrüttet gewesen sein. Er war mürrisch und konnte sich noch nicht einmal dazu überwinden, die paar freundlichen Gemeinplätze zu sagen, die bei solchen Gelegenheiten üblich sind. Wir trugen unsere Namen in das Buch ein und gingen dann wieder hinaus, das war alles. Einige von uns, darunter Roland Penrose und seine Frau Lee Miller sowie Monsieur und Madame Ramié, gingen anschließend zum Essen in das Restaurant *L'Auberge des Maures*.

Paul und Dominique zogen nach ihrer Heirat in eine hübsche Wohnung in Saint-Tropez, die Dominique gehörte, direkt über dem Café *Gorille*, dessen Besitzer, ein behaarter, einem Gorilla ähnlicher Bursche, bis zur Taille entblößt in seiner Bar bediente. Paul hätte gern gehabt, daß wir ihn oft in Saint-Tropez besuchten, denn wir waren selten in Paris, wenn sie auch gerade dort waren. Ihre Wohnung war ziemlich geräumig, und wir hätten dort wohnen können, wenn wir die Kinder in Vallauris gelassen hätten, aber Pablo wollte sie nie allein lassen, nicht einmal für einen Tag, also konnten wir nur zusammen sein, wenn wir Paul und Dominique nach Vallauris einluden. In Vallauris aber war

Oben: *Pablo und Claude*
Unten: *Pablo, Françoise und Claude am Strand*

Im Bildhaueratelier von Vallauris (1951)

kein Platz, um sie anständig unterzubringen, also mußten sie in Golfe-Juan im Hotel wohnen.

Bei einem ihrer Besuche erkrankte Dominique unmittelbar nach ihrer Ankunft im Haus an einer Virusinfektion. Ich mußte sie in einem Souterrainzimmer zu Bett bringen. Sie sagte später, in diesem Augenblick habe sie begriffen, daß Pablo sie nicht leiden könne, denn anscheinend sei er nur zu glücklich gewesen, daß sie krank in diesem feuchten dunklen Zimmer habe liegen müssen, in dem sich niemand, selbst wenn er bei bester Gesundheit sei, gern aufhalte.

Sie hatten ihren Hund mitgebracht, und bevor sie abreisten, wurde der Hund plötzlich verrückt. Er lief unaufhörlich im Kreis herum, versuchte, seinen Schwanz zu fassen, und war ganz unberechenbar. Das störte Pablo so sehr, daß wir den Hund töten mußten. Paul nahm es sehr schwer, und Pablo machte es ihm auch nicht gerade leichter. Er sagte: »Du heiratest, und deine Frau wird krank. Du kaufst einen Hund, und der Hund schnappt über. Alles, was du anrührst, geht kaputt.«

Dominique war eine große Frau mit kräftig modellierten Körperformen – genau der Typ, der Pablo gefiel. Er meinte, für ihn sei sie bestimmt eine gute Frau, aber für Paul sei sie nicht das Richtige, und das ärgerte ihn.

»Wenn ich die Frau eines Freundes nicht mag, nimmt es mir das ganze Vergnügen an seiner Gesellschaft«, sagte er. »Für sich allein ist sie ganz in Ordnung, aber in dieser Kombination? Nein. Sie ist nicht die Frau, die Paul haben müßte.«

»Sie wäre eine gute Frau für einen Bildhauer«, sagte er einmal zu Paul, »aber, mein armer Freund, für dich ist sie viel zu stabil. Schließlich bist du ein Dichter. Das beste für einen Dichter ist Abwesenheit. Eine Frau, die immer um dich herum ist, und die so stabil aussieht wie der Fels von Gibraltar, das ist nicht das Richtige für einen Dichter. Am Ende wirst du nicht mehr fähig sein, eine Zeile zu schreiben. Du solltest um ein bleiches junges Mädchen seufzen und leiden, um eine, die obendrein nicht da ist.«

»Ich verstehe«, sagte Paul. »Du bist der einzige, der das Recht hat, glücklich zu sein. Du möchtest, daß alle anderen unglücklich sind, nicht wahr?«

»Natürlich«, erwiderte Pablo. »Ein Maler sollte nicht leiden. Zumindest nicht auf diese Weise. Ich leide durch die Gegenwart der Menschen, nicht durch ihre Abwesenheit.«

Als es Dominique besser ging, wären sie und Paul lieber nach Saint-Tropez zurückgekehrt, doch Pablo weigerte sich, sie abreisen zu lassen. Bei uns in Vallauris zu bleiben, war, meinte Pablo, eine Prüfung für ihre Liebe. »Liebe gibt es gar nicht«, sagte Pablo häufig. »Es gibt nur Liebesbeweise.« Es genügte nicht, daß Dominique ihren Mann liebte; sie sollte auch Pablo lieben. Und das durfte nicht etwa nur abstrakt bleiben. Es mußte auf konkrete Weise gezeigt werden. Wenn sie also über ihre Krankheit hinaus leiden mußte, weil sie an einen Kerker gefesselt war – nun, dann bewies das, daß sie Pablo auf jene perverse Weise liebte, die manche Menschen zwingt, ihr Fleisch abzutöten, um ihre Liebe zu Gott zu beweisen.

Das war jedenfalls Pablos Deutung. Das erste Kleid, das er je für mich kaufte, seit ich in der Rue des Grands-Augustins lebte, wurde eines Tages ganz zufällig auf einem Trödelmarkt erstanden, und man hätte nur schwer ein häßlicheres finden können. Aber durch meine Bereitschaft, es zu tragen, bewies ich Pablo, daß ich über den kleinlichen Erwägungen weiblicher Eitelkeit stand, die da glaubt, man müsse gut gekleidet sein, oder die zur Angst vor der Lächerlichkeit führt.

Von Zeit zu Zeit unterwarf Pablo alle seine Freunde derartigen Prüfungen. Gelegentlich machte er im Wachsabdruckverfahren und mit Hilfe eines Zahnarztes aus Vallauris, Dr. Chatagnier, Schmuck aus Gold und Silber. Es gab mehrere Halsketten von ihm in dieser Technik. Dominique hätte gern eine davon gehabt. Ich merkte das und bat Pablo, ihr eine zu schenken. Er dachte darüber nach und entschloß sich endlich dazu.

»Aber zuerst«, sagte er, »werde ich sie einem Test unterwerfen.« Er ging in einen der kleinen Läden in Vallauris, die Keramikhalsketten von ärgster Geschmacklosigkeit verkaufen, und erstand zwei der scheußlichsten, die mit drei Brocken schwarzer Keramik mit kleinen aufgemalten grünen Buddhas verziert waren. Er gab eine davon mir und eine Dominique. Ich band meine um und trug sie den ganzen Tag. Dominique jedoch war tief enttäuscht und fand nun, daß Pablo überhaupt keinen Geschmack habe. Sie legte ihre Kette weg, ohne sie auch nur fünf Minuten zu tragen. Am nächsten Tag schenkte mir Pablo eine Silberkette. Dominique bekam keine.

Im ganzen machte Pablo mit Dr. Chatagnier etwa zehn Halsketten. Eine von ihnen war aus gehämmertem Gold. Zwei andere waren mit Porträts von Claude und Paloma auf Silber geschmückt, eine andere mit einer silbernen Sonne. Auf einer war ein sehr eindrucksvoller Frauenkopf mit einer Taube zu sehen. Ich fand sie alle sehr schön, außer einer, einem ziemlich schweren Satyrkopf in Silber. Pablo wollte sie mir alle schenken, doch ich mochte den Satyrkopf überhaupt nicht und sagte es ihm.

Er war schockiert. »Du wagst es, etwas, was *ich* gemacht habe, häßlich zu finden?« fragte er. Ich sagte, ich finde die Kette nicht häßlich, sie gefalle mir einfach nicht so gut wie die anderen. Weil ich keine Lust hatte, sie zu tragen, schlug ich vor, sie jemand anderem zu schenken. Zette Leiris war gerade da und sagte, sie würde entzückt sein, wenn sie sie bekäme. Also gab Pablo sie ihr.

Kurz darauf kam Pablos und Marie-Thérèses Tochter Maya zu Besuch, und ich ließ sie die Halsketten anprobieren. Ich sah, daß sie sehr gern eine gehabt hätte, darum bat ich Pablo, noch einmal zu Chatagnier zu gehen und eine Kette für sie zu machen.

»Nein«, sagte er, »ich will keine mehr machen. Ich habe genug gemacht.«

Ich fragte ihn, ob er etwas dagegen habe, wenn ich Maya eine von den meinen schenkte. Er war entsetzt.

»Du könntest etwas weggeben, was *ich* dir geschenkt habe? Das finde ich ungeheuerlich.« Ich sagte ihm, es bleibe doch in der Familie, ich dürfe doch wohl seiner Tochter eine meiner Ketten schenken, ohne ihn zu beleidigen.

»Hast du etwa noch eine, die du nicht magst?« fragte er mich sarkastisch. Im Gegenteil, sagte ich. Es sei meine Absicht, ihr die zu schenken, die mir am besten gefalle, die Frau mit der Taube – damit sie etwas wirklich Schönes habe. Maya war entzückt, doch ihr Vater grollte uns noch lange.

Gelegentlich, wenn wir in Saint-Tropez Eluard und Dominique besuchten, liefen wir Jean Cocteau in die Arme. Er wohnte gewöhnlich bei Madame Weisweiller. Manchmal, wenn wir vier im Café *Chez Sénéquilé* saßen, kreuzte die Weiswillersche Jacht auf, und wenn Cocteau uns sah, gesellte er sich zu uns. Eluard hatte Cocteau nie gemocht und versuchte stets, ihm aus dem Weg zu gehen, doch Cocteau gelang es am Ende doch immer, Pauls Hand zu drücken, ob dieser es gern sah oder nicht. Etwas von Pauls Kühle übertrug sich auf Pablo, und er neigte dazu, ziemlich kurz angebunden zu Cocteau zu sein, wenn Paul dabei war. Cocteau suchte immer nach Gründen, uns zu besuchen, doch weil Paul ihn so haßte und Pablo viel mehr an Paul als an Cocteau lag, gelang es Cocteau erst nach Pauls Tod, im November 1952, Pablo wirklich näherzukommen. Er wußte, daß er nicht sehr willkommen war, wenn er ganz allein kam, also gewöhnte er sich an, mit irgendeiner Gruppe zu kommen, die uns aus bestimmten Gründen aufsuchte. Kurz vor Pablos großen Ausstellungen in Mailand und Rom wurden wir dauernd von Italienern aller Art heimgesucht. Einer von ihnen war Luciano Emmer, der einen Film über Picasso drehen wollte. Cocteau kannte Emmer, weil er für einen Film Emmers über Carpaccio das Drehbuch geschrieben hatte. Er kam zusammen mit dieser Gruppe, und weil die Italiener viel sprechen, war er in seinem Element. Sie hatten ein Buch mitgebracht, das angeblich bewies, daß Picasso durch seine Mutter, deren Familie aus Genua stammte, eigentlich Halbitaliener war; daß es vor langer Zeit einen Picasso gegeben hatte, der Maler und reinblütiger Italiener gewesen war; und durch einige wundersame genealogische Kunststückchen verschmolz schließlich irgendwann in der Vergangenheit die Familie Picassos mit derjenigen des Christoph Kolumbus.

Sie waren entschlossen, Pablo zum italienischen Ehrenbürger zu machen, und sie brachten sogar den Bürgermeister von Genua mit, der die Geschichte erzählen mußte; Pietro Nenni trug das dicke Buch unter dem Arm. Niemand glaubte natürlich im Ernst daran, aber es war eine hübsche Geschichte, sie förderte die gute Stimmung und ebnete den Weg für das geplante Geschäft – die Ausstellungen in Rom und Mailand.

Cocteau paßte sich der Situation an, indem er wilde Geschichten über eine mythische Madame Favini erfand, die Witwe eines reichen Schuhfabrikanten aus Mailand. Laut Cocteau war sie eine große Kunstsammlerin und erlebte die aufregendsten und unwahrscheinlichsten Abenteuer. Er schrieb mir Briefe über sie, die ich Pablo vorlas und die ihn sehr amüsierten. Sie hörte nur Schönberg und las nichts als Rilke. Sie war so unüberbietbar »links«, daß sie nach Stalins Tod in den Hungerstreik trat, bis ihre Tochter sie mit Fliegengift bespritzte, um sie wieder zu Verstand zu bringen. Er schickte einmal sogar Schnappschüsse von ihr und ihrem Liebhaber, einem Mailänder Rechtsanwalt, damit Pablo sie erkennen könne, falls sie uns je besuchen sollte. Später, als Pablo zu seinen Ausstellungen nach Italien reiste, machten die Italiener ihm weis, einige dieser erfundenen Figuren lebten wirklich, und sie könnten sie ihm sogar zeigen.

Doch auch ohne Cocteau hatten Paul und Pablo oft viel Spaß miteinander. Paul wirkte auf mich immer als sehr harmonische Persönlichkeit. Eines Tages, als ich mit Pablo darüber sprach, meinte er: »Oh, du kennst ihn überhaupt nicht. Hinter diesem sanften Äußeren verbirgt sich furchtbare Heftigkeit. Einige seiner Temperamentsausbrüche werde ich nie vergessen. Du erinnerst dich doch daran, was ich dir erzählt habe, als Dora krank war, daß er vor Wut einen Stuhl kaputtgeschlagen hat?« Ich erinnerte mich daran, aber es hatte so wenig nach dem Paul, den ich kannte, geklungen, daß ich mich stets fragte, ob Pablo nicht übertrieben hatte, als er mir diese Geschichte erzählte. Eines Tages in Antibes hatte ich Gelegenheit, mich selbst zu überzeugen. Pablo und ich waren zum Essen bei dem Schriftsteller René Laporte, gemeinsam mit Paul Eluard, Dominique und dem Schriftsteller Claude Roy und seiner Frau. Wir hatten darüber gesprochen, daß Fougeron, der sozialistische Realist, von der französischen Kommunistischen Partei als großer Maler herausgestellt wurde. Pablo war darüber gar nicht glücklich. Anfangs hatte er es spaßig gefunden, dann lächerlich, später absurd und schließlich sehr unerfreulich. Paul konnte, wenn er wie gewöhnlich bei guter Laune war, durchaus zugeben, daß Fougeron ein schlechter Maler war, doch an diesem Tag war er politisch sehr doktrinär und warf mit vorgefaßten Meinungen um sich, die er mit einer gewissen Schärfe formulierte. Er sagte, er habe gehört, daß Frédéric Rossif – der kürzlich den sehr schönen Film *Mourir à Madrid* gemacht hatte, aber damals zum Stab des Französischen Nationalen Filmzentrums gehörte, einen Kurzfilm über Picasso drehen wolle und daß Pablo und ich ihn aus diesem Grund von Zeit zu Zeit sähen.

»Du hast nicht die geringste Ahnung, in was du dich da einläßt«, erklärte Paul. »Ich mag den Kerl überhaupt nicht, und ich möchte nicht, daß ihr ihn seht, keiner von euch.« Das paßte gar nicht zu Pauls sonst so maßvoller Art.

»Warum stört dich das?« fragte Pablo.

»Ich habe nichts für ihn übrig«, sagte Paul, »und ich sehe nicht ein, weshalb du dich mit ihm anfreunden sollst. Du weißt nichts über ihn und seine Herkunft.«

»Beruhige dich«, entgegnete Pablo, »ich glaube, du bist ein wenig überhitzt.«

»Ich glaube, du hast ein Spatzengehirn«, schnauzte Paul zurück.

Pablo sprang auf: »Das hat noch nie jemand zu mir gesagt!« Paul sah auf einmal, daß er zu weit gegangen war, doch sein Stolz ließ es nicht zu, daß er sich entschuldigte, deshalb redete er im Kreis herum und versuchte, einen kleinen Rückzieher zu machen, aber nicht allzu direkt. Als er innehielt, sagte Pablo: »Ich mag ein Spatzengehirn haben, aber wenigstens male ich besser als Fougeron.« Jetzt war Paul so aufgebracht, daß er nicht mehr imstande war, klar zu erkennen, wie unmöglich eine erfolgreiche Verteidigung Fougerons außerhalb einer kommunistischen Parteiversammlung war, und selbst dort hätte er niemals daran gedacht.

»Gut«, sagte er, »laß mich dir sagen, daß Fougeron gar kein so schlechter Maler ist, wie du denkst. Wenn du einen Beweis willst: Ich habe gerade eine seiner Zeichnungen gekauft.«

Pablo war entgeistert. »Was hast du? Du hast eine Zeichnung von *ihm* gekauft?« Dominique fand, es sei nun an der Zeit, daß sich jemand zwischen die beiden stellte. Sie erklärte Pablo, daß Paul wirklich keine andere Wahl gehabt habe, es sei auf einem dieser Wohltätigkeitsbasare der KPF gewesen, und er sei in eine Situation geraten, in der er sich nicht habe weigern können. Die Zeichnung selbst sei gar nicht so schrecklich häßlich, sagte sie. Es sei nur eine Blume, und schließlich könne eine Blume ja nicht allzu häßlich sein, gleichgültig, wer sie nun gezeichnet habe. Aber Paul kochte immer noch und wollte nichts davon hören.

»Das hat nichts damit zu tun«, schrie er. »Das Schlimme mit euch allen ist, daß ihr ein Haufen bourgeoiser Seelen seid und gute Kunst nicht beurteilen könnt. Ich *mag* Fougerons Malerei.« Ich wußte ganz genau, daß er sie normalerweise ganz und gar nicht mochte. Als wir ihn nun mit lauter Stimme das Gegenteil behaupten hörten, ließ uns das in Gelächter ausbrechen.

Pablo hatte jetzt einen Riesenspaß an der ganzen Sache, er lachte und sang: »Ich habe ein Spatzengehirn, ich habe ein Spatzengehirn«, und wir anderen stimmten im Chor ein: »Spatzenhirn, Spatzenhirn.« Der arme Paul saß da, bleich, starr und ganz außer sich, und jedesmal, wenn wir Atem schöpfen mußten und das Geheul einen Moment abbrach, protestierte er: »Ich *mag* Fougeron«, was eine glatte Lüge war und immer weniger überzeugend und daher immer lächerlicher klang. Schließlich geriet er in eine solche Wut, daß er einen Stuhl nahm und auf den Boden schmetterte. Er war körperlich nie sehr stark gewesen, aber er war so außer sich vor Wut, daß der Stuhl zerbrach, als sei er aus Streichhölzern zusammengesetzt.

Als Pablos große Skulptur des Mannes, der ein Schaf im Arm trägt, der *Mann mit dem Schaf*, sechs Jahre, nachdem er sie aus Ton geformt hatte, endlich in Bronze gegossen wurde, stellte man drei Abgüsse her. Pablo verkaufte einen, behielt einen im Atelier in der Rue des Grands-Augustins, und in einem Anfall von Großzügigkeit beschloß er, den dritten der Stadt Vallauris zu schenken.

Auf dem Marktplatz von Vallauris steht neben dem Rathaus ein altes Gebäude, das sogenannte Schloß von Vallauris. Wie das heutige Musée d'Antibes, hatte es einst der Familie Grimaldi gehört. Vor langer Zeit hatten einige der unternehmunslustigeren Einwohner ein Museum daraus machen wollen. Das Problem war nur, daß Leute darin wohnten und daß es schwierig war, sie woanders unterzubringen. Zum Schloß gehörte aber eine kleine Zisterzienserkapelle, und man beschloß, sie als Museum einzurichten. Zunächst wurde der *Mann mit dem Schaf* dort aufgestellt, aber die Kapelle war zu überfüllt und zu schlecht beleuchtet, also holte man ihn nach einem Jahr heraus und stellte ihn auf dem Marktplatz auf. Gerade gegenüber steht ein Denkmal für die Gefallenen des Ersten Weltkriegs – wie die meisten Kriegerdenkmäler ein recht häßliches Gebilde. Pablo paßte diese Gegenüberstellung zwar nicht, aber er hielt sie für das kleinere von zwei Übeln.

Am 6. August 1950 wurde die Statue durch die städtischen Behörden eingeweiht. Laurent Casanova sprach, André Verdet las ein langes und geschwätziges Gedicht, und Eluard saß still und zurückhaltend neben uns. Eine große Menschenmenge hatte sich eingefunden, auch ein paar Amerikaner waren gekommen, und die Einweihungsfeierlichkeiten steigerten sich zur ungezwungenen Fröhlichkeit eines Volksfestes. Cocteau stand auf einem Balkon im zweiten Stock eines der Häuser, etwa zehn Meter hinter dem Pult des Redners, oberhalb eines kleinen Restaurants, dem *Café de la Renaissance*. Nach jeder der offiziellen Ansprachen verkündete er seine eigene Würdigung der Statue. Er war nicht zum Sprechen aufgefordert worden, doch er wollte gehört werden und nahm die einzige Möglichkeit dazu wahr.

Ich sah den *Mann mit dem Schaf* erstmals als Gipsabguß der ursprünglichen Tonfigur. Bei einem meiner ersten Besuche in der Rue des Grands-Augustins hatte Pablo mir erzählt, daß die Idee dazu schon seit langem in ihm gearbeitet habe. Er zeigte mir Skizzen und auch die Radierung eines Frieses, eine Familie, die sich um den Mann, der ein Schaf trug, gruppierte.

»Wenn ich eine solche Folge von Zeichnungen mache«, erklärte Pablo, »weiß ich nicht, ob es nur bei den Zeichnungen bleibt oder ob eine Radierung oder Lithographie daraus entsteht oder sogar eine Skulptur. Aber als ich schließlich diese Figur des Mannes mit dem Schaf in der Mitte des Frieses isoliert hatte, sah ich ihn im Relief und dann im Raum, als Skulptur. Da wußte ich, es konnte kein Bild werden, es mußte einfach eine Skulptur werden. In diesem Augenblick hatte ich ein ganz klares Bild von ihr, es kam aus mir heraus wie die voll gerüstete Athene aus dem Haupt des Zeus. Der Entwurf brauchte ein oder zwei Jahre, um Gestalt anzunehmen, aber als ich an die Arbeit ging, war die Skulptur fast sofort fertig. Ich ließ einen Mann kommen, um das Eisengerüst aufrichten zu lassen, zeigte ihm, welche Proportionen es haben sollte, dann ließ ich es zwei Monate ruhen, ohne das geringste daran zu tun. Aber ich dachte immer daran. Dann ließ ich zwei große Waschbottiche mit Ton heraufbringen, und als ich dann endlich mit der Arbeit begonnen hatte, war ich nach zwei Nachmittagen fertig. Es war eine so schwere Masse Ton auf dem Gerüst, daß ich wußte, die Skulptur würde nicht lange in dieser Form zusammenhalten; ich mußte sie so schnell wie möglich in Gips abgießen, noch bevor sie völlig trocken war.«

Zwischen 1943 und 1949, dem Jahr, in dem Pablo sein Bildhaueratelier in der alten Parfümfabrik in der Rue du Fournas einrichtete, machte er wenig Skulpturen. Doch er hatte eine Menge Sachen, die er zwischen 1936 und 1943 in Gips gegossen hatte und die sich noch in diesem Stadium befanden, als ich zum erstenmal in die Rue des Grands-Augustins kam. Während der ganzen Besatzungszeit war es unmöglich, Skulpturen in Bronze zu gießen. Alle Bronze, die aufzutreiben war, selbst viele Statuen, die bereits in Pariser Parks und auf den Plätzen der Stadt standen, wurden der deutschen Kriegsmaschinerie in den Rachen geworfen. Doch sobald nach dem Krieg die Beschränkungen gelockert wurden, sprach Pablo davon, sich wieder mit Valsuani, seinem Bronzegießer, in Verbindung zu setzen. Er schob es immer wieder auf, und zwei oder drei Jahre vergingen. Schließlich nahm er mich eines Morgens mit in Valsuanis Atelier in der Nähe des Parks Montsouris.

Valsuani war Italiener, und wie bei vielen Bronzegießern hatte sich sein Beruf von seinem Vater, seinem Großvater und vielen vorhergehenden Generationen auf ihn vererbt. Er hatte klare blaue Augen und eine Adlernase, die wegen der Magerkeit seines Körpers noch länger und schärfer erschien. Er sah eher wie ein Trappistenmönch aus als wie ein Mann, der sein Leben unter dem kochenden Dampf und dem schwarzwallenden Rauch von Schmiedefeuern und geschmolzenen Metallen verbrachte. Als ich ihn kennenlernte, kann er noch nicht vierzig Jahre alt gewesen sein, doch er wirkte beträchtlich älter. Überdies sah er schwindsüchtig aus. Es waren sein Handwerk und die leidenschaftliche Hingabe an seinen Beruf, die ihn so ausgezehrt hatten. Dieser Beruf verbraucht die Menschen früh.

Pablo brachte ihm an diesem Morgen nichts mit, es war nur eine Erkundungsmission. Nachdem wir eine Zeitlang in Valsuanis Büro geplaudert hatten, fragte Pablo ihn, ob er gern den *Mann mit dem Schaf* gießen würde.

»Unmöglich«, antwortete Valsuani. »Ich kann nichts für Sie tun. Es ist einfach nicht möglich im Augenblick. Außerdem sind Sie schwer zufriedenzustellen. Sie achten auf jedes kleine Detail, das nicht ganz genau so ist, wie Sie es wünschen. Außerdem gibt es bei Ihren Sachen immer zu viele technische Probleme. Das sind ja fast chinesische Geduldsspiele. Ich bin bereits ein kranker Mann. Ich will nicht alles noch schlimmer für mich machen, indem ich wieder anfange, für Sie zu arbeiten. Später vielleicht. Wir können es uns überlegen. Vielleicht können wir diese Frauenköpfe machen; sie sind mehr oder weniger klassisch. Freilich sind sie ziemlich groß.«

Es war offensichtlich nicht der Augenblick, dieses Gespräch fortzusetzen, also begann Pablo, über etwas anderes zu reden, und nach einer Weile verließen wir Valsuani und gingen hinaus ins Atelier. Pablo lief herum, besah sich alle entstehenden Arbeiten und sprach darüber mit den Arbeitern. Arbeiter mochten ihn immer, weil er stets großes Interesse für alles Handwerkliche zeigte. Sie sahen, daß er für sie und die Probleme, die sie zu lösen hatten, Verständnis besaß. Daher sahen sie in ihm einen der ihren. Er begann, sich über die Art zu beklagen, wie Valsuani ihn abgefertigt hatte. »Machen Sie sich deshalb keine Sorgen«, sagte einer der Arbeiter. »Wir werden uns um Ihre Stücke kümmern. Sie sind gar nicht so schwierig. Sie werden sehen.«

Valsuani kam aus dem Büro und schloß sich uns an. Pablo zeigte auf eine Skulptur, mit welcher ein Arbeiter gerade beschäftigt war, die sehr akademische Studie eines weiblichen Aktes. »Sehen Sie sich das Zeug an, das Sie hier machen«, klagte er, »und das ziehen Sie meinen Sachen vor!«

»Ja«, sagte Valsuani, »aber es bereitet uns auch viel weniger Schwierigkeiten.«

»Vielleicht sollte ich meine Sachen zu Susse geben«, meinte Pablo. ». . . Die sind ein seriöses Unternehmen.«

Valsuani zögerte. »Nun«, sagte er, »vielleicht könnten wir etwas aus diesen großen Frauenköpfen machen. Wie ich sagte, sind sie von mehr oder weniger klassischer Form und werden uns nicht so viel Ärger machen wie manche Ihrer anderen Sachen.«

»Das ist ein Geschäft«, entgegnete Pablo. »Das wird Sie auch auf das richtige Gleis bringen. Es wird Ihnen die anderen guten Bildhauer zuführen, und Sie werden den Plunder loswerden, den ich jetzt hier sehen muß.« Und so war es auch. Es dauerte nicht lange, und Valsuani goß die großen Skulpturen von Matisse – die verschiedenen Fassungen des Reliefs *Weiblicher Rückenakt* –, seine Köpfe von Jeannette und außerdem auch die Skulpturen, die Renoir gegen Ende seines Lebens mit Hilfe eines Mitarbeiters geschaffen hatte.

Stück für Stück von Pablos Vorrat an Skulpturen wurde nun gegossen. Es war eine lange Arbeit. Für einen der großen Köpfe zum Beispiel brauchten sie länger als ein Jahr. Selbst wenn das Gießen vorüber ist, ist die Arbeit noch lange nicht getan. Die Unebenheiten müssen nach Vergleich mit dem Originalmodell abgefeilt werden, und schließlich muß die Bronze, sobald sie zu einer genauen Replik des Originals geworden ist, patiniert werden. Die Bronze sieht, wenn sie zuerst zum Vorschein kommt, wie eine schmutzige Kupfermünze aus. Sie ist weder glänzend noch matt, und die Farbe ist sehr ungleichmäßig. Die Patina ist sehr wichtig, weil die Skulptur erst dann ihr richtiges Aussehen bekommt, wenn die geeignete Patina dafür gewählt und aufgetragen worden ist. Das dauert manchmal sehr lange.

Pablo hatte während der Besatzungszeit die kleine Skulptur eines Frauenkopfes geschaffen. Die Patina hatte ihn nie befriedigt. Er hatte sie, ich weiß nicht wie oft, geändert, von einer sehr dunklen Tönung bis zur natürlichen Metallfarbe, dann in allen möglichen Variationen von Grün. Es war noch immer nicht das Richtige. Er meinte, sie müsse oxydieren, also tauchte er sie in immer andere Säuren, doch nichts befriedigte ihn. Er erzählte das eines Tages einem der Arbeiter bei Valsuani, einem großen stämmigen Kerl. »Ich will Ihnen was sagen, Pablo«, sagte dieser, »wenn alles andere nicht klappt, gibt es nur eine Lösung – Sie müssen draufpissen.«

Pablo hatte immer große Achtung vor diesem Arbeiter gehabt, und als wir an diesem Tag nach Hause kamen, folgte er seinem Rat, doch das Ergebnis war – selbst bei beträchtlichem Aufwand an Zeit und Geduld – sehr enttäuschend. Nach einigen weiteren Versuchen gab er es auf. Er wischte den Kopf mit einem groben Tuch ab.

»Nichts klappt«, meinte er. »Es ist einfach keine gute Arbeit, deshalb macht die Patina alles nur schlimmer. Ich war ein Narr, daß ich sie gießen ließ.« Er räumte sie fort in eine dunkle Ecke.

Ein Besuch bei Valsuani war eines der wenigen Dinge, die Pablo morgens aus dem Bett brachten. In der Regel waren wir bei Valsuani etwa gegen Mittag fertig, und dann hatte Pablo Lust, Besuche zu machen. Die drei Freunde, die geographisch für seine Besuche am ehesten in Betracht kamen, waren Giacometti, Braque und Laurens. Giacometti konnten wir nicht besuchen, weil er bis spät in die Nacht hinein arbeitete und sich kaum vor ein Uhr rührte. Was Braque betraf, so zögerte Pablo seit damals, als er uns nicht zum Essen eingeladen hatte, immer ein wenig, um die Mittagszeit bei ihm zu erscheinen. Blieb nur Laurens. Laurens mochte, glaube ich, Pablo lieber aus der Ferne als aus der Nähe. Er begrüßte Pablo stets mit Worten wie »Was für eine Freude, Sie zu sehen«, doch das klang so wenig überzeugend, daß wir spürten, er war gar nicht so erfreut, wie er zu sein vorgab. Ich glaube, Pablos Angewohnheit, bösen Klatsch aufzulesen und in Paris zu verbreiten, war ihm unbehaglich, deshalb blieb er stets auf der Hut. Er zeigte uns seine Arbeiten, aber er sprach nicht darüber. Das machte Pablo ebenfalls ein wenig reserviert.

Ein oder zwei Jahre später, nachdem Laurens an einer Lungenkongestion erkrankt war, schickte der Arzt ihn zur Erholung nach Magagnose, nicht weit von Vallauris. Während er dort lebte, besuchten wir ihn; und zum erstenmal schien er wirklich entzückt, Pablo zu sehen. Vielleicht deshalb, weil er nicht in seinem Atelier war. Die meisten Maler und Bildhauer, die Pablo besuchte, fühlten sich etwas unbehaglich, wenn er ihre Ateliers betrat. Das mochte daran liegen, daß Pablo oft sagte: »Wenn es etwas zu stehlen gibt, stehle ich es.«

Darum hatten sie wohl alle das Gefühl, wenn sie ihm ihre Arbeiten zeigten und etwas sein Auge besonders fesselte, daß er es übernehmen und viel besser machen könne, und dann werde alle Welt denken, sie seien es gewesen, die ihn kopiert hatten.

Nachdem wir nach Vallauris gezogen waren, modellierte Pablo gelegentlich kleine Dinge aus Gips oder Terrakotta bei Madame Ramié. Aber erst nach dem Kauf des Ateliers in der Rue du Fournas begann er, sich konsequent der Skulptur zu widmen. Neben seinem neuen Atelier lag ein Feld, auf das einige Töpfer ihre Abfälle warfen. Es war nicht eigentlich ein Schuttabladeplatz, doch man benutzte es dazu. Außer den Töpferabfällen fand sich dort ab und zu auch allerlei Schrott. Oft blieb Pablo auf seinem Weg zur Arbeit am Feldrain stehen, um zu sehen, was sich seit seiner letzten Inspektion dort angesammelt hatte. Er war dann gewöhnlich heiterer Stimmung und voll von hohen Erwartungen. Es war sehr schwer für Claude, der damals erst drei oder vier Jahre alt war, zu begreifen, weshalb sein Vater so glücklich über eine alte Gabel, eine zerbrochene Schaufel, einen zerschlagenen Topf oder ähnlichen Unrat war, aber in einem solchen Fund steckte für Pablo oft der Anfang eines schöpferischen Abenteuers. Der Gegegenstand, den er fand, inspirierte ihn zu einer neuen Skulptur. Bei der *Ziege* war es allerdings umgekehrt. Zuerst hatte Pablo die Idee, die Skulptur einer Ziege zu machen. Dann erst suchte er nach Dingen, die er dazu gebrauchen konnte. Von da an ließ er sich nicht mehr mit dem Auto zum Atelier fahren. Er grub täglich auf dem Schuttplatz herum, und bevor er überhaupt dorthin kam, durchstöberte er alle Mülltonnen, an denen wir auf unserem Weg zum Atelier vorüberkamen. Ich ging neben ihm her und schob einen alten Kinderwagen, in den er alles hineinwarf, was er an brauchbar scheinendem Plunder fand. War der Kram zu groß und paßte nicht in den Kinderwagen, schickte er später das Auto vorbei.

So las er auch eines Morgens einen alten weidengeflochtenen Papierkorb auf. »Das ist genau das, was ich für den Brustkorb der Ziege brauche«, sagte er. Einen oder zwei Tage später stieß er bei Madame Ramié auf zwei tönerne Milchkrüge, die nicht ganz gelungen waren. »Das sind recht seltsame Formen für Milchkrüge«, sagte er, »aber wenn ich ihre Böden herausschlage und die Henkel abbreche, kann ich sie vielleicht für die Zitzen der Ziege verwenden.« Dann erinnerte er sich an einen Palmwedel, den er vor etwa zwei Jahren bei einem Spaziergang am Strand aufgelesen hatte. Damals hatte er ihm gefallen, aber er konnte zunächst noch nichts mit ihm anfangen. Jetzt fand er, daß ein Stück davon in das Gesicht der Ziege passen würde. Er schnitzte ein wenig daran herum, um Mund und Nase die richtigen Proportionen zu geben. Ein anderes Stück wurde in das Rückgrat eingearbeitet. Die Hörner bildete er aus Weinreben, und die Ohren waren Pappstücke, die er wie Ohren geformt und mit Gips gefüllt hatte. Für die Beine nahm er Holzstücke, dünne Äste, die er von einem Baum abgeschnitten hatte. Die Äste, die er für die Hinterbeine verwandte, hatten Knoten, die aussahen wie Gelenke, und sie »bogen« sich an den richtigen Stellen. Er steckte Metallstücke, die er aus dem Gerümpelhaufen herausgesucht hatte, in die Lenden, um sie zu betonen und ihre eckige und knochige Form herauszumodellieren.

Pablo übersah nicht gern ein anatomisches Detail, besonders kein sexuelles. Er wünschte das Geschlecht der Ziege so deutlich betont, daß niemand darüber im Zweifel sein konnte. Natürlich waren die beiden lang herunterhängenden Zitzen ein Hinweis, doch das befriedigte ihn noch nicht. Er nahm den Deckel einer Konservendose, bog ihn in der Mitte, bis er dreiviertel geschlossen war, und steckte ihn in den Gips zwischen den Hinterbeinen. Der Schwanz wurde aus einem doppelten, geflochtenen Kupferdraht geformt und ragte munter in die Höhe. Genau darunter setzte Pablo in den Gips ein kurzes Stück Rohr von etwa drei Zentimeter Durchmesser, um die Scheide zu markieren. Er füllte auch die Zwischenräume mit Gips und ließ alles trocknen. Die *Ziege* war fertig.

Pablo hatte immer eine Skulptur machen wollen, die den Boden nicht berührte. Eines Tages, als er einem kleinen Mädchen beim Seilspringen zusah, fand er, daß darin eine Möglichkeit stecke. Er ließ sich vom Eisenwarenhändler in Vallauris einen rechteckigen Sockel machen. Von ihm erhob sich zu einer Höhe von etwa über einem Meter ein gebogenes Eisenrohr in der Form eines Springseils, das den Boden berührt. Die oberen Enden des »Seils« dienten zur Stütze für das kleine Mädchen. Der mittlere Teil ihres Körpers war ein flacher runder Weidenkorb von der Art, die man zum Pflücken von Orangenblüten für die Parfümfabriken benutzt. Von jeder Seite gingen hölzerne Halter aus, die Pablo auf die offenen Enden des Metallrohres setzte. An den Boden des Korbes klebte er Falten aus dickem Papier. Er bestrich sie mit Gips, und als alles trocken war und er das Papier entfernt hatte, war der Rock fertig. Darunter befestigte er kleine Beine, die er aus Holz geschnitzt hatte. Er fand auf dem Schuttabladeplatz zwei große Schuhe, beide für denselben Fuß. Er füllte sie mit Gips und machte sie an den Beinen fest. Für das Gesicht gab er Gips in den Deckel einer ovalen Schokoladendose. Als der Gips fest war, und er den Deckel der Dose entfernt hatte, befestigte er das Gesicht auf einer flachen Gipsform, die er mit einem Streifen Wellpappe befurcht hatte. Das wirkte wie eine kunstvolle Frisur. Das gerippte rechteckige Stück ging am unteren Ende in die Form eines Halses über, und auf jeder Seite deutete eine leichte Einbuchtung das vom Kopf herabhängende Haar an.

Für Claude waren Spielsachen nicht etwas zum Spielen, sondern zum Zerbrechen. Von seinem dritten Lebensjahr an nahm er jedesmal, wenn ein neues

Spielzeug ins Haus kam, einen Hammer und fing an, es zu bearbeiten – nicht um zu erforschen, wie es innen aussah, wie das die meisten Kinder tun, sondern einfach, um es so schnell wie möglich in Trümmer zu zerlegen. 1951 brachte Kahnweiler ihm zwei kleine Automobile mit, und die waren wunderbarerweise noch nicht zerbrochen, als Pablo beschloß, daß *er* sie brauchen könne. Claude war darüber nicht sehr glücklich, denn sie hatten in seinen Augen noch nicht ihren Zweck erfüllt. Pablo nahm sie jedoch und band sie zusammen, die beiden Unterseiten gegeneinander gerichtet und Motor an Motor. Das wurde dann der Kopf seiner Plastik *Äffin mit Jungem.* Für die Ohren verwandte er zwei Henkel von Krügen, die er auf dem Schutthaufen neben seinem Atelier gefunden hatte. Er nahm die Henkel einer großen Keramikschale – einer *pignate*, der gebräuchlichsten Form in Vallauris – und machte daraus die Schultern. Unter dem rechten Ohr fügte er ein Stück Gips ein, das vorher in einem Behälter geformt und eingekerbt worden war, so daß es größere Stützkraft besaß als weicher Gips. Der Bauch war ein Topf, in den er mit einem Messer Brustkorb und Brustwarzen eingeschnitten hatte, der Schwanz ein Metallstreifen, der in einer Rolle endete. Das Kind in den Armen der Äffin war ganz aus Gips modelliert. Und die Beine hatte er, wie die Beine der Ziege, aus Holzstücken gemacht.

Der *Kranich* war sehr charakteristisch für Pablos bildhauerische Methode. Als er die Schaufel fand, aus der später die Schwanzfedern wurden, kam ihm die Idee zu der Plastik eines Kranichs. Dann fand er zwei rostige Gabeln, eine lange und eine andere, die viel kürzer und beschädigt war und die er reparierte, indem er sie mit Draht umwickelte. Das wurden die Füße. Den Sockel machte er, wie er es oft tat, indem er eine Bonbonbüchse mit Gips füllte. Sobald der Gips getrocknet war, riß er die Büchse ab und hatte den harten Gipsblock. Für den Kopf verwandte er einen Wasserhahn aus Messing, in den er einen spitzen Metallkeil als Schnabel steckte. Als der Kranich in Bronze gegossen war, malte er ihn.

Jedesmal, wenn wir durch Aix fuhren, hielt Pablo an, um eine Süßigkeit zu kaufen, die man *Calissons* nannte: Sie bestand aus Mandelteig, der auf einer dünnen Waffel gebacken und mit Zuckerglasur überzogen war. *Calissons* wurden in einer rautenförmigen Schachtel verkauft, die er gern als Form benutzte, um Teile seiner Plastiken zu machen. Er nahm häufig eine solche Form für den Sockel, doch 1951, als er ein Porträt von mir machte, das einfach *Frauenkopf* heißt, bildete er das Gesicht, indem er Gips in den Deckel einer dieser Schachteln füllte. Als der Guß trocken war, feilte er die Kanten, damit er etwas unregelmäßiger wurde und die streng geometrische Form verlor, die er ursprünglich hatte. Als Nase setzte er ein dreieckiges Stück Gips hinein, das er vorher zwischen zwei Stück Pappe geformt hatte. Zu dieser Zeit trug ich mein Haar streng in einem Knoten zurückgenommen. Um diesen Zug zu betonen, ist das Gesicht der Plastik nach vorn auf eine besondere Fläche projiziert und der

Kopf und das Haar in einer Form dahinter zusammengefaßt. Pablo bildete diese Form aus einer beschädigten Keramikvase, die er von dem Abfallhaufen aufgelesen hatte. Der Zylinder des Halses, unterhalb dieser Form, kommt nicht mit dem Gesicht in Berührung. Er modellierte den Hals aus Gips und setzte ihn auf ein gerundetes Gefäß. Den Sockel machte er, indem er Gips in einer rechteckigen Bonbonbüchse formte.

Eine der ersten Skulpturen, die Pablo in der Parfümfabrik modellierte, war die *Schwangere Frau*. Er wünschte, daß ich ein drittes Kind bekomme. Ich wollte nicht, weil ich mich immer noch geschwächt fühlte, obwohl schon ein Jahr seit Palomas Geburt vergangen war. Diese Skulptur war für ihn wohl eine Form der Wunscherfüllung. Er arbeitete lange Zeit daran und hatte, wie ich glaube, dabei ein komplexes inneres Bild von mir vor Augen, von meinem Aussehen in der Zeit, als ich Claude und Paloma trug. Die Brüste und der aufgetriebene Bauch bestanden aus drei Wasserkrügen: der Bauch aus dem Teil eines größeren, die Brüste aus zwei kleinen, die er alle auf dem Abfallhaufen gefunden hatte. Das übrige war modelliert. Die Figur hatte nur etwa die halbe Normalgröße, das gab ihr ein groteskes Aussehen. Sie hatte fast keine Füße, schwankte gefährlich, und die Arme waren zu lang. Sie machte auf mich immer den Eindruck einer Kind-Frau, deren Abstammung vom Affen erst jüngsten Datums war.

Eine der schönsten Skulpturen dieser Periode hieß *Ziegenschädel und Flasche*. Pablo hatte mindestens fünf oder sechs Bilder gemalt, in denen er alle räumlichen Beziehungen erkundet hatte, die zwischen diesen Dingen existieren können. Die Komposition war eine Art graphisches Labyrinth, entstanden auf Grund einer Inspiration, wie sie zu den zwei Versionen des großen Bildes *Die Küche* geführt hatte. Ich riet ihm, er solle das Thema auch als Skulptur versuchen.

Um die Zeit, in der ich Pablo zum erstenmal sah, hatte er aus dem Sitz und der Lenkstange eines Fahrrades die Skulptur eines Stierkopfes gemacht. Er pflegte zu sagen, daß diese Plastik umkehrbar sei. »Ich finde einen Fahrradsitz und eine Lenkstange auf der Straße, und ich sage: ›Schau, das ist ein Stier‹«, erklärte er mir. »Wenn ich die Dinge zusammengesetzt habe, sagt jeder, der es ansieht: ›Schau, das ist ein Stier‹, bis ein Radfahrer kommt und sagt: ›Schau, das ist ein Fahrradsitz‹, und er macht wieder einen Sitz und eine Lenkstange daraus. Und das kann in Ewigkeit so fortgehen, je nach den Bedürfnissen des Geistes und des Körpers.«

Eines Tages fand er in Vallauris wieder eine Fahrradlenkstange. »Das sind meine Hörner für den Ziegenschädel«, verkündete er. Zwischen die Hörner füllte er Gips, der mit Hunderten winziger Nägel gespickt war. Der übrige Kopf wurde aus Gips geformt, auf den er Wellpappe gedrückt hatte, um die gewellte Oberfläche zu erzielen, die viele Skulpturen dieser Periode kennzeichnet. Er setzte Schrauben für die Augen ein. Die Flasche war mit Scherben von alten Terrakottaplatten gefüllt. Die langen, spitzen Formen, die als Lichtstrahlen von der Kerze in der Flasche ausgehen, waren große Nägel, die er in Gips gesteckt hatte. Die Arbeit, sie in die Flamme der Kerze einzusetzen, war zermürbend. Für jeden Nagel war eine besondere Hohlform nötig.

Ich fragte Pablo einmal, weshalb er sich soviel Mühe gebe, all diesen Plunder in seine Plastiken einzubauen, statt einfach von vorn anzufangen und mit irgendeinem Material – z. B. Gips – selber eine Form aufzubauen. »Das hat seinen guten Grund«, antwortete er mir. »Das Material selbst, die Form und Beschaffenheit eines solchen Stücks, liefert mir oft den Schlüssel für die gesamte Skulptur. Erst die Schaufel, die mich an die Schwanzfedern eines Kranichs erinnerte, gab mir die Idee, einen Kranich zu machen. Es ist freilich nicht etwa so, daß ich diese fertigen Bestandteile unbedingt nötig habe, doch ich bringe Realität zustande durch den Gebrauch der Metapher. Meine Skulpturen sind plastische Metaphern. Es ist das gleiche Prinzip wie in der Malerei. Ich habe gesagt, ein Bild solle nicht ein *trompe-l'œil*, sondern ein *trompe-l'esprit* sein. Ich will den Geist, nicht das Auge täuschen. Und das gilt auch für die Skulptur.

Die Menschen haben seit Jahrhunderten gesagt, die Hüften einer Frau seien geformt wie eine Vase. Das ist nicht mehr poetisch, es ist längst zum Klischee geworden. Ich nehme eine Vase und mache aus ihr eine Frau. Ich nehme die alte Metapher, lasse sie in entgegengesetzter Richtung wirken und gebe ihr dadurch neues Leben. So war es zum Beispiel mit dem Brustkorb der Ziege. Ein Brustkorb sieht ohne Zweifel so aus wie ein geflochtener Weidenkorb. Ich gehe den Weg zurück vom Korb zum Brustkorb: von der Metapher zur Realität. Ich mache die Realität sichtbar, weil ich die Metapher gebrauche. Die Form der Metapher mag abgenutzt oder zerbrochen sein, ich nehme sie trotzdem, wie abgenutzt sie auch immer sein mag, und gebrauche sie auf eine so unerwartete Weise, daß sie ein neues Gefühl im Geist des Beschauers auslöst, weil sie im Moment des Anschauens seine gewohnte Weise stört, das Gesehene zu identifizieren und zu definieren. Es wäre sehr leicht, diese Dinge mit traditionellen Methoden zu schaffen. So kann ich jedoch den Geist des Betrachters in einer Richtung fesseln, die er nicht vorausgesehen hat, und ihn Dinge neu entdecken lassen, die er längst vergessen hatte.«

Manchmal fand Pablo Gegenstände, die genau so richtig schienen, wie sie waren, und keiner Bearbeitung durch ihn bedurften, um sie zu Kunstwerken zu machen. Diese nannte er, wie Marcel Duchamp, seine »*readymades*«. Das berühmteste Beispiel ist *La Vénus du Gaz*. Ein bestimmter Typ der Vorkriegsgasherde besaß einen Brenner, der sich von den anderen unterschied und aussah, als sei er eine Frauenplastik von Picasso. Um ihn in eine solche zu verwandeln, montierte er ihn nur auf einen Holzklotz und taufte ihn *La Vénus du Gaz*.

»Vielleicht werden sie in drei- oder viertausend Jahren sagen, daß die Menschen unserer Zeit Venus in dieser Form verehrt haben«, sagte er, »genau wie wir heute so getrost altägyptische Funde katalogisieren und sagen: ›Oh, das war ein Kultgegenstand, ein ritueller Gegenstand, der als Opfer für die Götter diente.‹«

Seine »Venus« gefiel ihm außerordentlich, so wie alles ihm gefiel, was er geschaffen hatte – oder was er übernahm. »Wir dürfen keine Scheu davor haben, etwas zu erfinden, was es auch sei«, erklärte er mir eines Tages, als wir über Skulpturen sprachen. »Alles, was in uns existiert, ist Natur. Schließlich sind wir ein Teil der Natur. Wenn es der Natur ähnelt, schön. Wenn nicht, na und? Als ein Mensch etwas erfinden wollte, das so nützlich war wie der menschliche Fuß, erfand er das Rad, und er benutzte es dazu, sich selbst und seine Lasten zu befördern. Die Tatsache, daß das Rad nicht die geringste Ähnlichkeit mit dem menschlichen Fuß hat, kann uns doch wohl kaum Anlaß zur Kritik sein.«

Nicht jeder, mit dem Pablo über Skulpturen sprach, sah sie mit seinen Augen oder hatte ein Interesse daran, sie so zu sehen. Nach der Befreiung versuchte die Gesellschaft der Freunde Guillaume Apollinaires alljährlich aufs neue, ihr altes Projekt eines Denkmals für Apollinaire aufzugreifen. Dabei spielte auch die Politik eine Rolle, denn Gelingen und Finanzierung des Projekts hingen vom Pariser Stadtrat ab. Unter den Freunden gab es zwei Parteien; einige standen politisch weit links, andere so rechts wie nur möglich. Ihre Beratungen verliefen oft stürmisch. Nach jeder Sitzung, in der die Linke über die Rechte gesiegt hatte, erschienen einige von ihnen in der Rue des Grands-Augustins mit der Ankündigung, Pablo müsse unbedingt ein Denkmal für Apollinaire entwerfen. Pablos Antwort war immer die gleiche: Er war für den Plan, aber er bestand auf völliger Freiheit. Einige der Komiteemitglieder waren damit einverstanden, andere waren nicht besonders glücklich darüber, Picasso überhaupt zu gewinnen – noch weniger, ihm *carte blanche* zu geben.

Pablo war unerbittlich. »Entweder mache ich es, wie ich will, oder ihr sucht euch jemand anderen. Wenn ihr *mich* haben wollt, wird etwas daraus werden, das dem Denkmal in *Le Poète Assasiné* entspricht: das heißt, ein leerer Raum von bestimmter Höhe, bedeckt mit einem Stein.« Das Problem, das ihn interessierte, war, eine abstrakte Skulptur zu schaffen, die dem leeren Raum eine solche Form gab, daß die Leute über seine Existenz nachdachten. Diejenigen, die nicht wollten, daß Pablo das Denkmal entwarf, sagten spitzfindig, daß es ihnen recht sei, wenn Pablo ein Porträt von Apollinaire mache, daß jedoch das Denkmal, das er vorschlage, unmöglich sei. Sie hofften natürlich, daß er freiwillig zurücktreten werde. Zu dieser Zeit war vorgesehen, daß das Denkmal an der Kreuzung des Boulevard St. Germain und der Rue du Bac stehen sollte, wo damals eine Statue zum Gedächtnis der beiden Männer stand, die angeblich den Telegrafen erfunden hatten. Diese Statue zugunsten eines völlig abstrakten Denkmals zu entfernen, dessen Hauptbestandteil ein leerer Raum war, hätte das Komitee zur Zielscheibe des Spottes von ganz Paris gemacht. Nach einer stürmischen Sitzung gab das Komitee bekannt, daß es den Auftrag an Ossip Zadkine geben wolle, der eher etwas ihren Vorstellungen Entsprechendes schaffen werde. Pablo erklärte sich damit einverstanden. Doch Zadkine gefiel es nicht, daß er an zweiter Stelle gewählt worden war. So blieb der Plan noch einige weitere Jahre unausgeführt. Das Komitee stimmte auch weiterhin, jedesmal wenn der Wind wechselte, für Pablo, doch er blieb widerspenstig. Immer, wenn es fast so aussah, als ob man sich endlich einig werde, wechselte entweder die Zusammensetzung des Komitees oder des Stadtrates, und alles begann von vorn. Von Zeit zu Zeit kam Apollinaires Witwe Jacqueline und versuchte Pablo zum Handeln zu bewegen. »Sie schulden es wirklich dem Andenken Apollinaires, etwas zu tun«, sagte sie. »Es ist letzten Endes nicht so wichtig, ob es etwas Außergewöhnliches ist oder nicht.« Pablo entschied sich für einen Kompromiß: ein riesiger Sockel, der von vier Pfeilern von etwa zwei Meter Höhe gestützt wurde mit dem leeren Raum darunter, den wegzulassen er sich nicht entschließen konnte, und auf dem Steinsockel ein massiver Kopf Apollinaires von etwa einem Meter Höhe. Er machte mehrere Zeichnungen, einige davon mit einem Lorbeerkranz auf Apollinaires Kopf. Jetzt wurde es jedoch offenbar, daß die konservative Fraktion im Stadtrat Picasso überhaupt nicht haben wollte, denn dieser neue Vorschlag, der weder abstrakt noch revolutionär war und der eigentlich nicht einmal die rückständigsten Stadträte schockiert haben kann, wurde mit tiefem Schweigen aufgenommen. Schließlich entschieden sie, daß das Denkmal nicht an dem ursprünglich vorgesehenen Ort aufgestellt werden könne, es müsse auf den kleinen Platz hinter der Kirche St. Germain-des-Prés, an der Ecke der Rue de l'Abbaye, verbannt werden. Inzwischen fühlte Pablo sich so angeekelt, daß er alles Interesse an dem Projekt verlor. Die Angelegenheit zog sich noch monatelang hin, und als es schließlich dem Komitee gelungen war, den Stadtrat zu einem schwachen, wenig begeisterten Ja zu bewegen, war Pablo selbst so wenig Enthusiasmus verblieben, daß er ihnen einfach eine Skulptur gab, die im Atelier herumstand, einen Bronzekopf von Dora Maar, den er 1941 gemacht hatte.

Zu gegebener Zeit ließ das Komitee ihn auf dem kleinen Platz unter einem Baum aufstellen, der bei den dort heimischen Spatzen besonders beliebt war. Da steht er heute noch, überkrustet von Spatzendreck, weniger ein Denkmal für Apollinaire als ein weiterer unglückseliger Tribut seines Schöpfers an Dora Maar.

Abgesehen von der Denkmalsaffäre, begann zu dieser Zeit das Interesse an Apollinaire sich allgemein zu erneuern, weil Gallimard gerade die Pléiade-

Pablo, Françoise mit Sohn Claude (1952)

Françoise Gilot in ihrem Atelier (1964)

Ausgabe seines Gesamtwerkes vorbereitete. Jacqueline Apollinaire und alte Freunde wie André Billy gaben sich die größte Mühe, alles Unveröffentlichte zu sammeln. Marcel Adéma, ein begeisterter Apollinaire-Sammler, arbeitete an einer Biographie. Er wußte, wie auch Jacqueline Apollinaire, daß Pablo eine Menge unveröffentlichter Briefe und Manuskripte, Gedichte und Zeichnungen und viele andere Erinnerungen an seine Freundschaft mit Apollinaire besaß. Einiges befand sich in der Rue des Grands-Augustins, vieles andere in der Rue la Boétie. Pablo erzählte mir, daß Olga in einem ihrer Temperamentsausbrüche etwas davon zerrissen habe, zusammen mit Briefen von Max Jacob. Doch weil dort nie etwas weggeworfen worden war, hätte man selbst diese Papierfetzen gefunden, wenn man die Geduld dazu gehabt hätte. Alle hatten natürlich das größte Interesse daran, daß die neue Ausgabe so vollständig wie möglich wurde. Wenn Sabartès das Unternehmen beaufsichtigte, konnte man unter Pablos Schätzen sicherlich manche wichtige Quelle freilegen. Das ließ man Pablo wissen. Aber er lehnte ab. Er gab ihnen noch nicht einmal die Unterlagen, die er zur Hand hatte.

»Es ist zu lästig«, sagte er. »Außerdem wird Apollinaires Andenken ebensogut in den Gedichten weiterleben, die bereits jeder kennt. Dazu sind die paar zusätzlichen, die ich besitze, gar nicht nötig.«

Bei einem ihrer ersten Besuche im Atelier bat Pablo Jacqueline Apollinaire, mir ihre Wohnung zu zeigen, und am selben Nachmittag nach dem Essen besuchten wir sie dort. Sie lag hoch oben in einem alten Gebäude am Boulevard St. Germain, an der Ecke der Rue St. Guillaume. Bevor wir das oberste Stockwerk erreichten, in dem sich die Wohnung befand, sah ich auf halber Höhe der letzten Treppe das kleine runde Fenster, von dem aus Apollinaires Sekretär, der sogenannte Baron Mollet, jeden Ankommenden beobachtet hatte, um zu sehen, ob er eingelassen werden dürfe.

Die Wohnung hatte man genau in dem Zustand gelassen, in dem sie zu Apollinaires Lebzeiten gewesen war. Die Anordnung glich auf seltsame Weise dem Inneren eines menschlichen Körpers: eine Speiseröhre, der ein Magen folgte und darauf ein Darm – ein richtiges Labyrinth. Wir betraten einen großen Raum und gingen von dort über einen langen Korridor in einen anderen Raum, in dem viele Bilder hingen: das große Kollektivporträt von Marie Laurencin mit Apollinaire, Picasso, ihr selbst und Fernande Olivier, andere Bilder von Marie Laurencin, einige kleine kubistische Bilder von Picasso, darunter eines von Apollinaire mit dem birnenförmigen Kopf. Darauf kamen wir über einen langen zweiten Flur in eine winzige Kammer von vielleicht zweieinhalb Quadratmetern, in der Apollinaire zu schreiben pflegte. Es war für diese Art der Arbeit der kleinste und ungeeignetste Platz in der Wohnung. Danach kam die Küche. Eine Wendeltreppe führte nach oben in ein einzelnes Zimmer. Darin standen ein kleiner Tisch und ein Stuhl, und an der Wand hingen Fotografien, Reproduktionen von Bildern und handgeschriebene Aufzeichnungen, die seit Apollinaires Tod unberührt geblieben waren. Das Zimmer hatte einen Balkon, von dem man über den Faubourg St. Germain blickte.

Ich fand die Wohnung ein wenig trist, wie ein winziges Provinzmuseum, alles war mit einer leichten Staubschicht bedeckt. Jacqueline Apollinaire sagte, sie empfinde es auch so. Sie hatte die Wohnung so gelassen, wie sie war, als Apollinaire noch lebte, doch sie fand es schwierig, dort längere Zeit zu leben, und verbrachte die meiste Zeit außerhalb von Paris.

Es gab in Pablos Umgebung einige Menschen, die anscheinend nur einen untergeordneten Posten einnahmen, dabei aber den größten Einfluß auf ihn ausübten. Die wichtigste dieser grauen Eminenzen war der Chauffeur Marcel. Als ich Marcel zum erstenmal sah, war er etwa fünfzig Jahre alt, ein Normanne mit dem Kopf eines römischen Kaisers: Normanne in der charakteristischen Mischung aus Bauernschläue und verschlagenem Witz, doch mit einem Kopf, wie man ihn auf altrömischen Münzen findet, mit scharfen Zügen und einer leicht gebogenen Nase. Er war seit ungefähr 1925 Pablos Chauffeur. Wenn Pablo sagte, daß er irgendwohin fahren wollte, dann war es letzten Endes Marcel, der entschied, ob diese Fahrt nötig war oder nicht, und es war unweigerlich er, der bestimmte, wann wir aufzubrechen hatten. Wenn es aus dem einen oder anderen Grunde Marcel besser paßte, daß wir zu Hause blieben oder später abreisten, fand er immer eine Möglichkeit, die Fahrt zu verschieben oder ganz abzublasen. Gewöhnlich ging auf mysteriöse Weise etwas mit dem Motor schief, wodurch zahllose Fahrten zur Garage nötig wurden, wo Marcel die Arbeit der Mechaniker beaufsichtigte. Wenn aber Marcel selber irgendwohin fahren wollte, gehorchte der Wagen auf magische Weise sofort. Marcel saß in mehr als einem Sinne am Steuer.

Er hatte auch andere Talente. Molière las seine Komödien zuerst seinem Stubenmädchen vor, um zu prüfen, ob sie auf sein Publikum wirkten. Ebenso verfolgte Marcel Tag für Tag die Produktion seines Herrn und kommentierte sie bis ins kleinste Detail. In Pablos Augen war Marcel nicht durch einen falschen Anstrich von Kultur verdorben, also konnte man damit rechnen, daß seine Reaktionen echter waren als die der meisten anderen. Marcel galt ihm in dieser Beziehung viel mehr als etwa Sabartès, obwohl Sabartès offiziell Pablos Sekretär und sein Eckermann war. Wenn Marcel morgens ankam, besichtigte er zuerst die Bilder, die Pablo am vorhergehenden Abend gemalt hatte. Bis dann Pablo aufstand, hatte sich Marcel eine Meinung über sie gebildet. War Marcel nicht in der Nähe, dann sagte Pablo zwar, daß er sich um Marcels Ansichten nicht kümmere, aber nichtsdestoweniger wollte er sie hören.

Wichtiger war, daß sich Marcel in vielen Jahren den Ruf geschaffen hatte, ein Sachverständiger im Entlarven von Fälschungen zu sein. Wenn Marcel ein Bild für echt erklärte, wurde es als echt anerkannt. Wenn er es für eine Fälschung hielt, wagte niemand, anderer Meinung zu sein.

»Siehst du?« pflegte Pablo zu sagen, wenn Marcel ein Urteil gefällt hatte, dem er zustimmte. »Mein eigener Kunsthändler irrt sich. Jeder irrt sich. Nur Marcel hat immer recht. Wenigstens *er* versteht meine Bilder. Hier ist der Beweis: Er ist der einzige, der sie erkennt. Er kann es vielleicht nicht mit der ganzen Beredsamkeit der Herren Kahnweiler oder Zervos oder Rosenberg erklären, aber wenigstens erkennt er sie, wenn er sie sieht.«

Marcels Autorität erstreckte sich auch auf Pablos übriges Leben. Er war ein wenig wie Don Juans Diener Leporello, der sich zwar über sein hartes Los beklagte und über die Schläge, die er von Zeit zu Zeit bekam, der aber doch alles in allem sehr glücklich darüber war, daß er an den Abenteuern seines Herrn und Meisters teilhaben durfte. Marcel genoß es, von einem Haus zum anderen zu laufen und denjenigen, die augenblicklich gerade bei seinem Herrn in Gunst standen, private Botschaften zu überbringen, und ich glaube, es ist nicht zu viel gesagt, daß Marcels Sympathien und Antipathien sehr häufig Pablos Handlungen beeinflußten.

Immer, wenn Pablo und ich mit dem Wagen irgendwohin fuhren, saßen er und ich auf den Vordersitzen, Pablo neben Marcel, und er richtete das Wort ausschließlich an ihn. Weil Pablo nie selbst fuhr, war er völlig entspannt, und wenn das Gespräch im Gange war, sprach Marcel die meiste Zeit und Pablo hörte zu.

Bei anderen – den Dichtern, den Malern, den Jüngern – führte Pablo das Gespräch, doch bei Marcel beschied er sich mit Zuhören. Marcel gab ihm einen Überblick über die Neuigkeiten des Tages, gewürzt mit seinen eigenen Kommentaren. Er widersprach Pablo und kritisierte ihn sogar. Pablo nahm gewöhnlich alles hin.

Wenn Marcel nicht dabei war, sagte Pablo oft: »Ich habe kein Vertrauen zu diesem Mann. Er hat mich seit Jahren beraubt. Nie läßt er sich sehen, wenn er etwas anderes zu tun hat. Er tut, was er will.« Er beklagte sich über Marcel als Chauffeur von morgens bis abends, aber in anderen Dingen, die nichts mit Autofahren zu tun hatten, war es Marcel gelungen, sich unbegrenzten Kredit zu erwerben und zu erhalten. Wenn Pablo sich über die Art beklagte, wie Marcel seine Arbeit als Chauffeur tat, sagte er nicht, er sei ein schlechter Fahrer, denn das wäre lächerlich gewesen, aber er behauptete, daß Marcel zu viel Geld für das Auto ausgebe und von den Beträgen, die für den Wagen bestimmt seien, einiges für den eigenen Gebrauch abzweige. Soviel ich weiß, stimmte das nicht. Doch jedesmal, wenn Marcel um eine neue Ausstattung bat – und sei es nur eine neue Mütze –, geriet Pablo in Zorn. Eines Tages hörte ich, daß er eine neue Uniform haben wollte.

»Er will eine neue Uniform! Er verbraucht mehr Zeug als ich«, klagte Pablo.

»Nächstens wird er im Smoking fahren wollen.« Dann fragte er Marcel: »Wieviel waren es im letzten Jahr?«

»Chauffeure brauchen dann und wann eine neue Livrée«, protestierte Marcel. »Weil ich so oft hinter das Steuer und wieder herauskriechen muß, wird meine Uniform ganz glänzend. Sie wollen doch wohl nicht, daß ich aussehe, als ob ich sie poliert hätte, oder? Was sollen die Leute denken?«

»Wen stört das?« fragte Pablo. »Sieh mich an. Ich schäme mich nicht, alte Anzüge zu tragen.«

»Das ist bei Ihnen etwas anderes«, erwiderte Marcel. »Sie sind der Chef. Ich kann mir das nicht leisten. Ich bin nur der Chauffeur.«

Doch in allem, was nichts mit Marcels eigentlicher Arbeit zu tun hatte, kamen sie aufs beste miteinander aus. Im Vorzimmer, in dem die Besucher warteten, teilte Marcel seine Autorität mit Sabartès. Sabartès war ein so traurig aussehender Mönch, war so unfreundlich zu Frauen und sah jeden so mißtrauisch an, daß sie sich gewöhnlich an Marcel wandten, wenn sie vorgelassen werden wollten. Er war die Sorte von nettem Kerl, mit der man immer gut zurechtkam.

Marcels Gegenwart war auch entscheidend für Paulos Leben gewesen. Für ein Kind gibt es an einem Vater, der Maler ist, nicht viel zu bewundern. Außerdem ist ein Maler immer im Atelier, und das Kind sieht ihn kaum. Als Paulo vier oder fünf Jahre alt war, konnten ihm die Bilder, die sein Vater malte, nicht viel sagen. Aber ein Chauffeur, der Auto fährt, ist etwas anderes. Das ist wahrscheinlich die Erklärung für die außerordentliche Wichtigkeit, die Motorräder und Autos immer für Paulo gehabt haben. Paulo pflegte Marcels Redeweise und selbst seinen Gang zu imitieren. Marcel war nicht dick, doch er streckte stets den Bauch heraus, wie ein selbstbewußter Politiker, und das war er schließlich ja auch. Unbewußt nahm Paulo die gleiche Haltung an. Im Anfang meines Zusammenlebens mit Pablo waren die Beziehungen zwischen Vater und Sohn etwas gespannt. Paulo arbeitete nicht und war nur an einem interessiert: auf Motorrädern durch die Gegend zu rasen. Er war abhängig von Pablos Almosen. Wenn es zu schwierig wurde, ging Paulo zu Marcel, der ihn sehr gern mochte, und Marcel vermittelte zwischen ihm und seinem Vater.

Marcel besaß nur wenig Schulbildung, aber er hatte einen wachen psychologischen Instinkt. Überdies besaß er einen guten Verstand und ein gutes Herz. Mit dieser Bauernschläue, die ihn befähigte, die Menschen sehr schnell einzuschätzen, verstand er es, Pablo vor berechnenden Eindringlingen, die ihm nur die Zeit stahlen, zu schützen. Solange er da war, konnte er eine Menge beharrlicher Langweiler fernhalten, denen es, nachdem er fort war, dann doch gelang, sich einzuschleichen und unter die regelmäßigen Besucher zu mischen. Er tat dies alles in einer gutgelaunten, witzigen Art, ganz im Gegensatz zu Pablos anderem Wachhund, Sabartès. Wenn die Leute morgens ins Atelier in der Rue des Grands-Augustins kamen und an Sabartès gerieten, der sie durch seine dikken Brillengläser anstarrte, völlig absorbiert von seiner eigenen Melancholie, und von Zeit zu Zeit traurig ein paar Worte fallen ließ, die er nach und nach zu einem Satz ergänzte, dann genügte das, um den schwungvollsten Enthusiasmus zu dämpfen. Der arme Kerl sah nicht gut, und das gab seinem flüchtigsten Blick etwas Inquisitorisches. Die meisten Menschen begannen, sich unter seinem prüfenden Blick sehr schuldig zu fühlen, und fingen an zu stammeln. In der Regel konnte der bloße Anblick seiner düsteren, fast tragischen Erscheinung und Art die zaghafteren Besucher vertreiben. Wenn jedoch Sabartès' Düsterkeit nicht genügte und der Besucher unerwünscht schien, dann erledigte das Marcel. War es der Besucher jedoch wert, empfangen zu werden, und fühlte er sich durch Sabartès' Art abgeschreckt, dann brauchte Marcel nur Minuten, um ihn wieder aufzuheitern.

Marcel war immer guter Laune. Selbst wenn Pablo in seiner bösartigsten Stimmung war, blieb Marcel fröhlich, lachte über seine eigenen Scherze und kam damit ungestraft davon. Er war der einzige, der das tun durfte. Er nannte Pablo zwar *Monsieur*, aber ihre Beziehungen waren viel gelöster und menschlich-vertrauter, als man es zwischen einem Chauffeur und seinem Chef erwarten würde. Ab und zu aber, an einem seiner ganz schwarzen Tage, hatte es Pablo satt, Marcel sorglos und heiter zu sehen, wenn alles rundum zitterte, und er beschimpfte ihn in einer Weise, die Marcel nicht gewohnt war. Dann verkehrte er eine Zeitlang nur streng förmlich mit ihm, und wenn Marcel ihn irgendwohin fuhr, setzte er sich auf den Rücksitz und sprach nicht mit ihm.

Als wir in Vallauris lebten, wohnte Marcel, da im Hause für ihn kein Platz war, in dem kleinen Hotel-Restaurant *Chez Marcel*. Der Wirt, ein Provencale, der ebenfalls Marcel hieß, spielte fast ununterbrochen Boule, und der Chauffeur Marcel verfiel bald in die gleiche Gewohnheit. Weil es warm war und die leichte Anstrengung sie noch mehr erhitzte, pflegten sie ihr Spiel öfters zu unterbrechen, um einen *pastis* zu trinken und dann erfrischt wieder an ihr Spiel zu gehen. Das ging so fast den ganzen Tag, die einzige Unterbrechung waren die Mahlzeiten. Wenn wir irgendwohin fahren mußten und Marcel anriefen, konnte er gewöhnlich nicht sofort aufbrechen, weil das Spiel noch nicht beendet war oder weil sie sich gerade hingesetzt hatten, um sich bei einem *pastis* abzukühlen. Pablo fand sich meistens auch damit ab, nur hin und wieder ging er in die Luft und sprach nicht mehr mit Marcel. Marcel war dann geknickt, begann zu grübeln und gab Boule und *pastis* auf. Aber bald begann er doch wieder, seine Scherze zu machen und Pablo aus dieser Stimmung zu reißen, und alles war wieder in Ordnung.

Außer an den Tagen, an denen wir nach Nîmes oder nach Arles zu den Stierkämpfen fuhren, hatte Marcel nicht viel zu tun, wenn wir in Südfrankreich waren. Er saß herum und wartete auf uns bei dem anderen Marcel, und das bedeutete mehr und mehr *pastis*. Manchmal kam es Pablo am Ende eines Nachmittags in den Kopf, nach Paris zu fahren. Marcel fuhr uns dann die ganze Nacht hindurch, wir verbrachten den Tag in Paris und kehrten in der folgenden Nacht zurück. Hin- und Rückfahrt dauerten je fünfzehn Stunden, außer der Zeit zum Essen, und wir hatten nie einen Unfall gehabt. Marcel war immer ein ausgezeichneter Fahrer gewesen. Doch nach ein paar Jahren in Südfrankreich, in denen er gewaltige Mengen *pastis* konsumiert hatte, fing er an, schneller zu fahren und mehr zu riskieren. Eines Tages, als wir in Nîmes zu Mittag gegessen hatten und dann, nach den Stierkämpfen und einem Abendessen mit Kübeln von Wein, in unserem Kootz-Oldsmobile zurückfuhren, überholte er mit hundertdreißig Stundenkilometern einen anderen Wagen, wobei er sich geringfügig im Abstand verschätzte. Der Türgriff des anderen Autos hinterließ einen Streifen über die volle Länge des weißen Oldsmobile. Das machte uns nachdenklich.

Bald darauf kehrten Pablo und Marcel nach Paris zurück, weil Pablo Schwierigkeiten hatte, seine Wohnung in der Rue la Boétie zu halten. Der Besitzer wollte ihn heraushaben. Das Auto stand den ganzen Tag zu Pablos Verfügung, und wenn er es nicht mehr brauchte, brachte Marcel es angeblich über Nacht in die Garage. Jeder wußte aber, daß er es abends oft benutzte, um seine Frau und seine Tochter spazierenzufahren, als ob es sein eigenes wäre, doch dagegen hatte noch nie jemand etwas gesagt. Eines Abens fuhr er mit seiner Familie, etwa hundert Kilometer vor Paris aufs Land, und prallte gegen einen Baum. Niemand war schwer verletzt, doch der Wagen war ein völliges Wrack. Am nächsten Morgen kam Marcel zu Pablo, um ihm zu berichten, was passiert war. Pablo nahm es zunächst ganz philosophisch. Doch später, als er es sich überlegt hatte, kamen ihm all die Klagen gegen Marcel, die sich in den vergangenen fünfundzwanzig Jahren in ihm angestaut hatten, ins Bewußtsein, und er warf ihn hinaus. Der arme Marcel war entgeistert.

»Sie wollen mich, trotz allem, was ich Ihnen gewesen bin, wirklich deshalb hinauswerfen?« fragte er. »Wenn Sie so herzlos sind, dann sage ich Ihnen, daß der Tag kommen wird, an dem Sie niemand mehr haben werden. Noch nicht einmal Françoise, denn auch die wird Sie verlassen.«

Pablo blieb unbewegt. Er kaufte einen Hotchkiss und schlug vor, daß ich Marcels Platz als Chauffeur einnehmen solle. Ich nahm mehrere Fahrstunden, doch ich fuhr nicht gern und regte an, Paulo solle sich ans Steuer setzen, weil er ein so guter Fahrer sei. Mit Paulo als Chauffeur diente der Hotchkiss zum täglichen Gebrauch und zu Fahrten nach Paris. Etwas später wurde Pablos kostbarster Schatz, sein alter Hispano-Suiza, wiederhergestellt und nach Vallauris gebracht. Er behielt ihn in der Garage und benutzte ihn nur, um zu Stierkämpfen zu fahren. Der Hispano-Suiza hatte Platz für acht bis neun Personen und ähnelte den Wagen, die gefeierte Matadore für ihre Galaauftritte benutzen.

Die Zerstörung des Oldsmobile war nicht die einzige und noch nicht einmal die größte Katastrophe dieses Sommers. Pablos zwei Wohnungen in der Rue la Boétie waren seit Jahren unbewohnt. Wegen der akuten Wohnungsnot nach dem Krieg hätten sie jederzeit beschlagnahmt werden können, doch bei Leuten wie Pablo waren die Behörden nachsichtig wegen ihrer »nationalen Bedeutung«. Solange Pablo Freunde wie André Dubois in der Präfektur hatte, geschah nichts. Aber als André Baylot, ein Erzfeind der Kommunisten, Polizeipräfekt wurde, beschloß er, Pablo zu ärgern und gegen Pablos unbenutzte Wohnungen nach Gesetz und Recht vorzugehen. Wegen ihrer Größe boten sie Wohnmöglichkeiten für mindestens ein halbes Dutzend Leute. Hätten Pablo die Wohnungen gehört, wäre es vielleicht möglich gewesen, jemanden dort hineinzusetzen, um »dem Gesetz zu genügen«. Aber er war nur Mieter, deshalb konnte er wenig dagegen tun. Und weil die Wohnungen voll von kostbaren Dingen aller Art waren, konnte er andererseits nicht dulden, daß die Wohnungsbehörden einfach irgend jemanden einwiesen.

Als Pablo seinen Räumungsbescheid erhielt, war er außer sich. Aber er nahm an, daß es ihm entweder durch André Dubois oder Madame Cuttoli gelingen werde, die Dinge wieder in Ordnung zu bringen. Sie versuchten alles mögliche, aber die Behörde war in diesen Angelegenheiten erfahrener als sämtliche einflußreichen Freunde Pablos. So mußte Pablo 1951, nach einem einjährigen Prozeß, nachgeben. Er übertrug die Umzugsarbeit Sabartès, der jeden Gegenstand untersuchen und klassifizieren mußte, ob er bedeutend war oder gering, und ihn in die richtige Kiste zu packen hatte. Schließlich hatte er siebzig Holzkisten vollgepackt.

Nachdem Pablo ausgewiesen worden war, sah er sich gezwungen, seine ganze weltliche Habe an allen möglichen Orten zu lagern. Die Ateliers in der Rue des Grands-Augustins waren sehr groß, doch nicht groß genug für Pablos ganzen Bedarf. Und es war dort bei weitem nicht genug Platz, um die Kisten aus der Rue la Boétie unterzubringen. So mieteten wir zwei kleine, übereinander gelegene Wohnungen in der Rue Gay-Lussac und beschlossen, soviel wie möglich dort zu lagern. Von dem Rest wurde alles, was etwa in die Ateliers in der Rue des Grands-Augustins passen konnte, dorthin geschickt. Was übrig blieb, wurde in einem Lagerhaus untergestellt. Doch sobald wir nach Vallauris zurückgekehrt waren, wurden uns erneut Räumungsbefehle wegen Nichtbenutzung der neuen Wohnungen zugestellt – wenn das noch nötig gewesen wäre, ein weiterer Beweis dafür, daß das ganze Manöver politischer Art war.

Ich hatte mich seit langem müde und energielos gefühlt, doch ich brach sofort nach Paris auf, brachte Vorhänge in den neuen Wohnungen an und stellte das Nötigste an Möbeln dort auf, so daß wir einziehen und einer neuen Ausweisung vorbeugen konnten. Wir wohnten den ganzen Winter über dort und bewegten uns, so gut wir konnten, zwischen den Kisten. Seit wir in Südfrankreich lebten, waren wir die feuchten Pariser Winter nicht mehr gewöhnt, und Pablo und die Kinder legten sich mit schweren Erkältungen ins Bett. Pablo konnte sich kaum umherschleppen. Bei den Kindern wurden die Erkältungen zu Lungenentzündungen, und als Krönung des Ganzen bekamen sie die Masern. Weil Pablo niemanden sonst in seiner Nähe haben wollte, pflegte ich alle, und am Ende war ich so geschwächt, daß ich Ohnmachtsanfälle bekam. Pablo sollte sich alle drei Stunden Senfpflaster auflegen, aber er weigerte sich, sie zu dulden, wenn ich ihm nicht Gesellschaft dabei leistete. Ich hatte zwar selber keine Brustbeschwerden – ich war einfach erschöpft –, doch ich mußte ebenso viele Senfpflaster auf meine eigene wie auf seine Brust legen.

All dies versetzte Pablo in eine sehr düstere Stimmung, er konnte überhaupt nicht arbeiten. Ich arbeitete weiter, ob ich mich danach fühlte oder nicht, denn meine Ausstellung bei Kahnweiler stand bevor. Pablo saß Tag für Tag nur da, sah mir beim Malen zu, nahm aber selbst weder Bleistift noch Pinsel in die Hand. Und dies hielt tage- und wochenlang an.

SIEBTER TEIL

Als mein gemeinsames Leben mit Pablo begann, glaubte ich, ich könne und müsse mich ihm ganz hingeben, ohne von ihm mehr erwarten zu dürfen als das, was er aller Welt gab. Ich war bereit, mich damit abzufinden.

Damals war meine Position stärker, weil ich noch allein war. Aber in den nächsten fünf oder sechs Jahren lebte ich ausschließlich für ihn; ich bekam Kinder, und dies hatte zur Folge, daß ich mich schließlich nicht mehr mit einem so selbstlosen Dasein zufriedengeben konnte. Ich verlangte nach mehr Wärme und Geborgenheit, und ich hoffte nach allem, was nun hinter uns lag, daß es möglich sein müßte, das alles bei Pablo zu finden. Doch bald nach der Geburt Palomas kam ich allmählich zu der Erkenntnis, daß ich bei Pablo niemals menschliche Wärme finden würde und daß ich von ihm nicht mehr zu erwarten hatte als das, womit ich mich anfangs begnügen wollte: jenes Glück, das ich in der Hingabe an den Menschen und sein Werk empfand. Ich brauchte lange, bis mir das klar wurde, weil ich ihn viel zu leidenschaftlich liebte, als daß ich alle Hoffnungen auf einmal aufgeben konnte.

Doch nun beherrschten die Kinder weitgehend den Gang unseres täglichen Lebens, und die häusliche Unruhe wurde Pablo lästig. Ich hörte geradezu, wie er innerlich murrte: »Jetzt glaubt sie wohl, sie habe gewonnenes Spiel und daß sie mit ihren zwei Kindern das Heft in der Hand hält. Ich bin nur noch ein Mitglied der Familie – das ist die endgültige Stabilisierung.« Und wenn je ein menschliches Wesen nicht für stabile Verhältnisse geschaffen war, dann Pablo. Was er sich so heiß gewünscht und was ihm anfangs so große Freude gemacht hatte, ging ihm nun allmählich gegen den Strich. Manchmal schien er in den Kindern Waffen zu sehen, die ich geschmiedet hatte, um sie gegen ihn zu verwenden. Er zog sich von mir zurück.

Das geschah anfangs ganz unmerklich. Von Mai 1946 bis zu seiner Fahrt nach Polen mit Eluard und Marcel waren Pablo und ich nie einen einzigen Tag lang getrennt gewesen. Nach seiner Rückkehr aus Polen fing er jedoch an, kurze Fahrten ohne mich zu unternehmen – manchmal nach Paris, ein andermal fuhr er allein zu einem Stierkampf nach Nîmes, mit der Begründung, es gehe mir nicht gut genug, um die Reise und die Aufregung zu vertragen. Wenn wir sonst nach Nîmes fuhren, waren wir gewöhnlich um Mitternacht zurück. Als Pablo um drei Uhr morgens noch nicht zu Hause war, machte ich mir Sorgen, ob Marcel vielleicht mehr getrunken habe, als er vertrug, und sie verunglückt wären. Ich schleppte eine Matratze auf den Balkon hinaus und lag dort schlaflos, bis ich kurz vor der Morgendämmerung den Wagen bei der Garage halten sah.

Als Pablo die Treppe heraufkam, fiel er wütend über mich her, beschuldigte mich, hinter ihm herspioniert zu haben, und sagte, es stehe ihm frei, nach Hause zu kommen, wann er wolle – alles, ohne daß ich ein Wort zu ihm gesagt hatte. Die Ramiés waren ebenfalls im Auto gewesen, und da ich ihnen zugewinkt hatte, bevor Marcel mit ihnen weiterfuhr, warf Pablo mir auch noch vor, ich hätte ihn vor seinen Freunden blamiert.

»Anstatt im Bett zu liegen, wo du hingehörst, und zu schlafen, bist du hier draußen und wartest auf mich. Jeder kann sehen, wie du versuchst, mir meine Freiheit zu nehmen.«

In den folgenden Wochen fühlte ich, daß er geistig und körperlich eine Mauer zwischen uns aufrichtete. Zuerst konnte ich nicht glauben, daß er wirklich nichts mehr von mir wissen wollte, während ich gerade alles daransetzte, ihm besonders nahe zu kommen. Doch ich war nicht aufdringlich genug, um ihm Erklärungen für sein Verhalten abfordern zu wollen, und mein Stolz erlaubte mir nicht, mich ihm an den Hals zu werfen, wie das Frauen im allgemeinen können, wenn sie fühlen, daß das Interesse des Mannes erlahmt.

Den Kindern gegenüber blieb er freilich unverändert; er liebte sie offensichtlich sehr, er hatte kleine Kinder ja immer gern. Wenn er sie allerdings in ihrer Beziehung zu mir sah und mich, ihre Mutter, in meiner Beziehung zu ihm, dann verhärtete sich seine Haltung. Er überließ es mir mehr und mehr, seine Angelegenheiten mit Kahnweiler und anderen zu regeln, doch unsere eigene Beziehung wurde immer unpersönlicher.

Früher war sie tief und befriedigend gewesen. Jetzt waren wir Arbeitskameraden geworden.

Wenn ich darüber nachdachte, erkannte ich, daß Pablo nie fähig gewesen war, für längere Zeit die Gesellschaft einer Frau zu ertragen. Ich hatte von Anfang an gewußt, daß das, was ihn vor allem zu mir hinzog, mein Intellekt war und meine offene, fast jungenhafte Art, mich zu benehmen – mit einem Wort, gerade mein Mangel an dem, was man »weibliche Eigenschaften« nennt. Und doch – er hatte darauf bestanden, daß ich die Kinder bekam, weil ich nicht weiblich genug war. Nun hatte ich sie und war gewiß auch weiblicher und mütterlicher geworden, und es stellte sich heraus, daß ihm das ganz gleichgültig war. Er hatte diese Wandlung meines Wesens zuwege gebracht, und jetzt, da er sein Ziel erreicht hatte, tat er so, als gehe ihn das nichts mehr an. Bis dahin hatte ich nie irgendeine Art von Bitterkeit gefühlt. Wie schwierig er auch die Dinge manchmal gemacht hatte: Ich mochte bedauert oder verabscheut haben, was mir mit ihm widerfuhr, ich hatte doch immer gefühlt, daß das alles weniger wichtig war als das, was uns miteinander verband. Nun aber fing ich an, Bitterkeit zu fühlen, denn ich sah eine ironische Ungerechtigkeit in dem, was sich abgespielt hatte. Und ich begann, etwas schrecklich Weibliches und für mich höchst Ungewöhnliches zu tun: Ich weinte sehr viel. Eine der wenigen Lithographien unter all denen, die Pablo von mir gemacht hat, für die ich tatsächlich Modell saß (und vielleicht die naturalistischste von allen), ist diejenige, die in Mourlots Katalog unter der Nr. 195 geführt wird. Ich erinnere mich, daß ich den ganzen dunklen Novembernachmittag dasaß und fast unablässig weinte. Pablo fand das sehr anregend.

»Dein Gesicht ist heute wundervoll«, sagte er zu mir, während er mich zeichnete. »Es ist ein sehr ernstes Gesicht.« Ich sagte ihm, es sei kein ernstes, sondern ein trauriges Gesicht.

Ein anderes Mal schmeichelte er mir weniger: »Du warst eine Venus, als ich dich kennenlernte. Jetzt bist du ein Christus – und zwar ein romanischer Christus, bei dem man alle Rippen zählen kann. Du begreifst doch hoffentlich, daß du mich so nicht interessierst.« Ich sagte, natürlich sei ich sehr dünn geworden, er wisse aber doch, daß ich mich seit Palomas Geburt nicht recht wohl gefühlt habe.

»Das ist keine Entschuldigung, es ist noch nicht einmal ein Grund. Du solltest dich schämen, dich so gehenzulassen, deine Figur und deine Gesundheit so zu vernachlässigen, wie du es getan hast. Jede andere Frau würde nach der Geburt eines Babys schöner werden – aber nicht du. Du siehst aus wie ein Besenstiel. Denkst du, ein Besenstiel kann jemanden reizen? Mich jedenfalls nicht!«

Es war ziemlich hart, sich so etwas anhören zu müssen, besonders, weil ich damals körperlich sehr geschwächt war, aber schließlich gelang es mir, nicht mehr an mich selbst zu denken. Ich sagte mir, daß ich meine Gefühle für Pablo am besten zeigen könne, wenn ich mich mehr denn je ihm und den Kindern widmete, und daß ich ihm immer noch bei seiner Malerei nützlich sein könne. Außerdem hatte ich ja auch meine eigene Arbeit, und auf dieser Grundlage war das Leben vielleicht doch noch ganz lebenswert, selbst wenn unsere Beziehung sich offenbar so verschlechtert hatte, daß die gewöhnliche persönliche und gefühlsmäßige Erfüllung, die eine Frau in der Liebe eines Mannes erfährt, nicht mehr möglich war. Doch ich brauchte zwei Jahre, von 1949 bis 1951, bis ich diese Situation zu akzeptieren vermochte.

Jedesmal, wenn Pablo nach Paris fuhr, ließ er mir so viel Arbeit zurück, daß ich bis zu seiner Rückkehr beschäftigt war. Im Februar 1951 befand er sich auf einer solchen Reise. Tériade plante eine Sondernummer seiner Kunstzeitschrift *Verve*, die Pablos Keramik und seiner jüngsten Malerei und Bildhauerei gewidmet sein sollte. Pablo hatte mir den Auftrag gegeben, die Werke, die fotografiert werden sollten, herauszusuchen. Er befahl mir, mich nicht von der

Stelle zu rühren, bis der Fotograf seine Arbeit beendet habe und gegangen sei, damit nichts zerbrochen oder gestohlen werde.

Einige Tage, nachdem Pablo nach Paris aufgebrochen war, erhielt ich ein Telegramm meiner Mutter. Meine Großmutter habe einen schweren Schlaganfall erlitten, und ich solle sofort kommen, weil die Ärzte meinten, daß sie nicht mehr lange leben werde. Sie war der Mensch, mit dem ich mich immer am engsten verbunden gefühlt hatte, und ich hatte sie damals unter wenig erfreulichen Umständen verlassen, um mit Pablo zusammenzuleben. Ich entschied, daß das Fotografieren von Keramiken kein ausreichender Grund war, nicht nach Paris zu fahren und, wenigstens für einen einzigen Tag, meine Großmutter noch einmal zu sehen, bevor sie starb. Ich wußte, daß Pablo, wenn ich ihn anrief, mir verbieten würde zu fahren, denn das einzige auf der Welt, das wirklich für ihn zählte, war sein Werk. Ich beschloß, den Nachtzug nach Paris zu nehmen, einen Tag dort zu bleiben und in der folgenden Nacht zurückzufahren. Ich sagte dem Fotografen, daß ich am nächsten Tag nicht da sei, ihn aber am folgenden Tag wieder erwarte.

Am nächsten Morgen war ich in Paris. Ich ging sofort ins Krankenhaus zu meiner Großmutter. Es ging ihr sehr schlecht. Aber sie erholte sich etwas, und ich mußte sicher noch einmal kommen, denn es sah so aus, als lebe sie noch ein paar Monate länger. Ich verbrachte den Tag an ihrem Bett. Etwa um sechs Uhr verließ ich das Krankenhaus. Mein Zug nach Südfrankreich ging erst abends um halb neun, und es fiel mir ein, daß ich Zeit hatte, Pablo zu sehen und ihm zu erklären, was ich getan hatte. Aber ich wußte so genau, daß er unfähig war zu akzeptieren, ja überhaupt zu verstehen, weshalb ich nach Paris gekommen war, daß ich es für besser hielt, einfach zurückzufahren. Ich war so traurig über den Zustand meiner Großmutter, daß ich nicht die Kraft hatte, noch weitere unerfreuliche Dinge auf mich zu nehmen. In diesem Augenblick erkannte ich, was aus unserer Beziehung geworden war. Wenn man unglücklich ist, sollte es das Natürliche sein, bei dem Menschen Trost zu suchen, den man am meisten liebt. Ich wußte, daß ich dort nicht nur keinen Trost, sondern schärfsten Tadel zu erwarten hatte. An einem anonymen Ort, der mich in keiner Weise berührte, würde mir sicher mehr Trost gegeben werden, also kehrte ich zur Gare de Lyon zurück, holte meinen Koffer und ging in ein in der Nähe gelegenes Café. Ich hatte bis zur Abfahrt meines Zuges zwei Stunden Zeit, und ich beschloß, meine Vergangenheit und Zukunft mit Pablo sehr gründlich zu überdenken. Als ich dort saß, müde und bedrückt, schien es mir, als sei ich völlig allein – schlimmer noch als wirklich allein –, abgesehen von den Kindern. Warum also weitermachen, fragte ich mich. Die einzige Antwort, die ich finden konnte, war, daß ich von einem gewissen Nutzen für Pablo sei, wenn auch unsere Beziehung einseitig geworden war. Ich wußte, ich konnte nichts mehr von ihm erwarten, und wenn ich bei ihm bliebe, dann nur aus Pflichtgefühl.

Es war die Stunde des Geschäftsschlusses. Die Menschen drängten sich herein und besetzten die Tische. Ich fühlte eine Art Trost im Gewoge all dieser menschlichen Leben, die das meine kreuzten und um mich herfluteten. Sie schienen einen Teil von Pablos Feindseligkeit hinwegzufegen, jene Animosität, die ich selbst dann noch spürte, wenn er gar nicht anwesend war, und ließen für einen Augenblick auch das Bild meiner Großmutter verblassen, die hilflos in ihrem Krankenhausbett lag. Und als ich die Menschen beobachtete, ihre Gesten, ihren Ausdruck, da fand ich, daß die meisten von ihnen schließlich auch Lasten wie ich zu tragen hatten, einige noch viel schwerere, daß wir uns alle auf dem gleichen Weg befanden, mit der gleichen Aufgabe, auch wenn sie verschiedenartig formuliert war, und daß ich nicht einsamer war als sie – ebensosehr vielleicht, aber nicht einsamer. Ein Teil meiner Last fiel von mir ab. Plötzlich begriff ich die Einsamkeit eines jeden menschlichen Wesens und unsere unbedingte Abhängigkeit voneinander. Das half mir, einen Entschluß zu fassen. Ich wollte weitermachen. Danach war ich viel weniger unglücklich als in den vergangenen zwei Jahren.

Sobald ich in Vallauris angekommen war, schrieb ich Pablo einen Brief und berichtete ihm, was ich getan hatte. Zette Leiris schrieb zurück und teilte mir mit, daß ich mich dumm benommen habe, daß Pablo tief verletzt sei und jedem erzähle, wenn ich in Paris gewesen sei, wäre es meine Pflicht gewesen, ihn zu sehen, und wenn ich das nicht getan hätte, dann nur aus dem Grunde, weil ich wahrscheinlich andere Leute besuchte, die ich ihm vorziehe, und daß mir nichts an ihm und seiner Arbeit gelegen sei. Als er nach Vallauris zurückkehrte, fragte er mich, warum in aller Welt ich gedacht habe, er hätte mich gescholten, wenn ich ihm gesagt hätte, ich sei in Paris, um meine Großmutter zu sehen. Ich erwiderte, er habe schon so oft solche Dinge zu mir gesagt, daß ich inzwischen alle seine Reaktionen auswendig kenne.

»Natürlich könnte ich so etwas *gesagt* haben«, erwiderte er. »Ich werde eben leicht wütend. Aber ich sage doch immer Dinge, die ich nicht meine. Du solltest das wissen. Wenn ich dich anschreie und dir unangenehme Dinge sage, dann tue ich das, um dich abzuhärten. Ich möchte, daß du wütend wirst, schreist und eine Szene machst, aber das tust du nicht. Du schweigst mich an, wirst sarkastisch, ein wenig bitter, zurückhaltend und kalt. Ich möchte *einmal* erleben, daß du aus dir herausgehst, dich gehenläßt, lachst, weinst – *mein* Spiel spielst.« Er schüttelte den Kopf voller Abscheu. »Ich werde euch Nordländer nie verstehen.«

Doch ich konnte sein Spiel nicht mitspielen. Damals hatte ich die Auswirkungen meiner Erziehung noch nicht ganz überwunden. Mein Leben lang hatte man mich davor gewarnt, meine Gefühle in der Öffentlichkeit zu zeigen. Wütend zu werden, die Kontrolle zu verlieren, sich in Gegenwart eines anderen einem Temperamentsausbruch zu überlassen, selbst in Gegenwart eines Menschen, den man liebt, das war so undenkbar, wie sich vor tausend Fremden nackt auszuziehen; diese Art der Emotion war mir noch immer unzugänglich.

Ich habe mich oft gefragt, ob alle die gepanzerten Hummer und die Ritter in ihren Rüstungen, die Pablo damals zeichnete und malte, nicht ironische Symbole dessen waren, was Pablo in dieser Beziehung von mir hielt.

Fast zwei Jahre später, als ich zu Pablo sagte, ich fühle, daß ich ihn verlassen müsse, erinnerte er mich an diesen Vorfall und sagte: »Damals hast du beschlossen, mich zu verlassen.« Das war weit entfernt von der Wahrheit, denn gerade damals hatte ich mich entschlossen, zu bleiben.

Ich glaube, ich liebte Pablo so sehr, wie nur ein Mensch einen anderen lieben kann, doch das, was er mir später vorwarf und wofür er den Beweis in diesem Vorfall sah, war, daß ich ihm nie vertraut habe. Er mag recht gehabt haben, aber es wäre schwer für mich gewesen, anders zu empfinden, weil ich die Bühne mit dem unvermeidlich klaren Bild auf drei andere Schauspielerinnen betrat, die versucht hatten, die gleiche Rolle zu spielen. Jede von ihnen war schließlich in den Souffleurkasten gestürzt. Jede war anfangs in dem Gedanken, daß sie die einzige sei, ganz glücklich gewesen. Diese Vorgabe hatte ich zunächst nicht gehabt, weil ich bereits wußte, daß ich mit Blaubarts früheren Frauen zu leben hatte, und das, was ich noch nicht wußte, erzählte er mir bald. Es war kaum möglich für mich, auf meine eigene Überlegenheit über alle die anderen so sehr zu bauen, daß ich es fertiggebracht hätte, über das Menetekel an der Wand zu lachen. Schließlich hatte ihr Schicksal nicht ausschließlich von ihnen selbst abgehangen, sondern zu einem großen Teil von Pablo. Und auch das meinige. Sie waren alle auf verschiedene Art gescheitert, aus sehr verschiedenen Gründen. Olga zum Beispiel verlor das Spiel, weil sie zu viel verlangte. Man könnte also annehmen, wenn sie nicht zu viel und darunter Dinge, die grundsätzlich dumm waren, verlangt hätte, wäre sie nicht gescheitert. Aber Marie-Thérèse Walter forderte nichts, sie war sehr lieb und anschmiegsam, und sie scheiterte doch. Dann kam Dora Maar, die alles andere als dumm war, eine Künstlerin, die ihn in einem viel höheren Grade verstand als die anderen. Auch sie scheiterte, obwohl sie, wie die anderen, ihm ganz bestimmt vertraut hatte. Es war also schwer für mich, ihm rückhaltlos zu vertrauen. Er hatte sie alle verlassen, und doch war jede von ihnen so sehr in ihre eigene Liebe versponnen gewesen, daß sie gedacht hatte, sie sei die einzige Frau, die jemals für ihn gezählt habe, und ihr Leben und das seine seien unauflösbar ineinander verwoben. Ich sah das als ein historisches Modell: Was vorher immer fehlgeschlagen war, das war gewiß auch diesmal zum Scheitern verurteilt. Er selbst hatte mich gewarnt, daß jede Liebe nur eine bestimmte Zeit dauere. Jeden Tag spürte ich, daß die unsere einen Tag weniger vor sich hatte.

Pablo behauptete, ich sei zuweilen kalt. Wenn er recht hatte, dann wohl nur deshalb, weil mich die wachsende Erkenntnis ernüchterte, daß alles, was sich in der Maske des Guten nahte, nur der Schatten des Bösen war, das ihm bald genug folgen mußte; daß alles Angenehme bald darauf mit seinem Gegenteil bezahlt werden mußte.

Es gab keine Möglichkeit, Pablo jemals für längere Zeit wirklich nahezukommen. Wenn er für einen kurzen Augenblick sanft und zärtlich zu mir war, war er am nächsten Tag hart und grausam. Er hatte das manchmal die »hohen Kosten des Lebens« genannt.

Nachdem Paloma geboren war, zog er sich in den Augenblicken, in denen ich eine wirkliche Vereinigung mit ihm erstrebte, abrupt zurück. Als ich mich daraufhin in meine eigene Einsamkeit flüchtete, schien das sein Interesse neu zu entfachen. Er begann wieder, um mich zu werben, beunruhigt darüber, mich in seiner Nähe ohne sein Zutun so ausgeglichen zu sehen. Der Kern des Problems, das verstand ich bald, war, daß es bei Pablo stets einen Sieger und einen Besiegten geben mußte. Es konnte mich nicht befriedigen, der Sieger zu sein. Das befriedigt niemanden, der gefühlsmäßig reif ist. Es war jedoch auch nichts gewonnen, wenn man besiegt war, denn in diesem Augenblick verlor Pablo jedes Interesse. Weil ich ihn liebte, konnte ich es mir nicht leisten, mich geschlagen zu geben. Was kann man in einem solchen Dilemma tun? Je mehr ich darüber nachdachte, um so weniger klar schien mir die Antwort.

Während des Sommers 1951 mußte ich noch mehrere Male nach Paris fahren, weil meine Großmutter nach wie vor schwer krank war. Außerdem mußte ich die neuen Wohnungen in der Rue Gay-Lussac einrichten, damit Pablo, ich und die Kinder einziehen konnten und sie nicht beschlagnahmt wurden. Meine Großmutter hatte nach dem ersten noch eine Reihe von weiteren Schlaganfällen gehabt, und nach dem letzten war sie einseitig gelähmt. Sie war kaum fähig, sich zu bewegen, und konnte fast nicht sprechen, doch sie war geistig noch immer klar. Ich fühlte, daß sie mir etwas sagen wollte, aber sie konnte es nicht über die Lippen bringen. Sie ergriff meine Hand und bohrte ihre Fingernägel hinein. Ich spürte, wie es sie verlangte zu sprechen. Endlich war sie fähig, die Schranke zu durchbrechen: »Ich möchte mich in deinen Augen baden.« Das war das letzte, was sie zu mir sprach.

Ich kehrte am ersten August nach Südfrankreich zurück. Einige Tage später waren Pablo und ich in der Töpferei. Weil unser Haus nicht im Zentrum von Vallauris lag, sondern auf dem Hang oberhalb der Stadt, wurde jedes Telegramm, das für uns kam, beim Postamt ausgeliefert. In Frankreich haben es, wie überall, die Leute aus dem Süden niemals eilig. Als es offensichtlich war, daß meine Großmutter sich nicht wieder erholen würde, hatte meine Mutter angefangen, mir Telegramme zu schicken, um mich auf die letzte Nachricht vorzubereiten. Zwei oder drei ihrer Telegramme waren auf dem Postamt aufgenommen worden, doch weil wir noch kein Telefon im Haus hatten, lagen sie dort herum und wurden nicht zugestellt. Als der Postbeamte schließlich erfuhr, daß wir in der Töpferei waren, rief er dort an. Ich stand gerade neben dem Telefon. Ohne zu überlegen, hob ich den Hörer ab und sagte: »Hallo.« Der Beamte nahm an, es sei Madame Ramié; er verkündete nur einfach: »Françoises Großmutter ist tot.« Ich hatte keines der vorbereitenden Telegramme meiner Mutter erhalten, und als mich dieser Satz traf, nahm er mir den Atem wie ein Schlag in die Magengrube. Ich fuhr sofort nach Paris, weil ich wußte, daß meine Mutter, die ihre Mutter verehrt hatte, mich jetzt brauchte.

Als ich in Paris ankam, sagte meine Mutter zu mir, mein Vater werde beim Begräbnis sein, und ich müsse mich darauf vorbereiten, ihm zu begegnen. Ich hatte ihn nicht mehr gesehen, seit ich im Oktober 1943 zu meiner Großmutter gezogen war, denn er hatte klar ausgesprochen, daß er mich nicht wiederzusehen wünschte. Er hatte auch meine Großmutter seit damals nicht mehr gesehen. Ihm jetzt zu begegnen, war schwierig, doch ich wußte, daß ich den Versuch machen mußte, denn dieser Bruch mußte irgendwann einmal geheilt werden. Und bei seiner Veranlagung war es sicher, daß er nicht den ersten Schritt tun würde.

Wir trafen uns in der Klinik in Neuilly, wo meine Großmutter gestorben war. Mein Vater gab mir ziemlich kühl die Hand. Ich hielt seine Hand lange genug fest, um ihn seine Furcht überwinden zu lassen, er könne »weich« erscheinen, und schließlich sagte er: »Wenn die Feier vorüber ist, möchte ich, daß du mit nach Hause kommst.« Dann fügte er hinzu: »Ich tue es nicht deinetwegen, sondern für deine Mutter.« Nach dem Essen sagte er zu mir in einem bestimmten, geschäftsmäßigen Ton: »Ich habe deiner Großmutter nicht vergeben, daß sie dich in deinem Unternehmen unterstützt hat, doch es hat keinen Sinn, darüber jetzt zu diskutieren. Ich habe beschlossen, es zu vergessen, also betrachte dich hier wieder zu Hause. Ich werde mich freuen, dich hier zu sehen, wann immer du Lust hast, dich und die Kinder. Wir wollen nicht mehr darüber sprechen.« Von diesem Tag an bis zum Tag seines Todes war er höflich und gelegentlich hilfsbereit, aber mehr nicht. Wir konnten über Literatur sprechen und über alles, was er glaubte, mir über Geldangelegenheiten beibringen zu müssen, damit ich einmal imstande sei, für meine Mutter und die Kinder zu sorgen, wenn ich eines Tages seine Rolle in der Familie übernehmen müßte; doch es war nichts von der Beziehung eines Vaters und seiner Tochter in unseren Gesprächen.

Als ich im Frühling 1944 begann, Pablo nachmittags in der Rue des Grands-Augustins zu besuchen, neckte er mich oft mit einem Mädchen, das Paul Eluard zu ihm geschickt hatte und das Gedichte schrieb. »Du bist nicht das einzige Mädchen, das mich besuchen kommt«, sagte er. »Es gibt noch andere.« Ich biß auf den Köder nicht an, also fuhr er fort: »Zum Beispiel ist da ein Mädchen, das Philosophie studiert und Gedichte schreibt. Sie ist sehr intelligent. Mehr noch, sie ist aufmerksam. Sehr oft, wenn sie mich morgens besuchen kommt, bringt sie Käse mit – Cantalkäse.« Ich sagte, wenn sie so nett sei, wie er sage, sollte er mich einmal morgens einladen, wenn er wisse, daß sie komme, damit ich sie mir ansehen und feststellen könne, ob sie sein Lob verdiene. Er tat das auch, und als sie kam, sah ich ein großes vollbusiges Mädchen, deren körperliche Attribute tatsächlich an gewisse Käseprodukte denken ließen. Danach sagte ich jedesmal, wenn Pablo sie erwähnte: »Ah ja, der Cantalkäse.« Wie die meisten Menschen, die gern andere lächerlich machen, hatte Pablo es gar nicht gern, wenn er selbst der Lächerlichkeit ausgesetzt wurde, und bald sprach er nicht mehr über sie. Die Jahre vergingen, und ich hatte den »Cantalkäse« ganz vergessen, als etwas geschah, was mich auf eine sehr unangenehme Weise an sie erinnerte. Anfang 1951, nach einer relativ ruhigen Periode, begann Pablo, öfters allein nach Paris zu fahren und die Kinder und mich in Vallauris zu lassen. Ich fühlte, daß etwas im Gange war, doch mir war nicht klar, was und mit wem. Im Mai kamen Eluard und Dominique nach Saint-Tropez. Pablo besuchte sie ohne mich und verbrachte zwei Wochen bei ihnen. Ich fühlte, daß er nicht allein war und daß Paul nicht der eigentliche Grund für seine Reise war.

Eines Tages vertraute Madame Ramié mir an, einige Journalisten hätten erzählt, daß Pablo sich in Saint-Tropez mit einer anderen Frau aufhalte. Sie hätten sogar gesagt, daß er plane, mit dem Mädchen nach Tunesien zu gehen, und sie meinte, ich solle es wissen, bevor ich es in der Zeitung lese oder von einem »Außenstehenden« erfahre. Ich dankte ihr, sagte ihr aber, daß es mir am liebsten gewesen wäre, wenn ich überhaupt von niemandem etwas davon erfahren hätte. Obwohl ich etwas Ähnliches erwartet hatte, war es nicht sehr erfreulich, es bestätigt zu finden, schon gar nicht auf diese Weise. Es gibt Zeiten, in denen man diese Dinge mühelos bewältigen kann, ein anderes Mal sind sie ziemlich schwer zu ertragen. In diesem Augenblick war es wirklich sehr schwer. Ich erinnere mich, daß ich nach Madame Ramiés Bericht von Pablos »neuem Abenteuer«, wie sie es nannte, das Gefühl hatte, ich sei aus dem sechsten Stock gestürzt, habe mich aufgerafft und versuche nun, mich wegzuschleppen. Es gab mehr als *ein* schmerzliches Moment in dieser Situation. Ich war Paul Eluard sehr zugetan, und ich mochte auch seine zweite Frau Dominique sehr gern. Und obwohl ich nicht genau wußte, bis zu welchem Grade, schien es mir doch offenbar, daß sie irgendwie beteiligt waren und halfen, die schwierige Situation zwischen Pablo und mir noch schwieriger zu machen. An sich war die Tatsache, daß Pablo sich für eine andere Frau interessierte, schon schwer genug zu ertragen, doch zu wissen, daß Menschen, die ich als meine besten Freunde betrachtet hatte, ihn bei diesem »neuen Abenteuer« unterstützten, war noch schwerer.

Ich hatte keine Ahnung, wer die Frau sein konnte; ich wußte nur, daß Pablo sehr zerstreut war und daß seine Gedanken und sein Herz woanders waren. Als ich später über Madame Ramiés Erzählung nachdachte, fragte ich mich einen Augenblick, ob diese Frau nicht Dominique Eluard sein könne. Weil ich Paul sehr gut kannte, auch jenen masochistischen Zug an ihm, der ihn vor Jahren dazu gebracht hatte, sein stillschweigendes Einverständnis zu einer Affäre zwischen seiner früheren Frau Nush und Pablo zu geben, dachte ich, diese Konstellation werde sich möglicherweise wiederholen. Irgendwie glaubte ich, es sei leichter für mich, damit fertig zu werden, wenn es Dominique war.

Als Pablo zurückkehrte, fragte ich ihn, ob er mir etwas über die Veränderung seiner Gefühle mir gegenüber erzählen wolle. Ich machte ihn darauf aufmerksam, daß wir doch stets sehr offen miteinander gewesen seien, und ich meinte, wir sollten das auch in Zukunft sein. Wahrscheinlich fand er, daß zu viel Reden über die Sache die Dinge für ihn nur komplizierte oder daß ich wie ein Kind reagieren würde. Deshalb sagte er: »Du bist wohl verrückt! Nichts dergleichen ist los.« Das klang so überzeugend, daß ich ihm glaubte, weil es mir einfach lieber war, zu denken, die Journalisten seien schlecht informiert gewesen. Einige Wochen später verbrachten wir das Wochenende mit Paul und Dominique in Saint-Tropez. Sie waren nett zu mir, aufmerksam auf die Art, wie man es manchmal zu einem Kranken ist, der besondere Fürsorge braucht. Aber nachdem ich sie alle in ihrem gegenseitigen Verhalten beobachtet hatte, war ich überzeugt: Dominique konnte es nicht sein.

Kurz nach unserer Rückkehr aus Saint-Tropez starb meine Großmutter, und ich ging zur Beerdigung nach Paris. Ich war kaum zurück, als Pablo zu einem Stierkampf nach Arles fuhr. Während seiner Abwesenheit ging ich eines Tages zur Töpferei. Madame Ramié, die sehr verschwörerisch aussah, zog mich in eine Ecke: »Meine Liebe, ich weiß, wer es ist. Es ist natürlich jetzt alles vorüber, damit können Sie sich trösten.« Wenn alles vorüber sei, fragte ich sie, weshalb müsse sie dann wieder davon anfangen?

Sie sagte, sie müsse es, zu meinem eigenen Besten. Schließlich rückte sie mit dem Namen heraus. Es war niemand anders als der »Cantalkäse«. Ich war verblüfft. Zuerst lachte ich, doch dann war ich ziemlich traurig, daß Pablo es fertiggebracht hatte, mir um einer so traurigen Trophäe willen so viel Schmerz zu bereiten. Ein Sprichwort, das er gern zitierte, heißt frei übersetzt, daß ein Blick in das Gesicht einer Äffin einem sage, wieviel Milch sie geben könne. Ein Blick in das Gesicht des »Cantal« hatte mich davon überzeugt, daß sie weder besonders amüsant noch eines tieferen Gefühls fähig war. Aber das war mein Urteil, nicht das seine. Anscheinend war ich ein schlechter Richter.

Als Pablo vom Stierkampf zurückkam, sagte ich zu ihm, wenn er ein neues Leben mit jemand anderem anfangen wolle, würde ich keine Einwände machen, aber ich wünschte nicht, unser Leben mit dieser anderen Person zu teilen. Woran ich grundsätzlich interessiert sei, das sei, die Wahrheit von ihm zu erfahren. Was er mir auch sage, ich wolle versuchen, es willig hinzunehmen.

Es folgte der übliche Wutanfall. »Ich habe nicht die geringste Ahnung, wovon du sprichst«, sagte er. »Alles ist genauso wie immer. Es hat keinen Zweck, über Dinge zu reden, die nicht existieren. Anstatt ständig zu spionieren, ob ich anderweitige Interessen habe, solltest du dich lieber bemühen, zu ergründen, ob es deine Schuld sein könnte, wenn es wirklich stimmte. Geraten zwei Menschen in eine Krise, dann sind immer beide daran schuld. Geschehen ist nichts, aber wenn etwas geschehen wäre, dann nur, weil du es zugelassen hättest, genauso wie ich – wenigstens passiv.«

Noch zwei- oder dreimal versuchte ich, die Frage anzuschneiden. Seine Antwort war immer etwa die gleiche. Und langsam wurde mir etwas klar: Indem er alles ableugnete, bemühte er sich, sein Verhältnis zu mir in Einklang zu bringen mit dem, was er sagte. Weil er jedoch nicht bereit war, darüber zu sprechen, quälte es mich weiterhin, denn wenn auch sein kleiner Seitensprung beendet war – die Tatsache, daß er nicht länger frei und offen zu mir sein konnte, verletzte mich. Ich erwähnte den Vorfall nicht mehr. Mein Verhalten ihm gegenüber blieb im Sommer 1951 noch das gleiche, doch innerlich begann ich, mich von ihm zu entfernen. Der Tod meiner Großmutter hatte mir ein erhöhtes Bewußtsein von der Einsamkeit des Menschen gegeben, davon, daß jeder auf seinen eigenen Tod zugeht und niemand anders fähig ist, ihm zu helfen oder ihn zurückzuhalten.

Während des nächsten Jahres hatte jeder den Eindruck, daß wir noch nie so glücklich waren. Unser Zusammenleben war sehr ruhig, innerlich und äußerlich. Manchmal ist es viel besser, wenn man etwas ohne Leidenschaft, aber mit einem gewissen Sinn für Ordnung tut. Ich war nie vorher so produktiv in meiner Arbeit gewesen. Auch Pablo bestätigte mir das. Unser Verhältnis war ausgeglichen und freundlich. Es gab keinen eigentlichen Austausch, doch jeder von uns bemühte sich mehr um den anderen als seit Jahren. Ein echter Dialog fand nicht mehr statt, jeder von uns führte einen Monolog, aber in Richtung auf den anderen.

Gegen Ende Oktober 1952 ging Pablo nach Paris. Ich bat ihn, mich mitzunehmen. Ich sagte, wenn er wünsche, daß wir zusammenblieben, müsse er mich, wenn er für längere Zeit weggehe, mitnehmen, denn sobald ich allein sei, kämen die schwarzen Gedanken, die mich von ihm entfernten. Er schüttelte den Kopf. »Paris im Winter ist kein Ort für dich und die Kinder«, sagte er. »Einmal gibt es dort keine richtige Heizung. Da bist du hier besser aufgehoben. Und nebenbei: Die Menschen, die über solche Dinge reden können, führen sie schließlich doch nicht aus.«

Ich wandte ein, er müsse mich doch gut genug kennen, um zu wissen, daß ich kein Mensch sei, der mit etwas drohe, was er nicht zu tun beabsichtige. Wenn ich einmal sagte, ich habe das Gefühl, von nun an sollten wir immer beisammen sein und eine Lebensform finden, die uns beiden angemessen sei, nicht nur ihm allein, dann bedeute das, daß ich auch etwas dafür einsetzen würde.

Doch er brach ohne mich nach Paris auf. Drei Wochen später rief er mich an, um mir mitzuteilen, daß Paul Eluard gestorben sei. Ich war so aufgelöst, daß ich nicht fähig war, zum Begräbnis nach Paris zu fahren. Ich bat ihn, sich mit einer meiner Freundinnen, Matsie Hadjilazaros, einer griechischen Dichterin, die auch mit seinem Neffen Javier befreundet war, in Verbindung zu setzen und sie zu bitten, zu mir zu kommen. Ich fühlte, ich brauchte jemanden, mit dem ich mich aussprechen konnte. Sie war älter als ich, und ich hatte so viel Vertrauen zu ihrer Objektivität, daß ich glaubte, sie könne mir helfen, die richtige Entscheidung zu treffen. Sie kam sofort. Ich sagte ihr, ich könne keinen Sinn mehr darin sehen, noch länger bei Pablo zu bleiben; daß er aber behaupte, es sei mein Pflicht zu bleiben, das mache mir Kummer.

»Niemand ist unentbehrlich für jemand anderen«, sagte Matsie. »Du bildest dir ein, daß er dich nötig hat und daß er sehr unglücklich sein würde, wenn du ihn verläßt, aber ich bin sicher, wenn du fort bist, wird er innerhalb von drei Monaten ein anderes Gesicht an deine Stelle gesetzt haben, und du wirst sehen, daß niemand unter deiner Abwesenheit leidet. Du mußt dich frei fühlen zu tun, was dir für dich als das beste erscheint. Krankenschwester zu sein, ist keine Art zu leben, solange man nicht unfähig ist, etwas anderes zu tun. Du hast selbst etwas zu sagen und solltest zuerst und vor allem daran denken.«

Als Pablo zurückkehrte, sagte ich zu ihm, ich sei überzeugt, daß unsere Verbindung keine tiefere Bedeutung mehr habe, und daß ich nicht einsehe, weshalb ich noch bei ihm bleiben solle. Er fragte mich, ob es noch einen anderen Menschen in meinem Leben gebe. Ich verneinte. »Dann mußt du bleiben«, sagte er. »Wenn es noch einen anderen gäbe, hättest du wenigstens eine Entschuldigung, doch wenn es niemanden gibt, bleibst du bei mir. Ich brauche dich.« In diesem Herbst und Winter bereiteten wir die großen Ausstellungen seiner Werke in Mailand und Rom vor, und es gab eine Menge zu tun. Also verbannte ich aus meinem Denken alles, was Matsie gesagt hatte, und blieb. Bis dahin hatte ich Pablos Abwesenheit gefürchtet. Nun begrüßte ich sie. Ich arbeitete so schwer wie immer, aber je weniger ich ihn sah, desto leichter fiel es mir.

Es war offensichtlich, daß Pablo spürte, was in mir vorging, er raste in der Gegend umher wie der wilde Jäger. Er war in seinem Leben noch nie so viel gereist wie in diesem Winter. Jedesmal, wenn er nach Vallauris zurückkam, fragte er mich, ob ich meinen Entschluß geändert habe. Jedesmal war meine Antwort: nein. Im Frühling eilte er von einem Stierkampf zum anderen, die Pausen zwischendurch waren ausgefüllt mit amourösen Abenteuern. Jedesmal, wenn er müde und zerschunden von einer dieser Expeditionen zurückkam, fragte er mich triumphierend, ob ich ihn *immer noch* verlassen wolle. Kindisch wie stets, bildete er sich ein, daß ich aus Eifersucht meinen Entschluß umstoßen würde, nur um ihn um jeden Preis zu halten.

Zum erstenmal bezog ich Pablos Alter in die Rechnung ein. Bis dahin war es mir nie wichtig erschienen. Aber als er begann, so wild herumzutoben, sah ich plötzlich der Tatsache ins Gesicht, daß er jetzt über siebzig Jahre alt war. Zum erstenmal sah ich ihn als alten Mann, und sein wüstes Treiben berührte mich seltsam.

Ich war ein junger Mensch ohne Erfahrung und die Festigkeit, die Erfahrung mit sich bringt, während er mehr als genug Zeit gehabt hatte, sein Gleichgewicht zu finden. Wenn er trotz seiner Jahre keine größere Fähigkeit zur Selbstbeherrschung hatte als ein unerfahrener junger Mann meines Alters, dann konnte ich genausogut mit einem jungen Mann gemeinsam älter werden, statt mit einem alten Mann, dessen Erziehung eigentlich längst hätte abgeschlossen sein sollen, der aber tatsächlich weit davon entfernt war. Das war der Riß, durch den das Licht einfiel. Eines Tages, nachdem er eine oder zwei Stunden lang auf die übliche Weise alles aufgezählt hatte, was sein Leben unerträglich machte, war ich selbst überrascht, als ich mich, statt das übliche Ritual zu befolgen und ihn aufzuheitern, sagen hörte: »Ja, du hast recht, es ist alles schrecklich. Und morgen wird es wahrscheinlich noch schrecklicher sein.« Ich fuhr fort, wie Kassandra von ihrer Mauer herab zu verkünden, daß es keinen Ausweg gebe, daß aber das Schlimmste noch kommen werde und daß er eines Tages auf diese Zeit als eine glückliche zurückblicken werde. Er war außer sich. Er bekam einen Wutanfall und drohte, Selbstmord zu begehen. Ich sagte, ich glaube ihm zwar nicht, wenn es ihn aber glücklicher mache, wolle ich ihn nicht davon abhalten.

Er war starr: »Du, die so lieb und sanft war, was ist aus dir geworden? Du hast deinen Zauber verloren. Du warst doch wie eine Schlafwandlerin, die auf dem Dachfirst wandelt, ohne es zu merken. Du lebtest in einem Traum, du warst verzaubert!«

Das war einmal, aber jetzt nicht mehr. Ich war aufgewacht, meine Illusionen waren dahin. Von diesem Augenblick an sah ich ihn bedroht von jedem Wind, von jedem Wahn – den gleichen Dingen, die jeden anderen Menschen auch bedrohen. Eine der Eigenschaften, die ich an ihm am meisten bewundert hatte, war die intensive Konzentrationskraft, die seine schöpferischen Energien vereinigte und lenkte. Er legte keinen Wert auf die Fassade des Lebens. Jedes Dach wäre ihm recht gewesen, wenn er nur darunter arbeiten konnte. Er verbrachte keine Zeit mit »Unterhaltung«. Wir gingen fast nie ins Theater oder ins Kino. Selbst unsere Freunde mußten sich in genau bestimmten Grenzen halten. Seine große Stärke war immer gewesen, daß er, im Verhältnis zum Aufwand für seine schöpferische Arbeit, nur sehr wenig von sich selbst an die Gewohnheiten des Alltags verschwendete. Das war einer seiner entscheidenden Grundsätze.

Er hatte einmal zu mir gesagt: »Alle Menschen haben das gleiche Potential an Energie. Der Durchschnittsmensch verschwendet die seine in einem Dutzend Kleinigkeiten. Ich verschwende die meine auf eine einzige Sache: meine Malerei. Alles andere wird ihr geopfert – du und jeder andere – einschließlich meiner selbst.«

Bis jetzt hatte ich ihn aufgrund seiner inneren Intensität als ein einzigartiges Phänomen gesehen. Jetzt aber, als ich merkte, wie er seine Energien auf die frivolste und unverantwortlichste Weise verausgabte, sah ich ihn zum erstenmal von außen. Ich stellte fest, daß er sich nach seinem siebzigsten Geburtstag ein ganzes Jahrzehnt älter fühlte und daß er plötzlich begierig war, die Kraft, die er gewöhnlich auf sein schöpferisches Werk konzentrierte, im »Leben« zu verausgaben. Und so stieß er all die Regeln, die er aufgestellt und bis jetzt so peinlich befolgt hatte, radikal um. Seine dauernde Furcht vor dem Tod war in eine kritische Phase eingetreten, und unter anderem hatte sie anscheinend einen intensiven Hunger nach dem Leben ausgelöst, einem »Leben«, wie er es bereits vor Jahren aufgegeben hatte. Er wollte jugendlich erscheinen, koste es, was es wolle, und er fragte mich stets, ob ich keine Angst vor dem Tod habe. Oft sagte er: »Ich würde alles darum geben, zwanzig Jahre jünger zu sein.«

»Was für ein Glück hast du, so jung zu sein«, sagte er. Früher hatte er zu mir gesagt: »Wenn ich mit einem jungen Menschen zusammenlebe, hilft mir das, selbst jung zu bleiben.« Doch jetzt beklagte er sich: »Wenn ich die ganze Zeit einen jungen Menschen um mich sehe, ist das ein ständiger Vorwurf, selbst nicht mehr jung zu sein.« Die Tatsache, daß er nun über siebzig war, warf er mir ständig vor, als ob ich dafür verantwortlich sei. Anscheinend gab es nur eine einzige Möglichkeit, das wieder gutzumachen: Ich mußte mich bemühen, plötzlich selbst siebzig Jahre alt zu werden.

Gewöhnlich stand ich morgens sehr früh auf. Nachts pflegte er mich unbarmherzig mit Diskussionen und Beschuldigungen zu traktieren, oft bis drei Uhr morgens. Manchmal wurde ich ohnmächtig vor Erschöpfung. Wenn er sah, daß ich sehr schwach war und trotz meiner Jugend nicht dieselbe robuste Gesundheit hatte wie er, heiterte ihn das ein wenig auf.

»Es geht dir eigentlich nicht sehr gut«, sagte er dann. »Du wirst nicht so lange leben wie ich.« Der Gedanke machte ihn rasend, daß jemand, der ein Teil seines Lebens gewesen war, ihn überleben könnte. Er wiederholte, was er mir zu Anfang gesagt hatte: »Jedesmal, wenn ich eine neue Frau nehme, sollte ich ihre Vorgängerin verbrennen. Dann wäre ich sie los. Es gäbe sie dann nicht mehr, und sie könnte mein Leben nicht mehr komplizieren. Vielleicht würde mir das auch meine Jugend zurückgeben. Man tötet die Frau und löscht damit die Vergangenheit aus, für die sie steht.«

Etwa vierzehn Tage vor Eluards Tod begegnete Pablo in Paris einem der wenigen Männer, die er stets bewundert hatte: Charlie Chaplin. Schon lange war mir klar, daß Pablo seit jeher seine Rolle im Leben – ja sogar sein Schicksal – mit dem Schicksal anderer einsamer Künstler identifiziert hatte: der anonymen Akrobaten und Artisten, die er so ergreifend in den Bildern und Folgen der *Saltimbanques* dargestellt hatte; der Matadore, deren Kämpfe er zu seinen eigenen gemachte hatte und deren Drama, bis in die Details ihres technischen Rituals hinein, er fast in jede Phase seines Lebens und Werkes zu übertragen schien.

Auch der Clown mit seinem unwahrscheinlichen Kostüm war für ihn eine tragische und heroische Gestalt. Fast jeden Morgen, wenn Pablo sein Gesicht zur Rasur einseifte, malte er mit seinem Finger in den Seifenschaum die ungeheuer karikierten Lippen, die Andeutung eines Fragezeichens über den Augenbrauen und eine Tränenspur, die aus jedem Auge sickerte – die Stigmata des professionellen Clowns. Wenn sein Make-up vollendet war, begann er zu gestikulieren und zu grimassieren. Claude war dabei immer ein gutes Publikum, und auch ich brach bald in Gelächter aus.

Pablo hatte mir erzählt, daß er seit den Stummfilmtagen ein begeisterter Anhänger Charlie Chaplins gewesen sei. Als der Tonfilm aufkam, hatte er indessen das Interesse am Film überhaupt verloren. Als *Monsieur Verdoux* angekündigt wurde, konnte er kaum seine Ungeduld bezwingen; er war neugierig zu sehen, wie Chaplin sich in einer Rolle außerhalb seiner Tradition bewähren werde, denn für Pablo lag Chaplins Kunst im wesentlichen in der physischen Stilisierung seiner Rolle des »kleinen Mannes«. Nachdem Pablo *Monsieur Verdoux* gesehen hatte, war er ein wenig enttäuscht von dem Film, aber er fand die Szenen gut, in denen Chaplin seine Wirkungen auf die Mimik beschränkte. Zum Beispiel jene Szenen, in denen Chaplin so geschickt die Seiten des Telefonbuchs durchblätterte oder in rasender Eile Geld zählte. Letzteres war sicher schuld daran, daß Pablo wieder und wieder die Banknoten in seinem alten roten Lederkoffer zählte und sich dabei stets verzählte. In diesen Szenen schien die unmittelbare Kraft des Vorbildes für ihn die Art von Schock zu wiederholen, die man beim Betrachten eines Bildes erlebt. »Es ist ganz das gleiche. In beiden Fällen arbeitest du mit sinnlichen Mitteln, um dich auszudrücken«, sagte er. »Mimik ist das genaue Äquivalent zur Geste in der Malerei, durch die du direkt einen geistigen Zustand vermittelst – keine Beschreibung, keine Analyse, keine Worte.«

Mehr als einmal hatte er den Wunsch geäußert, Chaplin kennenzulernen. Er versäumte nie, ganz ernsthaft hinzuzufügen: »Er ist ein Mann, der genau wie ich viel unter den Frauen zu leiden gehabt hat.«

Ende Oktober 1952 kam Chaplin von London nach Paris zur französischen Premiere seines Films *Rampenlicht*. Einige Tage später traf sich Pablo mit ihm zum Essen. Aragon und einige andere Freunde waren dabei. Chaplin besuchte dann auch die Ateliers in der Rue des Grands-Augustins. Er sprach kein Französisch, Pablo kein Englisch. »Die Dolmetscher taten ihr Bestes, doch das Gespräch schleppte sich qualvoll dahin«, erzählte mir Pablo. »Dann kam mir der Gedanke, zu versuchen, ob ich mit Chaplin nicht von ganz allein eine Möglichkeit der Verständigung finden würde. Ich nahm ihn mit nach oben in mein Maleratelier und zeigte ihm die Bilder, an welchen ich zuletzt gearbeitet hatte. Als ich damit fertig war, machte ich eine Verbeugung vor ihm und eine Geste, um ihm zu verstehen zu geben, daß nun die Reihe an ihm sei. Er verstand sofort. Er ging ins Badezimmer und lieferte mir die wundervollste Pantomime eines Mannes, der sich wäscht und rasiert, mit all den unfreiwilligen kleinen Reflexen, wie sich die Seifenflocken aus der Nase pusten und sie sich aus den Ohren bohren. Als er damit fertig war, nahm er zwei Zahnbürsten und führte damit den herrlichen Brötchentanz aus der Silvesterszene im *Goldrausch* vor. Es war ganz wie in alten Zeiten.«

Rampenlicht jedoch war ein anderer Fall. Die tragischen oder zumindest melodramatischen Aspekte der Story störten Pablo sehr. Der Film wirkte sich bei ihm auf drei verschiedenen Ebenen aus. Eine davon war der einfache und zu erwartende Protest gegen Sentimentalität in jeder Form.

»Ich mag diese weinerliche, sentimentale Seite an ihm nicht«, sagte er. »Das ist etwas für Ladenmädchen. Wenn er anfängt, an die innersten Gefühle zu appellieren, dann mag er vielleicht Chagall beeindrucken, aber nicht mich. Das ist nichts als schlechte Literatur.«

Auf der zweiten Ebene setzte er sich mit den körperlichen Veränderungen auseinander, welche die Zeit bei Chaplin bewirkt hatte. Er behauptete, daß diese das ganze Wesen der Kunst Chaplins verändert hätten.

»Die eigentliche Tragödie«, sagte er, »liegt in der Tatsache, daß Chaplin einfach rein körperlich nicht mehr den Clown darstellen kann, denn er ist nicht mehr schlank, nicht mehr jung und hat nicht mehr das Gesicht und den Ausdruck des ›kleinen Mannes‹, sondern eines Mannes, der alt geworden ist. Sein Körper gehört nicht mehr wirklich ihm. Die Zeit hat ihn besiegt und einen anderen Menschen aus ihm gemacht. Und jetzt ist er eine verlorene Seele, nur ein Schauspieler wie alle anderen, auf der Suche nach seiner Individualität, und er wird nicht mehr imstande sein, jemanden zum Lachen zu bringen.«

Aber abgesehen davon: Viel irritierender für ihn war die Parallele, die er – selbst wenn es unbewußt war – zwischen unserer eigenen prekären menschlichen Situation und der Story des Films gezogen haben muß: der alternde Clown, der die junge Tänzerin nicht nur von ihrer Lähmung befreit, damit sie wieder tanzen kann und sich selbst als Künstlerin entdeckt, sondern der auch bereit ist, sich selbst zu opfern, und sie einem jüngeren Mann zuführt, so daß sie ihr Leben als Frau beginnen kann.

»Diese Art des Altruismus ist lächerlich«, sagte er verächtlich zu mir. »Nichts als billige abgedroschene Romantik. So etwas gibt es bei mir nicht, das laß dir gesagt sein. Zu verlangen, daß man, wenn man jemanden liebt, den Gedanken akzeptieren kann, sie mit irgendeinem jungen Kerl davongehen zu sehen, ist ganz unglaubwürdig. Ich würde eine Frau lieber sterben sehen, als sie mit einem anderen glücklich zu wissen. Ich bin aufrichtig und gebe zu, daß ich einen Menschen, den ich liebe, festhalten und um nichts in der Welt gehen lassen will. Ich habe kein Interesse an diesen Akten sogenannten christlichen Edelmuts.«

Im Frühling 1953 wurde die Neugierde Pablos durch zwei junge Gesichter erregt, die er in einer alten Töpferei gegenüber seinem Atelier in der Rue du Fournas beobachten konnte. Sie gehörten einem Mädchen namens Sylvette David und ihrem Verlobten, einem jungen Engländer, der ausgefallene Stühle entwarf und anfertigte. Diese Stühle bestanden aus eisernen Rahmen, die mit Schnüren verbunden wurden, und waren so unpraktisch, daß Pablo davon hell begeistert war. Sylvettes Verlobter brachte uns einen, dessen Armlehnen in zwei Kugeln endeten, auf die man die Hände legen konnte; ein Kissen aus Filzstoff machte das Ganze bequemer. Im Grunde handelte es sich mehr um die Abstraktion eines Stuhls, und Pablo fühlte sich sehr an bestimmte Bilder aus den dreißiger Jahren erinnert, auf denen er Dora Maar auf einem Stuhlskelett dargestellt hatte, das, ganz ähnlich, in zwei kleine Kugeln auslief. Diese Ähnlichkeit verdoppelte Pablos Freude, und da es offensichtlich war, daß Sylvette und ihr Verlobter ganz einfach den Teufel beim Schwanz packen wollten, als sie dieses Geschenk brachten, bestellte er gleich zwei weitere Stühle dieser Machart und dazu noch einen dritten, etwas kleineren. Schließlich war *La Galloise* zum Bersten voll mit Stühlen, die zwar amüsant anzusehen waren, aber angesichts der Tatsache, daß es wenig Vergnügen machte, auf ihnen zu sitzen, viel zuviel Platz wegnahmen.

Danach fand Pablo, daß Sylvette mit ihrer blonden Pferdeschwanzfrisur und den langen Ponyfransen sehr malerische Züge hatte. Er porträtierte sie. Ohne Zweifel hatte er dabei künstlerische Absichten, aber auch den Hintergedanken, ich würde es mir zweimal überlegen, ihn zu verlassen, wenn ich merkte, daß er jemand anderen gefunden hatte, der mindestens eine meiner Rollen übernehmen konnte. Ich bestärkte ihn darin sogar, denn ich fand Sylvette genauso reizend wie er, und richtete es so ein, daß ich nie dabei war, wenn sie für ihn saß. Die ersten Porträts malte er mit großem Schwung, dann aber begann er, auf der Stelle zu treten – wie ein Schüler, der gezwungen ist, in den Ferien Hausaufgaben zu machen. Das Vergnügen ließ nach. Eines Tages warf er mir vor: »Dir scheint das alles ziemlich egal zu sein. Du müßtest dich weigern, ein anderes Gesicht auf meinen Bildern zu dulden. Wenn du wüßtest, wie Marie-Thérèse darunter litt, als ich daranging, Dora Maar zu porträtieren, und wie unglücklich Dora war, als ich dann wieder Marie-Thérèse malte. Aber du – du bist ein Monstrum an Gleichgültigkeit.«

Ich sagte ihm, darum gehe es überhaupt nicht. Erstens hätte ich nie den Ehrgeiz gehabt, »das Gesicht« seiner Malerei zu sein. Außerdem seien die Porträts, die ich am meisten bewunderte, einige aus seiner kubistischen Periode. Ich hielte die Bildnisse von Dora Maar für viel tiefer und inspirierter als meine eigenen. Außerdem versuchte ich, ihm zu erklären, daß es sein Werk war, das mich fesselte, und nicht das Bild meiner selbst, das ich darin finden konnte. Was ich darin suche, sei er, nicht ich.

Eines Tages, als Pablo an einem seiner Porträts von Sylvette David arbeitete, besuchte uns Totote, die Witwe seines alten Freundes, des Bildhauers Manolo, mit ihrer Adoptivtochter. Sie lebten in der Nähe von Barcelona und kamen in Begleitung einiger Bekannten aus Perpignan, Graf und Gräfin de Lazerme. Madame de Lazerme, eine gutaussehende Frau mit schwarzen Augen und Haaren und klassischen Zügen, ähnelte, abgesehen davon, daß sie größer war, sehr meiner Schulfreundin Geneviève. Sie zählte wohl an die Fünfunddreißig und gab sich wie eine Königin in ihrem Reich.

Wir wurden eingeladen, sie und ihren Mann in Perpignan zu besuchen, wo sie ein großes Haus führten; Pablo würde sich, so meinte sie, sicher für ihre Bibliothek interessieren. Da er ohnehin jeden Stierkampf in Nîmes besuchte und Nîmes genau auf dem Weg nach Perpignan lag, nahm er die Einladung von Madame de Lazerme gern an. Und nachdem er einmal den Weg dorthin gefunden hatte, fand er es sehr angenehm, die Pausen zwischen den Stierkämpfen in diesem großen Haus mit seiner faszinierenden Bibliothek zu verbringen. Da mir inzwischen klargeworden war, daß wir über kurz oder lang doch auseinandergehen würden, hielt ich es für sinnlos, ihn auf diesen Vergnügungsreisen zu begleiten. Er vertraute mir an, daß er Madame de Lazerme den Hof machte; es schmeichelte ihm, daß ihn eine so hübsche Frau anziehend fand. Er besuchte sie mehrmals, dann verlegte er sich auf Mittelfrankreich, wo er sich in eine andere verheiratete Frau verliebte, diesmal eine schwangere, deren Gatte nur allzu erfreut war, von einem so berühmten und gefeierten Mann Hörner aufgesetzt zu bekommen. Dann und wann schenkte ihm Pablo eine Zeichnung mit der Widmung »von seinem Freund Picasso«, und er wurde der bereitwilligste Komplice. Eines Tages landete die ganze Familie in Vallauris, damit Pablo in der Abgeschlossenheit und Bequemlichkeit seines eigenen Ateliers das Porträt der Frau malen konnte. Das Leben wurde ein dauernder Zirkus.

Bei seiner Rückkehr von einer dieser Expeditionen sah Pablo mich mit einem *Enfant-terrible*-Blick an: »Nun, hast du gar nichts zu sagen? Kein Protest? Hast du nicht das geringste Bedürfnis, mich von solchen Dingen abzuhalten?« Ich entgegnete, es sei schrecklich, aber das hätte ich nicht. Jetzt nicht mehr.

Die Situation wurde immer schwieriger. Ich hatte nie erlebt, daß Pablo mit irgend jemand über seine Privatangelegenheiten sprach. Alles blieb im Verborgenen, und als ich mit ihm zu leben begann, wurde ich streng zurechtgewiesen, wenn ich vor anderen über uns beide sprach. Jetzt, auf einmal, fing er an, alle

Welt an seinem Privatleben teilhaben zu lassen. Seine Reaktionen und sein Verhalten waren so verändert, daß ich oft glaubte, ich hätte es mit einem fremden Menschen zu tun. Wir hatten zwar über die Trennung gesprochen, aber noch keine Entschlüsse gefaßt. Und doch wurde nun jeder, der zu Besuch kam, mit den Worten empfangen: »Sie müssen wissen, Françoise wird mich verlassen« – als handle es sich um eine beschlossene Sache.

Ich wußte, daß ich ihn verlassen mußte, weil ich mir darüber im klaren war, daß ich nicht die Kraft hatte, so weiterzumachen. Andererseits war ich schrecklich verzweifelt, weil ich diese Kraft nicht besaß. Ich liebte ihn, und ich wäre schon der Kinder wegen lieber bei ihm geblieben. Ursprünglich hoffte ich, daß es möglich sein würde, eine allmähliche und teilweise Trennung herbeizuführen, um durch diese Übergangslösung die endgültige Trennung zu erleichtern. Vorübergehend glaubte ich sogar, daß es mir möglich wäre zu bleiben, wenn ich nur die Zeit fände, wieder ins Gleichgewicht zu kommen. Ich bat Pablo, mich für drei Monate in die Berge fahren zu lassen. Er lehnte ab. Und da er mit jedermann über unsere Trennung sprach, die somit das Hauptthema jeglicher Klatscherei werden mußte, wurde sie unvermeidlich. In einem sehr verschlüsselten Spanisch schrieb er zahllose Briefe an Sabartès: »Ich bin nicht mehr, was ich war. Ich werde nicht geliebt«, und so weiter. Dann ließ er die Briefe herumliegen, damit ich sie lesen konnte. Aber das war nicht schlimm: Sabartès schwieg wie ein Grab. Doch Pablo ließ die Neuigkeiten auch Kahnweiler und Madame Leiris, Dominique Eluard und Madame Ramié wissen – jeden, dem wir in Vallauris oder Paris begegneten. Von allen Seiten erhielt er Ratschläge. Die Leute stürzten sich auf mich und sagten, ich dürfe ihn nicht verlassen, dann liefen sie wieder zu ihm und versicherten ihm, ich würde bei ihm bleiben – alles sei nur ein Schachzug von mir, um größere Freiheit zu erhalten; er brauche nur hart zu bleiben, dann würde ich nachgeben.

Jetzt waren Pablos Nerven ziemlich strapaziert. Er wußte nicht, was er zu mir sagen sollte, da sein Gerede ohne Wirkung blieb. Und er machte einen psychologischen Fehler nach dem anderen.

»Keine Frau verläßt einen Mann wie mich«, sagte er. Ich sagte ihm, das denke er sich vielleicht, doch ich sei eine Frau, die das fertigbrächte, ja, ich sei schon im Begriff, es zu tun. Einen Mann verlassen, der so berühmt und reich sei wie er? Das könne er nicht glauben. Ich konnte nur noch darüber lachen, daß er eine Frau, mit der er viele Jahre gelebt hatte, so gründlich verkannte.

Ein Jahr zuvor, vielleicht auch etwas früher, hatte mich Pablo gefragt, ob es einen anderen Mann für mich gebe. Damals begann ich, an meine alten Freunde von einst zu denken. Ich fing an, mich für sie zu interessieren, ich wollte sie wiedersehen und wissen, was aus ihnen geworden war, und ich wollte herausfinden, welche Wege die Maler und Schriftsteller meiner eigenen Generation gegangen waren und was sie erreicht hatten. Ich erkannte, daß die meisten von ihnen, obwohl sie noch keinen großen Namen besaßen, doch die

Zukunft für sich hatten: Ihre Bemühungen gaben ihrem Leben einen Sinn. Und diese Bemühungen schienen mir viel näher zu stehen als die Routine eines Menschen, der ohne mich den Höhepunkt seines Lebens erreicht hatte und für den ich gleichsam nur physisch und als ein nützliches Objekt existierte, nicht aber als eine tiefere Notwendigkeit.

So sagte ich zu Pablo, daß ich ihn verlassen wolle, um mit meiner eigenen Generation und den Problemen meiner eigenen Zeit zu leben.

Jetzt war es an Pablo, mir ins Gesicht zu lachen: »Du bildest dir wohl ein, daß sich die Leute für dich interessieren?« sagte er. »Niemals, und schon gar nicht um deiner selbst willen. Selbst wenn du denkst, die Leute mögen dich, wirst du nichts als Neugier für einen Menschen finden, dessen Leben sich mit meinem so sehr berührt hat. Und du wirst von allem nur einen bitteren Nachgeschmack haben. Für dich ist die Realität zu Ende – hier, an diesem Punkt endet sie. Wenn du versuchst, auch nur einen Schritt aus meiner Welt zu machen, die die deine geworden ist, weil ich dich entdeckte, als du noch jung und unentschieden warst, und alles um dich her verbrannt habe, dann gehst du geradewegs in die Wüste. Und wenn du wirklich fortgehst, dann wünsche ich dir das auch.«

Ich hielt ihm entgegen, daß die Haltung der meisten Leute, die sich heute überschlügen, um mir zu gefallen, in Wirklichkeit von Gründen bestimmt sei, die weder ernsthaft noch beständig wären. Doch wenn es mir schon bestimmt sei, in der Wüste zu leben, wie er es prophezeie, dann wolle ich auch das auf mich nehmen und versuchen, es zu überstehen, und sei es aus keinem anderen Grunde, als mein eigenes Ich wiederzufinden. Zehn Jahre lang hätte ich nun in seinem Schatten gelebt und mich fast die ganze Zeit über aus tiefstem Herzen bemüht, die Last seiner Bedrängnisse zu erleichtern. Heute jedoch, da ich erkannt habe, daß er in totaler Abgeschlossenheit lebe, weshalb er auch innerlich einsam sei, wolle ich meine eigene Einsamkeit ergründen.

»Es ist deine Pflicht, bei mir zu bleiben und dich um mich und die Kinder zu kümmern«, sagte er. »Ob dich das glücklich oder unglücklich macht, geht mich nichts an. Entscheidend für dich sollte sein, daß dein Hierbleiben für andere Glück und Halt bedeutet.«

Aber nach dem Schauspiel zu schließen, das er kürzlich geboten habe, sei es doch wohl klar, daß ich nicht mehr hoffen könne, ihm eine Stütze zu sein, entgegnete ich. Und was die Kinder betreffe, sei ich auch nicht mehr überzeugt, daß sie an mir allein weniger Halt hätten als an uns beiden zusammen.

Er wurde wütend. »Natürlich«, schrie er. »Wir leben in einem widerlich sentimentalen Zeitalter. Jeder denkt nur in Begriffen wie ›Glück‹, als ob es das wirklich gäbe. Was uns fehlt, sind römische Mütter. Sie waren die einzigen echten Frauen.« »Römisch« war ein Begriff, den Pablo häufig bewundernd gebrauchte, um gefühllose Menschen zu bezeichnen, weil Gefühl für ihn Gefühlsduselei bedeutete. Man konnte ihm nicht begreiflich machen, daß es wenig realistisch war, von einem von uns beiden zu verlangen, er allein solle pflichtgemäß und ohne Rücksicht auf sich selbst handeln, während der andere dessenungeachtet seinen Launen nachgeben durfte und niemandem außer sich selbst verpflichtet war. Pablo sah sich stets als einen Strom, der alles mit sich forttrug – so war seine Natur, der er gehorchen mußte. Er bezeichnete sich gern als einen »Asketen der Fülle«. Mich dagegen sah er in der Rolle einer sanften Heiligen, die still in ihrer Höhle saß und durch ein vorbildliches Leben seine üblen Extravaganzen sühnen oder tilgen sollte. Es gab eine Zeit, in der ich mich dieser Vorstellung verschreiben konnte. Doch nun waren wir einander schon zu sehr entfremdet.

Im Sommer 1948, als Pablos Neffe Javier und Matsie Hadjilazaros einen Besuch in Vallauris machten, brachten sie einen Freund namens Kostas mit. Er war Grieche wie Matsie, hatte 1946 seine Heimat verlassen und bei Karl Jaspers in Basel Philosophie studiert. Jetzt lebte er in Paris, übersetzte die Schriften Heideggers und arbeitete an einem Buch über Heraklit. Ich hatte ihn im Beisein Pablos vielleicht sechs- oder siebenmal gesehen. Als ich im Frühling 1953 nach Paris ging, um für ein Ballett von Janine Charrat die Bühnenbilder und die Kostüme zu entwerfen, sah ich Kostas bei Javier und Matsie wieder. Wie jeder andere wußte er von der Krise zwischen Pablo und mir, und er fragte mich, welche Pläne ich hätte. Wahrscheinlich keine, antwortete ich, denn ich müsse an die Kinder denken, außerdem glaubte ich noch immer, daß ich Pablo mehr nützen könne als jemand anderem.

Seine Antwort bestürzte mich. Er liebe mich, sagte er, und ich müsse mein Verhältnis mit Pablo beenden.

Ich sah, daß es ihm damit ernst war. Seine Eröffnung zeigte mir, daß es trotz allem, was mir Pablo vorgehalten hatte, für mich eine echte menschliche Bindung innerhalb meiner eigenen Generation geben könne.

Ich antwortete Kostas, daß ich tief von dem bewegt sei, was er gesagt habe, aber nicht glaube, daß ich ihn liebe. Er meinte, das sei ohne Bedeutung; es gebe Augenblicke, in denen ein einzelner Mensch die Bürde der Liebe für zwei tragen könne. Trotzdem glaubte ich, es sei mir unmöglich, ein neues Leben mit einem anderen zu beginnen; doch Kostas erwiderte, es sei immerhin offenkundig, daß meine Bindung an Pablo beendet sei, und ich solle deshalb einen Schlußstrich ziehen. Gleichgültig, ob ich nun auf eine Zukunft mit ihm vertraue oder nicht, biete er mir jedenfalls seine moralische Unterstützung an, wenn ich den unvermeidlichen Bruch vollziehen würde.

Ich war sehr im Zweifel, ob dieser Schritt richtig sei, aber ich dachte in den nächsten Monaten sehr oft darüber nach. Um meinen Entschluß zu beschleunigen, redete ich mir ein, daß ich Kostas liebe. Pablo erklärte ich, nun gebe es wirklich jemand anderen für mich. Auch darüber sprach er mit jedem.

Mein einziger Trost in dieser Situation war die Gegenwart Mayas, der Tochter Pablos und Marie-Thérèse Walters. Sie verbrachte damals sechs Wochen bei uns und wußte, daß ich mich mit dem Gedanken trug, Pablo zu verlassen; sie war der einzige Mensch, der mir half. Während sie da war, verliefen die Tage sehr friedlich und angenehm wie sonst. Noch einmal konnte ich das Gefühl haben, es sei mir möglich zu bleiben. Indessen kamen täglich Briefe von Kostas, der mich bedrängte, nicht nachzugeben. Niemand außer Maya schien meine schwierige Lage zu begreifen und daß ich so erschöpft war, daß ich kaum damit fertig werden konnte.

Ich hatte noch andere Probleme. Seit der Geburt Palomas ging es mir nicht besonders gut, und neuerdings hatte ich häufig Blutstürze, die mich sehr schwächten und ein ständiges Ärgernis für Pablo waren. Da mein Arzt sagte, daß eine Operation nötig sei, schrieb ich Inès und bat sie, nach Vallauris zu kommen und sich um die Kinder zu kümmern, während ich im Krankenhaus war. Aber sie antwortete, sie könne im Augenblick Paris nicht verlassen. Als ich mit Pablo über die Notwendigkeit der Operation sprach, meinte er, das käme im Augenblick überhaupt nicht in Frage.

»Ich habe zu viel zu tun, um dich jetzt gehen zu lassen«, sagte er. »Es gibt sowieso keinen vernünftigen Grund, daß Frauen alle Augenblicke krank sein müssen.«

Mir wurde klar, daß es jetzt nur noch eines zu tun gab: mit den Kindern nach Paris zurückzukehren. Ich teilte Pablo mit, daß ich am 30. September mit ihnen in die Wohnung in der Rue Gay-Lussac umziehen und sie zum Herbsttermin in der Ecole Alsacienne anmelden würde. Alles weitere werde sich dann schon finden.

Ich ließ die Plätze im Zug reservieren, doch bis zur letzten Minute war Pablo überzeugt, daß ich alles rückgängig machen würde. Als das Taxi vorfuhr und die Kinder und ich mit unserem Gepäck einstiegen, war er so wütend, daß er nicht einmal »Auf Wiedersehen« sagte. Er brüllte »Merde!« und ging ins Haus zurück.

In Paris sah ich Kostas wieder. Wir versuchten, miteinander auszukommen, aber wir scheiterten dabei. Ich war nicht wirklich bereit dazu. Es war mir viel zu schwer gefallen, zehn Jahre meines Lebens auf diese Weise abzuschließen, als daß ich sogleich von neuem hätte beginnen können. Ich hatte meine Liebe zu Pablo noch nicht überwunden. Kostas konnte das nicht ertragen. Es dauerte keine drei Monate, bis es zum Bruch zwischen uns kam.

Lange, bevor ich Pablo verließ, hatte Madame Ramié gewußt, daß es zwischen Pablo und mir nicht zum besten stand. Sie belieferte mich fleißig mit allen Details über Pablos Seitensprünge, die sie in Erfahrung bringen konnte, und sie fand auch noch andere Möglichkeiten, um die allgemeine Verwirrung zu steigern. Im Herbst 1952 holte sie eine ihrer jungen Cousinen, Jacqueline Roque, als Verkäuferin in die Töpferei. Im allgemeinen entließ sie ihre Verkäuferinnen im Herbst, denn wenn der Touristenstrom verebbte, wurden sie nicht mehr gebraucht. Jacqueline jedoch war mit ihrer sechsjährigen Tochter erst am Ende der Saison gekommen. Sie sprach ein wenig Spanisch, und da im Winter nicht viel zu verkaufen war, wurde es bald ihre Hauptbeschäftigung, spanische Konversation mit Pablo zu treiben. Sie war damals etwas mehr als eineinhalb Meter groß; an ihrem überaus zierlichen Köpfchen fielen mir die hohen Backenknochen und die blauen Augen auf. Das kleine Haus zwischen Golfe-Juan und Juan-les-Pins, das sie bewohnte, gehörte ihr und hieß *Le Ziquet*, ein südfranzösischer Ausdruck für »kleine Ziege«; Pablo nannte sie deshalb oft »Madame Z«. Ich war nicht oft dabei, wenn Pablo in die Töpferei ging, und ohne Zweifel sah und sprach er Jacqueline Roque viel häufiger, als ich mir damals denken konnte – wenn ich überhaupt daran gedacht hätte.

Eine Woche nachdem ich Vallauris verlassen hatte, am 30. September, kam Pablo für zwei Wochen nach Paris. Als er nach Südfrankreich zurückkehrte, dauerte es keine Woche, und Jacqueline Roque hatte die Macht ergriffen. »Man kann den armen Mann nicht so allein lassen, in seinem Alter. Ich muß mich um ihn kümmern.« Das war jedenfalls der Tenor der Äußerungen, die mir damals zu Ohren kamen. Die Journalisten belagerten buchstäblich meine Türschwelle. Einmal konnte ich das Haus eine ganze Woche lang nicht verlassen, weil es keinen Augenblick gab, in dem die Treppe nicht von ihnen besetzt war. Unsere Trennung war das letzte, worüber ich sprechen wollte. Doch bald konnte ich in den Zeitungen lesen, daß ich Picasso verlassen hätte, weil ich nicht mit einem »historischen Monument« leben wolle. Nie habe ich so etwas vor der Presse oder zu jemand anderem gesagt.

An Weihnachten brachte ich Claude und Paloma mit dem Zug nach Cannes, damit sie die Feiertage bei ihrem Vater verbringen konnten. Madame Ramié erwartete mich am Bahnhof. Ich fragte sie, ob sie denke, daß es richtig sei, wenn ich kurz hereinkäme, um Pablo zu sehen. Sie antwortete, es sei viel besser, wenn ich nicht in seine Nähe käme, und daß er gesagt habe, er wünsche mich nicht mehr zu sehen. So fuhr ich noch am gleichen Abend nach Paris zurück, ohne in *La Galloise* gewesen zu sein. Als die Weihnachtsferien vorüber waren, fuhr ich nach Cannes, um die Kinder abzuholen. Madame Ramié brachte sie zum Bahnhof, und ich brachte sie wieder nach Paris zurück, ohne Pablo gesehen zu haben.

Erst nach längerem Nachdenken wurde mir klar, daß Madame Ramié alles tat, um Pablo und mich voneinander fernzuhalten. Stets hatte sie vorgegeben, sie habe das Gefühl, ich dürfe nicht gehen, doch in Wirklichkeit tat sie alles, was sie konnte, um mich doch soweit zu bringen.

Da *La Galloise* mein Eigentum war, hatte ich nur die notwendigsten Kleider für die Kinder und mich mitgenommen. Ich hatte gar nicht vor, auszuziehen. In Paris gehörte mir eine der Wohnungen in der Rue Gay-Lussac, und in einem unserer friedlichen Augenblicke vor meiner Abreise hatten Pablo und ich vereinbart, daß wir uns von Zeit zu Zeit in Paris und Vallauris treffen wollten. Nun aber war es offenkundig, daß seine guten Freunde, kaum daß ich nicht mehr da war, nichts Eiligeres zu tun hatten, als ihm so lange einzureden, wie verworfen und selbstsüchtig ich sei, weil ich einem Mann wie ihm so etwas antun könne, daß er, ohnehin wegen meiner Abreise erbost, bald für diese Sicht der Dinge gewonnen war. Nachdem man ihm drei Monate solcherart zugesetzt hatte, lehnte er es ab, auch nur einen Blick für mich zu erübrigen.

Ich nahm mir trotzdem vor, ihn zu sehen, wenn ich die Kinder in ihren Osterferien wieder nach Südfrankreich bringen würde. Kurz vor der Reise schrieb ich ihm. Als wir in *La Galloise* ankamen, war Jacqueline Roque nirgends zu sehen; offensichtlich hatte sie das Haus eben erst verlassen. Ich ging an meinen Kleiderschrank, um meine Sachen herauszuholen, und stellte einige Veränderungen fest. An einem spanischen Zigeunerkleid – wie sie in der Karwoche getragen werden –, das mir Pablo einmal aus Spanien mitbringen ließ, waren alle Haken im Rücken versetzt worden, als sei es in meiner Abwesenheit von jemand Kräftigerem als ich benützt worden. Es gab noch andere Anzeichen dafür, daß meine Kleidung inzwischen nicht unbenutzt geblieben war, was mich seltsam berührte.

Pablo wußte, daß Kostas und ich uns getrennt hatten. »Ich ahnte, daß du mit niemand außer mir auskommen wirst«, sagte er vergnügt. Dann wurde er sachlicher: »Ich werde jetzt zu dir sprechen wie der alte Philosoph zum jungen Philosophen. Was immer du von jetzt an tun wirst, wird sich vor einem Spiegel abspielen, der alles, was du mit mir erlebt hast, zurückwerfen wird. Jeder von uns trägt das Gewicht seiner Erfahrungen mit sich, und das kann er nicht abwerfen. Du hast mich geliebt, und da du unbeeinflußt, wie aus dem Nichts, zu mir kamst, war es leicht für dich, großzügig und ganz für mich da zu sein. Doch du hast noch nicht begriffen, daß uns das Leben nach und nach prägt, indem es uns in eine Form preßt. Deshalb habe ich gesagt, daß du dir wie in einer Wüste vorkommen wirst, obwohl du glaubst, auf dem Weg zum Verständnis und zur Begegnung zu sein. Du hast dein Leben mit mir begonnen, ich habe dir das Brandmal meiner Unruhe aufgeprägt, und du hast es zu deinem gemacht. Selbst ein Mensch, der bereit wäre, sich dir völlig hinzugeben, wäre jetzt nicht mehr fähig, dir zu helfen, wo du selbst nicht helfen konntest – weil er nicht durch dasselbe Feuer gegangen ist wie du.«

Ich antwortete Pablo, daß in den Wüsten Trugbilder entstünden, daß es aber auch Oasen in ihnen gebe und daß unter gewissen Umständen ein Glas Wasser das kostbarste Geschenk sei. Pablo tat das ab und meinte, wir sollten noch einmal versuchen, miteinander zu leben, jedoch »auf einer anderen Basis«, nämlich als Freunde, so daß ich ihm bei seiner Arbeit helfen könne, und um unsere Gespräche fortzusetzen, die eine Notwendigkeit für ihn geworden seien. Das »übrige« würde er sich dann schon anderswo holen, und umgekehrt werde auch er nicht Rechenschaft darüber fordern, was ich sonst noch treibe. Ich erkannte, daß es dasselbe alte Königtum war, nur der Name hatte gewechselt. Aber mir war klar, daß mein Bündnis mit Pablo vorüber war. Und hätte es in die Einsamkeit oder ein langwährendes Exil geführt – ich mußte ein neues Leben beginnen. Ich konnte nicht in meinen eigenen Fußspuren rückwärts gehen.

Doch gab es für den Augenblick keine Feindschaft zwischen uns. »Der Lohn der Liebe ist die Freundschaft«, sagte Pablo. Wir wußten beide, daß uns viele gemeinsame Erfahrungen verbanden, daß wir einander viel Liebe und Achtung entgegengebracht hatten und daß es keinen Grund gab, weshalb diese Gefühle aufhören sollten, wenn wir nun getrennte Wege gingen, zumal diese Haltung einen festigenden Einfluß auf die Kinder haben konnte.

In den nächsten zwei Wochen sprachen wir viel über Malerei. Als er mir die Werke zeigte, die er seit meinem Weggang geschaffen hatte, sagte er: »Es ist schrecklich, daß du wieder fortgehst. Ich habe niemanden, mit dem ich so wie mit dir über all das reden kann, was mich am meisten beschäftigt. Um so größer ist meine Einsamkeit, seit du fort bist. Wir mögen beide Schwierigkeiten miteinander gehabt haben, aber mir scheint, es wird noch viel schwerer für uns sein, getrennt zu leben.« Ich sagte nichts darauf.

Einige Tage später meinte Pablo, wenn ich schon hier sei, solle ich doch auch Madame Ramié besuchen. Da ich keine Lust hatte, mit ihm darüber zu streiten, ging ich in die Töpferei. Madame Ramié gab sich kälter als je.

»Was tun Sie denn hier?« fragte sie mich. »Sie können sich nicht vorstellen, wie sehr der arme Mann Ihretwegen gelitten hat. Sie werden ihn krank machen, wenn Sie so weitermachen. Da sieht man wieder, daß Sie kein Herz haben. Was Sie tun, ist schändlich. Ich hoffe, er hat Ihnen das gesagt.« So stünden die Dinge durchaus nicht, antwortete ich, und ich sähe nicht ein, weshalb Pablo und ich nicht mehr miteinander sprechen sollten.

»Doch. Es gibt einen sehr guten Grund. Vielleicht wissen Sie es noch nicht, aber es gibt jetzt jemand anderen für ihn.« Ich sagte, er habe darüber nicht mit mir gesprochen, und es sei wohl besser, wenn sie es ihm überließe, mir davon zu erzählen.

»Ich werde es Ihnen jetzt gleich erzählen«, sagte sie, »denn es ist die Wahrheit. Und wenn Sie denken, Sie könnten kommen und gehen, wie es Ihnen gerade paßt, dann täuschen Sie sich gewaltig!«

Da ich nicht die Absicht hatte, wieder zu Pablo zurückzukehren, fand ich nach dieser Unterhaltung, daß es vielleicht besser wäre, wieder abzureisen, solange unsere freundschaftlichen Beziehungen noch ungetrübt waren. So könne er sein Leben einrichten, wie es ihm gefiele, und wir könnten einander sehen, wie andere Freunde auch, wenn es dafür einen Anlaß gebe. Von meiner Unterhaltung mit Madame Ramié erwähnte ich nichts. Was sie mir erzählt hatte, war wohl im wesentlichen richtig, aber Pablo wollte vermutlich meine Reaktion abwarten, bevor er eine andere Entscheidung traf. Als ich Vallauris verließ, machten wir aus, daß ich bei Sommeranfang mit den Kindern für einen Monat kommen würde, um dann die Kinder und ihre Pflegerin für den Rest der Ferien bei ihm zu lassen; vor Schulbeginn sollte ich wiederkommen und sie nach Paris zurückbringen. *La Galloise* solle der Kinder wegen unser gemeinsames Heim bleiben.

Wie vereinbart, kam ich im Juli mit den Kindern nach Vallauris. Wieder fand ich Pablo allein, doch Jacqueline Roque kam fast täglich; wir waren sogar einige Male zum Essen bei ihr. Aus allem, was Pablo sagte, ging klar hervor, daß er ihre zeitweilige Gegenwart angenehm empfand, aber noch nicht an eine dauernde Bindung dachte. Wir nahmen unsere alte Gewohnheit wieder auf, uns nach der Arbeit zu unterhalten – manchmal bis zwei oder drei Uhr morgens. Er war von großer Unruhe erfüllt und doch sehr freundlich zu mir.

»Weil wir einmal zusammen sind«, sagte er, »sollten wir das ausnutzen und uns zur Abwechslung wenigstens ein bißchen amüsieren.« Das belustigte mich, denn in all den Jahren, die wir gemeinsam verbracht hatten, waren wir nie auf diese Idee gekommen. Bis auf ein einziges Mal hatte ich nie erlebt, daß er in ein Kino ging, und in einen Nachtklub oder ein Kabarett hatten wir nie einen Fuß gesetzt. Doch in diesem Juli verbrachten wir ganze Nächte in den Klubs von Juan-les-Pins und den anderen Städten der Umgebung. Pablo ging kaum jemals nach Hause, bevor es dämmerte. Und wenn er die Dämmerung sah, sagte er: »Es lohnt nicht mehr, jetzt noch ins Bett zu gehen«, und blieb gleich auf. So ging das Tag für Tag. Mich nahm das ziemlich mit, doch Pablo blieb munter und aufgeräumt. Um uns waren stets zwölf bis zwanzig Menschen, unter ihnen Jacqueline Roque, ihre Freunde aus Bandol sowie einige Spanier, die von Pablo beauftragt waren, den ersten Stierkampf in Vallauris zu organisieren. Es ging von Juan-les-Pins nach Bandol und von Bandol nach Nîmes, von Stierkampf zu Stierkampf.

In Vallauris wohnte ich in *La Galloise* wie er, aber wir hatten getrennte Zimmer. Als wir nach Bandol fuhren und in einem Hotel abstiegen, wollte ich das Quartier nicht mit ihm teilen und bestellte ein Einzelzimmer für mich, doch er bestand darauf, daß ich bei ihm sein sollte – wie immer, wenn wir auf Reisen waren. Jacqueline Roque war peinlich berührt und sagte, schon der Gedanke allein sei »unmoralisch«.

Ursprünglich wollte ich Ende Juli abreisen, doch Pablo bedrängte mich, zur ersten Corrida in Vallauris, die zu seinen Ehren veranstaltet werden sollte, zu bleiben.

»Ich möchte, daß du mir einen letzten Gefallen tust«, bat er. »Eröffne den Stierkampf in Vallauris. Im vergangenen Jahr, als du wegfuhrst, war ich in einer ziemlich scheußlichen Stimmung. Du wirst mich verlassen, aber du verdienst, mit kriegerischen Ehren verabschiedet zu werden. Für mich ist der Stier das stolzeste aller Symbole, und dein Symbol ist das Pferd. Ich möchte, daß sich unsere beiden Symbole in diesem Ritual begegnen.«

Ich willigte ein. Meine Aufgabe war, in der Arena einige kunstvolle Figuren zu reiten, das Rund mehrmals zu umkreisen und das Pferd tanzen zu lassen. Dann mußte ich eine Proklamation verlesen, wonach der Stierkampf unter dem Vorsitz von Pablo Picasso und zu seinen Ehren veranstaltet werde.

Es war nun freilich nicht leicht, ein Pferd zu finden, das die Dressur besaß, um für diese Rolle zu taugen, auch war bis zur Corrida nicht Zeit genug, ein Pferd einzuüben. Schließlich fand ich eines in Nizza, das über dem Durchschnitt zu stehen schien, und nach zwei Wochen Training konnte ich damit rechnen, daß sich wenigstens das Reittier mit Anstand aus der Affäre ziehen würde.

Madame Ramié hielt mit ihrer Mißbilligung nicht zurück. »Man stelle sich vor! Diese Person, die unseren großen und teuren Meister im Stich gelassen hat, wird damit ausgezeichnet, den ersten Stierkampf hier in Vallauris zu eröffnen – und obendrein zu *seinen* Ehren!« Jedenfalls wurde mir ihr Protest in dieser Formulierung hinterbracht. Als sie mir gegenüber darauf anspielte, daß das alles etwas »unangemessen« wäre, machte ich sie darauf aufmerksam, daß es Pablos Idee gewesen sei, nicht meine. Ich würde die Aufgabe gern jemand anderem übertragen, es müsse jedoch jemand sein, der sich im Sattel halten könne. Ob sie es vielleicht versuchen wolle? Worauf sie rot anlief und fortging.

Jacqueline Roque hatte sich inzwischen vernünftigerweise ruhig verhalten. Doch am Morgen des Stierkampfes fuhr sie in *La Galloise* vor und stürmte mit tränenüberströmtem Gesicht ins Haus: »Ich flehe dich an, tu *das* nicht«, sagte sie. »Es ist zu lächerlich für alle.« Pablo fragte, was sie meine.

»Françoise darf nicht in die Arena reiten, um den Stierkampf zu eröffnen«, sagte sie. »Was werden die Zeitungen schreiben?«

Pablo lachte.

»Seitdem sie jeden Unsinn über mich veröffentlichen, ist das nicht das Schlimmste, was sie von mir berichten können! Wenn Françoise und ich es so halten wollen, werden wir es tun. Laß die Zeitungen ihren Profit davon haben.«

»Aber das ist wie ein Zirkus«, protestierte sie.

»Genau«, erwiderte Pablo. »Es *ist* wie ein Zirkus. Und was hast du gegen den Zirkus? Mir gefällt das. Und wenn es anderen nicht gefällt, *tant pis.*«

Als sie sah, daß er unnachgiebig blieb, wischte sie sich die Tränen und die Haare aus dem Gesicht.

»Vielleicht hast du recht. Ich habe das nicht so verstanden. Du hast immer recht.« Und sie ging wieder.

Am Nachmittag lief das Programm in großer Ausgelassenheit ab. Pablos Sohn Paulo rasierte sich den Kopf zur Hälfte und fuhr mit einem alten Auto durch die Straßen von Vallauris, Pablo mit einer kleinen Jazzband hinterdrein. Nach dem Stierkampf war er in überschwenglicher Stimmung.

»Du warst wunderbar«, sagte er zu mir. »Absolut großartig. Wirklich, du mußt hierbleiben. Du bist der einzige Mensch, der mir Spaß macht. Du verstehst es, Atmosphäre zu schaffen. Ich werde vor Langeweile sterben, wenn du gehst.«

Ich sagte ihm, ich wisse, daß ich unser altes Leben nicht länger ertragen könne, und brach noch am selben Abend auf. Nach meiner Abreise verfiel er wieder in eine finstere Stimmung und hielt es in Vallauris nicht mehr aus. Er brachte die Kinder und ihre Pflegerin, Jacqueline Roque und ihre Tochter samt der übrigen Truppe nach Collioure in den Pyrenäen.

Dort verbrachte er den Rest des Sommers und umschwirrte Madame de Lazerme.

Im Herbst erkrankte ich in Paris und mußte mich einer dringenden Operation unterziehen. Nach meiner Entlassung aus dem Krankenhaus besuchte mich Kahnweiler, um mir mitzuteilen, Pablo wünsche die Kinder am nächsten Sonntag zu sehen; Jacqueline Roque würde nicht da sein, nur Pablo und er, Kahnweiler. Da die Kinder noch sehr klein waren – fünf und sieben –, meinte ich, es sei für alle wohl einfacher, wenn ich sie begleite.

Kahnweiler und Pablo holten uns ab. Sie saßen auf den Vordersitzen, die Kinder mit mir im Fond, und Kahnweiler fuhr uns hinaus zu seinem Landhaus in St. Hilaire an der Straße nach Orléans.

Mitten während des Essens sagte Pablo plötzlich, ihm sei sehr schlecht, sein Herz mache nicht mehr mit. Ich bot ihm an, mich um ihn zu kümmern, aber er wollte nichts davon wissen. Kahnweiler war natürlich außerordentlich beunruhigt. Pablo ging nach oben, um sich in einem Schlafzimmer hinzulegen.

Etwa eine Stunde später ging ich hinauf, um nach ihm zu sehen. Er schien drauf und dran zu sein, auf dramatische Weise aus dem Leben zu scheiden, erholte sich aber soweit, um sagen zu können: »Du bist ein Ungeheuer, ein total unmenschliches Wesen. Siehst du, wie mich deine bloße Gegenwart krank macht? Wenn ich dich noch einmal sehe, werde ich sterben. Wenn ich bedenke, was du mir alles verdankst!« Ich begriff seinen Gemütszustand, also nickte ich mitleidig und sagte, er habe ganz recht; er habe mich in der Gosse aufgelesen, gerettet und mich leben lassen wie eine Prinzessin in einem Schloß. Das machte ihn noch wütender. Er tobte gegen die Mittelstandsmoral und die bürgerlichen Werte, verfluchte meine Eltern, daß sie mich zur Bequemlichkeit angestiftet hätten, und sagte, am liebsten würde er meinen Vater ins Gefängnis bringen, weil er ein erfolgreicher Geschäftsmann sei, der seine Tochter an ein luxuriöses Leben gewöhnt und zur Sophisterei erzogen habe.

»Wenn ich dich in der Gosse gefunden hätte, wäre es besser für uns beide gewesen«, sagte er. »Dann hättest du mir wirklich alles zu verdanken und wärst gescheit genug, das zu wissen. Wenn wir heute das *ancien régime* hätten und ich der König wäre, würde ich deinen Vater ins Gefängnis stecken. Er ist an allem schuld.«

Ich mußte lachen und fand, es klinge überaus komisch, einen Kommunisten nach dem *ancien régime* seufzen zu hören. Und ich erinnerte ihn daran, daß wahrscheinlich mein Vater *ihn* ins Gefängnis werfen lassen würde, wenn wir noch das *ancien régime* hätten, weil er schuld sei, daß seine einzige Tochter so jung vom Pfad der Tugend abgeirrt sei.

Pablo setzte sich im Bett auf. »Du kannst mir nicht ins Gesicht sehen und mir sagen, du hältst dich für rein.« Ich tat es und sagte es.

»Und du denkst nicht daran, wie sehr du in meiner Schuld stehst?« Das sei ich ohne Zweifel, ich hätte eine Menge von ihm gelernt. Doch ich hätte auch ihm in all den Jahren eine Menge gegeben – mindestens so viel wie er mir – und meine Schuld hinlänglich zurückbezahlt.

»Ach, du denkst wohl, du hättest genug bezahlt, weil du gelegentlich einigen Ärger ausgestanden hast?«

Ich sagte, auf den Ärger komme es dabei nicht an. Ich hätte für alles mit meinem Blut bezahlt, in jeder Hinsicht, und mehr, als er geahnt habe. Als er sah, wie aussichtslos es war, mich zur Reue zu bewegen, gab er es auf. Er sei zu krank, um länger zu streiten; er müsse sofort nach Paris zurückkehren. Dann stampfte er die Treppe hinunter und pflanzte sich vor einem zitternden Kahnweiler auf, indem er erklärte: »Diese Frau macht mich krank. Ich will sie nie wieder sehen. Es war ein schrecklicher Fehler von Ihnen, sie hierherzubringen.« Kahnweiler wurde noch bleicher. Ich entschuldigte mich und sagte, ich hätte geglaubt, es wäre meine Pflicht, bei den Kindern zu sein, besonders weil sich hier niemand um sie kümmern könne.

Während der Rückfahrt nach Paris sprach niemand ein Wort. Alle paar Minuten brachte Pablo mimisch zum Ausdruck, daß er dem Tod nahe sei. Ich wußte genau, daß er so gesund und munter war wie immer, und so sah er auch aus – es sei denn, er erinnerte sich gerade daran, daß er seine kleine Komödie zu Ende spielen mußte.

Im Dezember mußte sich sein Sohn Paulo bei Dr. Blondin einer Bruchoperation unterziehen. Nach dem Eingriff erlitt Paulo eine Lungenembolie; mehrere Tage lang schwebte er zwischen Leben und Tod. Blondin schickte ein Telegramm an Pablo nach Südfrankreich, Paulo sei schwer krank, er solle deshalb sofort nach Paris kommen. Pablo kam nicht.

Im Januar, während Paulo noch im Krankenhaus lag, verschlechterte sich der Zustand seiner Mutter Olga, die partiell gelähmt und krebskrank in einer Klinik in Cannes lag. Paulo konnte nicht reisen. Ich glaube, es bekümmerte ihn tief, daß er nicht bei ihr sein konnte und sie vielleicht einsam sterben mußte. Nach ein paar Tagen starb sie wirklich. Der Gipfel der Ungerechtigkeit war, daß Pablo sie in Vallauris beisetzen ließ, einem Ort, den sie haßte, seit sich Pablo und ich dort niedergelassen hatten. Da sie lange in Cannes gelebt hatte, wäre es angebracht gewesen, sie dort zu begraben. Überdies war sie praktizierendes Mitglied der russisch-orthodoxen Kirche, und in Cannes gibt es einen russischen Friedhof. Trotz alldem wurde entschieden, daß Vallauris vorzuziehen sei.

Zwei Wochen danach, als Paulo schon auf dem Wege der Besserung war, kam Pablo aus persönlichen Gründen nach Paris. Ich wollte wieder Ordnung in mein Leben bringen und glaubte, ich könne mit Luc Simon glücklich werden, einem jungen Maler, den ich seit meinen Jugendjahren kannte. Ich hatte Luc seit damals nicht gesehen, bis ich ihn – es mochte ein Jahr her gewesen sein, daß ich Pablo verlassen hatte – zufällig in einer Buchhandlung am linken Seineufer traf. Nach unserem Wiedersehen verstrich einige Zeit, bis wir uns entschlossen, einander zu heiraten. Nun wollte ich Pablo meinen Plan mitteilen. Ich rief ihn in der Rue des Grands-Augustins an und verabredete mich mit ihm. Er empfing mich nach dem Essen.

Als ich ihm erzählte, daß ich heiraten wolle, wurde er ärgerlich. »Das ist ungeheuerlich. Du denkst nur an dich.« Als ich sagte, ich dächte nicht nur an mich selbst, sondern auch an die Kinder, beruhigte er sich wieder. »Nun, laß uns nicht gleich streiten. Ich werde dir etwas zu essen holen.« Er verschwand in der Küche und kam mit einer Mandarine zurück, von der er mir ein paar Schnitten gab.

»Es ist besser, nicht gleich wegen allem Streit anzufangen«, meinte er, wohl in Erinnerung an unsere letzte Begegnung in Kahnweilers Landhaus. Ich fühlte, daß er unser Gespräch auf eine andere Ebene bringen wollte, als ob noch immer eine Diskussion möglich wäre. Wir saßen da, redeten miteinander und aßen unsere Mandarine. Die Atmosphäre des Ortes rief in uns beiden die Erinnerung an den Zauber der alten Tage wach; es war ein gutes Gefühl, sich dort wiederzufinden, wo alles begonnen hatte. Pablo wirkte gelöst und glücklich.

In dem Augenblick öffnete sich leise knarrend die Tür zum Bildhaueratelier. Dahinter konnte ich den Schatten einer Gestalt wahrnehmen, die uns belauscht haben mußte. Als unser Gespräch noch persönlicher wurde, öffnete sich die

Tür um einen weiteren Spalt – wie eine Warnung für Pablo, daß es nun gefährlich werde. Sofort verfiel er in einen gleichgültigen Ton.

»Du schuldest mir so viel«, sagte er, »und dies ist wohl deine Art, mir zu danken. Nun, ich habe dir nur noch eins zu sagen: Jeder andere wird dieselben Fehler haben wie ich, aber keinen meiner Vorzüge. Ich hoffe, es wird ein Fiasko für dich, du undankbares Geschöpf.«

Er trug eine Armbanduhr, die ich ihm geschenkt hatte. Nun nahm er sie ab und warf sie mir zu. »Deine Zeit ist nicht mehr die meine«, sagte er. Da ich die Uhr, die ich trug, von ihm bekommen hatte, nahm auch ich sie ab und gab sie ihm zurück. Er lachte. Aber in diesem Augenblick knarrte die Tür im Hintergrund erneut, und er wurde wieder ernst. Ich sah, es war sinnlos, das Gespräch fortzusetzen, und ich ging.

Im Sommer schickte ich Claude und Paloma in Begleitung des Kindermädchens zu Pablo. Mit Maya verständigte ich mich darüber, daß sie gleichzeitig dort sein sollte, um sich ebenfalls um die Kinder zu kümmern. Luc und ich heirateten Anfang Juli in aller Stille und fuhren nach Venedig. Ich wollte Anfang September in Vallauris sein.

Während ich in Venedig war, schickte mir Maya Berichte über die Kinder und das Leben in *La Californie*, Pablos neuem Heim in Cannes. Kurz vor meiner Abreise erfuhr ich von ihr, daß *La Galloise* geräumt worden sei. Sofort schrieb ich an meine alte Freundin Christiane Bataille und bat sie, einen Gerichtsvollzieher zu verständigen. Ich ließ ihn vor mir ins Haus gehen, als ich nach Vallauris kam, und er stellte fest, daß alle meine Sachen fort waren. Daraufhin vernahm er Monsieur und Madame Michel, meine Hausbesorger, als Zeugen. Sie sagten aus, daß meine Habseligkeiten aus meinem Haus entfernt worden seien.

Nicht nur alles, was Pablo mir geschenkt hatte, darunter Bilder und Zeichnungen, war verschwunden, sondern auch meine Bücher – ich besaß viele, und sie bedeuteten mir mehr als alles andere –, meine eigenen Zeichnungen und fast alles übrige private Eigentum, sogar die Briefe, die mir Matisse im Laufe der Jahre geschrieben hatte.

Nur die Betten und ein paar Stühle waren noch vorhanden, außerdem drei Kisten mit Papieren, die in der Mansarde standen und an die wohl niemand gedacht hatte – das war alles.

Ich kehrte nach Paris zurück. Pablo sah ich niemals wieder. Von Zeit zu Zeit machte er sich auf Umwegen bemerkbar: Zum Beispiel wurde ich im Frühling nicht zur Ausstellung im *Salon de Mai* eingeladen. Und im nächsten Herbst, eine Woche nach der Geburt meiner Tochter Aurélia, erhielt ich einen Brief von Kahnweiler, mit dem er unseren Vertrag aufkündigte. Gelegentlich – selbst heute noch – sagen mir Kunsthändler, daß sie gern meine Arbeiten kaufen oder ausstellen würden, es aber nicht wagten, da sie befürchten mußten, Pablos Wohlwollen zu verlieren. Und dann gibt es noch die Leute, die mich mit Aufmerksamkeiten überschütteten, solange ich mit Pablo zusammen war, die aber, wenn wir uns heute begegnen, den Blick zur Seite wenden.

Im Februar 1944, am ersten Nachmittag, als ich ihn allein besuchte, hatte Pablo zu mir gesagt, er fühle, daß unsere Begegnung Licht in unser beider Leben gebracht habe. Mit meinem Erscheinen habe sich gleichsam ein Fenster geöffnet, und er wünsche, daß es offenbleibe. Das wünschte auch ich, solange Licht durch dieses Fenster fiel. Als es damit vorbei war, schloß ich das Fenster – sehr gegen meinen eigenen Willen. Und von diesem Augenblick an verbrannte Pablo alle Brücken zu jener Vergangenheit, die ich mit ihm geteilt hatte. Doch weil er das tat, zwang er mich, mich selbst zu entdecken und aus eigener Kraft weiterzuleben.

Dafür werde ich ihm stets dankbar sein.

REGISTER

Adam, Henri-Georges 132
Adéma, Marcel 273
Anderson, Sherwood 54
Apollinaire, Guillaume 28, 64f., 116, 127, 130, 271ff.
Apollinaire, Jacqueline 272ff.
Aragon, Louis 47, 73, 228ff., 296
Arias 194, 201
Aristoteles 58
Arpel 131
Artaud, Antonin 73

Bakst, Léon 127
Balmain, Pierre 53
Balthus 106
Balzac, Honoré de 14, 36
Barrault, Jean-Louis 14
Barrès, Maurice 230
Bataille, Christiane 312
Bataille, Georges 202
Bataille, Henri 230
Baylot, André 279
Baziotes, William 150
Beaudin, André 70, 245
Beaumont, Etienne de 128
Beauvoir, Simone de 28
Beethoven, Ludwig van 133
Begum 206

Benois, Alexandre 127
Bernard, Guy 208
Billy, André 273
Blanche, Jacques-Emile 209
Blondin 311
Boissière, Madame 194ff.
Bonnard, Pierre 36, 226f.
Boudin, Marcel 63, 80, 85, 87, 111f., 135f., 142, 145f., 179, 182f., 188 f., 192, 202, 211, 274ff., 282f.
Braque, Georges 60f., 104, 119ff., 127, 150, 170, 229, 237f., 265
Braque, Marcelle 121, 237
Brassaï 30f., 69, 147
Brauner, Victor 69
Breton, André 33, 69, 73, 118f.
Brentonne, Restif de La 21
Brick, Lili 230
Bruant, Aristide 63
Bucher, Jeanne 70f., 105

Cachin, Marcel 233
Caldwell, Erskine 54
Caravaggio, Michelangelo Merisi da 238
Carpaccio, Vittore 259
Carré, Louis 50ff., 150, 241
Cartier 131

Casanova, Laurent 46f., 233f., 262
Casanova, Danielle 46
Cassou, Jean 46, 168
Castel, André 203
Cézanne, Paul 36, 44, 54, 56, 105, 126, 186, 238, 240
Chagall, Bella 234
Chagall, Ida 235f.
Chagall, Marc 234ff., 237, 297
Chanel, Coco 164
Chaplin, Charlie 211, 295ff.
Char, René 117, 123f.
Charrat, Janine 302
Chatagnier 258
Chevalier, Maurice 231
Chirico, Giorgio de 69
Cintron, Conchita 203
Clair, René 149
Cleef, van 131
Cocteau, Jean 29f., 127, 259f., 262
Coquiot, Gustave 170
Corot, Jean-Baptiste 129
Courbet, Gustave 106, 172, 248
Couturier, Pater 216ff.
Cox 154f.
Cranach, Lucas 222
Crevel, René 73
Cuny, Alain 10ff.

Cuttoli, Marie 74, 107, 113, 115, 168ff., 178, 205, 279
Cuttoli, Monsieur 113, 168ff., 178

Dante, Alighieri 29
Daumier, Honoré 77
David, Louis 248
David, Sylvette 298f.
Davis, Stuart 166
Delacroix, Eugène 171f.
Denis, Maurice 195, 246
Derain, André 126, 221, 237
Desnos, Robert 165
Diaghilew, Sergej Pawlovitsch 126f.
Dickens, Charles 77
Domínguez, Oscar 203f.
Dominguín, Luís 255
St. Dominikus 216
Dor de la Souchère, Jules-César Romuald 113f., 168f.
Dos Passos, John 54
Dubois, André 28, 279
Duchamp, Marcel 270
Duncan, Isadora 194

Ehrenburg, Ilja 182
Eiffel, Gustave 170
Einstein, Albert 84
Eluard, Dominique 255ff., 289f., 303
Eluard, Nush 116f., 142, 291
Eluard, Paul 47, 69, 72f., 116ff., 142, 165, 182f., 255ff., 282, 289ff., 293, 295
Emmer, Luciano 259
Ernst, Max 33, 76

Faulkner, William 54

Fenosa, Apelles 123
Fitzgerald, F. Scott 54, 128
Fitzgerald, Zelda 128
Forain, Jean-Louis 36
Fort, Louis 74, 78ff., 113, 115, 153, 177ff., 185, 216, 249
Fort, Madame 177ff.
Fougeron, André 260f.
Franco, Francisco 31f., 129, 182
Freud, Sigmund 211

Gallimard 272
Geneviève 11ff., 22, 24, 75, 78ff., 299
Giacometti, Alberto 172ff., 265
Giacometti, Annette 173f.
Giacometti, Diego 173f.
Gide, André 209f.
Gilles 24
Gillot, Claude 139
Gogh, Vincent van 16, 56, 59f., 227
Góngora y Argote, Luis de 159, 162
Gontscharowa, Nathalie 127
Gottlieb, Adolph 150
Goujon, Jean 16
Goya, Francisco de 160, 204, 247
Greco, El 226
Grimaldi, Familie 113, 262
Gris, Juan 44, 53, 55, 63, 237, 244
Gutmann 134

Hadjilazaros, Matsie 293, 302
Hegel, Georg Wilhelm Friedrich 57f.
Heidegger, Martin 302
Hemingway, Ernest 46, 54, 165

Henri IV. 43
Heraklit 136, 302
Herbart, Pierre 209
Hitler, Adolf 33, 166

Inès s. Sassier
Ingres, Dominique 11, 132, 138
Ingres, Mademoiselle 139
Isnard 205f.

Jacob, Max 63ff., 116, 127, 130, 145, 152, 237, 273
Jarry, Alfred 22
Jaspers, Karl 302
Jeanne d'Arc 231
St. Johannes vom Kreuz 136
Joinville, Jean de 22
Joliot-Curie, Frédéric 209

Kahnweiler, David-Henri 47, 50ff., 57f., 150ff., 166, 185, 237f., 241ff., 268, 275, 309ff.
Khan, Aga 253
Khan, Ali 207
Khoklova, Olga 110, 126ff., 132ff., 143, 148, 175ff., 193, 196f., 200, 205, 208, 235, 273, 287, 311
Kierkegaard, Sören 136
Klee, Paul 166
Kolumbus, Christoph 259
Kootz, Sam 150ff.
Kostas 302f., 305
Kostrowitzky, Comtesse de 64

Lacan 73f., 138
Laclos, Choderlos de 21
Lacourière, Roger 159
Lamaze 138f.

Landru, Henri 191
Laporte, René 260
Larionow, Michel 127
Laurencin, Marie 64f., 273
Laurens, Henri 265
Lazerme, Graf und Gräfin de 299, 309
Léger, Fernand 33, 164, 236ff.
Léger, Nadia 238ff.
Leiris, Louise (»Zette«) 12, 47, 135f., 235, 237, 245, 258, 286
Leiris, Michel 47, 69, 135f., 165, 202, 235, 237, 245
Lipschitz, Jacques 31, 166
Loeb, Pierre 105, 176
Ludwig XIV. 10, 231
Lydia 82f., 116, 162, 216, 219f.

Maar, Dora 10, 12, 16, 48, 69ff., 86ff., 102, 105ff., 110f., 113, 116f., 143, 148, 151, 171, 176, 179, 196ff., 222, 244, 260, 272, 287, 298f.
Machado, Antonio 255
Maillol, Aristide 11
Majakowskij, Wladimir 167, 230
Malherbe, François de 167
Malewitsch, Kasimir 240
Malraux, André 29, 231
Manet, Edouard 247
Manolo, Hugué 299
Manolo, Totote 299
Marais, Jean 29f.
Marcel s. Boudin, Marcel
Marie-Louise, Königin 204
Mariette 120
Massine, Leonid 127
Masson, André 33, 245
Matisse, Henri 13, 32, 38, 55, 58, 82f., 98, 116, 119, 122, 126, 129, 162, 170, 216ff., 237f., 264, 312

Matisse, Madame 162
Matisse, Pierre 223
Meyer, Marcelle 130
Michel, M. 249f., 254f., 312
Michel, Madame 249ff., 312
Michelangelo, Buonarotti 208
Miller, Lee 256
Miró, Joan 126, 144, 164ff.
Modigliani, Amadeo 13, 63
Molière, Jean-Baptiste 57, 274
Mollet, Jean 28, 273
Motherwell, Robert 150
Mourlot, Fernand 75ff., 103, 149, 151, 163, 185, 284
Murphy, Gerald 128

Napoleon Bonaparte 107, 113, 161
Nenni, Pietro 259
Noailles, Marie-Laure de 10, 203f., 245

Olivier, Fernande 7, 62, 65, 273
Ovid 159ff.

Pellequer, Max 147
Penrose, Roland 256
Pétain, Philippe 46, 153
Philippe II., 146
Pichot, Germaine 66
Platon 167
Poe, Edgar Allan 22
Pollock, Jackson 223
Pourbus 14
Poussin, Nicolas 14, 46, 105, 224
Prévert, Jacques 28, 210

Rabelais, François 22

Racine, Jean 29
Ramié, Madame 153ff., 163, 178, 184, 210, 221, 235, 255f., 266, 283, 289ff., 304, 306ff.
Ramié, Monsieur 153ff., 163, 178, 184, 210, 221, 235, 256, 283
Ray, Man 11, 69
Raysséguier, Bruder 216
Rembrandt van Rijn 36, 38, 133, 246
Renoir, Auguste 36, 49f., 126, 223, 236, 264
Reverdy, Pierre 28, 63, 123f., 162ff., 186, 234
Rigaud, Hyacinthe 10
Rilke, Rainer Maria 260
Rimbaud, Arthur 33, 167
Robeson, Paul 188
Roque, Jacqueline 304, 306ff.
Rosenberg, Paul 48, 128f., 240f., 275
Rossif, Frédéric 260
Rostand, Jean 209
Rothschild, Philippe de, Baron 207f.
Rouault, Georges 36
Rousseau, Henri 13, 126, 138f.
Rousseau, Jean Jacque 74
Rousseau, Madame 139
Roy, Claude 260
Rozsda, Endre 23f.

Sabartès, Jaime 12ff., 29, 31, 33ff., 104, 116, 124, 133, 142, 144ff., 273f., 276f.
Sade, Marquis de 21, 207
Salles, Georges 169ff.
Sartre, Jean-Paul 28, 209
Sassier, Gustave 142
Sassier, Inès 18, 87, 130, 133, 142ff., 148f., 190
Scheler, Lucien 163

Schönberg, Arnold 260
Seurat, Georges 130
Shakespeare, William 57
Sima, Michel 113f., 124
Simon, Luc 311
Skira, Albert 159ff., 164
Soutine, Chaïm 246
Sœur Jacques 216, 222
Stalin, Josef 232f., 243, 260
Stein, Gertrude 52ff., 127
Steinbeck, John 54
Strawinsky, Igor 127
Susse 264
Sweeney, James J. 166

Talleyrand, Charles Maurice de 231
Tériade, E. 162ff., 216, 234ff., 284
Hl. Therese von Avila 136
Theseus 36

Thorez, Maurice 233f., 265
Tintoretto, Jacopo 226
Toklas, Alice B. 7, 52ff.
Totote s. Manolo
Triolet, Elsa 229f.
Tuttin 77f.

Ucello, Paolo 172
Uhde, Wilhelm 127
Utrillo, Maurice 63

Valéry, Paul 225
Valsuani 263ff.
Védrès, Nicole 208f.
Velasquez, Diego 35, 238
Verdet, André 262
Verdoux 191
Vilato, Fin 202
Vilato, Javier 144, 187, 202f., 293, 302

Villon, François 22
Vinci, Leonardo da 238
Virginia 234ff.
Vollard, Ambroise 35f., 80, 177, 240f.
Vuillard, Edouard 13, 121

Walter, Marie-Thérèse 45f., 48, 110f., 113, 128, 143, 148, 176, 179, 197ff.
Walter, Maya 45f., 110, 128, 197ff., 258f., 303, 312
Watteau, Antoine 139
Weisweiller, Madame 259

Zadkine, Ossip 33, 272
Zervos, Christian 28, 123, 164, 275
Zurbáran, Francisco 171f.

ABBILDUNGSNACHWEIS

dpa, Frankfurt (vor Seite 113); laenderpress, Düsseldorf – René Burri/Magnum (nach Seite 192u.) – Robert Capa/Magnum (vor Seite 49, nach 64, nach 160, vor 161, vor 209 (2), nach 256 (2) – Marc Riboud/Magnum – © 1980 S.P.A.D.E.M./VG Bild/Kunst, München (nach Seite 112); Museo Picasso, Barcelona – © 1980 S.P.A.D.E.M./VG Bild/Kunst, München (nach Seite 144, vor 145); Rapho, Paris – Doisneau (vor Seite 193, nach 208, vor 257, vor 273); H. Roger-Viollet, Paris – Lipnitzki (vor Seite 192o., nach 272); Studio Adrion – © 1980 S.P.A.D.E.M./VG Bild/Kunst, München (nach Seite 96, vor 97); Horst Tappe, Montreux (vor Seite 65).

Gerhard Zwerenz
<u>Kurt Tucholsky</u>
Biographie eines guten Deutschen
352 Seiten mit 16 Schwarzweiß-Fotos

»Zwerenz' Biographie ist nicht nur besser komponiert und lesbarer geschrieben als die seiner Vorgänger ... In biographischen Einzelheiten ist Zwerenz ungleich verläßlicher ...«
Uwe Schweikert in ›Frankfurter Rundschau‹

»Als fulminantes Plädoyer für einen guten Deutschen, für den streitbaren und umstrittenen Publizisten, für den heimatlosen Gegendeutschen ... gehört das Buch dennoch in die vorderste Reihe der Tucholsky-Literatur auf unseren Büchergestellen.«
Gustav Huonker, Mitherausgeber der Briefe aus dem Schweigen und der Q-Tagebücher in ›Zürcher Tagesanzeiger‹

»Die bisher beste Biographie über Kurt Tucholsky«
Jürgen Eyssen in ›Hannoversche Allgemeine Zeitung‹

»Bewundernswert, wie in dieser Biographie, diesem feurigen Plädoyer des Autors für seinen geliebten Bruder im Geiste, sich Sachlichkeit und Temperament die Waage halten. Um Tucholsky vollkommen zu verstehen, geht Zwerenz aufs Ganze. Eine ›detektivisch reportierende Biographie‹ wollte er schreiben. Er hat es getan. Kein Detail im Leben Tucholskys bleibt unrecherchiert ...«
Gertrud Stolte-Adel im Börsenblatt

C. Bertelsmann

Das war Beethoven. Sein Leben.
Seine Welt. Seine Musik.

»Ein bewundernswertes, erregendes
Buch. Ein Meilenstein in der
Beethoven-Forschung und
-Interpretation.«
New York Times

Maynard Solomon
Beethoven
Biographie

C. Bertelsmann

447 Seiten mit 29 s/w-Abb. und 3 Strichzeichnungen